효율적으로
비효율적인 시장

EFFICIENTLY INEFFICIENT
Copyright © 2015 by Princeton University Press
All rights reserved.

No part of this book may be reproduced or transmitted in any form or by any means, electronic or mechanical, including photocopying, recording or by any information storage and retrieval system, without permission in writing from the Publisher.

Korean translation copyright © 2021 by WATER BEAR PRESS
Korean translation rights arranged with Princeton University Press through EYA (Eric Yang Agency)

이 책의 한국어판 저작권은 EYA(Eric Yang Agency)를 통해
Princeton University Press와 독점계약한 워터베어프레스에 있습니다.
저작권법에 의하여 한국 내에서 보호를 받는 저작물이므로 무단전재 및 복제를 금합니다.

효율적으로
비효율적인 시장

투자 수익의 원리와
8가지 헤지펀드 운용 전략

라세 헤제 페데르센 지음
이현열 옮김

Efficiently Inefficient
How Smart Money Invests and Market Prices Are Determined

WATER BEAR PRESS

일러두기

- 한글 전용을 원칙으로 하고, 필요한 경우에 원어나 한자를 병기했다.
- 각주는 모두 옮긴이 주고, 미주는 모두 지은이 주다.
- 인명, 지명 등의 외래어 표기는 검색에 가장 용이한 널리 사용되는 표기를 따랐다.
- 책·신문·잡지 제목 등은 『』, 논문·기사·사설 제목 등은 「」, 영화·게임 등은 〈〉으로 표기했다.
- 국내 출간 도서명은 국내 출간 제목을 그대로 따랐고, 미출간 도서명는 최대한 원제에 가깝게 옮겼다.

역자 서문

투자를 하는 데 실제로 도움이 되는 책을 추천해 달라는 질문을 종종 받습니다. 그러면 0순위로 이 책을 추천하곤 했습니다. 물론 전설적인 투자자의 책이나 학술 논문에서 배우는 것도 많습니다. 그러나 지식을 실무에 어떻게 적용하는지, 즉 실제로 전략을 짜고 포트폴리오를 구성하려면 어떻게 해야 하는지에 대한 책은 잘 없습니다. 가르쳐 주는 사람도 별로 없고요. 저 역시 펀드매니저를 시작한지 얼마 되지 않았던 시절 이런 이유로 무척 답답했는데, 그 와중에 이 책을 발견하여 많은 도움을 받았습니다. 이렇게 좋은 책이 한국어로 번역되어 한국의 여러 투자자들도 볼 수 있으면 얼마나 좋을까 생각했었는데, 제가 직접 번역하여 소개할 수 있게 되어 영광입니다.

이 책의 저자 라세 헤제 페데르센은 퀀트 투자로 학술적으로도 실무적으로도 뛰어난 성과를 낸 드문 인물입니다. 세계적 헤지펀드인 AQR에서 글로벌 투자 전략을 개발하는 동시에, 코펜하겐대학과 뉴욕대학의 스턴 비즈니스스쿨의 교수이기도 합니다. 그가 AQR의 동료인 애스니스, 모스코위츠와 공저한 논문 Value and Momentum Everywhere는 최고의 금융 학술지 저널 오브 파이낸스 Journal of Finance 』에 실렸으며, 퀀트뿐만 아니라 수많은 액티브 투자자에게도 큰 영감을 줬습니다. 이 외에도 Betting Against Beta, Carry, Quality Minus Junk 등 다수의 논문을 학술지에 게재했으며, 여러 상을 수상하기도 한 인물입니다.

주식 퀀트 매니저로 경력을 시작할 때는 주식 투자에만 집중했습니다. 그러나 연차가 쌓이고 운용하는 펀드의 종류가 많아질수록 롱숏 투자, 파생상품 투자, 매크로 투자, 차익거래, 이벤트 드리븐 등 다양한 투자를 하기도 했습니다. 그때마다 자료를 찾아보거나 알려줄 만한 선배를 수소문해서 물어보기 너무 힘들었습니다. 투자의 세계는 학교가 아니기에 친절하게 알려주길 기대하기도 힘들었고요. 그런데 이 책에는 헤지펀드가 사용하는 거의 모든 종류의 투자 방법이 체계적으로 정리되어 있었습니다. 롱과 숏의 비중은 어떻게 결정해야 헤지를 하는지, 레버리지는 어떻게 사용하고 증거금 관리는 어떻게 해야 하는지, 각 종목별 배분은 어떻게 해야 하며 왜 섹터 및 그룹별 중립화를 해야하는지, 여러 이벤트에 어떻게 대응해야 하는지 등 마치 멘토가 옆에서 코치해주는 것처럼 실무에 필요한 내용들이 고스란히 담겨있었습니다. 덕분에 책상 위에 이 책을 두고, 궁금한 내용이 있을 때마다 해당 부분을 찾아보며 길을 찾아나갈 수 있었습니다. 어떤 논문을 참고하면 도움이 될지도 상세하게 정리되어 있기에 너무나 좋은 길잡이였습니다.

그런데 단순히 좋은 길잡이만이 아니었습니다. 투자에 대해, 시장에 대해 생각이 복잡해질 때마다 생각을 정리하기 좋은 통찰로 가득했습니다. 2020년 3월, 코로나 19로 인해 금융 시장이 급락했다가 곧바로 믿을 수 없는 속도로 반등했습니다. 당시 어떻게 이런 일이 일어났는지 이해하기 힘들어 고민이 깊었습니다. 그러던 중 우연히 책장에 꽂혀 있던 이 책을 다시 열어보았습니다. 놀랍게도 거기에는 이미 '유동성 소용돌이'라는 정답이 적혀 있었습니다. 더 나아가 과거 비슷한 상황에서 AQR은 어떻게 대처를 했는지에 대한 가이드도 있었습니다. 책을 처음부터 다시 읽어보니, 예전에는 느낄 수 없었던 또 다른 감동을 느낄 수 있었습니다. 단순히 헤지펀드가 사용하는 여러 투자 전략을 짜깁기하는 것을 너머 운용사에서 여러 전략을 연구하고 실천해본 사람만이 줄 수 있는 통찰이었습니다.

이 책의 첫번째 파트는 포트폴리오 구성과 성과 분석에 대한 학술적인 내용과 수식들이 있으며, 두번째 파트부터 본격적으로 투자 전략에 대한 내용들이 나옵니다. 따라서 학술적인 내용을 공부하고 싶으신 분들은 처음부터 읽는 것을 추천드리지만, 실무적인 내용에 집중하고자 하시는 분들은 두번째 파트인 6장부터 읽으시는 것을 추천드립니다. 또한 대부분의 내용이 논문에 기반하다 보니 수식이나 표가 많기는 하지만 이를 모르더라도 내용을 이해하는데는 전혀 지장이 없습니다. 중요한 것은 이러한 전략들이 왜 작동하는 지에 대한 근거와 논리라 생각하기에 이러한 내용을 가볍게 이해하고, 실제로 본인이 해당 전략을 사용해야 하는 경우에 다시 수식이나 참고문헌을 찾아보고 이해하는 것이 효율적이라고 생각합니다.

이 책은 투자서 매대를 채우고 있는 주식 투자로 돈을 버는 법을 담은 대중서는 아닙니다. 책의 대부분은 투자 전략에 대한 학술적 연구와 분석이 담겨 있기에 교과서에 가깝습니다. 그러나 세계 금융의 중심지인 월가, 그 중에서도 최전선에서 싸우는 헤지펀드가 어떻게 돈을 버는지에 대해 이해하면 투자에 대해서도 새로운 눈이 떠질 것입니다. 또한 각 장의 마지막에 있는 헤지펀드 구루들과의 인터뷰를 통해 경험에서 우러 나오는 지혜를 느낄 수도 있을 것입니다.

월가 혹은 세계 금융시장의 헤지펀드들은 실제로 이 책에 쓰여진 다양한 전략들을 이용해 막대한 돈을 벌고 있습니다. 그러나 국내의 헤지펀드는 아쉽게도 한정적인 전략으로만 운용되고 있고, 여러 불미스러운 사건과 각종 규제로 인해 시장 자체도 미흡한 수준입니다. 이 책을 통해 여러 학생들이나 업계에 계신 분들이 헤지펀드 세계에 대한 눈을 뜨고 열정을 가져, 우리나라에도 다양한 종류의 헤지펀드가 생기고 시장 규모도 폭발적으로 성장해 나갔으면 합니다.

저의 역량 부족으로 인해 제가 처음 이 책을 읽으며 느꼈던 감동이 제대로 번역되지 않았을 까봐 걱정입니다. 행여 책을 읽다가 이해가 안되는 부분이나 오역, 오탈자를 발견하시면 블로그에 글을 남겨 주시기 바랍니다.

- **이현열**

차례

역자 서문　　　　　　　　　　　　5
머리말　　　　　　　　　　　　　12
이 책의 3가지 주요 주제　　　　　19
서문　　　　　　　　　　　　　　22

1부　액티브 투자의 이론

1. 헤지펀드에 대한 이해　　　　　52
2. 거래 전략의 평가　　　　　　　66
3. 전략의 발견과 백테스팅　　　　87
4. 포트폴리오 구성과 위험 관리　116
5. 거래와 자금 조달　　　　　　132

2부　주식 선택 전략

6. 주식 투자와 가치 평가　　　　174
7. 재량적 주식 투자　　　　　　186
8. 공매도 전문 투자　　　　　　223
9. 계량적 주식 투자　　　　　　259

3부   매크로 투자 전략

10. 자산 배분에 대한 서론   318
11. 글로벌 매크로 전략   348
12. 매니지드 퓨처스 전략   394

4부   차익거래 전략

13. 차익거래 가격 결정과 거래   432
14. 채권 차익거래   446
15. 전환사채 차익거래   497
16. 이벤트 드리븐 차익거래   534

감사의 말   595
참고문헌   597
미주   611

머리말

내 헤지펀드 매니저 생활은 수억 달러의 손실을 목격하는 것으로 시작되었다. 손실은 놀랄 만큼 오래 지속되었다. 실시간으로 수익과 손실을 보여 주는 화면을 보고 있으면 며칠 동안 10분마다 100만 달러씩 계속해서 손실을 보았다. 이는 효율적 시장의 랜덤워크 이론을 무시하는 것이었으며, 아이러니하게도 내 이론과 놀랄만큼 유사성을 보이는 명확한 패턴이었다.

내 금융인으로서의 경력은 2001년 스탠퍼드 경영대학원에서 박사 학위를 받은 후 뉴욕 대학 스턴 경영대학원에서 재무 교수로 시작했다. 내 논문 주제는 유동성 위험에 시달리는 시장에서의 가격 결정이었으며, 뉴욕의 한가운데 있는 훌륭한 대학에서 일하게 된 것이 상아탑 안팎에서 무슨 일이 벌어지고 있는지 이해하는 데 도움이 되기를 바랬다.

투자자들이 어떻게 유동성 위험이 더 큰 증권, 즉 유동성 위기에 시달리는 증권에 더 높은 수익률을 요구하는지에 대한 연구를 계속했다. 연구를 하면 할수록 레버리지를 사용한 투자자들이 자금 조달 문제에 부딪혀 포지션을 정리하려 할 때 어떻게 유동성 소용돌이 liquidity spiral 현상이 나타나는지와 이로 인해 가격 하락 및 반등이 나타나는지를 알 수 있었다.

관련 조사를 하기 위해 최선을 다했고, 기회가 있을 때마다 투자 은행가와 헤지펀드 트레이더들과 실제 시장 제도의 디테일에 대해 이야기했다. 또 중앙은행에서 내 연구를 발표하면서 그들의 관점을 이해하려고 노력했다. 하지만 실제 시장에서 거래의 진행이나 증거금 요구 조건이 어떤 작용을 하는지 세부적으로 이해하기는 힘들었다. 트레이딩 플로어의 외부에 있는 학자가 시장이 실제로 어떻게 돌아가는지 알기는 매우 어려웠다. 반면 시장의 디테일을 알고 있는 트레이더들은 디테일이 어떻게 조화를 이루는지 연구할 시간과 관심이 없었다. 나는 실제 시장의 통찰력과 학문적 모델링을 결합하고 싶었다.

2006년, 과학적인 방법으로 헤지펀드와 롱온리 투자를 운용하는 글로벌 자산운용사 AQR로부터 연락이 왔다. 나는 무척 고무되었고 얼마 지나지 않아 컨설팅을 시작했다. AQR과의 협업은 내게 새로운 세계를 열어주었다. 나는 자산운용업계의 내부자가 되었고, 마침내 증권 거래 방식, 레버리지를 위한 자금 조달 방식, 거래 전략 실행 방식을 알고 있는 AQR의 동료들, 월가의 사람들과 접촉할 수 있게 되었다. 가장 흥미로운 일은 내 연구가 실행에 옮겨졌다는 점이었다.

1년 후, AQR은 내게 뉴욕 대학을 잠시 떠나 2007년 7월 1일부터 그들과 일하자고 권유했다. 뉴욕의 그리니치 빌리지Greenwich Village에서 커네티컷의 그리니치Greenwich로 이사하면서 받은 첫 번째 큰 충격은 뉴욕 맨해튼의 끊임없는 활기에 비해 그리니치의 밤은 매우 어둡고 조용하다는 점이었다. 그러나 더 큰 충격이 코앞에 닥쳤다.

글로벌 자산 배분 팀 구성원이 되어 글로벌 주가 지수, 채권, 원자재, 통화 등을 중심으로 새로운 시스템 거래 전략을 개발하는 것이 내 임무였고, 글로벌 주식 선택 및 차익거래 팀과 함께 연구할 기회를 갖게 되었다. 하지만 안타깝게도 내 실무자로서의 시작은 서브프라임 금융 위기의 시작과 겹쳤다.

일을 시작한 2007년 7월, AQR은 서브프라임 시장에 일부분 반대로 베팅하여 수익을 얻고 있었으나, 주식 시장의 영문 모를 움직임을 마주했다. 서브프라임 위기의 파급 효과로 다른 계량 주식 투자자들은 매수 및 공매도 포지션 일부를 청산하기 시작했는데, 이는 이해하기 어려운 방식으로 주가에 영향을 미쳤다. 값싼 주식은 더 싸지고, 비싼 주식은 더 비싸지게 되었지만, 전반적인 주식 가격은 거의 변하지 않았다. 이것의 영향은 전체 주식 시장을 보는 사람이나 단지 몇 개의 주식만 연구하는 사람들에게는 보이지 않았지만, 다양한 롱-숏 퀀트 포트폴리오의 시각에서 보는 사람들에게는 점점 더 뚜렷하게 보였다.

8월 초, 다수의 주식 퀀트 투자자들이 포지션을 정리하기 시작했다. 8월 6일 월요일에는 상황이 악화되었다. 나는 손익 화면을 응시하며 어떻게 해야 할지 고민했고, 장기적인 연구는 모두 뒤로 미루었다. 손익은 몇 초마다 업데이트되었고, 손실이 끊임없이 증가하는 것을 보았다. 실제로 발생한 유동성 소용돌이는 내 이론 모형과 너무 비슷했다. 수백만 달러의 손실을 보고 느끼는 감정을 간단하게 정리하기는 어렵지만, 분명한 건 꽤나 마음이 아팠다. 사실 그 일이 내가 연구한 전략들에 영향을 준 것도 아니고, 나는 뉴욕 대학에서 종신 교수직을 약속받은 상황이었음에도 불구하고 마음이 아팠다. 머리 위로 총알이 날아오는 것을 경험하지 않으면 전쟁에 임한다는 것이 어떤 것인지 설명할 수 없다는 말이 있다. 금융 위기 한가운데 있었다는 것 또한 그와 비슷할 것이다. 이 책을 위해 인터뷰한 대부분의 성공한 매니저들이 왜 자기 관리의 중요성을 강조하는지 나는 이해한다.

계속해서 머릿속을 스쳐가는 질문은 '어떻게 하면 좋을까?'였다. 위험을 줄이기 위해 포트폴리오의 일부를 매도하되 가격 반전에 따른 잠재적 수익을 줄여야 하는가? 아니면 그대로 유지해야 하는가? 아니면 향후 급반등으로 인한 수익을 증가시키기 위해 포지션을 늘려야 하는가? 아니면 사건에 영향을 받지 않은 좀 더 비밀스럽고 특이한 팩터로 포트폴리오를 교체해야 하는가? 나는 유동성 소용돌이에 대한 모형을 이용하여 이런 중요한 논의에 참여한 사람이었지만, 펀드를 운영한 것은 아니었다. 당시

나는 아직도 내가 너무 학구적이며 실무자로서는 충분하지 않았다고 생각했던 것 같다.

이러한 질문에 답하기 위해서는 먼저 우리가 유동성 소용돌이에 직면하고 있는지, 아니면 효율적 시장의 랜덤워크에서 불운한 단계에 직면한 것인지를 알 필요가 있었다. 효율적 시장 이론에서는 앞으로의 가격이 무작위로 움직일 것이라고 말하는 반면, 유동성 소용돌이 이론에서는 자산의 강제 청산으로 인해 가격이 하락할 경우 가격이 향후 반등할 가능성이 높다고 말한다. 그리고 이론에 따라 포트폴리오를 어떻게 조정하는 것이 좋은지의 함의도 달라진다. 월요일에 우리는 유동성 사건에 직면했음을 확신하게 되었다. 시장의 모든 움직임이 유동성 소용돌이의 양상을 보였으며, 며칠 연속으로 10분마다 손실을 기록하는 것이 거의 불가능하다고 보는 랜덤워크 이론으로는 이를 설명하기가 힘들었다.

유동성 이벤트에 직면하고 있고 결국에는 가격이 반등하리라는 것을 아는 것과, 이것이 언제 일어날지 그리고 무엇을 해야 할지 아는 것은 다르다. 이에 대한 답은 복잡하며, 이 책에서는 퀀트 이벤트와 위험 관리의 일반적인 원칙에 관한 디테일을 다룰 것이다. 결과부터 간단히 말하자면, 레버리지가 제한된 펀드에서 가까스로 포지션을 유지했고 마침내 시장 반응이 시작된 금요일 아침에 손실을 대부분 만회했다. 레버리지가 높은 헤지 펀드에서는 강제 청산 위험을 제한하기 위해 포지션을 축소했지만, 시장이 회복되기 직전인 바닥 근처에서 다시 포지션을 늘렸다. 반등이 시작되자, 손해를 보던 것보다 더 빠른 속도로 수익을 내기 시작했다.

이후 나는 새로운 거래 전략과 다른 장기적인 연구를 개발하는 일상으로 돌아왔다. 세심한 조사를 통해 각기 다른 종류의 거래 전략과 이들 수익률의 원천에 대해 이해하게 되었다. 운 좋게도 여러 투자 팀에서 많은 훌륭한 사람들과 일을 했으며, 이 책에서 논의된 8가지 전략인 주식 롱-숏, 공매도, 계량적 주식, 글로벌 매크로, 매니지드 퓨처스 managed futures, 채권 차익거래, 전환사채 차익거래, 이벤트 드리븐 투자와 관련된 펀드를 개발하는 데 일조했다.

나는 이론과 실천의 결합을 좋아하기 때문에, AQR과 학계 모두에서 활동하기로 결심했다. 뉴욕 대학에서의 활동을 시작으로 14년 만에 본국으로 돌아와 현재는 코펜하겐 경영대학원 Copenhagen Business School에서 그 활동을 이어가고 있다. 나는 연구와 실무 경험, 동료, 인터뷰 대상자와 헤지펀드 매니저의 초청 강연에서 얻은 통찰력을 바탕으로 헤지펀드 전략에 대한 강의를 해 오고 있다. 그 강의 노트가 서서히 이 책으로 발전하게 되었다.

이 책의 사용법

금융 시장에 관심이 있는 사람이라면 누구나 이 책을 읽을 수 있다. 이 책은 디테일을 파고들기를 원하는 사람과, 수식은 생략하고 직관적인 설명과 인터뷰에 초점을 맞추기를 선호하는 사람 모두 각자 다른 방식으로 읽을 수 있다. 따라서 금융권 실무자를 위한 자료뿐만 아니라 학생들을 위한 교과서로서도 의미가 있다.

첫째, 이 책이 헤지펀드, 연기금, 공모펀드, 보험 회사, 은행, 중앙은행 등에서 일하는 금융 실무자 혹은 스마트머니smart money가 어떻게 투자하고 시장 가격이 어떻게 결정되는지에 관심이 있는 사람들에게 유용했으면 한다.

둘째, 이 책은 교과서로도 사용될 수 있다. 나는 이 자료를 뉴욕대학의 MBA 학생들과 코펜하겐 경영대학원의 석사 과정 학생들에게 '투자와 헤지펀드 전략' 강의에서 사용하고 있다. 이 책은 다양한 수업에서 본 교재 혹은 보충 교재로 쓰일 수 있다. 학부 고학년부터 박사 과정 학생에 이르기까지 읽을 수 있으며, 이들 중 몇몇은 이 책을 통해 효율적으로 비효율적인 시장에 대한 연구 아이디어를 얻기도 했다. 내 웹사이트 www.lhpedersen.com에서 각 장과 관련된 연습 문제와 다른 강의 교재들을 확인할 수도 있다.

이 책의 3가지 주요 주제

표 I 효율적으로 비효율적인 시장

시장 효율성	투자 방식
효율적 시장 가설 모든 가격은 항상 모든 관련 정보를 반영한다.	**패시브 투자** 가격이 모든 정보를 반영한다면 시장을 이기려는 노력은 헛수고다. 투자자가 액티브 매니저에게 지불하는 수수료만큼 시장보다 성과가 저조할 것이다. 그러나 누구도 시장을 이기지 않으려 한다면 누가 시장을 효율적으로 만드는가?
비효율적 시장 가설 시장 가격이 투자자의 비합리성과 행동 편향에 크게 영향을 받는다.	**액티브 투자** 투자자들이 무지하여 가격이 펀더멘털과 무관하게 움직인다면 시장을 이기기는 쉬울 것이다. 그러나 시장은 매우 경쟁적이며, 대부분의 투자 전문가들은 시장을 이기지 못한다.
효율적으로 비효율적인 시장 시장은 비효율적이지만 어느 정도는 효율적인 범위 내에 있다. 전문 투자자들 사이의 경쟁은 시장을 거의 효율적으로 만들지만, 시장은 비용과 위험을 보상받을 정도로 비효율적으로 남아 있다.	**비교 우위를 가진 투자자의 액티브 투자** 경제적인 이유가 있는 투자 스타일을 사용하여 시장을 이길 수 있는 액티브 투자자들이 한정된 자본을 투자한다. 이 책의 밑바탕에 깔린 아이디어는 왜 특정 전략이 작동하는지, 그리고 증권의 가격이 어떻게 책정되는지를 이해하는 틀을 제공한다.

표 II 헤지펀드 전략과 구루들

전통적인 헤지펀드 전략 수익이 나는 원인	이 책에서 인터뷰한 구루 해당 전략의 대가
재량적 주식 투자 각 회사 사업의 펀더멘털 분석을 통한 주식선택	**리 에인슬리 III** Lee Ainslie III '타이거 컵'의 스타이자 주식 투자자
공매도 전문 투자 과장된 수익 또는 결함이 있는 사업 계획을 가진 기업을 적발	**제임스 차노스** James Chanos 엔론이 파산하기 이전에 공매도를 한 전설적인 금융 탐정
계량적 주식 투자 과학적인 방법과 컴퓨터 모형을 사용하여 수천 개의 증권을 매수 혹은 매도	**클리프 애스니스** Cliff Asness 퀀트 전문가이자 모멘텀 투자 발견의 선구자
글로벌 매크로 전략 글로벌 채권, 통화, 신용, 주식 시장의 거시적 환경에 대한 베팅	**조지 소로스** George Soros '영란은행을 무너뜨린' 매크로 철학자
매니지드 퓨처스 전략 글로벌 선물과 선도 계약을 이용한 추세 추종 투자	**데이비드 하딩** David Harding 체계적인 추세 감지 시스템을 고안
채권 차익거래 채권, 채권 선물, 스왑 등 유사한 증권의 상대적 가치를 이용한 거래	**마이런 숄즈** Myron Scholes 노벨상을 받은 그의 학문적 아이디어를 이용한 투자
전환사채 차익거래 값싸고 유동성이 떨어지는 전환사채를 매수하고 주식으로 헤지	**켄 그리핀** Ken Griffin 하버드 기숙사 방에서 트레이딩을 시작해 큰 사업을 꾸린 소년왕
이벤트 드리븐 차익거래 합병, 분사 또는 재무적 곤경과 같은 특정 사건에 대한 거래	**존 폴슨** John A. Paulson 서브프라임으로 '역대 최고의 거래'를 기록한 이벤트 마스터

표 III 투자 스타일과 수익의 원천

투자 스타일	수익의 원천
거래전략 전반에 걸쳐 사용되는 보편적인 방식	해당 방법이 효율적으로 비효율적인 시장에서 작동하는 이유
가치 투자 내재가치 대비 가격이 낮은 값싼 증권(예: 주가순자산비율 또는 주가수익비율이 낮은 주식)을 매수하면서 비싼 증권을 공매도	**위험 프리미엄 및 과잉 반응** 위험 프리미엄이 높거나 인기가 없는 증권의 경우 특히 투자자들이 수년간의 악재에 과잉 반응할 때 저렴해짐
추세 추종 투자 상승하고 있는 증권을 매수하면서 하락하는 증권을 공매도(예: 모멘텀과 시계열 모멘텀)	**초기 과소 반응 및 지연된 과잉 반응** 가격이 처음에는 뉴스에 과소 반응 하지만, 시간이 지남에 따라 과잉 반응으로 이어지므로 행동적 편향, 군집 효과, 자본 흐름이 추세를 만듦
유동성 공급 유동성 위험이 높은 증권을 매수하거나, 유동성이 필요한 다른 투자자가 매도하는 증권을 매수	**유동성 위험 프리미엄** 투자자들은 거래 비용이 낮거나 유동성 위험이 낮은 증권을 선호하기 때문에 유동성이 떨어지는 증권은 프리미엄을 받아야 함
캐리 거래 '캐리'가 높은 증권, 즉 시장 상황(가격)이 그대로 유지될 경우 수익률이 높은 증권을 매수	**위험 프리미엄과 마찰** 위험 프리미엄은 캐리에 반영될 가능성이 높기 때문에 캐리는 기대 수익률을 시기 적절하게 관측할 수 있는 척도가 됨
저위험 투자 위험한 증권을 공매도하면서 레버리지로 안전한 증권을 매수. 역베타라고도 불림	**레버리지에 대한 제약** 레버리지 사용을 꺼리는 투자자들은 고위험의 '복권적' 자산에 투자하므로, 저위험 투자는 레버리지 위험 프리미엄으로 인해 수익이 발생
우량성 투자 수익성, 안정성, 성장성 등 우량성이 높은 증권을 매수하는 동시에 우량성이 낮은 증권을 공매도	**느린 조정** 우량성이 좋은 증권은 가격이 높아야 하지만, 시장이 이를 천천히 반영할 경우 해당 증권의 수익률이 높음

서문

이 책에는 헤지펀드 등 전문 투자자들이 어떤 거래 전략을 이용하는지가 담겨 있다. 핵심 거래 전략을 어떻게 실행해야 하는지를 보여 주고, 그것이 왜 효과가 있는지 혹은 왜 그렇지 않은지를 설명한다.[1] 이러한 전략을 성공적으로 개발하고 거래한 몇몇 최고의 헤지펀드 매니저들과의 인터뷰도 포함되어 있다. 마지막으로, 표 I에서 보았듯, 이러한 거래 전략을 통해 금융 시장이 어떻게 운영되고 증권 가격이 어떻게 효율적으로 비효율적인 방식으로 매겨지는지를 보여 준다.

헤지펀드는 항상 매우 비밀스러웠으며 종종 투자자들조차 헤지펀드가 어떤 전략을 추구하는지 어림풋한 추측밖에 하지 못했다. 전략의 비밀성 덕분에 수수료는 높았고 업계 진입은 힘들었다. 이 책은 헤지펀드의 주요 전략을 공개한다. 헤지펀드의 주요 전략, 거래 전략 평가 방법, 거래를 하는 방법, 위험 관리 방법,

새로운 전략을 만드는 방법 등을 이해하기 쉽게 설명한다.

각 헤지펀드 전략을 진정으로 이해하기 위해, 표 II에서 봤듯 각 투자 스타일별 세계 최고의 헤지펀드 매니저와의 인터뷰를 담았다. 타이거 컵의 스타 리 에인슬리가 타이거 매니지먼트의 전설적 인물인 줄리안 로버트슨 밑에서 일하며 배운 주식을 선택하는 방법을 공개한다. 유명한 공매자인 짐 차노스는 그가 어떻게 문제가 있는 사업 계획과 사기꾼 경영자를 가진 기업에 공매도 베팅을 하는지, 그리고 어떻게 언론이 붕괴되기 전에 문제를 발견했는지에 대해 설명한다. 퀀트의 선구자인 클리프 애스니스는 컴퓨터 모형들이 어떻게 수천 개의 증권을 사고 파는지, 그리고 그의 학문적 발견인 모멘텀 효과를 어떻게 가치 그리고 다른 팩터들에 대한 보완으로 실제 투자 전략으로 녹여냈는지에 대해 논한다. '영란은행을 무너트린 사나이'인 조지 소로스는 매크로 베팅과 시장의 진화에 대한 본인의 생각을 이야기한다. 데이비드 하딩은 그가 어떻게 체계적인 추세 감지 시스템을 개발했는지, 그리고 추세가 어떻게 전통적인 시장 효율성 개념과 반대되는지를 논의한다. 마이론 숄즈는 노벨상을 수상한 통찰력을 바탕으로 채권 시장에서 어떻게 거래했는지 설명한다. 켄 그리핀은 어떻게 하버드의 기숙사 방에서 전환사채를 거래하기 시작했는지, 그리고 어떻게 그가 '소년 왕'에서 큰 기업의 경영자로 성장했는지 말한다. 마지막으로, 존 폴슨은 '역대 최고의 거래'로 유명한 서브프라임 베팅을 포함하여 합병 차익거래와 이벤트 드리븐 투자에서 본인의 방법을 설명한다.

내가 인터뷰한 매니저들은 총명함으로 빛이 났다. 헤지펀드 세계는 종종 천재 매니저들이 마법과 같은 방법으로 엄청난 수익을 내는 신비로운 영역으로 알려져 있다. 그러나 헤지펀드 수익률의 대부분은 마법이 아니라 합당한 이유로 작동하는 여러 고전적인 거래 전략 덕분이다. 세계에는 고유한 전략의 수보다 더 많은 헤지펀드가 존재한다. 헤지펀드 수익률의 비밀이 마법이 아니라면, 헤지펀드의 주요 전략을 배우고 이해할 수 있다. 이 책은 일반적인 원리를 알려준다. 헤지펀드가 장기적으로 성공하기 위해서는 돈을 자주 버는 반복 가능한 과정이 필요하다. 이 책은 최고 투자자들의 교훈을 바탕으로 이러한 과정을 설명한다. 물론 이러한 지식을 실행에 옮기기 위해서는 많은 작업과 훨씬 더 많은 수련, 자본, 지적 능력, 거래 인프라가 필요하다. 필요한 모든 기술을 숙달한 자만이 효율적으로 비효율적인 시장에서 수익을 거둘 수 있다.

서로 다른 헤지펀드 전문가가 서로 다른 전략과 방법을 사용하여 서로 다른 시장과 자산군에 투자한다. 그럼에도 불구하고 '투자 스타일'이라 불리는 몇 가지 중요한 원칙들이 있다. 이 책에서는 핵심 투자 스타일에 대해 논의하고, 얼마나 많은 투자 전략과 헤지펀드 전문가들이 표 II에 설명된 것과 같은 가치 투자, 추세 추종 투자, 유동성 제공 및 다른 핵심 스타일에 의존하는지를 보여 준다. 이러한 스타일은 실행 방식(및 용어)이 시장과 투자자에 따라 다르더라도, 일반적으로 여러 자산군과 시장에서 충분히 작동한다.

이 책은 증권의 가격이 어떻게 매겨지고 시장이 어떻게 운영되는지 보여 주지만, 전통적인 학술 금융 서적과는 그 방법이 약간 다르다. 전통적인 금융 서적들은 일반적으로 수식을 사용하여 채권이나 주식의 가치를 매기고 이론에 따라 증권의 가격을 측정하는 반면, 이 책은 시장 가격이 이론적 가치와 다를 수 있는 가능성과 이를 어떻게 사용할지에 대해 자세히 분석한다. 시장 가격과 이론적 가치의 불일치는 두 가지 해석이 가능하다. (1) 시장 가격이 이론적 가치보다 낮으면 사고, 그렇지 않으면 매도하는 매매 기회일 수 있다. 만약 그러한 기회가 반복적으로 발생한다면, 거래 전략으로 이용할 수 있다. (2) 둘 간의 불일치는 이론적 가치가 틀렸다는 것을 반영할 수 있다. 무엇이 진실인지 어떻게 알 수 있을까? 실제 거래 또는 백테스트 시뮬레이션에서 거래 전략을 구현해 보고, 돈을 번다면 (1)이 맞고, 손실을 본다면 (2)가 맞다.

즉, 이 책의 전제는 거래 전략이 자산 가격 결정 이론의 실제 테스트 결과를 제시하고, 반대로 자산 가격 결정 이론을 통해 거래 전략이 만들어지기도 한다는 것이다. 즉 금융 이론이 어떻게 거래 아이디어로 활용될 수 있는지, 거래 결과는 어떻게 금융 이론으로 해석될 수 있는지를 보여 준다.

I. 효율적으로 비효율적인 시장

꾸준히 돈을 버는 거래 전략을 찾기 위해서는 증권이 거래되는 시장을 이해해야 한다. 금융 시장에 관한 근본적인 질문은 금융 시장이 효율적인가 하는 것인데, 이는 여전히 뜨거운 논쟁거리다. 예를 들어, 2013년 노벨 경제학상은 효율적 시장의 아버지이자 옹호자인 유진 파마, 행동경제학의 아버지 로버트 쉴러, 시장 효율성 테스트를 개발한 라르스 한센에게 공동으로 수여되었다.[2] 표 I에서 보듯이, 파마가 정의한 효율적인 시장에서는 시장 가격이 모든 관련 정보를 반영한다. 즉, 시장 가격은 항상 펀더멘털 가치와 같으며, 뉴스가 나오자마자 가격은 즉시 반응하여 새로운 정보를 완전히 반영한다. 시장이 충분히 효율적이라면 이미 가격에는 수집하고자 하는 정보가 반영되어 있으므로 액티브 투자를 할 의미가 없다. 그러나 액티브 투자자가 없다면 누가 애당초 시장을 효율적으로 만들 것인가? 더욱이 투자자들이 액티브 매니저에게 수십억 달러의 수수료를 지불하고 있다는 점을 감안할 때, 액티브 매니저가 평균 이상의 수익을 낼 수 있을 만큼 증권 시장은 비효율적이거나, 매니저가 성과를 내지 못해도 투자자들이 수수료를 낼만큼 자산 관리 시장은 비효율적이라고 봐야 한다. 이 모든 시장이 완전히 효율적이라는 것은 논리적으로 불가능하다.[3]

반면에 쉴러는 사람들의 실수와 공통된 편향으로 인해 증권 시장의 가격이 펀더멘털에서 벗어난다고 본다. 인간은 실수를 저지른다. 패닉에 빠지고, 무리를 짓고, 흥분한다. 그러나 대부분의 투자자들이 비이성적이고 시장 가격이 펀더멘털과 거의 관련이 없다면 시장을 이기는 것은 쉽지 않을까? 현실적으로 시장을 이기는 것은 결코 쉬운 일이 아니다. 대부분의 투자 전문가들, 예를 들어 대부분의 공모펀드는 거의 시장을 이기지 못했다. 자본이 많은 전문 매니저들이 최고의 투자 성과를 내기 위해 치열하게 경쟁하며, 그들이 낮은 가격에 매수하고 높은 가격에 매도하면서 시장은 더 효율적이 된다.

진실은 이러한 양극단 사이에 어딘가에 있다. 그러나 단순히 중간 지대에 있지는 않다. 진실은 명확하다. 바로 시장이 '효율적으로 비효율적'이라는 것이다.

다양한 수요 압력과 제도적 마찰로 인해 가격은 펀더멘털 가치에서 멀어지지만, 자금 관리자들 사이의 치열한 경쟁으로 인해 그 차이는 어느 정도 억제되며, 이 과정은 효율적 수준의 비효율적 시장을 만든다. 자금 관리자가 우수한 성과에 대한 보상을 받을 수 있을 정도로 비효율적이고, 모든 비용을 제한 후의 자금 관리에 대한 보상이 새로운 관리자나 추가 자본의 진입이 매력적이지 않을 정도로 효율적이다.

효율적으로 비효율적인 시장에서 자금 관리자들은 시장에 서비스를 제공하는 것, 즉 유동성을 제공하는 것에 대한 보상을 받는다. 이는 마치 햄버거 가게가 고기, 샐러드, 빵 등을 조합해 햄버거를 배달하는 서비스에 대해 보상받는 것과 같다. 햄버거 가게의 수익은 비용 면에서 효율적으로 비효율적인 경쟁을 반영한다. 자금 관리자의 초과 성과 역시 비용과 위험에 비추어 볼 때 효율적으로 비효율적인 유동성의 가격을 반영한다. 자금 관리자들이 수수료를 제한 후 투자자들에게 제공하는 초과 수익은 자금 관리를 위한 효율적으로 비효율적인 시장을 반영한다.

유동성이란 거래할 수 있는 능력이다. 그러므로 자금 관리자들이 유동성을 제공한다는 것은 다른 투자자들이 반대 포지션을 취하여 거래를 할 수 있도록 돕는다는 뜻이다. 유동성을 제공하는 자금 관리자들이 수익을 얻는 이유는 유동성 수요자들이 펀더멘털 가치와 정확히 같은 가격이 아니더라도 거래할 수 있는 기회를 가치 있게 생각하기 때문이다(햄버거에 들어간 재료비보다 비싼 가격에 햄버거를 사는 것과 같다).

일부 투자자는 위험을 줄일 필요가 있을 때 거래를 한다(농부와 같은 원자재 생산자나 항공사와 같은 원자재 소비자들의 헤지를 생각해 보라). 일부는 돈을 마련하거나 투자를 할 필요가 있다(예를 들어 결혼식에 쓸 현금을 마련하기 위해 채권을 팔고 나중에 결혼 선물로 받은 돈을 다시 투자할 수 있다. 공모펀드는 자본의 유입이나 유출로 인해 포트폴리오를 재조정하기도 한다). 많은 투자자들은 이벤트 위험을 피하기 위해 합병 단계의 주식을 매도하고자 한다. 연기금은 규정을 준수하기 위해 거래하기도 한다. 은행들은 자본 요구로 인해 특정 증권을 선호할 수 있다. 많은 투자자들은 거래하기 어려운 증권을 보유하고 싶어 하지 않는다. 또한 일부 투자자들은 수익률이 높은 투기성 증권을 선호한다. 자금 관리자들은 이러한 거래들의 반대 포지션을 취해 보상을 받는다. 비록 그들의 치열한 경쟁으로 인해 보상이 거의 0에 가깝게 될 수도 있지만, 이러한 거래를 하는 것은 유동성 위험을 갖고 있으므로 유동성의 가격이 0이 되지는 않는다. 여기서 유동성 위험은 최악의 시기에 강제로 청산되고 큰 거래 비용이 발생하는 위험이다.

자금 관리자들에 의해 발생하는 거래 비용은 투자자들의 수익률을 낮춘다. 또한 자금 관리자들은 그들의 노력, 기술, 내부 운영비(트레이더에 대한 급여, 컴퓨터, 임대료, 법률 수수료 등)에 대한 수수료를 부과한다. 투자자들은 매니저가 효율적으로 비효율적인 시장보다 뛰어난 성과를 거둘 때 이러한 비용과 수수료를 기꺼이 부담할 것이다.

효율적으로 비효율적인 시장에서 가격과 수익률은 완전히 효율적인 수준과 얼마나 가까운가? 경쟁으로 인해 시장과 관련된 모든 마찰(유동성 위험 및 자금 조달 비용)을 차감한 증권의 수익률은 완전히 효율적 수준에 매우 가까우며, 이로 인해 시장을 지속적으로 이기는 것은 매우 어렵다. 그러나 수익률이 거의 효율적임에도 불구하고 가격은 미래 현금 흐름의 현재 가치와 상당히 다를 수 있다. 이러한 모순을 이해하기 위해, 이를테면 싼 주식을 사는 것의 수익률은 현재 그리고 내일의 가격 둘 다에 달려 있다는 것에 주목해야 한다. 내일의 가격이 효율적 수준에서 더 멀어질 수도 있고 유동성 비용이 커질 수 있다면, 가격이 효율적 수준에서 크게 벗어나더라도 기대 수익률은 그리 매력적이지 않을 수 있다.

다윈의 이론에 따라 자연이 진화하듯이, 시장도 끊임없이 진화한다. 그러면서 효율적 수준의 비효율성으로 수렴한다. 완벽한 시장 효율이라는 전통적인 경제 개념은 자연이 완전한 균형 상태에 도달해 진화를 멈춘다는 견해에 해당한다. 그러나 현재까지 자연에서 살아남은 생명체가 '완전한 균형 상태'라고 볼 수는 없다. 금융 시장에서도 이와 비슷하게, 살아남는 투자자와 전략에는 여러 종류가 있다. 시장 원리는 가격을 효율적인 수준으로 만드는 경향이 있는 반면, 뉴스가 도착하고 수요와 공급에 가해진 충격이 가격에 영향을 미치면서 시장 상황은 계속해서 진화한다.

본질적으로 금융 시장 안팎의 많은 사회적 역학 관계는 효율적 수준의 비효율성을 수반한다. 예를 들어, 정치 과정은 비효율적일 수 있지만 정치인들은 그들의 경쟁자와 비교해서 효율적으로 보이고자 하는 동기를 가지고 있다. 그러나 정치 체제에서의 경쟁은 유권자의 대표자 감시 능력으로 인한 마찰(금융 시장의 마찰과 비슷하다)로 인해 그 과정을 충분히 효율화하지 못하고 있다. 마찬가지로, 교통 상황은 효율적으로 비효율적이다. 예를 들어, 복잡한 고속도로를 운전할 때 어떤 일이 일어나는지 생각해 보라. 차선을 변경하는 사람들로 인해 각 차선에는 비교적 고른 수의 차가 있으므로 모든 차선에서 거의 똑같은 속도로 움직인다. 그러나 차선을 바꾸는 비용과 바뀌는 교통 상황 때문에 모든 차선에서 차들이 정확하게 똑같은 속도로 움직이지는 않는다. 차선 마다의 속도는 차선 변경이 거의 도움이 되지 않는 효율적으로 비효율적인 수준에 도달하는 경향이 있다. 빈번한 거래와 높은 레버리지가 금융 시장의 위험을 증가시키듯, 빈번한 차선 변경과 고속 주행이 운전 위험을 증가시킨다. 그러나 차선 변경에 비교 우위가 있는 사람들은 여전히 그렇게 할 것이다.

효율적으로 비효율적인 시장의 경제 메커니즘은 표 A에서 볼 수 있듯이 신고전주의 경제 메커니즘과 근본적으로 다르다. 신고전주의 원리는 경제학을 이해하는 기본이기 때문에 전 세계 대학에서 계속 가르치고 있다. 경제적 사고방식은 거의 매번 신고전주의를 참고하지만, 이러한 원리가 실제 세계를 정확히 묘사한다는 믿음은 2007년에 시작된 세계 금융 위기, 이전의 유동성 위기, 그리고 수십 년간의 연구에 의해 흔들리고 있다.

모딜리아니-밀러 Modigliani–Miller 정리와 대조적으로, 기업에게 부채는 여러 편익이 있는 반면, 재무 위기 비용이 있는 상태에서 유동성 위기가 올 경우 현금이 부족한 기업은 투자 정책을 바꾸어야 한다. 2개 자산 분리 정리 Two-Fund Separation Theorem 에서는 모든 투자자가 현금 혹은 레버리지와 결합해 시장 포트폴리오를 보유한다고 규정하지만, 대부분의 실제 투자자들은 서로 다른 포트폴리오를 보유한다. 그중 어떤 투자자는 레버리지를 사용하지 않고 위험한 증권에 집중하는 반면, 어떤 투자자(이를테면 워런 버핏)는 안전한 증권에 레버리지를 사용한다.

표 A 신고전주의 금융과 경제의 원리 vs 효율적으로 비효율적인 시장의 원리

신고전주의 금융과 경제	효율적으로 비효율적인 시장
모딜리아니–밀러 자본 구조와 무관함	**자본구조의 영향** 자금 조달 마찰 문제
2개 자산 분리 정리 모든 사람들은 시장 포트폴리오와 현금에 투자함	**투자자들은 다른 포트폴리오를 선택** 개인의 자금 조달 제약에 따라 다름
자산가격결정모형 시장 위험과 비례하는 기대 수익률	**유동성 위험과 자금 조달 제약** 기대 수익률에 영향을 미침
일물 일가 법칙과 블랙–숄즈 공식 무차익거래 조건의 파생 상품 가격	**차익거래 기회** 수요 압력이 파생상품 가격에 영향을 미치면서 기회 발생
머튼의 규칙 만기/배당 시 외에는 콜옵션 행사나 전환사채 전환을 하지 말 것	**최적의 조기 행사 및 전환** 현금 확보, 공매도 비용 절감, 거래 비용 제약
실제 경기 변동 및 리카르도 동등성 거시경제는 정책 및 금융과 무관함	**신용 사이클과 유동성 소용돌이** 매크로, 자산 가격 및 자금 조달 제약의 상호 작용에 의해 만들어짐
테일러 준칙 통화 정책은 금리 정책에 초점을 둠	**두 가지 통화 정책 수단** 금리(대출 비용)와 담보 정책(대출 규모)

자산의 수익은 자산가격결정모형에서 말하는 시장 위험의 영향만 받는 것이 아니다. 투자자들은 자금 조달이 어렵거나 높은 거래 비용의 위험을 수반하는 증권을 보유하는 데 대한 보상을 원하기 때문에, 시장과 자금 조달 유동성 위험의 영향도 받는다. 통화 시장, 신용 시장(CDS와 채권의 베이시스), 전환사채 시장, 주식 시장(이중 상장 기업의 스프레드), 옵션 시장에서 차익거래 기회가 발생할 때 일물 일가 법칙은 깨진다. 투자자는 현금이 필요하거나 대규모 공매도 비용을 부담해야 할 때, 만기나 배당금 지급 전에 콜옵션을 행사하거나 전환사채를 전환한다(이는 머튼의 법칙과 어긋난다). 금융 시장 마찰은 실물 경제에 영향을 미치고, 중앙은행의 유동성 공급 조치와 같은 파격적인 통화 정책은 유동성 부족을 해소하는 데 중요할 수 있다.[4]

II. 글로벌 거래 전략: 책의 개요

효율적으로 비효율적인 시장에서 비효율성을 이용하는 것은 쉽지 않다. 힘든 노력과 철저한 분석, 거래 인프라를 구축하는 비용, 고도로 숙련된 인력의 기회비용 등이 필요하다. 따라서 성공적인 액티브 투자가가 되기 위해서는 전문화와 규모가 필요하며, 보통 공모펀드, 헤지펀드, 연기금, 프랍 트레이더, 보험사의 담당 매니저들이 자금을 관리한다. 이 책의 첫번째 부분은 액티브 투자를 위한 주요 도구들을 설명한다. 아래 그림에서 보듯이,

우리는 거래 전략을 평가하고, 찾고, 최적화하고, 실행하는 방법을 배운다.

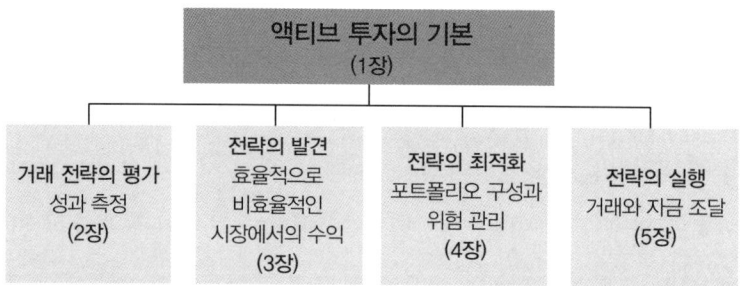

헤지펀드는 투자에 있어 가장 제약이 없고 전문적인 투자자이므로, 이 책에서는 헤지펀드의 전략에 초점을 맞출 것이다. 헤지펀드에 초점을 맞추기는 하지만, 책에 나오는 전략들은 다른 대부분 액티브 투자자들의 핵심 전략이기도 하다. 한 가지 차이점은 헤지펀드가 매수(증권의 가치가 상승하는 데 베팅)와 더불어 공매도(증권의 가치가 하락하는 데 베팅)를 할 수 있는 반면, 다른 대부분의 투자자는 매수만 할 수 있다는 점이다. 하지만 그 차이는 생각보다 작다. IBM을 매수하고 CISCO를 공매도하는 헤지펀드 전략은 (벤치마크 대비) IBM 투자 비중을 늘리고 CISCO 투자 비중을 줄이는 공모펀드와 일치한다.

여기서는 전략을 크게 주식 전략, 매크로 전략, 차익거래 전략으로 구분했다. 주식 헤지펀드는 주로 주식에 투자하며, 매크로 헤지펀드는 주로 전체 시장에 투자하고(통화, 채권, 주가 지수,

원자재), 차익거래 펀드는 주로 관련된 증권을 쌍으로 투자해 상대 가치에 베팅한다. 그림 B에서 보는 바와 같이 이 세 가지의 거래 전략은 세분화되며, 그것이 이 책의 세부적인 구조이기도 하다.[5] 각 장의 내용이 다르므로 독립적으로 읽을 수 있다. 예를 들어, 이벤트 드리븐 투자에 가장 관심이 많은 독자는 16장으로 바로 이동하면 된다(기본이 되는 1-5장은 참고).

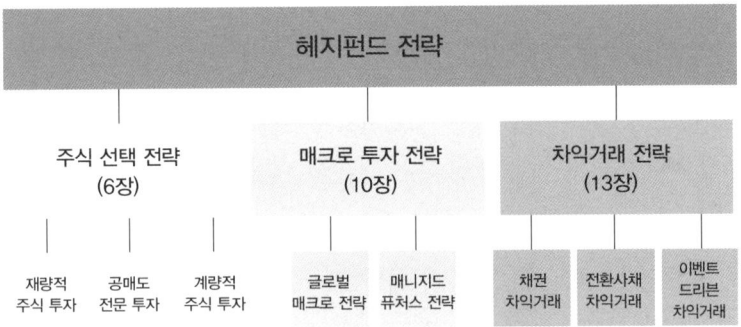

1) 주식 전략

주식 전략은 재량적 롱-숏 주식 투자, 공매도 전문 투자, 계량적 주식 투자로 세분화된다. 재량적 롱-숏 주식 매니저들은 일반적으로 각 기업의 가치에 대한 펀더멘털 분석 및 수익성과 밸류에이션을 비교하고 성장 전망에 대한 연구를 바탕으로 매수 혹은 공매도를 한다. 이러한 펀드매니저들은 회사 경영진의 자질을 분석하고, 경영자를 만나고, 기업을 살펴보기 위해 탐방을 가기도 한다. 그뿐만 아니라, 기업의 신뢰도 평가와 미래 현금 흐름을 추정하기 위해 회계 숫자를 살펴본다. 주식 롱-숏 매니저들은 대부분 특정 기업에 베팅하지만 산업 전체에 대한 전망을 갖기도 한다.

가치 투자자로 불리는 일부 주식 매니저들은 저평가된 기업을 사들여 장기간 보유한다. 워런 버핏이 가치 투자자의 훌륭한 예다. 이 거래 전략을 이행하려면 종종 추세를 역행하는 투자를 해야 한다. 다른 투자자들이 특정 기업에 대한 관심을 버릴 때 주가가 싸지기 때문이다. 따라서 저가 주식은 종종 인기가 없거나 다른 사람들이 공황 상태에 빠져 있을 때 매수된다. 일반적인 생각을 거스르는 것은 보기 보다 어렵다.

또 다른 투자 방법은 단기의 기회를 이용하는 것이다. 이를테면 기업의 다음 수익 발표를 다른 투자자들보다 더 잘 예측하려고 노력하는 것이다. 남들이 예상하는 것보다 수익이 더 많이 나올 것이라 생각하면, 발표 전에 매수하고 발표 후에 매도하면 된다. 좀 더 일반적으로, 이러한 기회주의적인 거래자들은 어떠한 사실이 널리 알려지기 전에 포지션을 취하려고 하고, 정보가 가격에 반영될 때 포지션을 정리한다. 그들의 신조는 다음과 같다.

소문에 사고, 뉴스에 팔아라.

만약 소문이 사실이라는 것을 미리 알았다면, 불법 내부자 거래에 해당할 수도 있다.

주식형 롱-숏 매니저는 종종 공매도 보다 매수 포지션을 더 가지고 있는 반면, 공매도 전문 매니저의 경우는 그 반대다. 그들은 주식 롱-숏 매니저와 비슷한 기술을 사용하지만, 공매도할 기업을 찾는 데 초점을 맞춘다. 공매도는 주가가 내려갈 것이라는 데 베팅하는 것이다. 주식을 매수하면 주가가 오를 때 수익을 보는 것처럼, 공매도를 하면 주가가 내려갈 때 수익을 본다. 예를 들어, 공매도는 주식을 빌린 후 현재 가격인 100달러에 매도한다. 일정 시간이 지난 후, 해당 주식을 다시 매수한 후 대여자에게 돌려주어야 하는데, 주가가 90달러까지 내려갔다면 팔았던 것보다 싸게 되사 차액을 벌게 된다. 이 예에서는 10달러의 수익을 본다. 반면 가격이 올랐다면 손해를 본다.

공매도 전문 매니저들은 주가가 하락할 기업, 즉 방이 모두 비어 있는 호텔, 약이 잘 팔리지 않는 제약 회사, 사기나 부정한 회계 처리를 한 기업 등을 찾는다. 주가가 내려가는 경우보다 오르는 경우가 더 많기 때문에(이를 주식 위험 프리미엄이라 한다), 공매도 전문 매니저들은 시장에서의 일반적인 상승 추세에 맞서 싸우며, 아마도 이러한 이유로 아주 작은 숫자의 헤지펀드만이 공매도 전문 투자를 한다.

거의 모든 주식 롱-숏 헤지펀드와 공매도 전문 헤지펀드(그리고 일반적으로 대부분의 헤지펀드)는 재량적으로 투자를 하는데, 이는 경험, 다양한 종류의 정보, 직관력 등을 기초로 종합적으로 평가하여 트레이더의 재량에 따라 매수 또는 매도 결정을 하는 것이다. 이러한 전통적인 거래 형태와 반대되는 방식은 '계량적 투자', 즉 줄여서 '퀀트'다. 퀀트는 거래 규칙을 명시적으로 정의하고 이를 체계적으로 구현하는 시스템을 구축한다. 그들은 비계량적 방법으로는 쉽게 처리할 수 없는 아이디어를 정교하게 처리하여 소규모의 다양한 거래들에서 작은 우위를 점하려고 한다. 이를 위해 그들은 경제, 금융, 통계, 수학, 컴퓨터 과학, 공학 등의 도구를 데이터와 결합하여 시장 가격에 완벽하게 포함되지 않은 관계를 찾아낸다. 퀀트들은 이러한 관계를 바탕으로 거래 신호를 생성하는 컴퓨터 시스템을 구축하고, 거래 비용을 고려한 포트폴리오 최적화를 수행하고, 초당 수백 건의 주문을 전송하는 자동화된 매매 시스템을 이용하여 거래한다. 달리 말하면, 인간의 관리하에 다양한 프로그램을 운영하는 컴퓨터에 데이터를 공급하여 거래를 하는 셈이다.

일부 퀀트는 거래 시작 후 밀리초 또는 분 이내에 거래를 종료하는 고빈도 매매에 초점을 맞춘다. 다른 이들은 통계적 패턴에 근거해 일일 빈도로 거래하는 통계적 차익거래에 초점을 맞춘다. 펀더멘털 퀀트(혹은 주식 시장 중립) 투자라고 불리는 저빈도 매매에 초점을 맞추는 사람들도 있다. 펀더멘털 퀀트 투자는 재량적 투자자가 사용하는 것과 동일한 팩터를 사용하여 싼 주식을 매수하고 비싼 주식을 공매도하지만, 컴퓨터 시스템을 이용해 체계적으로 거래한다는 점이 다르다.

재량적 투자는 각 거래에 대한 맞춤형 분석과 사적인 대화 등 소프트 정보를 활용한다는 장점이 있지만, 이러한 노동 집약적 방법은 제한된 수의 증권만을 심층적으로 분석할 수 있다. 또한 재량권은 투자자의 심리적 편향에 영향을 받기도 한다. 계량적 투자는 전 세계 수천 개의 증권에 거래 아이디어를 적용해 상당한 분산 투자 효과를 거둘 수 있다는 장점이 있다. 게다가 퀀트는 로봇의 거래 규칙에 본인의 아이디어를 적용할 수 있다. 모든 투자자에게 규율은 중요하지만, 이러한 속담도 있다.

> 규칙을 가져라. 항상 규칙을 따르되 언제 규칙을 어길지 알고 있어라.

예를 들어, 만약 데이터에 문제가 있다는 것을 깨닫거나, 2008년 리먼 브라더스의 파산과 같이 모형으로는 설명할 수 없는 중요한 사건들이 갑작스럽게 일어난다면, 퀀트 역시 '규칙을 어길' 필요가 있다.

퀀트는 효율적인 포트폴리오를 만드는 것과 전략을 백테스트할 수 있다는 장점도 있는데, 이는 과거에 해당 전략을 실행했을 경우 얼마나 성과가 좋았는지 시뮬레이션할 수 있다는 뜻이다. 물론 과거의 성공이 미래의 성공을 보장하지는 않지만, 적어도 한 번도 효과가 없었던 규칙은 무시할 수 있다. 더욱이 체계적인 투자는 심리적 편향의 효과를 어느정도 감소시킨다. 계량적 방법의 단점은 하드 데이터에 대한 의존성과 컴퓨터 프로그램이 인간의 판단을 실시간으로 통합할 수 없다는 점이다.

재량적 거래나 계량적 방법 모두 분석적 도구를 배우는 것이 유용하며, 이 책의 목적은 그러한 도구를 제공하는 것이다. 미리 말하지만 나는 퀀트다. 그러나 이 책에 기술된 방법들은 재량적이든 계량적이든 모든 매니저가 필수적으로 알아야 한다고 생각한다. 실제로 많은 재량적 투자자들은 종종 대규모 거래를 실행하기 전에 거래 아이디어의 역사적 성과를 분석한다. 예를 들어, 리 에인슬리와의 인터뷰에는 매버릭 캐피털이 투자 프로세스에 영향을 미치고 위험을 관리하는 데 도움을 주는 계량적 시스템을 어떻게 만들었는지가 담겨 있다.

2) 매크로 전략

매크로 전략은 '글로벌 매크로'와 '매니지드 퓨처스'로 나뉜다. 글로벌 매크로 트레이더들은 전 세계 경제 전반에 걸친 현상에 베팅한다. 그들은 증시가 전반적으로 오를지 아니면 내릴지, 인플레이션으로 인해 금값이 폭등할지, 신흥 시장의 통화 가치가 오를지 내릴지 등에 대한 시각을 갖는다. 조지 소로스의 퀀텀펀드를 운영했던 스탠리 드러켄밀러의 말에서 분명히 알 수 있듯이, 일부 글로벌 매크로 트레이더들은 큰 포지션을 취한다.

> 확신히 아주 강하다면 급소를 찌르듯 매우 공격적으로 거래해야 한다. 욕심쟁이가 되려면 용기가 필요하다.

반면 어떤 이들은 분산 투자와 위험 관리를 더욱 중요시 여긴다.

황소와 곰은 돈을 벌지만 돼지는 도살된다.

이 속담에 따르면, 매수 포지션(황소)을 취하거나 공매도 포지션(곰)을 취하면 돈을 벌 수 있지만, 위험을 통제하지 않으면(돼지) 결국 망하게 된다. 조지 소로스와의 인터뷰에서 그 역시 위험 관리에 상당한 비중을 두고 있지만, 상승 폭이 크고 하락 폭의 제한이 있는 기회에서는 매우 공격적이어야 한다고 말했다.

이러한 서로 간의 차이점들은 전 세계 매크로 트레이더들 사이의 큰 차이를 반영한다. 이들은 경제학에 대한 정식 교육을 거의 받지 않은 트레이더부터 전직 중앙은행 경제학자들까지 배경이 매우 다양하다. 어떤 사람들은 데이터를 분석하지만, 다른 사람들은 중앙은행의 일거수일투족을 파악하며, 또 다른 이들은 전 세계적 투자 아이디어를 위해 탐방을 하는 등 서로 다른 접근 방식을 가지고 있다. 글로벌 매크로 펀드 중에는 테마 트레이더도 있는데, 그들은 몇 가지 테마에 초점을 맞추고 이에 대한 다양한 거래를 한다. 예를 들어, 중국이 폭발적인 성장세를 이어갈 것이라는 테마가 있는 경우, 글로벌 트레이더들은 중국 주식을 매수하거나, 중국이 수입하는 원자재를 매수하거나, 중국에 물건을 파는 기업 혹은 업종에 투자할 수 있다.

글로벌 매크로 트레이더들은 서로 많이 다르지만 비슷한 점

또한 있다. 예를 들어, 매크로 트레이더들은 양의 캐리positive carry로 수익을 내는 것을 좋아한다. 따라서 의도적이든 아니든 소위 캐리 거래, 특히 통화 캐리 거래에 노출되는 경우가 많다. 이 전략은 이자율 차이에서 수익을 얻는데, 기본적으로 한 통화를 저금리로 빌리고 더 높은 금리로 다른 통화에 투자한다. 그러나 이는 통화의 상대적 가치가 변할 수 있는 위험에 노출된다.

매니지드 퓨처스(상품거래자문사commodity trading advisors, CTA라고도 한다)는 글로벌 매크로 트레이더가 거래하는 것들과 동일한 종류의 증권(채권선물, 주가지수선물, 통화선물, 원자재선물 등)을 거래한다. 매니지드 퓨처스 투자자들은 종종 가격의 추세를 찾은 후, 상승 추세의 상품을 매수, 하락 추세의 상품을 매도한다. 예를 들어 금값이 계속 상승하고 있다면 매니지드 퓨처스 헤지펀드는 금선물을 매수하기도 하는데, 이는 금선물 가격이 계속 상승할 것이라는데 베팅하는 것이다.

추세는 당신의 친구다.

매니지드 퓨처스 헤지펀드는 펀더멘털 데이터 보다는 가격 데이터에 초점을 맞추며, 통계적 방법(매니지드 퓨처스 퀀트)이나 경험 법칙(기술적 분석)을 사용한다. 그 후 매니지드 퓨처스 투자자들은 추세가 있는 시장, 과열된 추세 또는 역추세로 인한 반등을 파악하려고 노력한다. 이는 사람들이 뉴스에 과소 반응하여 추세가 시작된다는 철학에 기반한다. 가격이 펀더멘털을 모두 반영하고서도 한동안 같은 방향으로 움직임에 따라 다른 투자자들 역시 무리지어 투자하기 시작하며, 결국 과잉 반응이 지속된 후 궁극적으로는 하락하게 된다. 매니지드 퓨처스 투자자들은 뉴스보다는 가격에 집중한다.

위에서 조지 소로스가 말했던 글로벌 매크로의 시각과는 매우 다르게, 위험관리는 매니지드 퓨처스 투자자에게 매우 중요하다. 매니지드 퓨처스 투자자들이 손해를 보는 주된 이유는 추세의 방향이 바뀌었기 때문이며, 이 경우 포지션을 바꾼 후 새로운 추세에 탈 준비를 해야한다.

3) 차익거래 전략

차익거래 전략은 채권 차익거래, 전환사채 차익거래, 이벤트 드리븐 투자로 구성된다. 채권 차익거래는 소위 컨버전스 거래convergence trade를 기반으로 한다. 컨버전스 거래는 비슷한 증권 중 가격이 다른 쌍을 찾아 가격이 낮은 것을 매수, 가격이 높을 것을 매도한 후 가격 차이가 수렴할 것을 기대한다. 채권은 보통 만기가 존재하므로 결국에는 가격이 수렴하지만, 빨리 수렴할 수록 수익성이 높다. 컨버전스 거래의 가장 큰 위험은 가격 차이가 커져 손해를 봄에 따라 강제 청산을 당하는 경우다. 경제학자인 존 메이너드 케인스John Maynard Keynes는 이 위험을 다음과 같이 표현했다.

시장은 당신이 버틸 수 있는 시간보다 더 오랫동안 비합리적일 수도 있다.

채권 차익거래의 대표적인 예로는 온더런과 오프더런 국고채 거래, 수익률 곡선 거래, 스왑 스프레드 거래, 모기지 거래, 선물-채권 간 베이시스 거래, 채권과 신용부도스왑CDS 간 베이시스 거래 등이 있다.

또 다른 고전적인 차익거래는 전환사채 차익거래다. 전환사채는 미리 정해진 전환 비율로 주식으로 전환할 수 있는 회사채다. 전환사채는 회사채와 회사의 주식에 대한 콜옵션의 결합으로 볼 수 있다. 옵션의 가격결정기법을 이용하면 전환사채의 가치는 기업의 주가 및 변동성의 함수로 계산할 수 있다. 이러한 전환사채의 이론적 가치는 시장 가격보다 높은 경향이 있는데, 전환사채는 빨리 매도하기가 매우 어려울 수 있으므로 투자자들은 유동성 위험에 대한 보상을 받아야 하기 때문이다. 전환사채 차익거래는 값싼 전환사채를 매수하고 주식을 공매도하거나 다른 방법들을 통해 위험을 헤지한다.

마지막으로, 이벤트 드리븐 헤지펀드는 기업의 이벤트와 관련하여 발생하는 기회를 이용하려고 한다. 고전적인 이벤트 드리븐 거래는 합병 차익거래(위험 차익거래라고도 불림)다. 기업 인수과정에서, 인수자는 주식 보유자들로부터 주식을 매수하기 위해 피인수 기업의 주식을 현재 가격보다 높게 입찰한다. 이러한 발표 이후 가격이 급등하기는 하지만 보통 입찰가격까지 오르지는 않는다. 이같은 차이는 딜 실패 위험 때문이기도 하지만, 발표 직후 많은 투자자들이 주식을 매도하기 때문이기도 하다. 합병 차익거래 매니저들은 일반적으로 발표 후 가격의 급등 후에 피인수 대상 회사의 주식을 매수하며, 현재주가와 입찰가격 간의 차이만큼 수익을 얻고자 한다. 합병의 반대되는 기업 행사는 한 기업이 두 기업으로 나뉘게 되는 분리 설립spin-off 또는 분할 설립split-off이다. 이러한 행사 역시 이벤트 드리븐 매니저들에게 기회를 제공한다. 이벤트 드리븐 매니저는 주식뿐만 아니라 회사채와 대출 등 다양한 증권을 거래한다. 같은 기업이 발행한 서로 다른 증권의 상대적 가치를 이용해 거래하는 것을 자본구조 차익거래라고 한다. 일부 이벤트 드리븐 매니저는 부실 기업에 집중하고, 기업의 채권자 협의회에서 적극적인 역할을 해 기업을 회생시키려 한다.

III. 투자 스타일과 팩터 투자

여러 자산군에서 각 매니저들은 서로 다른 투자전략을 추구하지만, 그럼에도 불구하고 나는 이러한 경계를 초월하여 널리 퍼진 어떠한 투자 '스타일'이 존재한다고 주장한다. 투자 스타일은 표 III에서 보는 바와 같이, 자산군과 시장에 걸쳐 광범위하게 적용할 수 있는 매수와 매도 대상을 결정하는 방법으로 정의된다.

스타일 투자의 적용 가능성이 넓다는 것은 이를 체계적으로 구현할 수 있다는 뜻으로, 이는 '팩터 투자'라고도 한다. 예를 들어, 가치 팩터와 모멘텀 팩터 같은 투자 팩터가 있다. 스타일 투자가 팩터 투자에 매우 적합하기는 하지만, 그 외에도 또다른 많은 접근법(팩터 기반 및 재량적 방법)이 있다.

대표적으로, 본 책을 위해 인터뷰한 매니저들은 대부분 가치 투자(싼 증권을 매수하고 비싼 증권을 매도)와 모멘텀 투자(가격이 상승하고 있는 증권을 매수하고 하락하고 있는 증권을 매도)를 사용한다. 표 B에는 인터뷰에서 나온 말 중 가치와 모멘텀과 관련된 것들이 나타나 있다. 애스니스와의 대화에서 알 수 있듯이, 가치와 모멘텀은 분명히 그의 투자 전략의 중심이며, 그는 가치와 모멘텀 전략을 어디에나 적용할 수 있다는 통찰력을 가지고 있다. 즉, 어느 자산군에서도, 상승하는 싼 자산을 매수하고 하락하는 비싼 자산을 매도한다.[6] 소로스는 호황-불황 사이클에 집중하며, 버블에 올라탈 때는 모멘텀 거래를 하지만, 경제가 균형으로 이동함에 따라 버블이 터질때는 가치 투자자가 된다. 숄즈는 채권 차익거래가 종종 역추세 추종 매매negative-feedback trading에 근거한다고 본다. 역추세 추종 매매는 가치 투자의 한 형태로서 추세적 지속에 베팅하는 추세 추종 매매positive-feedback trading와 정반대다. 에인슬리와 차노스는 펀더멘털 가치 투자에 초점을 맞추지만, 종종 모멘텀 기반의 단기 역학short-term dynamics도 고려한다. 하딩은 선물시장에서 체계적인 추세 추종자 중

표 B 가치와 모멘텀 팩터

인터뷰 대상	가치와 모멘텀에 관련된 문구
리 에인슬리	매버릭이 사용하는 가장 일반적인 평가지표는 지속 가능한 현금흐름을 기업의 가치와 비교하는 것입니다 […] 단기적인 기대에 대응하는 것도 확실히 중요합니다.
제임스 차노스	키니코스 어소시에이츠는 펀더멘털이 과대평가되어 가격이 하락할 것 같은 증권을 찾아내 수익을 내는 공매도에 특화되어 있습니다 […] 아무리 좋아하는 주식이라도 손익이 나빠지면, 포지션을 줄일 것입니다.
클리프 애스니스	우리는 점점 더 나아지고 있는 값싼 주식, 즉 학문적 관점에서는 가치와 모멘텀이 있는 주식을 매수하며, 그 반대로 점점 더 나빠지고 있는 값비싼 주식을 공매도 합니다.
조지 소로스	저는 호황/불황 이론을 발전시켰습니다 […] 버블은 균형에 근접한 상태에서 균형과 멀어질 때를 말합니다. 그래서 우리는 두 가지 이상한 끌개를 가지고 있는데, 이곳에서는 모든것이 인식과 실제 상황 사이의 상호작용입니다.
데이비드 하딩	추세는 우리가 찾고 있는 것입니다.
마이런 숄즈	채권 사업은 추세 추종을 통한 방향성이 아닌 이상 대부분 역추세 추종 사업입니다.
켄 그리핀	저는 상대적 가치를 이용한 거래에 눈을 뜨기 시작했습니다.
존 폴슨	피인수 기업의 주식은 입찰 가격에 근접할만큼 상승하지만, 딜이 실패할 위험으로 인해 입찰 가격에서 다소 할인된 가격으로 거래됩니다.

출처: 이 책의 인터뷰와 2003년 5월 15일 SEC에서 차노스의 발언.

한 명인 반면, 그리핀과 폴슨은 상대적 가치에서 발생하는 기회를 노린다.

또 다른 투자 스타일은(표 III 참조) 유동성 제공으로써, 유동성 위험이 높은 증권이나 유동성이 필요한 다른 투자자들이 매도하는 증권을 매수하는 것이다. 이 투자 스타일을 이용한 다양한 투자법이 있다. 그리핀은 유동성 위험 프리미엄을 얻기위해 유동성이 떨어지는 전환사채를 매수하며, 폴슨은 이벤트 위험을 우려하는 투자자들의 수요에 맞춰 피인수 기업을 매수한다. 소로스는 신용 사이클에 올라타며, 애스니스는 통계적 차익거래를 통해 유동성을 공급한다.

캐리 거래는 '캐리'가 높은, 즉, 시장 상황이 그대로 유지될 경우(예: 가격이 변하지 않을 경우) 수익률이 높은 증권에 투자하는 스타일이다. 예를 들어 글로벌 매크로 투자자들은 금리가 높은 통화에 투자하는 통화 캐리 거래를 하며, 채권 투자자들은 고수익 채권에, 주식 투자자들은 배당 수익률이 높은 주식에, 원자재 투자자들은 롤 수익률roll return이 높은 원자재 선물에 투자하는 것을 선호한다.

저위험 투자는 안전한 증권의 위험조정 수익률이 높은 것을 활용하는 방식이다. 이 투자 스타일은 여러 시장에서 서로 다른 방법으로 이루어진다. 저위험 투자는 위험한 주식을 공매도하면서 레버리지로 안전한 주식을 사는 롱-숏 주식전략으로 행해지며, 이는 '역베타betting against beta'라고도 불린다. 저위험 투자는 롱온리 투자에서도 사용되며, 비교적 안전한 주식인 '방어적 주식'을 매수한다. 또한 리스크 패러티 risk parity 투자라는 자산 배분 전략으로도 활용되며, 채권 시장에서도 작동한다.

마지막으로 우량성 투자는 수익성, 안정성, 성장성, 경영의 질과 같은 우량성이 좋은 증권을 매수하고 우량성이 낮은 증권은 공매도한다. 고우량성 증권은 저우량성 증권에 비해 평균가격이 높기 때문에, 우량성에 비해 저렴한 증권을 찾기 위해 우량성 투자는 가치 투자와 결합하기도 한다.

Efficiently Inefficient
How Smart Money Invests and Market Prices Are Determined

1부

액티브 투자의 이론

1

헤지펀드에 대한 이해

효율적으로 비효율적인 시장을 만드는 액티브 투자자에는 여러 유형이 있다. 대형 전문 연금, 기금, 투자은행의 딜러 및 프랍 트레이더, 원자재 생산회사의 트레이딩 부서, 공모펀드, 프랍 트레이딩 회사, 헤지펀드 등이 있다. 이들은 각기 다른 계약 혹은 수익 배분 구조를 가지고 있으며, 서로 다른 회사 고유의 압박과 정치적 사정이 있다. 이 책은 이런 참가자들이 아닌 거래 전략에 초점을 두고 있기 때문에, 각각의 거래 환경을 자세히 논하지는 않는다. 그러나 거래 전략을 실제 투자자와 연결시키기 위해서는 시장을 이기기 위한 가장 순수한 형태의 베팅, 즉 헤지펀드를 이해할 필요가 있다.

헤지펀드가 무엇인지 정의하기는 매우 어렵다. 간단히 말하자면, 헤지펀드는 돈을 벌기 위해 다양하고 복잡한 거래 전략을 추구하는 투자 구조다. 헤지hedge는 매수와 공매도 포지션 모두에 투자하여 시장 위험을 줄이는 것을 의미하며, 펀드fund는 매니저와 투자자가 출자한 자금을 의미한다. 애스니스는 헤지펀드를 다음과 같이 정의했다.

> 헤지펀드는 하는 일에 상대적으로 제약이 적은 투자 풀이다. 상대적으로 규제가 없고, 매우 높은 수수료를 요구하며, 투자자가 원할 때 반드시 돈을 돌려주지 않으며, 보통 어떻게 투자하는지 말해 주지도 않는다. 항상 돈을 벌어야 하며, 그렇지 못하면 투자자는 투자금을 빼서 돈을 벌고 있는 다른 사람에게 갈 것이다. 헤지펀드는 3-4년마다 한 번씩 매우 드문 수익률을 기록한다. 고객은 보통 스위스 제네바의 부자들이며, 코네티컷 그린위치의 부자들이 헤지펀드를 운영한다.

공모펀드 같은 다른 투자 회사에 적용되는 많은 규제가 헤지펀드에는 면제된다. 헤지펀드는 거래를 자유롭게 할 수 있을 뿐만 아니라 공시 요구에 대한 사항도 매우 적다. 대신 자금을 조달할 수 있는 방법에 제한이 있다. 헤지펀드는 레버리지, 공매도, 파생상품 및 성과 수수료 구조를 자유롭게 사용할 수 있지만, 헤지펀드 투자자는 적격 투자자여야 한다. 이는 일정량의 금융 재산 및/또는 금융 지식이 필요하다는 것을 의미한다(이는 규모가 작은 일반 투자자를 그들이 이해할 수 없는 헤지펀드 전략과 위험에 포함된 복합적인 요소로부터 보호하기 위해서다). 또한 헤지펀드는 역사적으로 권유 금지 사항이 적용되며, 이는 광고를 하거나 적극적인 투자 권유를 못한다는 것을 의미한다(경우에 따라 규제가 강화되거나 느슨해지기는 한다).

액티브 투자는 시장이 존재했던 것만큼 오랫동안 있었지만, 헤지펀드가 생긴 지는 반세기 정도밖에 되지 않았다. 최초의 공식적인 헤지펀드는 1949년 알프레드 윈슬로우 존스Alfred Winslow Jones가 만든 펀드다. 존스는 주식에서 매수와 공매도 포지션을 취했으며, 1955년부터 1965년까지 670%의 경이적인 수익률을 기록했다.

존스 훨씬 이전에도 공매도는 널리 사용되었다. 그러나 존스에게는 매수와 공매도 포지션의 균형을 잡음으로써 전반적인 시장 움직임에 상대적으로 영향을 받지 않으면서 공매도 포지션 대비 매수 포지션의 상대적으로 우수한 성과를 통해 수익을 얻을 수 있다는 통찰력이 있었다. 1966년 『포춘Fortune』이 존스의 성과를 발표한 후 헤지펀드에 대한 관심이 높아졌으며, 1968년 미국 증권거래위원회Securities and Exchange Commission, SEC에 따르면 140개의 헤지펀드가 집계되었다. 1990년대 들어 기관 투자자들이 헤지펀드에 투자하기 시작하면서 헤지펀드 산업에 대한 관심이 급격히 증가했다. 2000년대에는 수십억 달러를 운용하는 헤지펀드가 평범한 수준이 되었다. 헤지펀드 산업의 총자산은 글로벌 금융 위기 이전 정점을 찍었던 약 2조 달러에서 금융 위기 기간 동안 하락했지만, 다시 새로운 정점에 도달하고 있다.

헤지펀드는 레버리지로 인해 총포지션이 관리 자산보다 훨씬 크며, 높은 매매 회전율로 인해 총거래량 중 그들의 거래량은 상대적인 포지션 크기보다 훨씬 더 크다. 따라서 헤지펀드의 거래는 시장 전체 거래에서 상당 부분을 차지한다. 효율적으로 비효율적인 시장에서 제한된 유동성 수요를 감안하면, 수익은 제한되어 있으며 액티브 투자의 필요성에도 제한이 있으므로, 헤지펀드에 배분되는 자본의 양이 계속해서 증가할 수는 없다.[1]

1.1 투자 목표와 수수료

자산운용사의 목적은 벤치마크보다 높은 수익을 거두어 투자자에게 가치를 더하는 것이다. 일반적으로 시장 지수를 벤치마크로 삼아 시장을 이기려고 하는 공모펀드와 달리, 헤지펀드는 현금을 벤치마크로 한다. 이를 '절대 수익 벤치마크'라고도 한다. 헤지펀드는 주식 시장을 이기려 하지 않고 어떤 환경에서도 돈을 버는 것을 목표로 하는데, 이것이 '헤지'가 의미하는 바다.

공모펀드의 수익률은 보통 스탠더드앤푸어스 500 Standard & Poor's 500, S&P 500과 같은 주식 시장(또는 채권 시장) 지수를 벤치마크로 삼는다. 만일 S&P 500 지수가 10% 하락하고 공모펀드가 8% 하락하면 벤치마크를 능가했기 때문에 투자자가 칭찬한다. 반면 시장의 움직임과 무관해야 하는 헤지펀드가 8%가 하락했다면 투자자는 손실을 냈다며 비난한다. 반대로 S&P 500 지수가 20% 상승한 경우 16%가 상승한 공모펀드의 투자자는 벤치마크 대비 저조한 성과를 거뒀다며 불만을 토로하겠지만, 시장 중립적인 헤지펀드에 투자한 투자자는 헤지된 베팅이 절대 성과를 거두었다고 만족할 것이다. 시장과 무관하게 수익을 거두는 헤지펀드는 투자자에게 선택받을 만한 잠재력이 있다.

자산 관리자는 투자 서비스의 대가로 수수료를 부과한다. 공모펀드는 자산 규모에 따라 일정한 비율의 관리 수수료를 청구하며, 헤지펀드는 종종 성과 수수료를 추가로 청구한다. 관리 수수료는 관리자의 고정 비용을 충당하기 위한 것이며, 성과 수수료는 관리자가 좋은 성과를 낼 수 있도록 동기를 부여한다. 헤지펀드는 성과 수수료로 직원에게 성과급을 지급할 수 있다.[2]

펀드마다 수수료가 크게 다르지만, 고전적인 헤지펀드의 수수료 구조는 수익률과 무관하게 지불하는 관리 수수료 2%와 성과수수료 20%를 뜻하는 '2-20'다. 예를 들어, 헤지펀드의 수익률이 12%라면, 관리 수수료를 제한 수익률은 10%가 된다. 그러면 10%의 20% 즉, 2%의 성과 수수료가 부과되고, 투자자의 수익률은 8%가 된다. 때때로 성과 수수료에는 단기채 수익률과 같은 최저 목표 수익률hurdle rate이 적용되기도 하는데, 이는 헤지펀드가 최저 목표 수익률을 초과하는 수익률에만 성과 수수료를 받는다는 것을 의미한다. 그러나 일반적으로 성과 수수료는 펀드가 주식 시장 수익률을 이기느냐에 따라 달라지지는 않는다.

헤지펀드의 성과 보수는 종종 하이워터마크high water mark의 적용을 받는다. 즉, 헤지펀드가 손실을 볼 경우 손실을 만회했을 때만 성과 수수료를 받을 수 있다. 선착장을 받치고 있는 교각의 자국을 보면 물이 어느 정도 높이까지 차올랐는지 알 수 있듯이, 헤지펀드는 누적 성과를 살펴보고 성과가 새로운 최고치에 도달했을 때에만 성과 수수료를 청구한다. 그러나 하이워터마크는 투자자마다 다르다는 점에 유의해야 한다. 헤지펀드가 손실을 본 직후 신규 투자자가 들어올 경우, 수익을 거두자마자 신규 투자자에게 성과 수수료를 청구할 수 있다(신규 투자자는 손실을 입지 않았기 때문이다).

수수료는 자산 관리자에게는 수입이지만 투자자에게는 비용이다. 자금 관리에서 수수료는 총금액 혹은 매니저가 달성한 가치와 비교했을 때 큰 편이며, 장기 투자 성과에 미치는 영향 또한 크다. 그래서 투자자는 본인이 지불하는 수수료를 알고 있어야 한다. 지수를 추종하면서 높은 수수료를 요구하는 관리자는 매년 수수료만큼 지수 대비 낮은 성과를 기록하며, 장기적으로는 큰 손실을 입히게 된다.

수수료는 관리자가 제공하는 실질적인 자금 관리 정도 및 관리 능력과 연관해서 봐야 한다. 실질적인 자금 관리 정도는 액티브 위험active risk, 즉 벤치마크로부터 편차의 변동성(또는 추적 오차(tracking error)으로 측정할 수 있다. 따라서 성과가 벤치마크와 크게 차이나지 않는 경우 수수료는 매우 작아야 한다. 마찬가지로 동일한 헤지펀드를 고위험과 저위험 버전으로 운영하는 헤지펀드 매니저는 일반적으로 고위험 펀드에 더 많은 수수료를 부과한다. 이러한 실질적인 자금 관리 정도는 헤지펀드가 공모펀드보다 더 많은 자산 관리 서비스를 제공하므로 더 많은 수수료를 부과하는 이유를 설명하는 데 도움이 된다. 대부분의 공모펀드는 벤치마크 정도의 수익을 기록하기 때문이다.

금융 섹터에서 비용의 중요성을 이해하기 위해, 퇴직 연금에서 비용이 어떻게 쌓이는지를 예로 들어보자. 퇴직 연금은 연금펀드에서 관리되며 수수료가 나간다. 연금펀드는 자산 관리자 선정을 위해 수수료를 주고 투자 컨설턴트를 고용할 수 있으며, 자산 관리자는 본인들의 수수료를 추가로 부과한다. 만약 연금펀드가 재간접펀드[†]에 투자하면, 수수료가 이중으로 부과된다. 마지막으로 고려할 비용은 액티브 투자자의 매매 회전율에서 발생하는 거래 비용이다. 각각의 수수료가 패시브 운용 비용에 비해 매우 경쟁력이 있는 경우가 아니라면, 자산 관리자는 거래를 통해 많은 가치를 추가해야 한다. 결국 최종 투자자가 시장을 이기려면 다음과 같은 '이중 비효율성'이 존재해야 한다. 첫째, 액티브 투자자가 초과 성과를 기록할 정도로 증권 시장은 비효율적이어야 한다. 둘째, 기대되는 초과 성과보다 수수료를 낮게 부

---

† 자산을 채권이나 주식이 아닌, 다른 여러 펀드에 나누어 투자하는 펀드.

과하는 자금관리자를 최종 투자자가 찾을 수 있을 정도로 자금관리 시장이 비효율적이어야 한다.

1.2 성과

다수의 유명한 헤지펀드 매니저들이 엄청난 수익률을 기록하기는 하지만, 그들은 일부일 뿐이다. 일반적인 헤지펀드의 성과가 그 정도로 높지는 않다. 자금 관리 기술을 증명할 만한 좀 더 확실한 증거가 있을까?

이 질문은 몇 가지 이유로 대답하기 무척 어려우며, 특히나 헤지펀드의 경우는 더 그렇다. 우선, 헤지펀드 수익률에 관한 데이터는 제한된 기간에 대해서만 이용할 수 있고, 사소하지 않은 편향이 있을 수 있다. 헤지펀드 데이터베이스가 데이터베이스 공급자에게 보고하고 싶은 펀드 수익률로만 구성되기 때문이다. 헤지펀드는 자기 투자자에게만 보고하면 되며, 비밀스럽게 운용되므로 헤지펀드 수익률에 대한 포괄적인 데이터 출처가 없다.

헤지펀드는 자신들을 홍보하기 위해 수익률을 보고한다. 헤지펀드의 경우 광고가 허용되지 않지만, 투자자가 데이터베이스에서 본인의 기록을 본 후 찾아오기를 기대한다. 이로 인해 데이터베이스에 몇 가지 편향이 생긴다. 첫째, 헤지펀드가 데이터베이스에 보고하기 시작할 때는 펀드의 모든 과거 수익을 보고하며, 이로 인해 데이터베이스를 소급 처리한다. 펀드는 실적이 좋으면 신고를 시작할 가능성이 높기 때문에, 소급 편향backfill bias[†]이 생기게 된다. 처음부터 실적이 저조한 펀드는 데이터베이스에 들어오지 않는 반면, 실적이 우수한 펀드만 보고를 시작할 가능성이 높다. 그래서 어떤 데이터베이스와 연구자들은 소급으로 인한 편향을 없애기 위해, 헤지펀드가 보고를 시작하고 일정 기간 이후의 수익률만 포함하기도 한다.

헤지펀드가 실적 부진을 겪으면 신고를 중단하기도 하는데, 이는 생존 편향survivorship bias으로 이어진다. 이와 반대로 성과가 매우 우수한 헤지펀드가 종종 데이터베이스에 보고를 하지 않아 편향이 발생하기도 한다. 이러한 펀드는 프라이버시를 소중하게 생각하고 고객을 추가로 받지 않으려고 한다. 그들은 제한된 수용력으로 인해 사실상 새로운 투자자를 모집하지 않는다. 따라서, 르네상스 테크놀로지Renaissance Technologies와 같이 가장 우수한 수익률을 가진 펀드가 데이터베이스에서 제외된다.

이러한 편향을 모두 고려할 때, 수수료 전 성과를 살펴보면 최고의 헤지펀드와 최고의 공모펀드에는 특별한 거래 기술이 있음이 증명되었다. 그리고 일부 연구자들은 성과가 지속되는 증거, 즉 최고의 매니저가 계속 최고의 자리를 지키는 경향이 있지만 그 지속성은 약하다는 것도 발견했다. 자산을 배분하는 사람들은 펀드의 단기 성과만을 보고 투자하기보다는 매니저의 장기

[†] 새로운 헤지펀드가 데이터에 추가될 때, 해당 펀드의 과거 성과를 소급하여 처리함으로써 수익률이 인위적으로 높아진다.

성과, 투자 프로세스, 팀워크를 살펴야 한다.[3]

이런 증거는 헤지펀드 수익률 추정에 굉장히 커다란 편향이 있음을 시사한다. 이 편향은 단순히 반올림 오차 정도가 아니라 평균 수익률을 몇 퍼센트포인트%p씩 다르게 인식하는 효과가 있다. 더욱이 헤지펀드 수익률은 평균적으로 시장 중립과는 거리가 멀다. 헤지펀드 지수는 주식 시장과 큰 상관관계를 갖고 있으며, 이는 시간이 지나면서 점점 더 커지고 있다. 또한 헤지펀드는 종종 음의 왜도negative skewness와 초과 첨도excess kurtosis가 있는데, 이는 때때로 극단적인 하락을 기록한다는 것을 의미한다. 실제로 헤지펀드, 특히 소규모 헤지펀드는 감소율이 높으며, 롱텀 캐피털 매니지먼트Long-Term Capital Management, LTCM, 베어스턴스Bear Stearns, 아마란스Amaranth 사태 등 대규모 파산이 있기도 했다.

이 책에서는 실제 헤지펀드의 성과를 살펴보기보다는, 바로 본론으로 들어가 헤지펀드가 추구하는 실제 거래 전략을 연구하여 위 문제를 피해갈 것이다. 나중에 살펴보겠지만 핵심 전략들은 오랜 기간 동안 꾸준히 작동했으며, 효율적으로 비효율적인 시장의 경제적인 이유로 인해 작동했다.

1.3 헤지펀드의 구조

헤지펀드는 계약상 여러 가지 방식으로 구성되지만 일반적으로 그림 1.1과 같이 모자형master-feeder 구조를 사용한다.

그림1.1 모자형 헤지펀드 구조

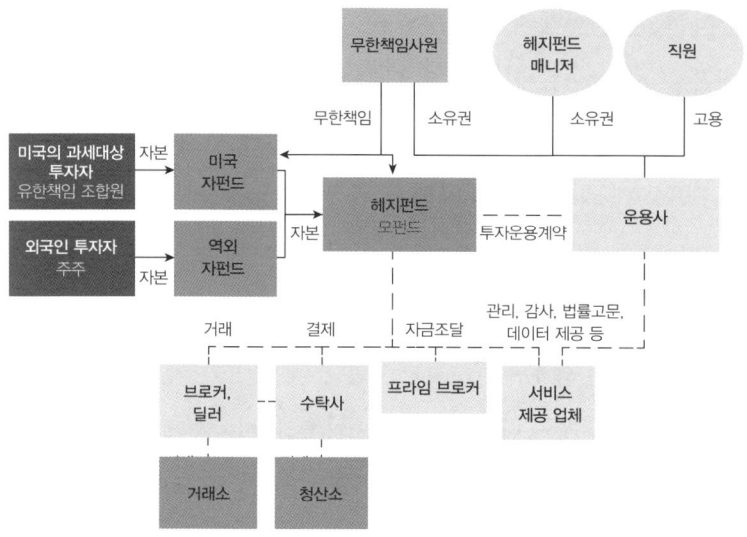

 이 구조는 그렇게 복잡하지 않다. 요지를 살펴보면, 계약상 전반적인 구조(또는 관련 부분)를 짧게 '헤지펀드'라고 통칭하지만 자금이 모여있는 '펀드'와 트레이더 및 기타 직원이 일하는 '운용사'로 구분된다.
 헤지펀드의 투자자는 자펀드feeder fund에 투자하며, 자펀드는 실제 거래가 이루어지는 모펀드master fund에 투자한다(소규모 투자자의 경우 모펀드에 직접 투자하는 경우도 있다). 모자형 구조가 유용한 이유는 매니저가 단일 모펀드를 운용하면 여러 투자자의 요구에 맞춘 다양한 투자 상품(자펀드)을 만들 수 있기 때문이다. 미국의 과세 대상 투자자는 미국에 등록된 자펀드를 선호하지만, 외국인 투자자와 비과세 대상 미국 투자자는 케이맨

제도와 같은 국제 금융 센터에 설립된 역외 자펀드를 선호한다.

이러한 세금에 따른 차이 외에도, 자펀드를 통해 서로 다른 투자자의 성향에 따라 맞춤형 상품을 제공할 수 있다. 예를 들어, 동일한 곳에 투자하지만 서로 다른 통화로 표시된 자펀드를 보유할 수도 있다. 이 경우 외화로 표시된 자펀드는 모펀드에 대한 투자 외에 통화 헤지 기능도 있다. 이러한 구조의 또 다른 용도는 서로 다른 위험 수준의 자펀드를 만드는 것이다. 모펀드의 변동성이 연간 20% 인 경우, 특정 자펀드의 변동성은 이와 동일한 반면 다른 자펀드의 변동성은 절반 수준이 될 수도 있다. 후자의 경우 단순히 단기 자금 시장에 자본금의 절반을 투자하고 나머지 절반은 모펀드에 투자함으로써 전체 위험을 절반으로 줄인다.

모펀드에는 돈이 모여 있고, 이곳에서 모든 거래가 이루어진다. 모펀드는 운용사와 투자 운용 계약Investment Management Agreement, IMA을 체결하여 전략 개발, 실행, 거래 등 투자 서비스를 제공받는다. 운용사는 트레이더, 애널리스트, 운용 직원, 사업 개발 인력, 법무 인력 등 모든 직원이 근무하는 곳으로 헤지펀드 매니저가 소유하고 있다. 운용사는 펀드를 대신하여 거래하지만, 자본은 펀드와 투자자가 소유하고 있다(헤지펀드 매니저는 대체로 펀드에 본인의 돈을 투자한다). 모펀드는 통상적으로 파트너십으로 구성되는데, 자펀드는 유한 책임 조합원Limited Partner이며, 무한 책임 사원General Partner은 운용사 소유의 기업이다.

헤지펀드는 또한 거래, 수탁 및 결제, 자금 조달, 기타 서비스를 담당하는 대리인과 계약한다. 브로커나 딜러를 통해 거래한다. 상장되어 거래되는 증권의 경우 브로커는 거래소에 대한 접근을 용이하게 하며, 장외 시장의 경우 딜러가 헤지펀드의 거래를 중개한다. 수탁은 헤지펀드가 소유한 증권을 보유하고, 배당금을 받으며, 의결권을 파악하는 등의 서비스다.

결제Clearing란 트레이더가 전화로 "거래 완료!"라 외치고 거래가 실제로 완료되는 사이의 과정, 즉 주식을 주거나 받고 현금을 반대 방향으로 전달하는 것을 의미한다. 수탁 및 결제는 수탁 관리자, 프라임 브로커[+], 선물 중개인이 수행한다. 프라임 브로커는 헤지펀드에 자금 조달도 해 주는데, 이는 레버리지를 제공한다는 의미다. 이들은 헤지펀드가 자기자본보다 더 많은 금액의 증권을 살 수 있게 돈을 빌려주고 해당 증권을 담보로 잡는다.

마지막으로 헤지펀드는 종종 많은 다른 서비스 제공 업체와 함께 일한다. 헤지펀드 사무 수탁사는 포지션의 가치를 매기고 순자산 가치를 계산하는 제3자며, 감사인은 헤지펀드의 자산과 운용에 대한 추가적인 검증을 제공하며, 법률 고문은 계약 구조를 도와주며, 데이터벤더는 데이터를 공급한다.

1.4 헤지펀드의 경제적 역할

헤지펀드는 언론에서 비판받는 경우가 많다. 이를테면 공매도

[+] 헤지펀드가 요구하는 금융 서비스(신용 공여, 증권 대차, 컨설팅 등)를 제공하는 금융 투자 회사.

가 주가를 하락시킨다는 믿음 때문에 기업은 자기 주식이 공매도되는 것을 좋아하지 않는다. 기업의 경영 환경이 좋지 않거나 다른 이유로 인해 주가가 하락하는 경우가 많음에도, 헤지펀드를 비롯한 공매자들이 하락의 원인이라는 비난을 받기도 한다.

넓게 보면 헤지펀드는 실제로 몇 가지 유용한 경제적 역할을 한다. 우선, 사업에 대한 정보를 수집하고 거래를 통해 해당 정보를 가격에 반영시켜 시장을 효율적으로 만든다. 자본 시장은 경제의 자원을 배분하는 도구이므로, 효율성의 증가는 경제의 실질적인 성과를 향상시킨다. 시장이 효율적일 때, 성장 전망이 좋은 기업은 주가가 상승하여 늘어난 자본으로 신규 사업에 자금을 조달할 수 있게 된다. 더 이상 필요가 없는 상품과 서비스를 생산하는 기업은 주가가 하락하며, 공장은 합병을 통해 더 생산적으로 이용된다. 또한 주가가 더 많은 정보를 반영하고 더 효율적이게 되면, CEO의 결정이 개선될 가능성이 높아진다. 액티브 투자자가 감시하는 경우 결정을 보다 신중히 하기 때문이다.

헤지펀드의 또 다른 유용한 역할은 매수 혹은 매도를 해야 하는 투자자, 헤지 혹은 보험이 필요한 투자자, 혹은 단순히 특정 증권을 선호하는 투자자에게 유동성을 제공하는 것이다. 마지막으로, 헤지펀드는 투자자들의 수익을 다변화해 준다. 요약하자면 헤지펀드와 다른 스마트머니는 효율적으로 비효율적인 시장의 자연스러운 부분이다.

2

거래 전략의 평가

성과 평가

먼저 헤지펀드의 전반적인 성과 또는 구체적인 전략 평가에 사용할 수 있는 몇 가지 간단한 지표를 살펴보자. 이 지표들은 헤지펀드가 투자를 고려하기 위해 백테스트로 시뮬레이션 한 전략들을 평가하는 데 사용한다.

2.1 알파와 베타

거래 성과의 가장 기본적인 지표는 주어진 t 기간 동안의 수익률인 R_t다. 성과는 종종 α(알파)와 β(베타)로 나뉜다. 베타는 시장에 전략의 노출 정도이며, 알파는 시장 움직임으로 인한 성과를 고려한 후의 초과 수익이다. 알파와 베타는 무위험 수익률

R^f 대비 전략의 초과 성과인 $R_t^e = R_t - R^f$를 시장의 초과 수익률 $R_t^{M,e}$에 회귀 분석하여 계산한다.

$$R_t^e = \alpha + \beta R_t^{M,e} + \varepsilon_t$$

이 중 베타는 전략이 시장을 따르는 정도를 측정한다. 예를 들어, 다른 모든 가정이 동일할 때, 베타가 0.5일 경우 시장이 10% 상승한다면 해당 전략은 5%(0.5×10%) 상승한다. 만일 자금의 절반을 주식 시장에 투자하고 나머지 절반을 현금으로 보유한다면, 전체 포트폴리오의 베타는 0.5가 된다. 이러한 경우, 시장이 10% 상승할 때 투자자의 초과 수익률은 5%가 된다.

보다 일반적으로, 투자자의 성과는 고유 위험idiosyncratic risk인 ε_t에 좌우되기도 한다. 예를 들어, 모든 자금을 시장이 아닌 바이오테크 주식에 투자한 경우, ε_t는 시장 대비 바이오테크 주식의 상대적인 성과다. 고유 위험은 양수이거나 음수일 수 있으며 평균적으로 0이다. 또한 시장의 움직임과는 무관하다.

전략의 베타를 아는 것은 여러 이유에서 매우 유용하다. 만일 투자자가 헤지펀드와 다른 투자 대상을 혼합하면, 베타 위험은 줄일 수 없지만 고유 위험은 상당히 줄일 수 있다. 게다가, 시장 노출도(베타 위험)는 인덱스펀드나 상장지수펀드ETFs, 선물 계약 등을 통해 매우 저렴한 비용으로 가져갈 수 있으므로, 시장 노출도를 가져가는 데 너무 높은 비용을 지불해서는 안 된다.

많은 헤지펀드는 '시장 중립적'이다(혹은 그렇다고 주장한다).

이는 헤지펀드의 성과가 주식 시장의 상승 또는 하락에 영향받지 않음을 의미한다. 즉, 헤지펀드의 전략은 단순히 시장이 상승하는 데 베팅하는 것이 아니기 때문에 상승과 하락 시장 모두에서 돈을 벌 수 있는 좋은 잠재력을 가지고 있다. 수학적으로 시장 중립적이라는 것은 $\beta = 0$을 의미한다.

베타의 또 다른 용도는 전략을 시장 중립으로 만드는 방법을 알려주는 것이다. 실제로 전략이 시장 중립적이지 않더라도 시장 노출을 헤지하여 시장 중립적인 전략을 만들 수 있으며, β는 헤지 비율이 된다. 구체적으로는 헤지펀드 전략에 노출되는 1달러당 β 달러에 해당하는 금액만큼 주식 시장을 매도하면 된다. 그 결과 시장 중립적인 전략의 성과는 다음과 같다.

$$\text{시장 중립 전략의 초과 수익} = R_t^e - \beta R_t^{M,e} = \alpha + \varepsilon_t$$

고유 위험인 ε_t가 평균적으로 0이므로, 시장 중립 전략의 기대 초과 수익은 다음과 같다.

$$E(\text{시장 중립 전략의 초과 수익}) = \alpha$$

무위험 수익률 및 시장에 대한 노출도를 초과하는 기대 수익이 알파다. 알파는 분명히 회귀 분석에서 가장 매혹적인 용어이며, 모든 액티브 매니저가 찾는 성배다. 알파는 헤지펀드의 거래 능력(혹은 운으로)으로 인해 시장에 대한 노출 이상으로 돈을 번 전략의 가치를 측정한다.

만일 헤지펀드의 베타가 0(시장 중립적인 헤지펀드)이고 매해 알파가 6%라면, 이는 해당 헤지펀드가 매해 무위험 수익률에 추가로 6%를 벌 것으로 기대된다는 의미다. 예를 들어, 무위험 수익률이 매해 2%라면 헤지펀드는 8%를 벌 것으로 기대되며, 실제로는 고유 위험에 따라 그 이상 혹은 이하로 벌 것이다.

고전적인 자산가격결정모형CAPM에 따르면 모든 주식 혹은 포트폴리오의 기대 수익률은 전적으로 체계적인 위험인 베타에 의해 결정된다. 다시 말해 자산가격결정모형은 모든 투자의 알파를 0으로 예측한다. 따라서 헤지펀드가 알파를 추구하는 것은 자산가격결정모형을 무시하고 체계적인 위험에 대한 단순한 보상보다 더 높은 수익을 얻기 위해 노력하는 것이다.

헤지펀드의 실제 알파 및 베타에 대한 추정에는 중대한 오류가 있을수있다. 헤지펀드의 알파가 6%로 추정될 때, 이것이 행운인지 혹은 능력인지 어떻게 알 수 있는가? 이런 문제를 해결하기 위해 연구자들은 종종 t-통계량, 즉 알파를 추정치의 표준 오차로 나눈 값을 살핀다. t-통계량이 크다는 것은 트랙 레코드track record[+]가 길기 때문에 알파가 크고 믿을 수 있다는 것을 의미한다. 특히 t-통계량이 2보다 크다는 것은 알파가 0과 다른 것이 통계적으로 유의미하다는, 즉 자산가격결정모형이 틀렸으며 매니저의 능력이 유의미하다는 증거다(매니저가 최고 성과를 보인 펀드의 성과만을 보여 주는 경우처럼 여전히 거짓과 편향이 있

[+] 일정 기간 쌓은 투자 성과 기록

을 수는 있다). t-통계량이 2보다 작을 경우 알파가 행운으로 얻어졌을 수 있다.

전략의 초과 수익률은 시장 위험 노출도뿐만 아니라 여러 위험에 대한 노출도로도 계산할 수도 있다. 예를 들어, 학계에서는 종종 파마-프렌치의 쓰리 팩터 회귀 모형을 이용한다.[1]

$$R_t^e = \alpha + \beta^M R_t^{M,e} + \beta^{HML} R_t^{HML} + \beta^{SMB} R_t^{SMB} + \varepsilon_t$$

이 중 R^{HML}은 가치 전략의 수익률을, R^{SMB}는 사이즈 전략의 수익률을 의미한다. 구체적으로, 하이마이너스로우high-minus-low, HML 팩터는 시장가 대비 장부가 비율B/M이 높은 주식을 매수하며, B/M이 낮은 주식을 매도한다. 스몰마이너스빅small-minus-big, SMB 팩터는 소형주를 매수하며 대형주를 매도한다. 따라서 β^{HML}은 B/M이 높은 주식(해당 지표를 이용할 경우 싸게 보이는 주식)에 대한 노출도를, β^{SMB}는 소형주에 대한 노출도를 측정한다. 결국 쓰리 팩터 회귀 분석에서의 알파는 시장 위험, 가치 위험, 사이즈 위험 대비 초과 수익률을 의미한다. 쓰리 팩터 모형을 통해 계산된 알파는 헤지펀드가 주식 시장 위험과 (평균적으로 다른 주식 대비 초과 성과를 기록한) 소형-가치주의 위험을 보상받는 것보다 거래 능력이 있는지 여부를 측정한다.

2.2 위험-성과 비율

위에서 살펴보았듯이, 알파는 양수여야 좋고 음수면 나쁘다. 그러나 높은 양의 알파가 항상 낮은 양의 알파보다 좋을까? 반드시 그런 것은 아니다. 먼저, 알파는 전략이 제공하는 시장 중립적인 수익률의 정도를 의미하지만 위험에 대해서는 말하지 않는다. 둘째, 알파는 전략이 얼마나 레버리지를 가져가느냐에 영향을 받는다. 예를 들어, 어떤 전략이 두 배의 레버리지를 사용할 경우 동일한 전략이 레버리지를 사용하지 않았을 경우보다 알파가 두 배다. 그러나 전략이 근본적으로 동일하므로, 두 경우의 성과는 동일하게 평가되어야 한다.

위험-성과 비율은 이러한 문제를 해결한다. 기본적으로 헤지펀드의 잠재 투자자들은 위험 대비 기대 초과 수익 $E(R - R^f)$가 어느 정도인지 알고 싶어한다. 샤프지수 Sharpe ratio(SR)는 이를 측정하는 지표이며, 위험 조정 수익률로도 불린다. 이 지표는 위험 단위당 투자 성과를 측정한다.

$$SR = \frac{E(R - R^f)}{\sigma(R - R^f)}$$

투자 성과는 무위험 수익률 대비 기대 초과 수익률이다. 즉, 은행에 돈을 넣는 것과 비교하여 얼마나 잘 했는가 여부다. 위험은 초과 수익률의 표준편차인 σ(변동성으로도 불린다)로 측정된다. 이를 추성하는 방법은 뒤에서 설명할 것이다. 투자자는 높은 수익률과 낮은 위험을 선호하니 높은 샤프지수를 더 좋아하는 것은 분명하다. 다만 헤지펀드 수익률의 왜도가 심하거나 붕괴 위험이 있을 때는 샤프지수보다 더 복잡한 것을 선호할 수 있다.

샤프지수는 초과 성과에 대해 헤지펀드의 공로를 인정하지만, 알파와 단순한 시장 노출 사이에는 차이가 있다. 정보비율Information Ratio, IR은 위험 조정된 비정상적 수익, 달리 말하면 위험 조정된 알파에 중점을 두어 이를 해결한다.

$$IR = \frac{\alpha}{\sigma(\varepsilon)}$$

알파 및 고유 위험은 헤지펀드의 초과 수익을 특정 벤치마크의 초과 수익 $R_t^{b,e}$에 회귀 분석하여 구할 수 있다.

$$R_t^e = \alpha + \beta R_t^{b,e} + \varepsilon_t$$

만일 헤지펀드가 특정 벤치마크를 이겨야 하는 의무가 있다면, 정보비율은 종종 회귀 분석을 하지 않고도 계산된다. 이 경우 정보비율은 벤치마크를 초과하는 기대 수익률과 이러한 성과의 변동성의 비로 간단하게 계산된다.[2]

$$IR = \frac{E(R - R^b)}{\sigma(R - R^b)}$$

따라서 정보비율은 전략이 추적 오차tracking error 위험 단위당 벤치마크를 초과하는 정도를 측정한다. 추적 오차는 전략과 벤치마크 수익의 차이이며, 추적 오차 위험은 이 차이의 표준편차다. 많은 헤지펀드가 그들의 벤치마크를 실제 현금(침대 맡에 있는 돈, 즉 R^b = 0)으로 설정하므로, 그들은 단순히 정보비율을 다음과 같이 계산한다.

$$IR = \frac{E(R)}{\sigma(R)}$$

이는 무위험 수익률을 차감하지 않았으므로, 언제나 샤프지수보다 크다. 비록 많은 헤지펀드가 이 수치를 사용하지만, 이러한 지표는 이자율이 얼마든 간에 무위험 수익률을 얻는 것을 헤지펀드의 공로로 인정하므로 불합리한 숫자라고 생각한다. 정보비율은 대부분 연율화된 숫자로 보고되며, 이에 관해서는 아래에서 다룰 것이다.

샤프지수와 정보비율은 모두 위험 조정 성과를 계산하는 방법이다. 만약 헤지펀드가 2%의 위험만으로 무위험 수익률 대비 3% 초과 성과를 기록했다면 샤프지수는 1.5로 매우 훌륭하다. 그러나 어떤 투자자들은 "흠, 아직 3%군. 나는 좀 더 많은 수익을 기대했어"라고 말할 것이다. 이것이 공정한 비판인지 아닌지는 여러 가지에 달려 있다. 첫째, 전략의 위험이 정말 장기적으로 낮은 것인지 혹은 해당 기간 동안 운이 좋아 터지지 않은 것인지에 달려 있다. 예를 들어 헤지펀드가 작은 프리미엄을 얻기 위해 외가격 옵션을 판 경우, 시장이 크게 움직일 경우 엄청난 손실을 얻을 수 있다.

위험이 실제로 낮다고 가정하면, 다음 문제는 더 높은 수익률과 위험을 달성하기 위해 전략에 레버리지를 사용할 수 있는지 여부이다. 레버리지를 사용하는 한 가지 방법은 투자자가 헤지펀드에 더 많은 돈을 투자하도록 하는 것이지만, 많은 투자자들은 너무 큰 금액을 투자하는 것을 원하지 않으며 즉시 사용할 수 있는 현금이 필요하다. 따라서 헤지펀드가 내부적으로 레버리지를 사용할 수 있는지가 문제로 남는다. 이러한 문제에 대한 해답이 바로 알파투마진alpha-to-margin, AM 비율이다.[3]

$$AM = \frac{\alpha}{margin}$$

이 비율의 기본 개념은 최대로 레버리지가 사용된 시장 중립 전략의 수익을 계산하는 것이다. AM비율을 이해하려면 헤지펀드가 모든 전략에 레버리지를 사용할 수는 있지만 증거금 요구 조건으로 인해 레버리지에 제한이 있다는 점을 알아야 한다. 전략에 이용할 수 있는 최대 레버리지는 '1/증거금'이다. 예를 들어 10%의 증거금을 요구할 경우, 헤지펀드는 10대 1의 레버리지를 사용할 수 있으며, 이 경우 AM비율은 기대되는 시장 중립 수익률의 10배. 연간 알파가 3%일 경우 AM 비율은 30%가 된다.

이 헤지펀드가 100 달러의 자본금으로 10대 1 레버리지를 사용하여 1,000 달러를 투자하면, 알파는 3%×1,000달러=30달러가 되며, 이는 자본금 100 달러의 30%다. 헤지펀드는 이러한 전략을 알파가 7%지만 주식의 유동성이 낮아 100%의 증거금을 요구하는 주식에 투자하는 것보다 선호한다. 유동성이 낮은 주식에 투자하는 전략은 알파가 높음에도 불구하고 AM 비율이 7%에 불과하다. AM 비율은 기업 재무의 자본 대비 수익률ROE과 동일한 의미로 볼 수도 있다.

AM비율과 정보비율 사이에는 밀접한 관련이 있다. AM비율은 위험 대비 성과IR에 전략이 레버리지를 사용할 수 있는 범위, 즉 증거금 당 위험을 곱한 값이다.

$$AM = IR \times \frac{\sigma(\varepsilon)}{\text{margin}}$$

만일 헤지펀드 전략이 붕괴crash 위험을 가지고 있다면, 변동성은 위험을 측정하는데 최고의 지표가 아니다. 이러한 붕괴 위험을 측정하기 위해, 위험 조정 자본 수익률RAROC과 같은 성과 측정 지표에서 분모는 다른 값이 사용된다.

$$RAROC = \frac{E(R - R^f)}{\text{economic capital}}$$

여기서 경제적 자본economic capital은 특정 신뢰도 하에서 전략이 낳을 수 있는 최악의 손실에 대비해 따로 설정해야 하는 자본의 양이다. 따라서 분모는 일상적인 움직임이 아닌 충돌 위험을 의미한다. 경제적 자본은 벨류 앳 리스크Value at Risk, VaR 또는 스트레스 테스트stress test(위험 관리를 다루는 4장 2절에서 자세히 논의할 개념이다)를 사용하여 추정할 수 있다. 소르티노지수Sortino ratio(S)는 하락 위험($\sigma^{downside}$)을 사용한다.

$$S = \frac{E(R - R^f)}{\sigma^{downside}}$$

하락 위험(또는 하락 편차)은 최소 허용 수익률MAR 미만 수익률의 표준편차로 계산된다.

$$\sigma^{downside} = \sigma(R1_{\{R<MAR\}})$$

최소 허용 수익률은 종종 무위험 수익률이나 0으로 설정된다. 하락 위험에 사용된 지표 함수 $R1_{\{R<MAR\}}$은 수익률이 0보다 작으면 1, 그렇지 않으면 0으로 계산한다. 따라서 수익률이 최소 허용 수익률보다 높을 때 수익률의 변동은 하락 위험에 영향을 주지 않는다. 이는 투자자들이 오직 (또는 많은 부분) 하락에만 관심을 갖는다는 가정에 기초한다. 따라서 소르티노지수는 투자자가 2년 동안 매해 5%를 버는지, 혹은 첫해에는 1%와 이듬해에는 9%를 버는지는 신경 쓰지 않는다고 가정한다. 반면 샤프지수는 투자자가 전자를 선호한다는 가정을 기반으로 한다.

2.3 성과 지표의 추정

기대 수익률, 표준편차를 추정하기 위해 다음과 같은 방법이 사용된다. 기대 수익률은 T기간에 걸쳐 이용 가능한 데이터를 사용하여 실현된 평균 수익률로 추정하며, 어떤 이들은 다음과 같은 기하 평균을 사용한다.[4]

$$\text{기하 평균} = [(1 + R_1) \times (1 + R_2) \times \cdots \times (1 + R_T)]^{1/T} - 1$$

반면 어떤 이들은 산술 평균을 사용하기도 한다.

$$\text{산술 평균} = [R_1 + R_2 + \cdots + R_T]/T$$

기하 평균은 헤지펀드에 자본을 추가하거나 상환하지 않는 매수 후 보유 투자자의 수익률 계산에 적합하다. 산술 평균은 통계적 관점에서 최적의 추정값이며, 특정 조건에서 헤지펀드에 지속적으로 투자 금액을 유지하기 위해 자본을 추가하거나 상환하는 투자자에 더 적합하다. 기하 평균을 사용하든 산술 평균을 사용하든, 미래 기대 수익률에 대한 추정치는 오류가 엄청나게 많다는 것을 명심해야 한다. 표본 기간이 길수록 추정의 정확도는 높아지지만, 수년간의 데이터를 사용하더라도 기대 수익률을 추정하는 것은 어려운 일이다.

표준편차 σ는 더 정확하게 추정할 수 있다. 표준편차는 분산 σ^2의 제곱근이며, 분산은 산술 평균 R 대비 편차의 제곱으로 추정된다.

$$\text{분산} = [(R_1 - \overline{R})^2 + (R_2 - \overline{R})^2 + \cdots + (R_T - \overline{R})^2]/(T - 1)$$

2.4 투자 기간과 성과 측정의 연율화

성과의 측정은 계산되는 기간에 따라 다르다. 예를 들어, 표 2.1은 연율화 샤프지수가 1인 전략을 다른 투자 기간 동안 측정한 결과를 보여 준다. 4년 동안은 샤프지수가 2인 반면 하루 동안은 0.06으로 매우 다르다.

표 2.1 성과 측정과 투자 기간

측정 기간	샤프지수	손실 확률
4년	2	2.3%
1년	1	16.0%
분기	0.5	31.0%
월	0.3	39.0%
일	0.06	47.5%
분	0.003	49.9%

성과 측정에 대해 이야기할 때는 투자 기간을 명확히 정의해야 한다. 또한 두 가지 전략 또는 헤지펀드의 성과를 비교할 때 동일한 투자 기간으로 성과를 계산해야 한다. 그래서 표준 측정 기간을 정하는 것이 유용하며, 이를 위해 성과 측정은 종종 연율화 값으로 계산한다. 즉 성과를 측정할 때 연간 데이터를 사용하거나, 혹은 보다 짧은 기간의 데이터를 사용하여 계산한 후 연간 단위로 변환한다.

연율화 기대 수익률(ER^{annual})을 계산하기 위해서는, 수익률에 연간 기간에 해당하는 n을 곱한다.

$$ER^{annual} = ER \times n$$

예를 들어 월간 수익률을 측정했다면, $n = 12$를 곱하여 연율화 수익률을 계산할 수 있다. 주간 수익률은 52를 곱하고, 일간 수익률은 260을 곱하여(휴일을 계산하는 방법에 따라 이보다 작을 수도 있다) 연율화 수익률을 계산할 수 있다. 이 방법은 산술 평균을 사용하여 수익률을 연율화하는 경우에 해당하며, 기하 평균을 사용할 경우 복리를 고려하여 수익률을 연율화하는 것이 더 좋다.

$$ER^{annual} = (1 + ER)^n - 1$$

수익률은 기간에 따라 독립적이므로, 분산은 기간에 비례한다. 예를 들어, 연율화 분산은 월간 분산에 12를 곱한 값이다. 더 일반적으로, 연율화 분산은 계산된 분산에 연간 기간에 해당하는 n을 곱한다.

$$var^{annual} = var \times n$$

표준편차는 연간 기간(n)의 제곱근을 이용하여 조정한다.

$$\sigma^{annual} = \sigma \times \sqrt{n}$$

위험 측정의 각 요소를 연율화하면 연율화된 위험 측정값을 계산할 수 있다. 예를 들어, 연간 n기간 동안 측정된 샤프지수는 다음과 같이 연율화할 수 있다.

$$SR^{annual} = ER^{annual}/\sigma^{annual} = SR \times \sqrt{n}$$

이 공식을 통해 표 2.1의 샤프지수에 해당하는 값들을 설명할 수 있다. 연율화된 샤프지수는 1로 일정하게 유지되지만, 기간 n의 변화에 따라 $SR = SR^{annual}/\sqrt{n}$로 변한다. 측정 빈도 n을 증가시킬수록, 샤프지수는 감소한다.

손익 및 해당 샤프지수를 얼마나 자주 측정하는지는 위험을 느끼는 방법에 영향을 준다. 실시간 손익 화면이 있는 헤지펀드 매니저처럼 손익을 더 자주 관찰하면, 손익을 볼 때마다 샤프지수가 낮아 위험이 더 고통스럽게 느껴진다. 전략이 짧은 기간에서 더 위험하다고 느끼는 이유를 알 수 있는 한 가지 방법은 특정 기간에 걸쳐 손실을 볼 확률을 계산하는 것이다. 이를 위해, (실제 세계에서는 그렇지 않을 수 있더라도) 수익률이 정규 분포를 따른다고 가정하자. 그럼 다음과 같이 손실 확률을 계산할 수 있으며, N은 평균이 0이고 표준편차가 1인 정규 분포의 임의 변수다.

$$\Pr(R^e < 0) = \Pr(E(R^e) + \sigma N < 0) = \Pr(N < -SR)$$

돈을 잃을 확률은 샤프지수에 달려 있다. 연간 샤프지수가 1인 전략의 손실 확률은 표 2.1에 나타나 있다. 이처럼 좋은 전략도 1분 동안 손실이 발생할 확률은 50%에 가깝다. 그러므로 성과가 무척 좋은 해에도 너무 자주 손익을 확인한다면 1분 간격으로 손실을 관찰할 것이다. 이는 당연히 매우 매우 고통스럽다.

2.5 하이워터마크

헤지펀드의 하이워터마크High Water Mark(HWM)는 과거에 달성한 최고 가격 P_t(혹은 최고 누적 수익률)을 의미한다.

$$\text{HWM}_t = \max_{s \leq t} P_s$$

종종 헤지펀드는 그들의 수익률이 하이워터마크 이상일 경우에만 성과 보수를 부과한다. 따라서 그들이 손실을 본 경우, 이러한 손실을 만회한 후에야 하이워터마크 이상의 수익에 대해서만 성과 보수를 부과한다.

2.6 낙폭

헤지펀드 전략의 중요 위험 지표는 낙폭drawdown(DD)이다. 낙폭은 손실이 시작된 이후의 누적 손실이다. 피크(예: 하이워터마크) 이후 낙폭 비율은 다음과 같다.

$$\text{DD}_t = (\text{HWM}_t - P_t)/\text{HWM}_t$$

이 중 P_t는 t시점의 누적 수익률(또는 주가)이다.[5] 즉, 낙폭은 피크(예: 하이워터마크) 이후에 손실을 본 정도다. 헤지펀드가 현재 최고점에 도달한 경우 낙폭은 0이며, 그렇지 않으면 낙폭은 양수일 것이다. 낙폭은 특정 시점(예: 올해의 시작점)을 기준으로 측정할 수도 있다. 큰 낙폭을 경험하는 것은 비용이 많이 들고 위험하다. 직접적인 손실 이외에도, 큰 낙폭은 종종 투자자의 환매 및 거래 상대방의 우려로 이어진다. 예를 들어, 프라임 브로커는 증거금 요구 사항을 높이거나 헤지펀드에 제공한 자금을 회수한다. 전략을 평가할 때 사람들은 때때로 과거 일정 기간 동안의 최대 낙폭maximum drawdown(MDD)을 고려한다.

$$MDD_T = \max_{t \leq T} DD_t$$

그림 2.1은 헤지펀드 전략의 하이워터마크와 낙폭, 최대 낙폭을 나타내는 예시다.

그림 2.1 헤지펀드 전략의 하이워터마크와 낙폭

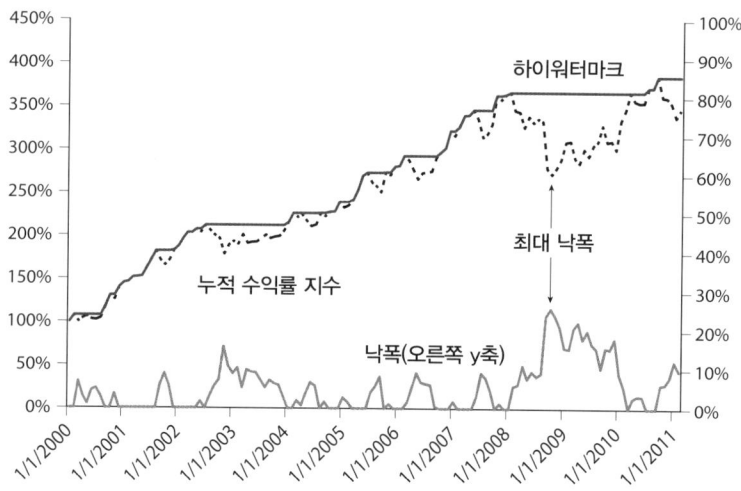

2.7 유동성이 떨어지고 오래된 가격의 성과 측정 조정

일부 헤지펀드는 이름과는 달리 헤지되지 않을 수 있다. 하나의 예로 레이트캐피털매니지먼트Late Capital Management, LCM란 회사가 주식 시장에 100%를 투자하지만, 항상 시가 평가를 한달 후에나 한다고 가정하자. 예를 들어, 1월에 주식 시장이 3% 상승했다면, LCM은 2월에 3% 상승을 기록할 것이다. 이런 경우, LCM의 주식 시장에 대한 베타는 얼마일까? 베타는 시장과 펀드 수익률 간 상관관계에 영향을 받으며, 둘의 시점이 일치하지 않으므로 β^{LCM}는 0에 가까운 값을 보일 것이다.

$$\text{cov}(R_t^{LCM,e}, R_t^{M,e}) = \text{cov}(R_{t-1}^{M,e}, R_t^{M,e}) \cong 0$$

다시 말해, LCM의 수익률은 지난 달의 시장 수익률이며, 시장 수익률은 시간에 따라 독립적이므로, 일반적인 회귀 분석에서 LCM은 0의 베타를 갖는 것처럼 보일 것이다.

$$R_t^{LCM,e} = \alpha + \beta R_t^{M,e} + \varepsilon_t$$

α의 추정값은 주식 시장의 평균 수익률이 될 것이며, 이는 장기적으로 양수다. 따라서 LCM은 일반적인 추정의 관점에서는 알파를 창출하는 것처럼 보이지만, 시가 평가를 늦게 하는 것이 정말로 투자자들에게 가치를 창출하는가? LCM에 투자하는 것이 장기적으로 시장에 대한 좋은 헤지인가? 분명히 아니다. 시장에 투자

하여 손해를 보면 다음 달 LCM 투자에서도 손해를 보게 된다.

이 예는 다소 비현실적이지만 얻어지는 교훈은 생각보다 현실적이다. 많은 헤지펀드는 종종 며칠 동안 거래되지 않는 유동성이 떨어지는 증권에 투자하기 때문에 월말 가격은 '오래된' 가격일 수 있다. 이러한 문제는 투명한 공개 가격이 없는 장외OTC 시장에서 거래되는 증권이 특히 심각할 수 있지만, 유동성이 떨어지는 상장 증권에서도 발생할 수 있는 문제다. 따라서 헤지펀드의 수익률은 시장의 모든 변동성을 반영하지 않는 오래된 가격을 기준으로 계산될 가능성이 있다. 이러한 지연으로 인해 시장과의 동조(베타)가 잘못 측정되어 알파가 비정상적으로 증가할 수 있다. 이는 같은 기간 동안의 시장 수익뿐만 아니라 지연된 기간 동안의 수익에 회귀를 하여 조정할 수 있다.[6]

$$R_t^e = \alpha^{\text{adjusted}} + \beta^0 R_t^{M,e} + \beta^1 R_{t-1}^{M,e} + \cdots + \beta^L R_{t-L}^{M,e} + \varepsilon_t$$

이러한 다변량 회귀 분석의 알파는 오래된 시장 노출 역시 설명하며, 현재와 과거 시장의 움직임에 대한 노출 외에 헤지펀드가 추가한 가치를 포착한다. '진정한' 베타는 다음과 같이 추정할 수 있다.

$$\beta^{\text{all-in}} = \beta^0 + \beta^1 + \cdots + \beta^L$$

LCM의 사례에서, 이러한 방법으로 계산할 경우 $\beta^{\text{all-in}}=1$, $\alpha^{\text{adjusted}} = 0$ 이 나오며, 이는 가상의 헤지펀드가 추가한 실제 가치를 반영한다. 이러한 조정은 많은 실제 헤지펀드 및 헤지펀드 지수의 평가에서 큰 차이를 만든다.

오래된 가격 문제와 관련해 다른 성과 측정 역시 조정할 수 있다. 예를 들어, 조정된 정보비율($IR^{adjusted}$)을 계산하기 위해 조정된 알파($\alpha_t^{adjusted} = R_t^e - (\beta^0 R_t^{M,e} + \beta^1 R_{t-1}^{M,e} + \cdots + \beta^L R_{t-L}^{M,e}))$를 사용할 수 있다.

$$IR^{adjusted} = \frac{\alpha^{adjusted}}{\sigma(\varepsilon)}$$

2.8 성과 기여

헤지펀드는 수익률에 영향을 미치는 요소를 자주 검토하며, 이러한 과정을 성과 기여라 한다. 즉, 그들은 지난 분기를 되돌아보고 어떤 거래가 수익에 기여했는지, 어떤 거래가 손실을 입혔는지 검토한다. 이는 헤지펀드가 고객과 의사소통하고 내부 계획 및 평가를 하는 데 유용하다. 헤지펀드 투자자의 관점에서 성과 기여는 투자 프로세스, 수익 창출 요인 및 노출되는 위험 요소에 대한 통찰을 제공하기 때문에 유용하다. 내부적으로 헤지펀드에서 성과 기여는 어떤 투자 전략이 효과가 있고 어떤 트레이더가 성공적인 투자를 하는 경향이 있는지 판단하는 데 사용한다.

2.9 백테스트 vs 트랙 레코드

총수익과 기래 비용 후 수익, 수수료 후 수익을 구분하여 성과를 측정하는 것은 매우 중요하다. 성과에 거래 비용이나 수수료를 고려할지 여부는 어떤 용도로 사용할지에 따라 다르다. 투자자들은 당연히 거래 비용 및 수수료 후 헤지펀드의 성과에 관심을 가진다. 헤지펀드의 트랙 레코드는 운용 기간 동안 모든 수수료와 비용을 제한 후의 실제 성과다. 일부 헤지펀드는 서로 다른 수수료 체계(이를 테면 관리 비용이 높고 성과 보수가 없는 옵션과 관리 비용이 낮고 성과 보수가 높은 옵션)를 가지고 있으며, 이 경우 가장 보수적인 수수료 체계를 사용하여 트랙 레코드를 보고해야 한다.

또한 헤지펀드는 전략을 백테스트, 즉 그들이 과거에 어떻게 행동했을지를 가정하고 이에 대한 성과를 시뮬레이션한다. 투자자들은 궁극적으로 순수익에 관심이 있지만, 헤지펀드는 백테스트를 통해 총수익을 먼저 검토하고 내부적으로 거래 아이디어를 조사한다. 전략에 장점이 있는지를 확인한 후 총수익이 확실하게 양수인지 여부를 조사한다. 전략이 돈을 버는 것으로 보인다면, 그 전략이 거래 비용 후에도 수익이 나는지 그리고 궁극적으로 투자자에게 가치를 추가할 수 있는지를 고려한다. 펀드의 실현 수익은 당연히 거래 비용 후의 수익률이지만, 백테스트에서 거래 비용을 어떻게 조정할지는 다소 복잡하다. 다음 장에서는 백테스트를 구성하는 방법, 거래 비용을 고려하는 방법, 레버리지 및 자본 조달 문제를 고려하는 방법에 대해 자세히 살펴보도록 하겠다.

3

전략의 발견과 백테스팅

효율적으로 비효율적인 시장에서의 수익

항상 수익을 낼 수 있는 거래 전략은 없지만 장기간에 걸쳐 손실보다 수익을 더 많이 내는 전략은 있다. 그런 전략이 왜 돈을 버는지 이해하는 것은 매우 중요하다. 한 가지 이유는 운이다. 그러나 우리는 미래에도 계속해서 수익을 올릴 수 있다고 기대되고, 반복 가능하게 알파를 생성하는 전략에 관심이 있다. 이를 찾기 위해서는 수익 뒤에 숨어 있는 경제학을 이해해야 한다. 그렇지 않으면 아래 경구와 같을 것이다.

호구가 누구인지 모르겠다면, 그건 바로 당신이다.

거래 전략의 근간이 되는 경제학을 이해하는 것은 중요하지만, 게임에서 굳이 '호구'가 있을 필요는 없으며 설사 그러한 사람을 발견하더라도 반복 가능한 과정이 아닐 것이다. 따라서 이 표현은 단순히 누가 거래 상대방이며 왜 그러한 거래를 하는지를 이해할 필요가 있다는 의미로 받아들여야 한다.

당신이 돈을 벌고 있다면, 사람들이 다른 방식으로 거래하는 이유는 무엇이며 미래에도 계속 그렇게 할 것인가? 모든 매수자에게는 매도자가 있으며, 누군가가 항상 거래 상대방 역할을 하고 있음을 기억하라. 당신이 그 거래의 경제학적 의미를 이해하지 못해도, 상대방은 이해하고 있을 수 있다.

그림 3.1에서 볼 수 있듯이 반복 가능한 거래의 수익원은 크게 두 가지다. 유동성 위험에 대한 보상과 정보 우위이다. 그림 3.1은 유동성 위험과 정보 우위가 어떻게 더 분해될 수 있는지를 보여 주며, 이에 대해서는 다음에 논의하도록 하겠다. 우선은 거래의 수익원에 대해 이해한 후 새로운 거래 아이디어를 백테스트하는 방법에 대해 논의하겠다.

그림 3.1 헤지펀드 전략의 주요 수익원

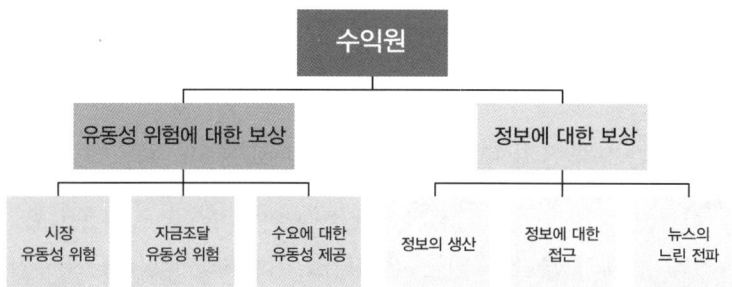

3.1 효율적으로 비효율적인 수준으로 가격에 반영되는 정보

시장 가격이 경제적 펀더멘털에 대한 정보를 효율적으로 반영하기 위해서는, 누군가 정보를 수집하고 거래해야 하며, 이러한 정보 생산 역할은 종종 헤지펀드가 담당한다. 정보 생산이 반복 가능한 수익원이 되는 이유를 알기 위해서는, 먼저 시장이 완벽하게 효율적일 수 없으며 항상 모든 정보를 반영할 수 없다는 점에 주목해야 한다. 만일 시장이 완벽하다면 어느 누구도 정보를 수집하고 거래할 인센티브를 가지지 않을 것이며, 그렇다면 어떻게 시장이 처음부터 효율적일 수 있을 것인가? 또한 시장은 돈을 버는 것이 매우 쉬울 만큼 비효율적이지도 않다. 만약 그렇다면 헤지펀드와 액티브 투자자들은 점점 더 많은 거래를 하고자 할 것이기 때문이다. 시장 가격에 포함된 정보는 돈을 벌기 어려울 만큼 충분히 정보를 반영해야 하지만, 아무도 정보를 수집하고 거래하려 하지 않을 정도로 효율적이지는 않아야 한다. 즉 효율적으로 비효율적이어야 한다.[1]

정보의 생산: 헤지펀드는 여러 가지 방법으로 정보를 생산한다. 그들은 기본적 분석이라 불리는 정보 수집과 처리 작업을 통해 정보를 생산하며, 이를 통해 기업 및 기업의 미래 수익 전망에 대해 광범위한 분석을 한다. 또한, 소비자 수요와 산업 역학에 대한 광범위한 연구를 통해 사업 전망이 강하면서도 저평가

된 기업에 투자하고자 한다. 때때로 사기성이 짙거나 수익을 속이는 기업을 발굴하고 공매도를 한다. 훌륭한 저널리스트가 진실을 밝혀내고 이야기를 먼저 보도하려고 하는 것처럼, 헤지펀드 트레이더는 새로운 정보와 통찰력을 통해 거래하는 첫 번째 사람이 되려고 한다. 또한 경영진에게 기업을 개선하거나 비용을 절감하는 방법에 대한 아이디어를 제공하여 정보를 보다 직접적으로 창출할 수도 있다.

정보에 대한 접근: 또 다른 수익의 원천은 우수한 정보 접근성을 갖는 것이다. 가장 극단적인 예는 헤지펀드가 내부 정보를 기반으로 거래하는 불법적인 내부자 거래다. 예를 들어, 직원 또는 임원이 기업의 이익 혹은 임박한 합병에 대한 기밀 정보를 제공한다고 생각해 보자. 투자자들은 불법 내부자 거래라는 애매한 영역으로부터 멀리 떨어져야 한다. 내부자 거래를 하는 것은 다른 시장 참가자들에게 불공평하며, 금융 부문은 신뢰에 의존하므로 이러한 행위가 발견된 헤지펀드나 금융 회사는 금방 무너지게 된다. 그러나 헤지펀드가 독점적 데이터나 정보를 합법적으로 획득할 수도 있다. 예를 들어, 의사에게 전화를 걸어 어떤 약을 처방하고 있는지 물어본 다음 이 정보를 바탕으로 제약주를 거래하는 것은 합법이다.

행동 재무 및 차익거래에 대한 제한: 수익의 세 번째 원천은 뉴스 및 기타 공개 정보가 즉시 가격에 모두 반영되는 것은 아니라는 점이다. 시장 가격은 확실히 많은 관련 정보를 반영하지만,

항상 모든 정보를 완벽하게 반영하지는 않는다. 예를 들어, 기업이 이익을 발표하면 좋은 소식에는 주가가 올라가고 나쁜 소식에는 주가가 내려가지만, 평균적인 주가의 움직임은 너무 작다. 그 결과 평균적으로 호재 이후에는 몇 주 동안 주가가 계속해서 오르고, 악재 이후에는 한동안 주가가 하락세로 돌아서기도 한다. 이를 '실적 발표 후 주가 표류 현상post earnings announcement drift'이라 한다. 초기의 과소 반응과 지연된 과잉 반응이 추세와 모멘텀을 만드는 경향이 있다. 이에 대해서는 9장과 12장에서 다루도록 하겠다.

왜 이러한 현상이 나타나는 것일까? 한 가지 설명은 일부 투자자(이들을 '소음 거래자'라고도 한다)가 행동 편향에 영향을 받으며, 가격이 펀더멘털에서 멀어지게 하는 실수를 저지르기 때문이다. 왜 이런 실수는 스마트머니에 의해 고쳐지지 않는 것일까? 물론 일부는 고쳐지지만, 차익거래 제한으로 인해 한계가 있다.[2] 교과서에서는 이론적으로 차익거래가 모든 가격의 불일치를 바로잡는다고 하지만, 실제 세계에서는 모든 차익거래가 위험을 동반하기에 제한된 범위에서만 일어난다. 차익거래가 비용과 위험에 의해 제한되므로 가격 불일치를 완전히 제거하지는 못한다. 따라서 효율적으로 비효율적인 가격의 불일치는 지속된다.

그렇다면 실제 세계에서 차익거래를 제한하는 것은 무엇일까? 첫째는 펀더멘털 위험이다. 어떤 석유 회사가 저평가 되었다고 판단해 헤지펀드가 해당 주식을 살 경우, 최고경영자가 자동차 사고로 사망하거나 석유 굴착기가 폭발하는 등의 예상치 못한 사건으로 인해 주식이 하락할 수도 있다. 둘째는 소음 거래자 위험이다. 헤지펀드가 저렴한 주식을 매수한 경우 가격이 내재 가치에 도달하기 전 더 하락할 수 있다.[3] 이러한 상황은 (적절한 거래였음에도 불구하고) 헤지펀드의 단기 손실로 이어지며, 자본 상환으로 이어져 펀드가 없어질 수도 있다. 셋째는 헤지펀드의 '올라타려고' 하는 성향이다. 헤지펀드는 조지 소로스가 인터넷 버블에 올라탄 것처럼, 버블에 반대되는 투자를 하기보다는 이에 올라타려 한다. 특히 헤지펀드가 생각하기에 다른 똑똑한 투자자들이 가격 불일치 상황에서 투자를 미루고 버블이 꺼질 때까지 기다리는 시기에 더욱 그러한 경향을 보인다.[4] 이러한 위험과 다음 장에서 논의될 유동성 위험으로 인해 헤지펀드는 그들이 취하는 포지션의 규모를 제한하며, 따라서 차익거래가 가격 불일치를 완전히 제거하지 못할 수 있다.

요컨대, 새로운 멋진 거래 아이디어를 찾고자 할 때, 대부분의 투자자들이 간과하는 정보가 있는지, 다양한 정보의 출처를 결합하는 새로운 방법이 있는지, 정보를 빨리 얻을 수 있는 현명한 방법이 있는지, 또는 제한된 차익거래로 인해 정보가 가격에 충분히 반영되지 않는지에 대해 생각해 보아야 한다.

3.2 유동성 위험에 대한 효율적으로 비효율적인 보상

액티브 투자자가 수익을 내는 또 다른 이유는 위험을 감수한 보상을 받기 때문이다. 헤지펀드는 주식 시장에서 평균적으로 매수 포지션을 취하며, 주식 가격은 평균적으로 상승(이를 주식 프리미엄이라고 한다)하기 때문에 시장 위험에 대한 보상을 받게 된다. 그러나 투자자는 주식 시장 노출도를 쉽게 가져갈 수 있으므로, 이는 알파가 아닌 베타다(이는 성과 측정 장에서 논의했다). 여기서는 헤지펀드가 단순한 주식 시장 노출 이외의 위험, 특히 '유동성 위험'에 대한 보상으로 알파를 창출하는 방법을 이해하고자 한다.

유동성 위험은 거래 비용이 증가하는 위험(시장 유동성 위험), 현금 부족의 위험, 특히 레버리지를 사용하는 헤지펀드에서 현금이 부족할 위험(자금 조달 유동성 위험), '수요 압력'을 수용하는 위험이다. 유동성 위험은 차익거래를 제한하는 중요한 원인이다. 위에서 논의한 다른 차익거래의 제한 사항과 마찬가지로 투자자들이 가격 불일치를 바로잡을 수 있는 기회를 제한한다.

그러나 유동성 위험이 단순히 차익거래를 제한하기만 하는 것은 아니다. 즉, 유동성 위험은 프리미엄을 발생시켜 시장 가격에 직접적으로 영향을 미치기도 한다. 달리 말하면, 유동성 위험에 가격을 매기는 것은 효율적으로 비효율적인 시장에서 자연스러운 일이다. 이제 유동성 위험이 가격에 어떤 영향을 미치는지 살펴보도록 하자.

시장 유동성 위험

많은 증권은 유동성이 떨어져 거래 비용이 많이 든다. 이러한 증권은 종종 매도해야 할 때 훨씬 유동성이 떨어져 "들어올 때는 마음대로지만, 나갈 때는 아니란다"라는 말을 떠오르게 한다.

매도를 할 수 없거나 큰 거래 비용을 지불해야 하는 위험을 시장 유동성 위험이라고 한다. 예를 들어 2008년 금융 위기로 인한 폭락 상황에서, 전환사채 및 기타 비유동 증권에 대한 매수-매도 스프레드는 1% 미만에서 5% 이상으로 증가했다. 또한 대부분의 경우 딜러는 거래를 하지 않았으며, 그들이 또 다른 거래 상대방을 찾을 수 있을 때만 거래를 했다.

투자자들은 시장 유동성 위험을 감수하는 대신 보상을 받길 원하며, 그 결과 유동성이 떨어지는 증권은 낮은 가격에 거래되고 수익률이 높아진다. 예를 들어, 전환사채는 이론적 가치(전환사채는 파생상품이기 때문에 주식 가격에서 이를 추론할 수 있다)에 비해 할인된 가격으로 거래되며, 이는 시장 유동성 위험에 대한 프리미엄 때문이다. 또한, 5년 내지 10년 동안 돈을 묶는 대가로 하버드 기금이 사모 펀드에 얼마나 많은 수익을 요구하는지 물었을 때 CEO는 다음과 같이 대답했다.

우리는 유동성이 떨어지는 것으로 인한 보상을 받아야 하며(우리는 이를 비유동성 프리미엄이라 부른다), 이는 상장 주식에서 기대되는 것보다 적어도 연간 300bp(3%) 이상이다.

- 제인 멘딜로(『바론즈』, 2014년 2월 8일)

유동성 위험은 일반적인 자산가격결정모형이 현실에서는 잘 작동하지 않는 중요한 원인이다. 그렇기에 유동성 위험을 포함한 자산가격결정모형이 금융 시장을 더 잘 추정할 수 있다.[5] 이런 모형은 투자자들이 주식 i의 거래 비용 TC^i를 제하고 난 수익인 R^i에 관심이 있다고 본다. 따라서 자산가격결정모형은 순수익인 $R^i - TC^i$에 적용되어야 한다.

$$E(R^i - TC^i) = R^f + \beta^i \lambda$$

여기서 λ는 위험 프리미엄이며, β^i는 전체 시장 M의 순수익과 증권의 공분산을 측정한다.

$$\beta^i = \frac{\text{cov}(R^i - TC^i, R^M - TC^M)}{\text{var}(R^M - TC^M)}$$

이는 총 수익이 다음과 같이 결정된다는 것을 의미한다.

$$E(R^i) = R^f + E(TC^i) + (\beta^{R^i,R^M} + \beta^{TC^i,TC^M} - \beta^{TC^i,R^M} - \beta^{R^i,TC^M})\lambda$$

위 공식이 의미하는 바는, 투자자의 요구 수익률 $E(R^i)$는 무위험 수익률과 예상 거래 비용인 $E(TC^i)$의 합, 그리고 4가지 위험에 대한 보상에 위험 프리미엄 λ의 곱을 더한 값이다. 예상되는 거래 비용이 높을수록 요구 수익은 높아지며, 위험 프리미엄 역시 그러하다. 첫번째 β^{R^i, R^M}는 일반적인 시장 베타를 나타내며, 이는 개별주식의 수익률 R^i와 시장수익률 R^M의 공분산으로 결정된다. 다음 항 β^{TC^i, TC^M}은 개별주식의 거래 비용인 TC^i가 시장의 거래 비용인 TC^M과 함께 움직일 경우 투자자들은 더 높은 수익률을 요구함을 의미한다. 다시 말해, 트레이더들은 다른 많은 증권을 거래할 수 없을 때 유동성이 떨어지는 증권을 보유하는 것을 좋아하지 않는다. 세 번째 위험 프리미엄인 β^{TC^i, R^M}는 시장이 하락할 때 투자자는 돈이 필요하므로, 유동성이 떨어지는 증권을 보유한 경우 보상을 받아야 함을 의미한다. 마지막 프리미엄인 β^{R^i, TC^M}는 유동성 위기 상황에서 가치가 떨어지는 증권에 대해 투자자가 보상 받기를 원하는 것을 의미한다.

현실에서는 이러한 모든 형태의 시장 유동성 위험은 서로 연관되어 있다. 요점은 트레이더들은 보상을 받을 수 있을 때만 시장 유동성 위험을 가진 증권을 매수하고자 하며, 이를 보상받는 방식은 저렴한 가격, 즉 높은 기대 수익률이다. 따라서 위험을 감수할 용이가 있는 헤지펀드는 시장 유동성 위험 프리미엄을 얻을 수 있다. 또한, 보유 기간이 길고 상대적으로 저렴한 비용으로 거래할 수 있는 헤지펀드는 높은 순수익을 얻을 수 있다. 실제로 헤지펀드는 시장 유동성 위험 프리미엄으로 인해 낮은 가격으로 매수할 수 있고, 간헐적이고 현명하게 거래하면서 위기 기간 동안 강제로 청산되는 것을 피할 수만 있다면 높은 수익률을 얻을 수 있다. 그러나 이는 위험을 수반한다. 다른 회사들이 유동성 소용돌이로 인해 큰 포지션을 매도함에 따라 가치가 떨어지는 증권을 매수하는 것은 종종 바닥이 언제인지를 알 수 없기 때문에 위험할 수 있다. 트레이더들은 이렇게 말한다.

떨어지는 칼날을 잡지 마라.

이러한 유동성-위험 이론은 채권 차익거래를 하는 헤지펀드의 프리미엄을 잘 설명한다. 나중에 자세히 설명하겠지만, 이러한 헤지펀드는 종종 거의 동일한 증권을 쌍으로 사고파는 경우가 많다. 그들은 유동성이 떨어지는 저렴한 증권을 매수하고, 유동성이 높은 증권을 공매도하여 시장 유동성 위험에 해당하는 스프레드를 얻는다.

유동성 위험을 포함한 자산가격결정모형은 또한 거래 비용과 유동성 위험이 증가하는 유동성 위기 기간 동안 발생하는 상황을 보여 준다. 시장 유동성 위험에 대해 투자자가 더욱 높은 보상을 원하므로 요구 수익률 역시 증가하여 가격이 급락한다. 시장 전반에 걸친 광범위한 위기는 약 10년에 2회 정도 발생하는 반면, 이러한 유동성 위기는 전문화된 시장에서 자주 발생한다.

유동성이 떨어지는 증권을 거래하는 것도 시장 유동성 위험 프리미엄을 얻는 한 방법이지만, 시장을 조성하는 것 역시 한 방법이다. 많은 투자자들이 즉시 거래하기를 원하지만, 매수자와 매도자가 항상 동시에 시장에 있는 것은 아니다. 따라서 주문흐름이 분열되며, 가격은 내재 가치 주변에서 큰 변동을 보인다. 시장 조성자는 거래의 반대 포지션을 취해 이를 활용하고 (혹은 보기에 따라 유동성을 제공하거나), 가격의 변동을 완화시킨다. 여기서 '시장 조성자'라는 용어는 일반적인 의미로 사용된다. 예를 들어 고빈도 트레이더는 시장 조성자로 지정되지 않은 경우에도 시장 조성자 역할을 효과적으로 수행하는 경우가 많다. 이러한 유동성 서비스와 관련된 위험에 대한 보상은 매수-매도 스프레드 또는 시장 충격으로 인해 시장 조성자가 얻는 수익이다.

자금 조달 유동성 위험

헤지펀드에게 발생할 수 있는 또 다른 중요한 위험은 자금 조달 유동성 위험, 즉 거래하는 동안 포지션에 자금을 댈 수 없는 위험이다. 달리 말하면, 펀드의 증거금이 모자라거나 특정한 상황으로 인해 포지션을 정리해야 하는 위험이다. 일부 증권은 증거금이 높아 자금 조달이 어려우며, 자본에 제약이 있는 투자자들은 당연히 이러한 '현금이 묶이는' 증권을 보유하는 것에 대한 보상을 받고자 한다. 따라서, 마진 CAPM에 따르면 요구 수익률은 증거금과 비례하여 증가하게 된다.[6]

$$E(R^i) = R^f + \beta^i \lambda + m^i \psi$$

m^i는 i 증권의 증거금이며, ψ는 자본이 묶이는 것에 대한 보상이다. 자금 조달 제약과 레버리지 제약에 대한 또 다른 의미는, 많은 투자자들이 레버리지를 사용해 안전한 증권에 투자하는 것 보다, 위험한 증권에 투자하는 것을 선호한다는 것이다. 이는 각 자산군 내에서 위험한 증권이 안전한 증권보다 더 낮은 위험 조정 수익률을 기록하는 경향이 있는 이유를 설명하는데 도움이 된다. 위험한 주식의 포트폴리오가 안전한 주식에 레버리지를 사용한 포트폴리오 대비 낮은 위험 조정 수익률을 보이는 경향이 있으며, 장기 국채의 포트폴리오는 단기 국채에 레버리지를 사용한 포트폴리오 대비 낮은 위험 조정 수익률을 보이기도 한다. 이러한 현상은 신용 상품에서도 비슷하게 나타난다.[7] 이와 유사한 효과가 자산군 전반에 걸쳐 나타나며, 그 결과 리스크 패러티 투자가 생겨나게 되었다.[8]

물론 시장과 자금 조달 유동성 위험은 서로 연결되어 있으며 요구 수익률에 공동으로 영향을 미친다.

$$E(R^i) = R^f + \beta^i \lambda + \text{시장 유동성 위험에 대한 보상} + \text{자금 조달 유동성 위험에 대한 보상}$$

거래 비용이 높고 시장 유동성 위험이 높은 증권은 자금 조달이 어려우며 그 반대도 마찬가지다. 또한 이러한 위험은 서로 강화되어 유동성 소용돌이를 만들기도 한다. 이에 관해서는 5장 10절에서 좀 더 구체적으로 다루도록 하겠다.

수요 압력에 대한 유동성 제공

알파 원천의 마지막은 수요 압력에 대한 유동성을 제공함으로써 헤지펀드가 수익을 얻는 것이다. 예를 들어, 증권이 비정상적인 매수 압력에 직면하면 가격이 상승하고 그 결과 향후 기대 수익률이 비정상적으로 낮아진다. 반면 다른 증권들은 시장에서 소외되어, 낮은 가격과 높은 기대 수익률로 이어질 수 있다. 이러한 상황에서, '역발상contrarian 투자 전략'은 저가 매수 및 고가 매도를 통해 유동성을 제공하고 수익을 얻을 수 있다.[9]

수요 압력은 여러 가지 이유로 발생한다. 예를 들어, 이벤트 드리븐 헤지펀드 매니저가 거래하는 많은 기업의 이벤트는 수요 압력과 관련이 있다. 합병이 발표되면, 피인수 기업의 주식은 크게 상승하지만, 합병 계약이 취소되면 다시 가격이 하락할 것이다. 이러한 이벤트 위험으로 인해 많은 공모펀드 및 투자자들은 피인수 기업의 주식을 매도하여, 주가에 하방 압력을 가한다. 이 경우 합병 차익거래 헤지펀드는 피인수 기업의 주식들을 매수하여 유동성을 제공한다. 그러므로 합병 차익거래 헤지펀드는 합병이 실패하는 이벤트 위험에 대한 보험을 판매하는 것으로 볼 수도 있다. 보험 회사가 주택 화재에 대한 보험을 판매함으로써 수익을 얻는 것처럼, 합병 차익거래는 합병 거래 실패에 대한 보험을 판매함으로써 수익을 얻는다.

수요 압력의 또 다른 원인은 일부 투자자들이 다양한 위험을 헤지하기를 원한다는 것이다. 예를 들어, 헤지를 위한 인덱스 옵션(특히나 풋옵션) 구매 수요는 가격을 상승시킨다. 마찬가지로 기업이 종종 물건이나 생산 위험을 헤지할 때 원자재 시장에서는 수요 압력이 발생한다.

많은 제도적 마찰로 인해 수요 압력이 발생할 수도 있다. 예를 들어, 일부 투자자는 비투자 등급의 채권을 보유할 수 없으며, 채권의 등급이 떨어질 경우 이를 매도하려는 수요 압력이 있다. 또 다른 예로, 원자재 시장의 패시브 투자자는 전통적으로 가장 가까운 만기의 선물 계약을 보유하며, 각 선물의 만기일이 다가오면 S&P GSCI 지수(과거 골드만삭스 원자재 지수)에 의해 결정된 특정 주기에 따라 다음 만기의 선물로 롤오버 roll over[†]를 해야 한다. 이는 만기가 가까운 선물을 팔고 만기가 많이 남은 선물을 사려는 수요 압력을 발생시킨다.

마지막으로 행동 편향이 수요 압력을 유발할 수 있다. 어떤 증권들은 투자자를 매혹시켜 수요를 창출할 수도 있지만, 다른 증권들은 소외될 수도 있다. 수년간 크리스피 크림이 그랬고, 그 이전에는 인터넷 주식이 그랬던 것처럼, 많은 고객들과 직접 상호 작용하는 기업의 주식은 과도한 수요에 직면할 수 있다.

[†] 선물이나 옵션포지션 보유자가 만기가 도래하는 계약을 만기가 남아있는 다른 종목으로 교체함으로써 포지션을 이월하는 것.

3. 전략의 발견과 백테스팅 | 101

요약하자면, 유동성이 떨어지는 증권을 거래하거나 자금을 조달하는, 혹은 수요 압력에 대응해 유동성을 제공하는 전략을 개발할 수 있다.

3.3 거래 전략을 백테스트하는 방법

거래에 대한 아이디어가 있을 때, 백테스팅은 강력한 도구가 될 수 있다. 거래 전략을 백테스트한다는 것은 역사적으로 해당 전략이 어떠한 성과를 보였는지를 시뮬레이션하는 것이다. 물론 과거의 성과가 반드시 미래의 성과를 예측하지는 않지만, 그럼에도 불구하고 백테스트는 매우 유용하다. 예를 들어, 많은 거래 아이디어는 애초에 좋은 성과를 기록할 수 없으며, 이는 백테스트를 통해 발견할 수 있다. 거래에 대한 아이디어가 생겨 지난 20년 동안 성과가 어땠는지를 시뮬레이션했을 때 과거에는 이 전략이 전혀 효과가 없었음을 발견할 수도 있다. 거래를 시작하기 전에 이것을 알고 싶은가? 물론이다. 이러한 사실을 안다면 거래를 할 가능성이 적어지며, 이를 통해 많은 돈을 절약할 수 있다. 백테스트는 전략의 위험에 대해 알려주고, 이를 개선하는 방법에 대한 아이디어를 제공할 수 있다.

백테스트하기: 거래 규칙과 알아야 할 사항들

백테스트를 수행하려면 다음 요소들이 필요하다.

- **유니버스**: 투자 대상이 되는 증권들.
- **신호**: 입력값으로 사용되는 데이터, 데이터의 출처 및 데이터의 분석 방법.
- **거래 규칙**: 신호에 따른 거래 방법. 신호를 얼마나 자주 검토하고 포지션을 재조정할 것인가, 그리고 포지션 규모에 대한 것.
- **시간 지연**: 전략이 실행 가능하려면, 입력으로 사용된 데이터가 사용된 시점에 즉시 이용 가능해야 한다. 예를 들어, 특정 해의 국내총생산GDP을 사용하는 경우, 이 수치가 이듬 해 1월 1일이 아닌 일정 기간이 지난 후 제공된다는 사실을 고려해야 한다. 또한, 종가를 신호로 삼을 경우 해당 종가에 거래할 수 있다고 가정하는 것은 현실적이지 않다(학계에서는 종종 그렇게 사용한다). 1~2일 후의 시차를 두고 거래를 진행한다고 가정하는 것이 더 합당하다.

이러한 백테스트 요소들이 다소 추상적으로 들리겠지만, 거래 전략에 관한 장에서 논의하는 구체적인 예들을 살펴보면 이해하기 쉬울 것이다. 많은 종류의 거래 규칙이 존재하지만, '포트폴리오 재조정 규칙'과 '진입-청산 규칙' 두 가지를 설명하려 한다. 전자는 포트폴리오의 '거시적' 관점이며, 후자는 거래의 '미시적' 관점에 해당한다.

- **포트폴리오 재조정 규칙**: 이 거래 규칙은 전체 증권 포트폴리

오를 검토하고 재조정하는 방법을 정의한다. 이는 각 기간마다 다음과 같은 거래 규칙을 백테스트한다.
- 최적의 증권 포트폴리오를 결정
- 포트폴리오 재조정을 위한 (모의) 거래

이러한 거래 규칙의 예로, 매월 마지막 거래일에 장부가/시장가book-to-market 비율 기준 저렴한 상위 10% 주식을 찾아 모든 주식에 동일한 비율로 투자한 후 한 달 동안 보유한다고 가정하자. 한 달 후, 해당 시점에서 가장 저렴한 주식 상위 10%를 다시 구한 후 포트폴리오를 재조정하는 일련의 과정을 반복한다. 따라서 거래하고 있는 포트폴리오 내 증권의 수는 크게 변하지 않는다(유니버스의 크기가 변경되는 경우에만 변하게 된다). 또 다른 예로는 매월 유니버스에 있는 모든 증권의 위험과 기대 수익률을 추정하고, 샤프지수가 가장 높은 포트폴리오로 재조정할 수 있다. 이 예에서는 모든 증권에 투자하지만, 각 증권에 대한 투자 비중은 시간에 따라 달라지며, 매수 혹은 공매도로 포지션이 바뀌기도 한다. 이 경우 어떤 특정한 '거래'가 효과가 있었는지에 대해 말하기 어렵다는 점에 유의해야 한다. IBM 주식에 대해 거래를 시작한 후 나중에 종료하는 것이 아니라, 시간에 따라 투자 비중이 변하기는 하지만 IBM 주식을 항상 매수 혹은 공매도한다.

- **진입-청산 규칙**: 개별적인 거래의 측면에서 생각하는 것이다.
  - 각 자산에 대해 새로운 거래를 시작할 시기와 초기 포지션의 규모를 결정하는 방법을 결정한다.
  - 특정 상황에서, 시간이 지남에 따라 포지션의 크기를 결정한다.
  - 거래 종료 시점을 결정한다.

예를 들어, 금 가격이 지난 20일 동안 최고 가격을 상회하는 경우(일부 상품거래자문가 및 매니지드 퓨처스 트레이더들이 이를 '돌파'라고 표현한다) 금 선물을 매수한다. 금 가격이 10일 저점 미만으로 떨어지기 전까지 포지션을 유지한다. 이러한 진입-청산 규칙을 사용하면 금 포지션을 가질 수도 있고 아닐 수도 있다. 더욱이 이런 형태의 거래 규칙을 많은 증권에 적용하면 시간에 따라 많거나 적은 포지션을 가지므로, 위험 역시 시간에 따라 다르다.

모든 유형의 백테스트 및 거래 규칙에는, 다음에 설명할 편향과 거래 비용에 대해 주의할 필요가 있다.

데이터 마이닝 및 왜곡

백테스트는 대게 실제 거래의 수익보다 훨씬 좋아 보이며, 여기에는 여러 가지 이유가 있다. 첫째, 세계는 변화하고 있으며 과거에 작동했던 거래 전략이 더 이상 작동하지 않을 수 있다. 더 많은 사람들이 이러한 전략을 추구한다면 경쟁으로 인해 가

격이 조정되고 수익성이 낮아지기 때문일 수 있다.[10]

아마도 더 중요한 이유는 모든 백테스트가 데이터 마이닝 왜곡으로 인한 문제가 있기 때문일 것이다. 모든 백테스트가 이 문제로 고생하지만, 어떤 왜곡은 피할 수 없다. 예를 들어, 거래 아이디어를 분석할 때, 많은 아이디어를 실행 후 과거에 잘 작동했던 전략에 끌리기 마련이다. 그러므로 (의식적이건 무의식적이건) 과거에 잘 작동했기 때문에 해당 거래 전략을 실행하기로 마음먹지만, 그 전략이 미래에 잘 작동할지 알 수 없다. 또한 일부는 과거에 우연히 작동했을 수도 있으며, 이러한 경우 향후 실제로 거래할 때는 제대로 작동하지 않을 수 있다. 또는 누군가가 이 거래에서 돈을 벌었다고 해서 백테스트를 한다면, 순전히 우연이었더라도 그 사람이 이미 돈을 번다고 말을 했기 때문에 백테스트가 좋아 보인다. 이처럼 피할 수 없는 왜곡이 존재하므로, 백테스트의 수익을 너무 믿지 말고 실현된 수익에 더 많은 비중을 두어야 한다. 또한 입력값이 많고 조정 또는 최적화가 된 전략의 경우 백테스트 수익률은 더욱 조심해야 한다.

피할 수 없는 왜곡은 우리가 백테스트를 어떻게 판단해야 하는가에 영향을 주지만, 경험 많은 트레이더와 연구자들이 제거하기 위해 노력하는 피할 수 있는 왜곡들도 존재한다. 우선, 왜곡이 없는 유니버스를 갖는 것이 중요하다. 예를 들어, 현재 S&P 500 지수에 포함된 주식만 고려한다면 왜곡된 샘플을 사용하는 문제가 있다. 15년 전에는 어떤 주식이 지금의 지수에 포함될지 모른다. S&P 500 지수의 주식을 사용하려면, 그 당시 지수에 포함되었던 주식을 사용해 백테스트해야 한다.

또한 거래 신호와 거래 규칙에 왜곡이 없어야 한다. 위에서 설명한대로 적절한 시간 지연이 필요하다. 예를 들어, 많은 경우 사건이 발생한 이후에 수치가 발표되며(1분기 수익은 종종 2분기에 보고되고, GDP와 물가상승률 같은 거시 경제 수치는 시간이 지난 뒤 발표된다), 이러한 수치의 수정은 훨씬 더 늦게 알려진다.

변수가 최적화되거나 추정될 경우에도 왜곡이 발생한다. 예를 들어, 1990년부터 2010년까지의 회귀 분석을 실행하여 기대 수익률을 추정한 후, 동일한 기간 동안 해당 변수에 기반한 전략을 실행한다면, 성과가 왜곡되어 비현실적으로 좋게 보인다. 변수가 최적으로 추정되긴 했지만 그 값을 과거에는 미리 알 수도 없으며, 최적의 변수가 미래에도 최적이라는 보장은 없다. 이러한 방식을 '표본 내 테스트'라 한다.

이와 반대로 시뮬레이션에서 거래 시점 이전의 데이터를 사용해 변수를 추정하는 것을 '표본 외 테스트'라 한다. 표본 외 테스트는 여러 방법으로 실행된다. 한 가지 방법은 샘플을 두 개로 나눈 후 첫 번째 샘플을 사용하여 변수를 선택한 후 두 번째 샘플을 사용하여 거래를 시뮬레이션하는 것이다. 또 다른 방법은 '롤링' 윈도우를 사용하는 것이다. 매 시점(이를테면 매월) 과거 데이터를 기반으로 변수를 선택한 후 다음 달의 시뮬레이션 하고, 새롭게 추가된 데이터를 기반으로 새로운 변수를 선택한 후 다시 다음 달 거래를 시뮬레이션하는 작업을 반복한다. 물론 '표본 내 테스트' 왜곡을 피할 수 있는 가장 간단한 방법은 특정 변수에 의존하지 않는 전략을 사용하는 것이다.

우리의 목표는 최고의 백테스트를 찾는 것이 아니라 미래에도 효과가 있는 전략을 찾는 것임을 명심해야 한다. 또한 약간의 조정이 있더라도 잘 작동하는 강건한 프로세스를 만들기 위해 노력해야 한다.

백테스트에서 거래 비용 고려하기

거래 비용은 거래 전략의 수익을 감소시키므로, 거래 비용을 고려한 백테스트가 훨씬 더 현실적이다. 거래 비용을 고려하기 위해서는 먼저 모든 증권 및 거래 규모에 대한 예상 거래 비용을 추정해야 한다. 브로커로부터 예상 추정치를 얻을 수도 있고, 5장 3절에서 논의할 것처럼 예상 거래 비용을 추정할 수도 있다. 이러한 예상 거래 비용이 구해지면 다음과 같은 간단한 방법으로 백테스트를 조정할 수 있다. 백테스트에서 거래가 발생할 때마다 예상 거래 비용을 계산하고 이를 백테스트 수익에서 차감한다. 예를 들어 월별 포트폴리오를 재조정하는 백테스트는 다음과 같이 수행한다.

- 포트폴리오의 수익률 계산

- 새로운 증권 포지션 및 예상되는 거래 계산
- 모든 증권의 예상 거래 비용을 계산 후 합산
- 포트폴리오 수익률에서 총 예상 거래 비용을 차감

거래 전략의 회전율이 높을수록 백테스트에서 거래 비용을 고려하는 것이 더 중요해진다. 또한 거래 비용은 최적의 거래 규칙을 구성하는 방식을 바꾸며, 여러 중요한 의미를 갖는다. 이는 5장 1절에서 다시 다룰 것이다.

3.4 포트폴리오와 회귀 분석의 균등성

신중한 백테스트를 통해 거래 전략을 시뮬레이션하는 것이 현실에 가장 가깝지만, 회귀 분석 역시 유용한 방법이다. 성공적인 거래 전략은 궁극적으로 수익을 예측할 수 있는 신호에 기반한다. 이러한 신호를 테스트하는 또 다른 방법은 '예측 회귀', 즉 좌변에는 미래 수익률을 우변에는 우리가 알고 있는 신호를 둔 후 회귀 분석을 실시하는 것이다.

증권을 포트폴리오로 분류하고 포트폴리오의 상대적 성과를 비교하는 것은 아래에서 요약한 바와 같이 회귀 계수를 보는 것과 거의 같다.

메타정리Metatheorem : 모든 예측 회귀는 포트폴리오 분류로 표현될 수 있으며, 모든 포트폴리오 분류는 예측 회귀로 표현될 수 있다.

(a) 시계열 회귀는 시장 타이밍 전략에 해당한다.

(b) 횡단면 회귀는 증권 선택 전략에 해당한다.

(c) 단변량 회귀는 하나의 신호로 증권을 분류하는 것에 해당한다. 이변량 회귀는 두 신호에 의해 증권을 이중으로 정렬하는 것에 해당하므로 한 신호가 다른 신호보다 가치를 더 하는지 여부를 결정할 수 있다. 다변량 회귀는 다수의 신호에 의한 분류에 해당한다.

(a) 이것이 무엇을 의미하는지 알기 위해, 먼저 증권의 초과 수익률 R^e를 배당 수익률과 같은 예측 변수 F에 대해 시계열 회귀 분석을 한다.

$$R^e_{t+1} = a + bF_t + \varepsilon_{t+1}$$

사전에 알고 있는 신호로 미래의 수익을 예측하려고 하므로, 예측 변수의 아래 첨자는 현재 시간에 해당하는 t 이며, 왼쪽 수익률의 아래 첨자는 미래 시간에 해당하는 $t+1$ 이다. 최소 제곱법에서 회귀 계수는 다음과 같이 추정된다.

$$\hat{b} = \frac{\sum_t (F_t - \overline{F}) R_{t+1}}{\sum_t (F_t - \overline{F})^2} = \sum_{t=1}^{T} x_t R_{t+1}$$

이는 롱-숏 타이밍 전략의 누적 수익률로 볼 수 있다. 거래 포지션에 해당하는 x는 다음과 같다.

$$x_t = k(F_t - \overline{F})$$

이 중 조정 계수 $k = 1/\Sigma_t(F_t - \overline{F})^2$는 타이밍 전략의 샤프지수에 영향을 미치지 않는다. 타이밍 전략은 신호 F_t가 평균값 $\overline{F}$보다 위에 있을 때 증권을 매수하며, 신호가 이보다 아래에 있을 때는 매도를 한다. 타이밍 전략은 회귀 계수가 양수일 때 수익성이 있으며, 그렇지 않으면 수익성이 없다. 이 결과는 회귀와 타이밍 전략 사이의 밀접한 관계를 보여 준다. 실제로 회귀 계수는 타이밍 전략의 평균 수익이다. 또한, 전략의 위험 조정 수익률은 회귀 계수의 t-통계량과 밀접한 관련이 있다.

다른 여러 가지 방법으로 시장의 타이밍을 맞추는 신호의 능력을 분석할 수도 있다. 예를 들어 과거 샘플을 신호 F가 가장 낮은 값을 가졌던 때, F가 중간 값을 가졌던 때, F가 높았던 때, 세 가지 그룹으로 나눌 수 있다. 이 세 개의 하위 샘플을 바탕으로 F가 높았을 때 시장이 평균적으로 높은 수익률을 기록했는지, F가 낮았을 때 낮은 수익률을 기록했는지를 알 수 있다.

(b) 타이밍 전략이 시계열 회귀에 해당하는 것처럼 증권 선택 전략도 회귀식으로 나타낼 수 있다. 증권 선택은 모든 증권 i에 대해 예측 변수 F_t^i를 이용한 횡단면 회귀에 해당한다.

$$R_{t+1}^i = a + bF_t^i + \varepsilon_{t+1}^i$$

어떠한 시점 t에서도 전체 증권에 이 회귀 분석을 실행할 수 있다. 각 기간의 회귀 계수 $\hat{b}_t$는 다음과 같다.

$$\hat{b}_t = \frac{\sum_i (F_t^i - \bar{F}_t) R_{t+1}^i}{\sum_i (F_t^i - \bar{F}_t)^2} = \sum_i x_t^i R_{t+1}^i$$

이전과 유일한 차이점은 시간 t가 아닌 증권 i에 대해 합산한다는 점이다. 이 회귀 계수는 t와 $t+1$시간 사이에 실현되는 롱-숏 증권 선택 전략의 수익이다. 증권 i에 대한 포지션은 다음과 같다.

$$x_t^i = k_t (F_t^i - \bar{F}_t)$$

여기서 $k_t = 1/\sum_i (F_t^i - \bar{F}_t)^2$ 이며, 이 전략은 특정 시점 증권들의 평균보다 더 나은 신호를 갖는 증권을 매수, 낮은 신호를 갖는 증권을 공매도한다.

Fama-MacBeth(1973) 방법을 사용한 전체 회귀 계수 $\hat{b}$에 대한 추정치는 단순히 모든 기간 추정치의 평균이다.

$$\hat{b} = \frac{1}{T} \sum_{t=1}^{T} \hat{b}_t$$

이는 롱-숏 거래 전략의 평균 수익이다. 전략의 위험은 수익의 변동성, 즉 회귀 계수의 변동성이다.

$$\hat{\sigma} = \sqrt{\frac{1}{T-1} \sum_{t=1}^{T} (\hat{b}_t - \hat{b})^2}$$

따라서 증권 선택 전략의 샤프지수는 다음과 같다.

$$SR = \frac{\hat{b}}{\hat{\sigma}}$$

이는 회귀 추정치의 t-통계량과 매우 비슷하다.

$$t\text{-통계량} = \sqrt{T} \frac{\hat{b}}{\hat{\sigma}}$$

t-통계량의 절댓값이 2보다 큰 경우, 회귀 계수는 통계적으로 유의한 것으로 간주된다. 통계적 유의성은 오랜 기간 동안 높은 샤프지수를 실현하는 것과 관련있다. 전략이 오랫동안 잘 작동했다면 운이 아닌 다른 이유로 더 효과적이었을 수 있다.

(c) F 혹은 G와 같은 여러 거래 신호에 대해 수익률을 회귀할 수도 있다.

$$R_{t+1}^{i} = a + b^F F_t^i + b^G G_t^i + \varepsilon_{t+1}^{i}$$

이 경우 회귀 계수 b^F는 이미 신호 G를 이용해 거래되고 있는 상황에서 F를 이용해 거래를 한 수익에 해당한다. 예를 들어, 헤지펀드가 이미 G를 이용해 거래하는 상황에서 F를 이용해서도

거래할지를 고려하는 상황이라면, F가 평균만큼 돈을 버는 것만
으로는 충분하지 않다. F에 기반한 전략을 추가하기 위해서는,
이 신호가 위험을 너무 많이 추가하지 않으면서도 아직 G에 포
함되어 있지 않은 새로운 정보를 추가해 전체적으로 포트폴리오
를 개선해야 한다.

다변량 회귀 분석의 회귀 계수는 이러한 한계 개선marginal improvement을 나타낸다. 포트폴리오를 연구하는 것만으로도 새로
운 신호가 가치를 더하는지 여부를 분석할 수 있다. 특히 매 기
간 F와 G를 기준으로 증권을 이중으로 분류한 후, 거의 동일한 G
를 갖는 증권 중 F 가치가 높은 증권이 F 가치가 낮은 증권보다
성과가 좋은지를 확인할 수 있다. 회귀 분석의 한 가지 장점은
우변에 많은 변수를 쉽게 추가할 수 있다는 점이지만, 네 부분으
로 분류된 증권에는 실행이 불가능해진다.

마지막으로, 타이밍 전략은 증권 선택 전략보다 왜곡에 더 취
약하다. 포지션의 규모는 평균 예측 변수값인 F에 따라 다르지
만 이러한 평균은 시작점에서는 알 수 없다. 따라서 시계열 회
귀 분석은 '문제가 있는' 표본 내 백테스트에 해당한다. 마찬가지
로 신호가 상단, 중단 또는 하단에 있는지 여부를 고려하는 것도
미리 알 수 없기 때문에 문제가 된다. 그보다 정확한 백테스트는
어느 시점에서든 신호가 해당 시점까지 확인된 신호에 비해 높
거나 중간인지 또는 낮은지 확인하는 것이다(혹은 표본 외 예측
방법을 사용한다).

증권 선택 전략에는 이러한 문제가 없다. 이 전략들은 단순히 특정 증권의 신호를 당시 다른 증권의 평균 신호와 비교한다. 따라서 시간이 지남에 따라 어느 정도가 높거나 낮은 신호인지 알 필요가 없다. 단지 다른 것보다 더 나은 속성을 가진 증권을 찾기만 하면 된다. 예를 들어 시장가 대비 장부가 비율B/M이 높은 싼 주식을 매수하고, B/M이 낮은 비싼 주식을 공매도 할 수 있다. 이를 위해 '공정한' B/M의 수준을 알 필요는 없다. 해당 특성에 따라 주식을 정렬하기만 하면 된다.

요약하자면, 금융 경제학에서 회귀 분석과 거래 전략 사이에는, 다른 말로는 통계와 경제 사이에는 밀접한 관련이 있다. 거래 전략은 실무자들이 수익을 추구하는 데 유용하며, 학계에서는 자산가격결정이론을 시험하는 방법으로 유용하다.

4

포트폴리오 구성과 위험 관리

 헤지펀드의 목적은 가능한 최고의 위험 조정 수익률을 제공하는 것이다. 이를 위해 앞서 논의한 바와 같이 돈을 벌 것으로 예상되는 거래 전략을 찾아야 한다. 일단 몇 가지 거래 전략이 확인되면, 투자자는 그것들을 전체 포트폴리오와 결합해야 한다. 포트폴리오 구성한다는 것은 (i) 각 거래의 위험 평가, (ii) 위험과 기대 수익률 간 최적의 균형을 이루기 위해 각 포지션의 크기를 정하고 시간에 따라 이를 변경하는 방법을 선택하는 것이다.

 액티브 투자자는 위험 관리에 특히 중점을 두어야 한다. 위험 관리는 포트폴리오 구축에 필수적인 부분이어야 하며, 헤지펀드는 독립적인 통제 장치를 가진 별도의 위험 관리팀을 두어야 한다. 헤지펀드 포트폴리오의 위험은 여러 가지 이유로 시간에 따라 변한다.

첫째, 투자 기회는 달라지며 사람들은 종종 기회가 더 좋을 때 더 많은 투자를 하고 싶어한다. 둘째, 시장 위험은 시간에 따라 변하므로 상황에 따라 동일한 포지션이 다소 위험할 수도, 그렇지 않을 수도 있다. 셋째, 헤지펀드의 서로 다른 베팅은 어느 정도 상쇄될 수 있다. 넷째, 레버리지를 사용한다는 것은 헤지펀드가 항상 하락을 '견뎌낼 수' 없다는 것을 의미한다. 채권자가 자금을 회수하거나 투자자가 자본을 회수하기 전에 대응할 준비가 되어 있어야 한다.

포트폴리오 구성은 지속적으로 업데이트되는 위험 정도에 따라 달라져야 하며, 기회와 위험이 적절한 수준에 있는지 확인해야 한다. 또한 위험 관리는 위험이 특정 한계를 초과하지 않도록 확인하고, 하락에 대한 꼬리 위험을 관리하며, 큰 손실 위험을 제한해야 한다.

4.1 포트폴리오 구성

액티브 투자자 중 일부는 규칙과 직관에 의존하는 반면 다른 일부는 컴퓨터 알고리즘을 사용하여 포트폴리오 최적화를 수행한다는 점에서 포트폴리오 구성에 많은 차이를 보인다. 그러나 가장 성공적인 헤지펀드가 준수하는 몇 가지 일반적인 원칙이 있다.

- 첫 번째 원칙: 분산 투자하라. 실제로 금융에서 유일한 공짜 점심은 분산 투자라는 말이 있다.
- 두 번째 원칙: 포지션 한도를 정하라. 이는 각 증권에 대한 명목 노출 또는 위험 기여도를 제한하는 것이다. 예를 들어, 헤지펀드 전략에 대해 강의할 때 MBA 학생들에게 훌륭한 거래 전략, 예를 들어 음의 스터브stub 거래(16장 이벤트 드리븐 투자에서 더 자세히 다룰 것이다)와 같은 차익거래를 소개했다. 일단 학생들이 그 거래를 알게 되면, 나는 그들에게 포지션의 규모를 정하라고 한다. 그리고 대부분의 학생들은 적어도 자본의 40%를 그 전략에 투자한다. 한 주 뒤 그들의 성과가 어떤지를 보면, 거래를 전혀 하지 않은 학생 한두 명만 제외하고 거의 모든 학생이 돈을 날린다. 실제로 증거금 잔고를 시뮬레이션해 보면 그들은 마진 콜margin call[†]에 대응할 수 없어 대부분의 포지션을 청산해야 하기에, 최종적으로는 거래가 수익성이 있어도 그들은 손실로 끝나거나 완전히 파산하게 된다. 단일 포지션으로 인한 파산 위험을 줄이고 더 많은 분산을 보장하는 간단하고 효과적인 방법은 포지션에 제한을 두는 것이다. 예를 들어, 제임스 차노스는 모든 포지션이 자신의 순자산 가치의 5% 미만인지 확인하고, 이 한도에 도달하면 초과분을 정리한다.

[†] 선물 거래를 중개하는 회사가 당일 결제를 매일 정산하여 선물 가격 변동에 따른 손익을 증거금에 반영하고, 손실액이 일정 수준을 초과하여 유지 증거금이 부족한 경우 증거금을 채워 넣도록 고객에게 요구하는 것.

- 세 번째 원칙: 보다 높은 확신이 있는 거래에 더 큰 투자를 하라. 어떤 거래가 정말로 유망한지 생각해 보고 포지션 중 그 거래가 가장 큰 위험을 감수하고 있는지 확인해야 한다.
- 네 번째 원칙: 베팅의 크기를 위험 측면에서 생각하라. 포지션 위험의 크기는 포지션의 명목 사이즈와 해당 증권의 위험에 따라 달라진다.
- 다섯 번째 원칙: 상관관계를 생각하라. 매수 포지션의 경우 다른 매수 포지션과의 높은 상관관계는 좋지 않지만, 공매도 포지션과의 높은 상관관계는 좋다. 예를 들어, 리 에인슬리는 각 산업 내에서 매수와 공매도 포지션을 가져가는 것을 선호하므로, 비슷한 증권의 롱-숏을 통해 위험을 줄인다. 또한, 산업 전반에 걸쳐 다양한 주식을 매수하므로, 상관관계가 낮은 매수 포지션을 통해 위험을 줄인다.
- 여섯 번째 원칙: 위험과 확신에 따라 포지션의 크기를 계속 조정하라. 이런 중요한 점을 많은 사람들은 직관적이지 않다고 생각한다. 모의 거래의 손익P&L이 떨어지자 한 학생이 다음과 같이 말했다. "나는 확신을 가지고 이 거래를 하고 있으며, 이는 바뀌지 않을 겁니다." 이틀 후 시뮬레이션에서 그는 파산했다. 성공적인 헤지펀드는 자신의 포지션과 결혼하지 않는다. 베팅이 커지지 않도록 해야 한다. 예를 들어, 리 에인슬리는 각 거래의 위험-보상 상충 관계를 분석한 다음, 포지션을 추가 또는 축소하기로 결정한다. '보류'는 옵션이 아

니다. 트레이더들은 다음과 같이 말한다. "트레이더는 기억력이 없어야 하지만, 무엇도 잊지 말아야 한다."

투자자는 현재의 포지션이 무엇이든 간에 앞으로 최적의 선택을 해야 한다는 의미에서 '기억력이 없다'는 생각을 가져야 한다. 투자자는 자신의 모든 경험과 데이터가 위험 및 기대 수익률을 예측하는 데 최대한 도움이 되어야 한다는 점에서 '무엇도 잊어버리지 말아야' 한다.

클리프 애스니스와 같은 퀀트는 이러한 목표를 달성하기 위해 포트폴리오 최적화를 사용한다. 실제로 전 세계 수천 개의 증권을 거래할 때 이러한 포트폴리오 구성 원칙을 효과적으로 구현하려면 컴퓨팅 능력이 필요하다. 이를 수행하는 가장 간단한 방법은 평균-분산 방법이다. 여기서 목표는 포트폴리오 $x = (x^1, \cdots, x^s)$를 선택하는 것이며, x^s는 각 증권 s에 투자된 자본 (투자 금액)을 의미한다. 시작 재산이 W이며 포트폴리오 x를 선택하면 다음 기간의 재산은 아래와 같다.

미래 재산 $= x^1(1 + R^1) + \cdots + x^s(1 + R^s) + (W - x^1 - \cdots - x^s)(1 + R^f)$

이 중 $R^1, \cdots, R^s$는 서로 다른 위험 자산의 투자 수익률이며, 마지막 항 R^f는 무위험 화폐 시장에 투자한 수익률(또는 위험 자산에 투자한 금액의 합계가 시작 재산인 W보다 큰 경우 레버리지를 위해 빌린 돈의 이자율)을 의미한다. 미래의 재산은 초과 수익의 관점인 $R^{e,s} = R^s - R^f$로 다시 작성될 수 있다.

$$\text{미래 재산} = W(1 + R^f) + x^1 R^{e,1} + \cdots + x^s R^{e,s}$$

다시 말해, 미래의 재산은 현재의 재산 W가 무위험 수익률로 증가한 값과, 위험 자산에 투자하여 발생한 모든 초과 수익률의 합으로 구성된다. 우리 목표는 분산으로 측정된 위험을 페널티로 두고 예상되는 미래의 재산을 극대화하는 것이다. 이러한 포트폴리오 최적화 문제는 벡터 표기법을 사용하여 작성할 수 있다(x와 상관없는 첫 번째 항은 무시하도록 한다).

$$\max_{x} \mathrm{E}(x'R^e) - \frac{\gamma}{2}\mathrm{var}(x'R^e)$$

여기서 γ는 위험 회피 계수다. 기대 초과 수익률의 벡터를 $\mathrm{E}(R^e)$, 분산-공분산 행렬을 Ω로 쓰면 수식은 다음과 같다.

$$\max_{x} x'\mathrm{E}(R^e) - \frac{\gamma}{2}x'\Omega x$$

이 문제를 해결하기 위해, x를 미분한 값을 1계 조건으로 두고, 이를 0으로 설정한다.

$$0 = \mathrm{E}(R^e) - \gamma \Omega x$$

따라서 최적 포트폴리오는 다음과 같다.

$$x = \gamma^{-1} \Omega^{-1} \mathrm{E}(R^e)$$

이 최적 포트폴리오의 특징은 기대 수익률이 높고 분산이 작으며 다른 포지션과의 상관관계가 낮은 증권에 큰 포지션을 취하는 것이다.

이 포트폴리오는 이론상으로는 최적인 반면, 실무에서는 몇 가지 이유로 문제가 있는 경우가 있다.[1] 첫째, 이론적으로 최적인 포트폴리오는 위험과 기대 수익률 추정에 오류가 있으며, 종종 서로 다른 방법으로 추정되므로 현실에서는 나쁜 성과를 보인다. 노이즈가 있는 위험 및 수익률 추정치를 사용할 경우 최적값이 매수와 공매도 포지션에 극단적으로 많은 포지션을 취하는 경우가 있으며, 이는 표본 외 샘플에서 나쁜 성과로 이어진다. 따라서 퀀트는 노이즈에 덜 민감하고 보다 '강건한' 포트폴리오 최적화를 하려고 노력한다. 보다 강건한 포트폴리오를 만들기 위해 위험 및 기대 수익률에 대한 추정을 줄이고 포트폴리오 제약 조건을 사용하며 강건한 최적화 기술을 적용한다.

평균-분산 최적 포트폴리오의 두 번째 문제는 실제 투자에서는 포트폴리오의 포지션 크기 및 거래 규모에 여러 제약이 있다는 점이다. 이러한 제약은 최적화 조건에 추가할 수 있으며, 주의 깊게 다루지 않으면 결과를 왜곡하는 경우가 많다.

세 번째 문제로 단일 기간 최적화 포트폴리오는 투자자들이 시간이 지남에 따라 반복적으로 거래하고 그 과정에서 거래 비용이 발생한다는 것을 고려하지 않는다는 점이다. 이런 문제는 보다 정교한 동적 모델에서 다룰 수 있다.[2]

이러한 문제들에도 불구하고 포트폴리오 최적화는 매우 유용한 도구가 될 수 있지만, 해당 주제는 이 책의 범위를 벗어난다. 신중하게만 다룬다면 포트폴리오 최적화는 분산 투자의 이점을 충분히 얻을 수 있는 도구, 과도한 집중 없이 확신이 높은 거래에 효율적으로 이용할 수 있는 도구, 시간에 따라 변하는 위험과 기대 수익률에 근거하여 체계적으로 포지션을 조정하고 포트폴리오 선택의 주관성을 최소화할 수 있는 도구를 제공한다.

요약하면, 좋은 포트폴리오를 구축하는 것은 일련의 거래 아이디어가 좋은 위험-수익 관계를 달성하는 데 도움이 될 수 있다. 체계적인 접근은 투자자 자신의 행동적 편향, 즉 특정한 실수를 저지르는 경향을 줄이는 데 도움이 된다. 예를 들어, 사람들은 특정 증권이 더 이상 좋아질만한 이유가 없어졌음에도 불구하고 손해가 발생한 포지션에 매달리며, 더 오를 수 있음에도 불구하고 수익이 난 증권을 팔아 손익을 확정하려고 한다.

4.2 위험 관리

위험 측정

위험은 몇 가지 방법으로 측정할 수 있고, 측정해야 한다. 간단하면서도 일반적인 위험 측정은 변동성(즉, 수익률의 표준편차)이다. 일부 사람들은 변동성이 정규 분포에만 적용된다고 생각하지만 이는 사실이 아니다. 다만 변동성은 비정규 분포의 붕괴 위험을 잘 포착하지 못한다. 정규 분포에서 2표준편차에 해당하는 수익률은 흔하지 않으며 5표준편차에 해당하는 사건은 거의 발생하지 않는다. 그러나 실제 헤지펀드의 수익률은 정규 분포가 아니므로 이런 일이 발생하기도 한다. 헤지펀드 전략의 경우, 2표준편차에 해당하는 사건은 일반적이며 5표준편차에 해당하는 사건 역시 발생한다. 이러한 사실을 염두에 둔다면 수익률 분포가 상대적으로 대칭적이고 붕괴 위험이 지나치게 크지 않는 한 변동성은 여전히 유용한 위험 측정 수단이 될 수 있다.

그러나 변동성은 극단적인 붕괴 위험이 있는 전략에서는 적절한 위험 측정 방법이 아니다. 예를 들어, 대부분의 날에는 양의 수익률을 기록하지만 드물게 큰 하락이 발생하는 '외가격 옵션 매도' 전략의 위험은 변동성이 잘 포착하지 못한다. 헤지펀드가 대규모 포트폴리오의 변동성을 계산하기 위해서는 전체 포트폴리오를 시뮬레이션하거나 팩터 모형과 같은 통계 모형을 사용하여 자산간 상관관계를 고려해야 한다.

또 다른 위험 척도는 꼬리 위험(비정규)을 계산하는 데 사용되는 밸류 앳 리스크value-at-risk, VaR이다. VaR은 그림 4.1과 같이 일정한 신뢰도 하에서 최대 손실을 측정하며, 95% 또는 99%의 신뢰도로 잃을 수 있는 최대값을 의미한다.

헤지펀드의 하루 동안 95% VaR 값이 1,000만 달러인 경우는 다음과 같다.

$$\Pr(\text{손실} \leq \$1{,}000 \text{ 만}) = 95\%$$

 VaR을 추정하는 간단한 방법은 과거 수익률을 규모 별로 정렬한 다음, 수익률이 나쁜 5%와 이것보다 나은 95%에 해당하는 날을 찾는 것이다. 역사가 반복되면 95% 신뢰도로 이 값보다 적게 손실이 발생할 것이므로, 이 값은 95% VaR이 된다. 과거 수익률을 통해 VaR을 추정할 수 있지만, 만약 포지션이 많이 바뀌었다면 이는 오히려 오해를 불러일으킬 수 있다. 이런 경우, 자신의 현재 포지션을 살펴보고 지난 3년 동안 해당 포지션에 대한 수익률을 시뮬레이션하는 것이 더 정확할 수 있다.

그림 4.1 VaR

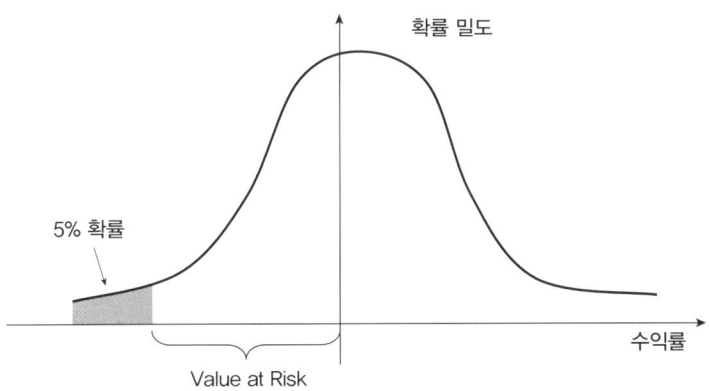

 VaR과 관련된 한 가지 문제는 손실이 VaR 값을 초과할 경우, 이 값이 얼마가 될지 모른다는 것이다. 이러한 극단적인 꼬리 위험에 해당하는 손실의 크기는 예상 손실Expected Shortfall, ES이라 불리

는 위험 측정으로 계산한다. 예상 손실은 VaR보다 더 많은 손실이 발생할 경우 예상되는 손실이다.

$$예상\ 손실 = E(손실\ |\ 손실 > VaR)$$

또 다른 위험 측정 수단은 스트레스 손실stress loss이다. 이 측정은 다양한 스트레스 테스트, 즉 다양한 시나리오에서 시뮬레이션 된 포트폴리오의 수익률을 계산한 다음 이러한 시나리오에서 최악의 손실을 고려하여 계산된다. 이러한 스트레스 시나리오에는 1998년 롱텀 캐피털 매니지먼트 구제 금융으로 인한 충격, 9.11테러, 리먼 브라더스의 파산과 같은 중요한 과거 사건과 주권 국가(예를 들어, 그리스)의 파산, 대규모 금리 변동, 주식 가격의 큰 충격, 변동성의 급증 및 증거금의 급격한 증가 등 상상할 수 있는 미래의 사건들을 포함한다.

변동성과 VaR은 일정 시간 동안 상대적으로 '정상적인' 시장의 위험을 측정하는 반면, 스트레스 테스트는 극단적인 사건 동안의 위험을 측정한다. 변동성과 VaR은 일상적인 위험을 통계적으로 측정한 것으로 이를 평가하려면 충분한 데이터가 필요하다. 스트레스 테스트는 위험을 정확하게 추정할 수 있는 충분한 데이터가 없는 경우뿐만 아니라 몇 일에 걸쳐 발생할 수 있는 사건을 다룬다. 변동성 추정으로 파악할 수 없는 중요한 위험은 앞에서 설명한 유동성 소용돌이 위험이다. 스트레스 테스트의 요점은 손실을 예측하거나 확률 추정치를 계산할 수 없는 경우에도 헤지펀드가 스트레스 상황에서 파산할 정도로 포지션을 크게 가져가지 않도록 하고, 예측 가능하게 상황을 계획할 수 있도록 하는 것이다. 물론 위기 중에 실제로 일어나는 일은 스트레스 테스트와 정확히 일치하지 않겠지만, 예측 가능한 사건에 대비하는 것이 실제로 일어나는 일에서 살아남기 위한 훈련을 제공할 수 있기를 바란다.

위험 관리: 사전적인 위험 제어

위험 척도가 무엇이든 간에, 위험은 관리되어야 한다. 위험 관리는 사전적(나쁜 사건이 발생하기 전에 위험을 제어)과 사후적(위기 상황에서 해야 할 일에 대한 계획을 세우는 것) 이어야 한다. 사후적 위험 관리는 일반적으로 손실 제어 및 손절매의 형태다.

손실에 대응하기 전 미리 위험을 관리할 수 있다. 사전적 위험 관리는 분산 투자, 위험 제약, 유동성 관리와 옵션 및 기타 수단을 통한 꼬리 위험 헤지 등 여러 가지 형태가 있다.

위험을 통제하기 위해 헤지펀드는 종종 '위험 제약'을 가지고 있다. 이는 헤지펀드가 얼마나 큰 위험을 감수할지에 대해 미리 정해진 제약을 의미한다. 위험 한도는 전체 펀드 수준 혹은 각 자산군 또는 전략처럼 세분화된 수준에 적용될 수도 있다. 헤지펀드는 종종 위험이 얼마나 낮게 추정되는지에 관계없이 명목 노출을 제한하는 '포지션 한도'를 가지고 있기도 하다.

또한 일부 헤지펀드는 '전략적 위험 목표'를 가지고 있으며, 이는 펀드가 장기적으로 목표로 하는 평균 위험 수준을 의미한다. 예를 들어, 전략적 위험 목표는 펀드의 변동성으로 측정될 수 있으며, 채권형 변동성에서 주식형 변동성(연간 변동성 5~25%)에 이르기까지 다양하다. 특정 시점에 헤지펀드가 원하는 위험을 '전술적 위험 목표'라고 하며, 전술적 위험은 투자 기회, 시장 상황 및 최근 성과에 따라 전략적 위험 목표에서 조금씩 달라진다. 특히, 헤지펀드는 중대한 손실이 발생했을 때 포지션을 줄이고 위험을 줄이며, 이는 다음에 다룰 사후적 위험 관리에 해당한다.

4.3 손실 제어

사전적 위험 제어는 손실이 발생하기 전에 포트폴리오 위험을 관리하려고 하는 반면, 손실 제어는 손실이 발생했을 때 그 폭을 제한하려는 사후적인 방법이다. 레버리지를 사용하는 헤지펀드는 단순히 위기를 '잘 견디자'라고 결정할 수 없으므로 손실 제어가 중요하다. 따라서 헤지펀드는, 예를 들어 25%처럼 사전에 정의된 최대 허용 손실 Maximum Acceptable Drawdown, MADD 보다 손실이 더 심해질 위험을 최소화하고자 한다.[3] 현재 손실이 DD_t 라고 하면, 다음과 같은 손실 제어 정책이 있을 수 있다.

$$VaR_t \leq MADD - DD_t$$

부등식의 우변은 최대 허용 손실과 현재 손실의 차이이며, 이미 발생한 손실을 감안할 때 허용 가능한 최대 손실이다. 좌변은 VaR, 즉 현재 포지션과 현재 시장 위험을 감안할 때 특정 신뢰 수준에서 발생할 수 있는 최대 손실이다. 따라서 손실 정책은 손실이 특정 신뢰도 하에서 최대 허용 손실을 넘어서는 안 될 정도로 위험이 작아야 한다고 명시하고 있다.

손실이 허용치를 넘어가면 헤지펀드는 위험을 줄여야 하며, VaR이 허용치를 충족시키는 수준으로 내려갈 수 있도록 포지션을 정리해야 한다. 전략의 성과가 회복되고 낙폭이 줄어들면 위험을 다시 증가시킬 수 있다.

이러한 손실 시스템을 작동시키려면 최대 허용 손실과 좌변에서 사용할 VaR 측정의 유형(예: 기간 및 신뢰 수준)을 선택해야 하며, 이는 헤지펀드의 위험과 유동성에 따라 다르다. 위험이 낮은 펀드는 투자자와 거래 상대방이 손실을 감내하는 수준이 낮으므로 제한이 더 엄격해야 한다. 반면 위험이 높은 펀드는 손실 시스템이 너무 자주 작동하여 거래 비용이 많이 드는 상황을 막기 위해 제한을 느슨하게 한다. 위험을 많이 감수하면 더 큰 손실 역시 감수해야 한다.

손실 제어는 역경을 대처하는 방법, 즉 돈을 잃고 있을 때 얼마나 많은 위험을 줄일 것인가와 언제 그것을 할 것인가와 같이 명확한 계획을 제시하므로 유용하다. 손실 제어에 대한 명확한 계획이 없다면, 트레이더는 힘든 시기에 감정을 제어하기 힘들 수 있다. 실제로 포지션에서 손실을 본 후 위험을 줄이는 것은 고통스럽다. 포지션을 정리할 경우 손실이 확정된다고 느끼므로 이러한 상황을 견뎌내고자 하지만, 이는 더 큰 손실로 이어질 수 있다. 그러나 위험 관리가 항상 손해와 관련되어 있는 것은 아니며, 투자자가 엄청난 돈을 절약할 수도 있게 한다.

기억하라. "첫 손실은 가장 작은 손실이다."

5장 10절에서 논의하게 되겠지만, 일부 트레이더가 어쩔 수 없이 포지션을 정리해야 하는 유동성 소용돌이 상황에서는 가격이 하락한 후 반등하는 경향이 있다. 트레이더들은 종종 가격이 하락해도 포지션을 유지하지만, 결국 자금 조달이 마르거나 공황 상태가 되어서야 바닥 근처에서 매도를 한다. 그렇다면 왜 대부분이 바닥 근처에서 매도를 하는가? 이러한 행동들로 인해 바닥이 만들어지기 때문이다. 매도가 끝나면 가격이 반등하기 시작한다. 이러한 논리는 다음의 격언에 담겨 있다.

> 투자자로서 절대 당황하지 마라. 만약 당황할 것 같으면, 먼저 당황해라.

그리고 이는 다음의 포커 관련 격언에 기초를 두고 있다.

> 가장 나쁜 패가 가장 큰 손실을 겪는다.

포커의 비유를 이용하여, 누가 '강한 패'인지 '약한 패'인지를 구별할 수 있다. 강한 패는 자신의 포지션을 유지하거나 심지어 낮은 가격에 추가 매수를 할 수도 있다. 그들은 충분한 자금과 위기를 헤쳐나갈 수 있는 강한 확신이 있다. 반대로, 약한 패는 큰 손실을 입는 경우 자신의 포지션을 매도해야 한다. 예를 들어, 레버리지를 사용하는 헤지펀드는 증거금 제약으로 인해 포지션을 청산해야 한다는 점에서 약하며, 이러한 일이 발생하기 이전에 프라임 브로커에 의해 청산을 당할 수도 있다. 가장 먼저 당황하여 포지션을 접는 '약한 패'가, 바닥에 가서야 매도를 하는 '가장 나쁜 패' 보다는 손실이 작다. 물론 트레이더들은 위기를 극복할 수 있을지, 아니면 청산당할지 알 수 없지만, 스트레스 없이 미리 계획된 손실에 대한 규정대로 수행하는 것은 매우 좋은 생각이다.

미리 정한 손실 제어 계획은 적시에 위험을 줄이는 데 도움이 될 뿐만 아니라 투자자들이 제때 다시 시장에 진입하여 손실을 메울 수 있도록 도와준다. 위험을 줄일 수밖에 없었던 트레이더들은 지치고 포지션을 다시 늘리는 것을 두려워할 수 있지만, 체계적인 손실 제어 시스템은 포지션이 충분히 회복되고 위험이 감소했을 때 다시 시장에 진입할 때라는 신호를 보낸다.

5

거래와 자금 조달

시장 및 자금 조달 유동성

투자 전략을 구현하려면 두 가지 비용이 발생한다. (1) 전략을 실행할 때 발생하는 거래 비용, (2) 레버리지를 사용할 때 발생하는 자금 조달 비용이다.

거래 비용이 어디서 발생하는지를 이해하려면 먼저 대부분의 투자자들이 각 거래에서 수수료와 기타 직접적인 비용을 지불한다는 점에 유의해야 한다. 더 중요한 것은 '매수-매도 스프레드'나 '시장 충격' 비용처럼 여러 간접 거래 비용도 있다는 점이다. 이러한 개념을 이해하려면 먼저 잠재적 매수자가 매수하고자 하는 가격인 '매수 호가'가 주식을 매도할 수 있는 가격이라는 점에 유의해야 한다. 마찬가지로 현재 소유자가 요구하는 '매도 호가'가 주식을 매수할 수 있는 가격이다. 매수 호가가 매도 호가보다 낮기 때문에 매수-매도 스프레드가 발생한다. 따라서 한 주를 매수한 후 즉시 매도하면 매수-매도 스프레드만큼의 돈을 잃게 된다. 주식을 대량으로 매수하는 과정에서 가격이 상승하고 대량으로 매도하는 과정에서 가격이 하락하기 때문에, 주식을 대량으로 거래할 경우 시장 충격 비용이 발생한다.

거래 비용이 큰 증권이 있는 반면, 비용이 작은 증권도 있다. 거래 비용이 큰 증권을 '비유동적'이라고 하며, 반대의 경우 '유동적'이라고 한다. 거래 비용이 일시적으로 급증하는 증권은 '시장 유동성 위험'이 크다.

자금 조달 비용은 트레이더가 레버리지를 사용하기 위해 보유하고 있는 현금과 공매도 과정에서 버는 이자율보다 더 높은 이자율로 돈을 빌려야 할 때 발생한다. 또한, 레버리지는 '자금 조달 유동성 위험', 즉 투자자가 자신의 포지션을 계속 유지하기 위한 자금을 조달할 수 없어 급매로 청산해야 하는 위험과 관련이 있다.

시장 및 자금 조달 유동성 비용과 같은 구현 비용Implementation cost은 거래 전략의 수익을 갉아먹기 때문에 액티브 투자자에게는 중차대한 문제다. 레버리지를 사용하지 않고 매수 후 보유를 하는 패시브 투자자는 이러한 비용이 거의 발생하지 않는 반면, 액티브 투자자는 거래를 빈번하게 하기에 거래 비용의 영향을 더 걱정해야 한다. 또한, 투자자가 취하는 포지션의 사이즈가 더 크고 레버리지를 더 많이 사용할수록 구현 비용은 더 중요해진다. 구현 비용은 다음과 같은 사항에 영향을 미친다.

A. 전략의 수익성은 어느 정도인가?
B. 어떠한 투자 전략이 최선인가?
C. 어떤 증권을 거래해야 하는가?
D. 거래 규모를 얼마로 할 것인가?

거래 비용을 고려하지 않을 경우 높은 매매 회전율을 가진 거래 규칙(즉, 빈번하거나 큰 거래를 하는 규칙)이 이론상으로는 좋을 수 있지만, 현실에서는 성과가 좋지 않을 수 있다. 다르게 말하면, '총'수익이 크더라도, '순'수익은 나쁠 수 있다. 거래 비용을 고려하여 거래 전략을 조정하는 가장 좋은 방법은 무엇일까? 이는 이번 장에서 논의할 첫 번째 주제다. 그 후 거래 실행 중 거래 비용을 측정하는 방법, 거래를 결정하기 전에 이를 추정하는 방법 및 거래 전략 또는 헤지펀드의 수용력에 대한 영향을 보다 광범위하게 설명할 것이다. 마지막으로 투자 자금의 조달 방법, 증거금으로 인한 레버리지의 제약, 도박꾼의 파산 및 약탈적 거래의 위험을 설명한다.

5.1 거래 비용을 고려한 최적의 거래

유동성이 완벽하다면, 투자자는 아이디어가 떠오를 때마다 거래하고 큰 규모를 자주 거래하고 싶어할 것이다. 그러나 이처럼 제약이 없는 거래가 실제 세계에서는 거래 비용으로 인해 최적이 아니다. 최적의 거래 정책은 직면하고 있는 시장 구조 및 거래 비용의 유형에 따라 다르다. 특히, 최적의 거래 전략은 거래를 하는 데 있어 규모의 경제가 있는지 여부에 달려 있다. 즉, 거래를 작은 조각으로 나누거나 하나의 큰 블록으로 거래하는 것 중 어느 것이 더 저렴한가에 달려 있다. 거래 규모에 따라 거래 비용이 증가하거나 일정하게 유지되거나 감소하는지를 봐야 한다. 여기서는 세 가지 유형의 거래 비용에 초점을 맞추고 이에 대응하는 시장 구조를 설명하려고 한다.[1]

- **거래 비용의 증가(거래 규모의 함수):** 시장 충격. 오늘날의 주식 및 선물 시장처럼 최소 틱 크기가 작고 유동성이 있는 전자 시장에서, 전문 트레이더에게 매수-매도 스프레드 및 수수료는 작은 편이다. 그러나 매수 혹은 매도 가격으로 거래할 수 있는 금액은 대규모 헤지펀드가 실행해야 하는 금액에 비하면 작다. 따라서 대규모 투자자의 주요 거래 비용의 원인은 이러한 시장 충격이다. 거래의 규모가 커질수록 가격도 많이 움직이며, 거래 비용이 증가한다. 이러한 유형의 거래 비용을 해결하는 방법은 거래를 여러 소액 주문으로 나눈 후, 시간을 나누어 거래하는 것이다.

- **일정한 거래 비용:** 매수-매도 스프레드. 평균 비용이 일정할 때 총 거래 비용은 거래 규모에 비례하므로 비례 거래 비용이

라고도 한다. 이 경우 다른 두 유형의 사이에 있다. 거래 규모에 따라 거래 비용이 증가하거나 감소하지 않고, 평균 비용은 일정하게 유지된다. 이는 거래 비용의 주요 원인이 매수-매도 스프레드 및 수수료인 경우에 발생한다. 예를 들어, 트레이더의 전체 포지션이 매수 혹은 매도 호가에 거래할 수 있는 경우, 시장 충격을 걱정할 필요가 없다. 이러한 상황은 시장의 틱 당 크기가 커서 시장 조성자들이 매수-매도 스프레드로 많은 돈을 벌 수 있으므로 이러한 가격에 대량의 거래를 제공하는 시장 조성자가 많이 있을 때 발생한다.

- **거래 비용의 감소:** 장외 시장에서는 종종 딜러와 전화를 통해 거래를 한다. 딜러는 소매 투자자의 작은 주문과 기관 투자자의 큰 주문을 실행하는 데 거의 같은 시간이 걸린다. 즉, 딜러는 전화로 가격을 협상하고 반대쪽 거래를 하려는 사람을 찾아야 하며, 그렇지 않으면 포지션을 헤지해야 한다. 딜러가 모든 사람에게 가격에 비례하여 비용을 청구하면 소액 주문은 시간을 들일 가치가 없을 수 있다. 따라서 이러한 시장에서는 대형 주문보다 소규모 주문의 거래 비용이 더 크며, 주문을 작은 조각으로 나누지 않고 딜러에게 가치가 있는 큰 덩어리로 거래하는 것이 좋다. 즉, 최적 포지션에서 꽤나 벌어질 때까지 포지션을 유지한 다음, 다시 최적 포지션을 맞추기 위해 큰 규모로 거래를 해야 한다. 헤지펀드는 종

종 거래를 실행하기 위해 여러 딜러에게서 경쟁 입찰을 받는다(물론 매우 큰 거래는 가격을 움직이기 시작하여 결국 장외 시장에서도 거래 비용이 증가한다. 따라서 거래 규모가 커질 때까지 모으는 것이 좋기는 하지만 너무 커져서는 안 된다).

각 사례에 대한 최적의 거래 전략은 그림 5.1에 나와 있다. x축은 시간에 해당하며, y축은 주식 수에 해당한다. 실선은 거래 비용이 없는 세계에서 최적의 주식 수이며, 당연히 이 '모델 포트폴리오'는 세 경우 모두 동일하다. 점이 있는 회색 선은 거래 비용 측면에서 최적의 포지션이며, 서로 다른 유형의 시장에 해당하기 때문에 세 개의 그래프에서 차이가 있다.

그림 5.1 세 가지 시장에서 최적의 거래

A 거래 비용이 증가하는 경우

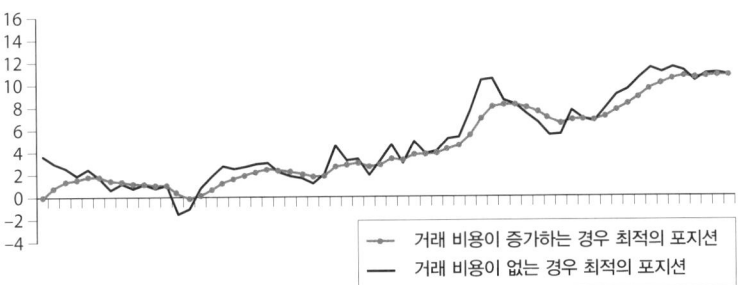

B 거래 비용이 일정한 경우

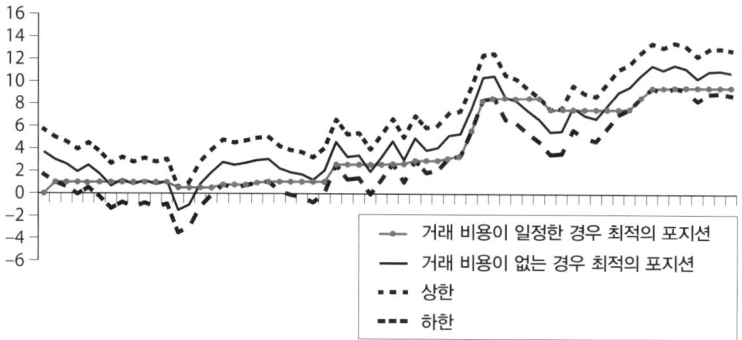

C 거래 비용이 감소하는 경우

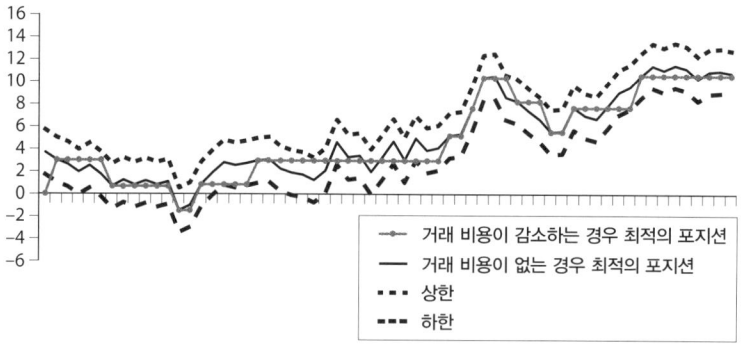

맨 위 그래프는 유동성이 풍부한 전자 시장electronic market에서 Gârleanu-Pedersen(2013) 전략을 사용하여 거래 비용이 증가함에 따른 최적의 거래 포지션을 나타낸다. 이 전략에서는 모델 포트폴리오를 정확히 맞추기 위해 거래를 하지는 않는다.[2] 좀 더 구체적으로는 모델 포트폴리오 대비 30% 정도만을 거래한다. 달리 말하면, 새로운 포트폴리오는 모델 포트폴리오 30%와 기존 포트폴리오 70%로 구성된다. 따라서 최적의 포지션은 다음

두 가지 측면에서 거래 비용을 절감하면서도 모델 포트폴리오에 가깝게 유지하여 대부분의 알파를 포착할 수 있다. (1) 모델 포트폴리오보다 훨씬 적게 거래하며, 이는 그림에서 포지션 규모가 부드럽게 늘어남을 통해 확인할 수 있으며, (2) 시장 충격을 제한하기 위해 거래를 작게 나눌 수 있다.

그림 5.1의 가운데 그래프는 평균 거래 비용이 일정할 때 최적의 전략을 보여 준다. 이 경우 최적의 모델 포지션 주위에 거래를 하지 않아도 되는 영역(상한과 하한)이 있으며, 이는 두 개의 점선으로 표시된다. 포지션이 영역 내부에 있는 한 거래가 없이 포지션은 일정하게 유지되어, 회색 점이 있는 선은 수평의 모습을 보인다. 만약 거래가 없는 상태에서 포지션이 영역 밖으로 이동한다면, 최적의 거래는 포지션을 밴드의 가장자리로 움직이는 것이다. 따라서 최적의 전략은 영역의 가장자리 근처에서 거래를 작게 많이 하며, 이는 포트폴리오가 모델 포트폴리오와 비교해 너무 많이 벗어나지 않도록 한다. 영역의 너비는 매수-매도 스프레드의 크기에 따라 다르다.

마지막 그래프는 주당 거래 비용이 극단적으로 감소하는 장외 시장의 경우를 보여 준다. 얼마나 많은 주식을 거래하든 거래 비용의 총 금액은 동일하다. 이 경우, 거래를 할 때마다 항상 최적의 모델 포트폴리오에 정확하게 맞춘다. 그러나 포지션이 최적의 모델 포트폴리오를 중심으로 일정 영역을 벗어날 때만 거래함으로써 거래 비용을 절감할 수 있다.

5.2 거래 비용의 측정

거래 비용을 측정하는 방법에는 여러 가지가 있지만 유효 비용effective cost, 실현 비용realized cost 및 거래량 가중 평균 가격volume-weighted average price과 관련된 비용, 이 세 가지가 주요 지표다. 이들 각각을 차례로 살펴보도록 하자.

유효 비용은 거래 체결 가격과 거래를 시작하기 이전 시장 가격의 차이다. 매수 주문의 경우 주당 유효 비용인 $TC^\$$는 다음과 같다.

$$TC^\$ = P^{체결} - P^{이전}$$

여기서 $P^{체결}$은 매수한 모든 주식에 대해 평균적으로 지불한 가격이며, $P^{이전}$은 거래를 시작하기 직전의 중간 호가(예를 들어, 매수-매도 호가의 평균)이다. 이와 비슷하게, 매도의 경우 거래 비용은 다음과 같다.

$$TC^\$ = -(P^{체결} - P^{이전})$$

거래 비용은 종종 백분율로 계산되며, 간단히 TC로 표시한다.

$$TC = TC^\$ / P^{이전}$$

이러한 유효 비용은 몇 가지로 설명할 수 있다. 첫째, 이 거래 비용의 척도는 비용이 매수-매도 스프레드에 의한 것인지 아니면 시장 충격에 의한 것인지를 판단한다. 이는 실제로 거래를 체

결한 가격과 거래를 시작했을 때 거래하기를 바랬던 가격(즉, 백테스트에서 주로 사용하는 가격) 사이의 차이다. 단순히 매도 호가에 매수할 경우 TC는 매수-매도 스프레드의 절반이며, 거래로 인해 가격을 움직였을 경우 TC는 이 역시 포착한다. 둘째, 만약 오랜 기간에 걸쳐 거래를 한다면 TC는 상당한 노이즈를 가지고 측정된다. 가격은 당신의 거래와 무관한 여러 가지 이유로 움직이기 때문에, 체결 가격에 노이즈가 섞이게 된다.

거래 비용의 두 번째 측정은 소위 실현 비용이다. 매수의 경우 실현 비용은 다음과 같이 측정할 수 있다.

$$TC^{\$, 실현} = P^{체결} - P^{이후}$$

또한 매도의 경우 부호만 반대가 된다. 여기서 $P^{이후}$는 거래를 중단하고 5분 후와 같이 가격이 안정화된 시점의 중간 가격이다. 직관적으로, 이러한 거래 비용의 측정은 매수한 직후에 항상 가격이 하락하는 경향이 있을 때 비용이 발생한다는 사실을 포착한다. 이는 가격 압력으로 인해 상승한 가격에 매수를 했거나 단순히 매도 호가에 매수했기 때문에 발생할 수 있다. 유효 비용은 시장에 진입하기 전의 가격보다 얼마나 비싸게 매수했는지를 측정하는 반면, 실현 비용은 주문이 실행된 후의 가격보다 얼마나 비싸게 매수했는지를 측정한다. 하나는 가격 충격을, 다른 하나는 거래 이후의 가격 반전을 측정한다. 만약 주문으로 인한 가격 충격이 오랫동안 유지된다면, 가격은 이전 수준으로 일부만 되돌아가므로 유효 비용이 실현 비용보다 크다. 시장 충격 역시 비용이므로 유효 비용은 실제 거래와 비용이 없는 가상 거래 간의 차이를 측정한다.

체결 가격과 소위 거래량 가중 평균 가격volume-weighted average price, VWAP을 비교하여 거래 비용을 측정할 수도 있다. 매수의 경우 이는 다음과 같이 계산된다.

$$TC^{\$,VWAP} = P^{체결} - P^{VWAP}$$

이 측정의 기본 개념은 트레이더가 거래한 가격과 다른 사람들이 당일 거래한 평균 가격을 비교하는 것이다. 완벽한 측정이란 있을 수 없으며 $TC^{\$,VWAP}$ 역시 노이즈가 있고 오해의 소지가 있다.

당신이 하루 동안 시장에서 유일한 매수자라고 가정해 보자. 다른 사람들이 더 높은 가격으로 매도하는 동안 당신은 계속해서 매수를 한다. 모든 거래에 참여했기 때문에 평균 체결 가격은 거래량 가중 평균 가격과 동일하다. 따라서 이러한 경우 분명히 거래 비용이 많이 발생했음에도 불구하고 $TC^{\$,VWAP} = 0$이 된다. 체결 가격이 높고 아침의 가격이 낮을 경우 그 차이에 해당하는 유효 비용 $TC^{\$}$는 큰 값을 보인다. 이와 비슷하게, 체결 가격이 높고 이후의 시장 가격이 이보다 더 낮다면 (다음날 시장이 반등하여 가격이 오를지라도) 실현 비용 $TC^{\$,실현}$은 큰 값을 보이게 된다.

5.3 예상 거래 비용의 추정

$i = 1, \cdots, I$로 열거된 다수의 거래에서 각각의 거래 비용 TC_i를 측정했다고 생각해 보자. 이를 예상 거래 비용으로 사용하기에는 노이즈가 존재한다. 모든 거래에 대해 예상 거래 비용이 일정하다고 가정하면 거래 비용은 관측된 비용의 평균으로 추정할 수 있다.

$$\hat{E}(TC) = \frac{1}{I} \sum_i TC_i$$

이러한 예상 거래 비용은 사용할 거래 전략, 거래 빈도 등을 결정하는 데 유용하다. 또한 예상 거래 비용에 대한 추정을 통해 거래 비용을 고려하여 백테스트를 조정할 수 있다.

거래 비용은 증권마다 다르다. 거래량이 작은 소형주는 대형주보다 거래 비용이 더 큰 경향이 있다. 또한 위에서 논의한 바와 같이, 거래 비용은 거래 규모에 따라 달라질 수 있다. 따라서 일반적으로 거래 규모, 증권의 특성 및 시장 조건에 따라 예상 거래 비용을 추정해야 한다.

예를 들어 미국 주식 유니버스와 같이 많은 증권들이 있다면, 각 주식에 대한 거래 비용을 별도로 추정하기보다는 변동성, 일일 거래량, 발행 주식수, 유동 주식수와 같은 증권의 특성에 따라 거래 비용을 추정한다. 또한 거래 비용은 전반적인 변동성, 유동성 공급자의 자본 및 위험 선호도, 주식의 이익 발표 여부 등 시장 상황에도 영향을 받으므로 시간에 따라 달라진다. 헤지펀드는 거래 전에 거래 비용을 평가하여 거래 비용과 수익의 균형을 유지하고자 한다. 이를 위해 현재의 매수-매도 스프레드, 호가의 심도depth 등 시장 상황을 살펴본다.

대형 헤지펀드들은 종종 그들의 독자적인 거래 시스템과 거래 비용 추정치를 사용하는 반면에, 많은 투자은행과 전문 거래 회사들은 그들의 거래 시스템을 이용해 거래를 효율적으로 실행하고 예상 거래 비용에 관한 조언을 제공한다.

전문 투자자들의 거래 비용 규모를 파악해 보자. 한 연구에 따르면 2004년 모건 스탠리가 수행한 주문을 기준으로 평균 거래 비용이 뉴욕 증권 거래소 주식의 경우 8.8베이시스포인트bps, 나스닥 주식의 경우 13.8bps로 추정된다.[3] 즉 투자자가 10,000달러 상당의 뉴욕 증권 거래소 주식을 매수할 때의 예상 거래 비용은 8.8달러다. 이처럼 비교적 작은 비용은 미국 대형주 시장의 유동성이 풍부하다는 것을 반영하고 있지만, 포트폴리오를 자주 바꾸는 경우에는 여전히 거래 비용을 살펴볼 필요가 있다.

소액 주문의 경우 예상 거래 비용은 약 4bps로 더 작다. 일반적인 주식 거래량의 1% 이상을 차지하는 대량 주문의 경우 예상 평균 거래 비용은 27bps다. 천천히 실행되는 주문보다 긴급하게 실행되는 주문의 경우 거래 비용이 더 크다.

몇 명의 연구자가 1998년부터 2011년까지 대규모 기관 자금 관리자의 실시간 거래 데이터를 사용한 결과 거의 비슷한 거래 비용이 추정되었다.[4] 2011년 미국 주식 표본에서 평균 거래 비용은 4.9bps이며 가치 가중 평균(대량 거래에 더 많은 비중을 둠)은 9.5bps다. 글로벌 주식의 경우 예상 거래 비용은 더 크며 평균은 5.9bps, 가치 가중 평균은 12.9bps다. 예상 거래 비용은 대규모 거래보다 소액 거래가 더 낮다. 일반적인 거래량의 약 10%를 차지하는 거래의 경우, 추정 거래 비용은 약 40bps다.

일반적인 거래량의 10% 이상을 거래하면 거래 비용이 증가하므로, 트레이더들은 이렇게 큰 거래를 피하려고 한다. 이를 위해 여러 시간대에 걸쳐 거래를 한다. 한 주식의 일반적인 거래량이 하루 1억 주인 경우 거래량의 10% 이상을 피하고 싶다면, 하루 1,000만 주, 이틀 동안 2,000만 주, 삼일 동안 3,000만 주 등 시간을 나누어 거래할 수 있다. 따라서 인내심이 강할수록 큰 시장 충격 없이 주식을 거래할 수 있다.

5.4 구축 비용: 거래 유무에 따른 비용

앞서 거래 비용을 고려하여 최적으로 거래하는 방법을 논의했으며, 거래 비용이 있을 경우 모델 포트폴리오와는 다르게 거래를 적게 하는 것이 최적이라는 것을 살펴보았다. 따라서 실제 성과는 두 가지 이유로 인해 거래 비용이 없는 완벽한 세상에서의 성과와 다르다. (i) 실제 세계에서는 거래 비용이 발생하며, (ii) 실제 세계에서는 거래 비용을 줄이기 위해 거래 패턴을 변경하여 수익의 기회를 놓칠 수 있다. 구축 비용Implementation Shortfall은

이 두 가지 비용을 모두 측정한다.[5] 구축 비용은 거래 비용과 거래 패턴을 바꿈으로 인해 발생한 기회 비용의 합이다.

구축 비용 = 거래 비용 + 기회 비용

구축 비용은 실제 성과와 모델 포트폴리오의 성과를 비교하여 측정된다.

구축 비용 = 모델 포트폴리오의 성과 - 실제 포트폴리오의 성과

여기서 모델 포트폴리오의 성과는 거래 비용이 0인 경우의 수익률이다. 모델 포트폴리오의 성과를 계산하기 위해 중간 호가에서 모든 거래를 할 수 있다는 가정으로 수익률을 계산하고 기간에 따라 포트폴리오를 재조정한다.

기회 비용은 직접 계산하기 어려운 추상적인 개념이다. 그러나 거래 비용을 계산하는 방법과 총 구축 비용을 계산하는 방법을 알고 있으므로, 거래하지 않음에 따른 기회 비용은 둘 간의 차이인 '기회 비용=구축 비용-거래 비용'으로 유추할 수 있다.

구축 비용은 여러 가지 이유로 유용하다. 거래 아이디어가 실제 성공적으로 구현되고 있는지 여부를 추적하는 것은 중요하다. 헤지펀드는 이론이 아닌 실제로 돈을 버는 데 관심이 있으며, 큰 비용은 둘 간에 차이를 발생시킨다. 성과와 구축 비용의 관계를 연구하면 거래 체결 개선에 집중할 것인지 아니면 전략의 알파 신호에 집중할 것인지를 결정하는 데 도움이 될 수 있

다. 구축 비용이 적은 경우 전략을 개선하고 새로운 거래 아이디어를 개발하는 데 집중해야 한다. 반대로, 모델 포트폴리오는 잘 작동하지만 실제 포트폴리오에 큰 구축 비용이 발생하는 경우 체결에 중점을 두어야 한다.

어떻게 구축 비용을 줄일 수 있을까? 더 빨리 거래하고 시장이 움직이기 전에 가장 먼저 거래하면 가능할까? 아니면 더 느리게 거래하고 가격 충격 및 기타 거래 비용을 최소화함으로써 가능할까?

이러한 질문에 답하려면 구축 비용의 구성 요소인 거래 비용과 기회 비용을 분해해야 한다. 이러한 분해를 통해 거래가 너무 빨리 또는 너무 느리게 진행되고 있는지 분석할 수 있다. 더 빨리 거래한다면 거래 비용은 증가하지만 기회 비용은 감소한다. 반대로 인내심을 가지고 천천히 거래하면 시장에 유동성을 제공하여 거래 비용은 줄어들지만 기회 비용은 증가한다. 따라서 거래 속도는 거래 비용과 기회 비용의 상대적 중요성에 달려있다. 유동성이 떨어지는 시장에서의 전략은 거래 비용이 큰 경향이 있으므로 거래를 천천히 하는 것이 최적이지만, 알파 감소가 큰 전략(즉, 거래 기회가 빨리 사라지는 전략)은 기회 비용이 크므로 빠르게 거래하는 것이 최적이다.

구축 비용을 줄이는 올바른 방법이 거래 속도를 높이는 것이라고 가정하자. 이것이 좋은 생각인지 어떻게 알 수 있을까? 거래 비용의 증가가 기회 비용의 감소보다 작은지 확인하여 전체 구축 비용이 감소했는지를 확인하면 된다.

5.5 거래 전략 또는 자산 관리자의 수용력

거래 비용은 규모에 따라 증가하기 때문에 대부분의 거래 전략은 수용력에 한계가 있다.[6] 아이디어에 따라 더 많은 거래를 할수록 가격을 더 많이 움직이게 되며, 결국 그림 5.2에서 볼 수 있듯이 거래는 더 이상 수익성이 없게 된다.

그림 5.2 거래 전략의 수용력

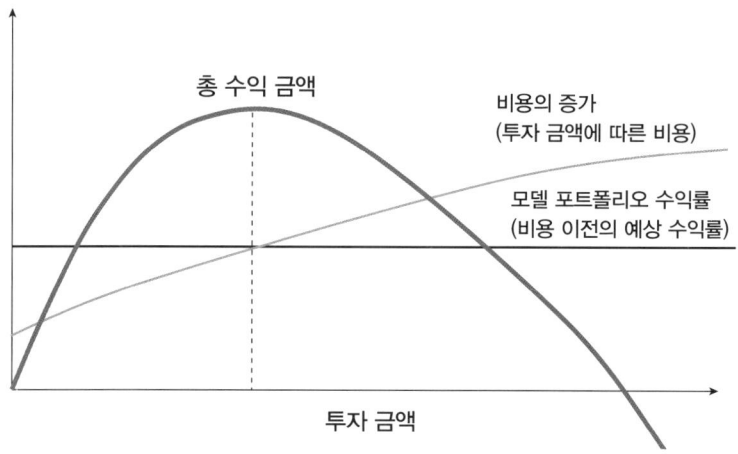

그림의 x축은 전략에 투자된 자본의 양이다. 수평선은 거래 비용을 고려하지 않은 예상 수익률, 즉 모델 포트폴리오의 수익률이다. 모델의 수익률은 투자 금액이 얼마이든 간에 동일하므로 수평이다. 상승 곡선은 해당 전략에 투자하는 금액의 변화에 따른 구축 비용이며, 투자한 금액과 함께 증가한다. 모델 포트폴리오 수익률과 구축 비용의 차이는 투자한 금액의 순수익이다. 이 수익률을 합산하면 전략의 수익금이 혹 모양의 곡선으로 표시된다. 예상 총수익은 모델 포트폴리오의 수익률이 구축 비용에 해당하는 선의 위에 있는 한 증가하지만, 한계 순수익이 음수가 되면 감소하기 시작한다. 따라서 이 곡선의 최고점은 전략에서 기대할 수 있는 최대 수익금이다. 투자 금액이 작을수록 전략의 순수익의 샤프지수가 높아지므로, 최적의 포트폴리오 사이즈는 최고점 왼쪽에 있을 가능성이 높다.

하나의 전략은 수용력이 제한적이다. 그러나 헤지펀드는 다양한 전략과 시장에 투자할 수 있기 때문에 그들의 수용력은 매우 클 수 있다. 그럼에도 불구하고 분산해서 투자하는 헤지펀드 조차도 그림 5.3과 같이 수용력에 제한이 있다.

그림 5.3 헤지펀드의 수용력

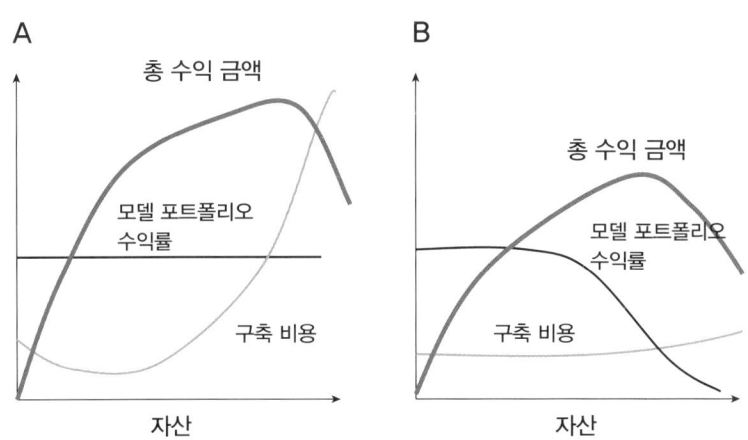

위 그래프는 x축에 해당하는 관리 자산이 증가할 때 헤지펀드의 총수익에 어떤 일이 일어날 수 있는지를 보여 주는 두 가지 예다. 왼쪽 그래프에서는 단순히 동일한 전략으로 새로운 자산에 투자하므로, 모델 포트폴리오의 수익률이 일정하다. 헤지펀드가 더 나은 트레이더를 고용하고 더 좋은 거래 인프라에 투자하고 많은 거래소에 더 쉽게 접근할 수 있으며 브로커와 딜러로부터 좋은 대우를 받기 때문에 구축 비용이 처음에는 감소한다. 그러나 결국에는 비용이 증가하기 시작하여 궁극적으로 거래 전략의 수익도 감소한다.

그림 5.3의 오른쪽 그래프는 헤지펀드의 자산이 증가함에 따라 점점 더 다양한 전략으로 다양화하기 시작하면 어떻게 되는지를 보여 준다. 이 경우 헤지펀드는 점점 더 많은 시장에서 적당한 규모의 포지션을 거래하기 때문에 비용이 완만하게 증가한다. 그러나 헤지펀드가 '스타일 드리프트style drift'라 불리는 것처럼 전문성이 부족한 시장 및 거래 전략으로 다양화하기 시작함에 따라 모델 포트폴리오의 수익률이 감소한다. 따라서 헤지펀드가 크게 성장하기 위해서는 전문 지식 역시 지속적으로 성장해야 한다.

5.6 거래 전략의 자금 조달: 레버리지의 정의

백테스트를 통한 모델 포트폴리오를 운영하는 것과 대형 헤지펀드에서 실제 포트폴리오를 운영하는 것의 가장 큰 차이점은 실제 포트폴리오에는 (1)거래 비용이 발생하고 (2)자금이 필요하다는 것이다. 앞에서 (1)을 자세히 다루었으니, 이제 (2)를 다루어 보자. 헤지펀드가 자본을 어디서 구하는지, 어떻게 레버리지를 사용하는지, 증거금으로 인한 레버리지의 제약과 자금 조달 유동성 위험이라는 중요한 개념을 이해할 필요가 있다. 먼저 레버리지에 대한 간단한 척도를 정의하도록 하겠다.

지렛대를 이용하면 무거운 물체를 들어올리기 위한 힘이 배가 되는 것처럼, 레버리지를 사용할 경우 헤지펀드의 투자 성과를 배가시킬 수 있다. 물론, 레버리지는 이익과 손실을 모두 증가시키므로 시장 위험이 증가하고, 강제로 디레버리지를 당하는 비용과 같은 추가적인 위험이 발생한다.

레버리지란 가지고 있는 자본보다 더 많은 자산에 투자하기 위해 돈을 빌리는 것(또는 같은 목적을 위해 파생상품을 이용)을 의미한다. 헤지펀드의 레버리지는 순자산 가치(NAV) 대비 투자 금액의 비율로 측정된다.

$$\text{레버리지} = \text{매수 포지션} / \text{NAV}$$

이 방법은 매도 포지션을 무시하므로, 총레버리지는 매도 포지션을 더한다.

$$\text{총레버리지} = (\text{매수 포지션} + \text{매도 포지션}) / \text{NAV}$$

총레버리지 개념은 매도 포지션이 위험을 증가시킨다고 가정하지만, 실제로는 매도 포지션이 위험을 헤지한다. 총레버리지와 반대로 순 레버리지는 매도 포지션을 뺀다.

순 레버리지 = (매수 포지션 - 매도 포지션) / NAV

예를 들어, 헤지펀드의 순자산 가치가 1억 달러, 매수 포지션이 3억 달러, 매도 포지션 2억 달러인 예를 살펴보자. 이 경우 레버리는 3, 총레버리지는 5, 순 레버리지는 1이다. 이는 종종 3 대 1(또는 3:1) 레버리지라 불리거나, 순자산 가치 1달러당 펀드는 3달러를 매수하고 2달러를 매도 한다고 말한다.

5.7 레버리지의 원천: 헤지펀드의 대차대조표

헤지펀드 대차대조표의 가장 중요한 부분은 자본이다. 자본은 헤지펀드 투자자들로부터 나온다. 특정 헤지펀드의 자본금을 순자산 가치 또는 관리 자산AUM이라 하며, 후자는 종종 모든 헤지펀드에 걸친 매니저의 총자산을 의미한다. 일반 기업의 자본금과 달리 투자자가 돈을 인출할 수 있으므로 헤지펀드의 자본금은 영구적이지 않다. 이런 의미에서 헤지펀드는 폐쇄형 공모펀드가 아닌 개방형 공모펀드와 비슷하다.

그러나 헤지펀드에서 인출은 일반적으로 보호예수lock-up 규정 및 환매 통지 기간redemption notice periods을 따른다. 만약 헤지펀드에 보호예수가 있다면 자본이 투자되고 일정 시간이 지난 뒤, 예를 들어 1년이 지난 후에야 상환할 수 있다. 환매 통지 기간은 투자자가 돈을 인출하려는 경우 사전에 헤지펀드에 통보해야 하는 시간이다. 예를 들어 분기 별 45일 환매 통지 기간이 있을 때 분기가 마감되어야 돈을 인출할 수 있으며, 투자자는 분기 마감 45일 전에 환매 통지를 해야만 한다. 헤지펀드는 종종 유동성이 떨어지는 증권에 투자하기 때문에 거래 비용을 최소화하기 위해서는 천천히 포지션을 정리해야 하므로 통지 기간은 헤지펀드에게 중요하다. 또한 통지 기간은 헤지펀드가 자금의 유입과 유출을 상쇄시켜 지나치게 거래를 할 필요가 없게 한다.

헤지펀드가 정말로 피하고 싶은 것은 급매로 팔아야만 하는 상황이다. 환매 통지 기간은 이러한 위험을 줄이는 데 도움이 되지만, 일부 헤지펀드의 계약은 상환을 일시 중단하거나 게이트gate 혹은 사이드 포켓side-pockets을 도입한다.

게이트는 환매 기간 동안 헤지펀드 자본의 일정 부분을 남겨 둘 수 있게 한다. 예를 들어, 매 분기 말 자본의 20% 이상은 환매가 되지 못하게 한다. 이러한 제약은 헤지펀드가 급매를 피하는 데 도움이 되지만, 게이트가 닫힐까 두려워하는 투자자들이 너무 늦기 전에 자본을 회수하려고 시도할 수 있다. 이는 뱅크런과 비슷하게 헤지펀드의 '런'을 만들 수 있다.

게이트는 일반적으로 유동성이 떨어지기는 해도 거래가 가능한 증권에 투자하는 헤지펀드가 종종 사용한다. 이와 달리, 사이드 포켓은 대부분 유동성이 있는 증권을 소유하고 있지만 매우 유동성이 떨어지는 증권을 일부 보유하고 있는 헤지펀드에서 사용된다. 예를 들어, 헤지펀드는 투자 자산의 90%를 유동성 있는 곳에 투자한 '메인 포켓'에, 나머지 10%는 유동성이 없는 곳에 투자한 '사이드 포켓'에 넣을 수 있다. 투자자는 메인 포켓에 넣은 투자를 환매할 수 있지만, 펀드가 사이드 포켓에 투자한 자산을 적절하게 매각할 수 있는 때만 이를 환매할 수 있다.

그림 5.4는 헤지펀드의 대차대조표를 보여 준다.

그림 5.4 헤지펀드의 대차대조표

자산	부채
증권 매수 포지션	매수 포지션을 위한 마진 대출
	자본(순자산가치) - 매수 포지션 증거금에 대한 준비금
현금 - 현금 상품에 투자한 여유 자본	- 추가 자본
- 공매도 포지션을 위해 납입한 증거금	- 공매도 포지션 증거금에 대한 준비금
- 공매도로 인한 현금 수익	증권 공매도 포지션

헤지펀드의 자산은 주식 및 채권 등의 증권 매수 포지션과 다양한 형태의 현금으로 구성된다. 부채는 대출, 자본, 증권의 공매도 포지션으로 구성된다. 현금과 자본을 여러 그룹으로 나누어 다양한 부채의 규모가 해당 자산의 규모와 일치하도록 했다.

첫째, 매수 포지션은 마진 대출[†] 및 일부 헤지펀드의 자본을 통해 자금을 조달하며, 대차대조표에 표시된 바와 같이 둘 간의 규모가 일치한다. 마진 대출을 통해 헤지펀드의 자산은 그들의 자본보다 더 클 수 있으며, 이것이 레버리지의 개념이다. 매수 포지션에 레버리지를 사용하기 위해 헤지펀드는 증권을 담보로 사용하여 차입한다. 매수 포지션에서의 이러한 대출은 프라임 브로커나 레포 대출자[‡]가 제공하며, 그림 5.4의 대차대조표 부채 측면에 '매수 포지션을 위한 마진 대출'로 나타난다. 그러나 헤지펀드는 매수 포지션 전체에 대한 금액을 빌릴 수는 없으므로 '매수 포지션 증거금에 대한 준비금'에 자본의 일부를 사용해야 한다. 증거금에 대해서는 나중에 자세히 다루겠다.

헤지펀드가 공매도한 증권은 결국 반환해야 하므로 부채에 해당한다. 공매도로 인한 현금 수익은 자산이지만, 증권 대출 기관이 이를 담보로 보유하고 있다. 또한 증권 대출 기관은 추가 현금을 증거금으로 요구하므로 헤지펀드는 '공매도 포지션 증거금에 대한 준비금'에 자본금을 사용해야 한다.

마지막으로, 헤지펀드는 대차대조표에 표시된 바와 같이 현금 상품(예를 들어, 머니마켓펀드MMF, 국채, 초과 증거금 등)에 투자한 추가 자본이 있다. 이러한 추가 자본은 포지션을 즉시 청산하지 않고 손실을 유지할 수 있게 해준다.

[†] 포트폴리오를 담보로 금융기관으로부터 빌린 증권 매입 대금.
[‡] 레포 거래에서 돈을 빌려주는 기관.

헤지펀드는 파생상품을 사용하여 레버리지 효과를 얻으며, 비록 이러한 레버리지는 대차대조표에 공식적으로 나타나지는 않지만, 레버리지를 추정할 때는 파생상품의 명목적 노출도 역시 고려되어야 한다. 일부 헤지펀드는 무담보 은행 대출이나 신용 한도를 얻으려고 하지만, 이러한 것들은 대개 '중대 악화 사유'[†] 조항 대상이며 레버리지의 주요 원천은 아니다.

5.8 레버리지의 제약: 증거금

현실에서 어떻게 레버리지를 사용할 수 있는가? 즉, 보유한 돈보다 더 많은 자산을 어떻게 매수할 수 있는가? 그리고 어떻게 공매도 포지션, 즉 사실상 음의 수량의 주식을 소유할 수 있는가? 제도의 디테일을 조사하기 전에 우선 레버리지의 경제성을 전반적으로 살펴보도록 하자.[7]

- **매수 포지션 레버리지를 위한 자금 조달:** 100달러 채권 100만 개를 사고자 한다고 가정하자. 채권을 담보로 사용하여 그 가치만큼 돈을 빌린다. 그러나 채권 당 액면가에 해당하는 100달러가 아닌 90달러, 즉 가치의 일부만을 빌릴 수 있다. 이 예에서 10%의 차이를 '헤어컷 haircut' 또는 '증거금'이라 한다. 헤어컷은 채권의 가치가 갑자기 하락하여 차입자 borrow가

[†] 대상 회사에 관하여 발생한 매우 중대한 부정적인 사건이나 변화

대출자_{lender}에게 돈을 갚지 않으려는 경우에 대비하여 대출자에게 추가적인 안전 마진을 제공한다. 이 경우 대출자는 채권의 가치가 최소 90달러인 한, 즉 가격 하락이 헤어컷보다 작은 경우 채권을 매도하여 대출을 회수할 수 있다. 결과적으로, 레버리지를 통해 자금을 조달할 수 있으므로 100만 개의 채권을 사기 위해 1억 달러가 필요하지는 않다. 필요한 금액은 1,000만 달러, 즉 1억 달러에 증거금 10%를 곱한 금액만 있으면 된다.

- **공매도 포지션의 자금 조달**: 100만 개의 채권을 공매도하려면 다른 방법을 이용해야 한다. 이 경우 증권을 빌려서 팔아야 하며, 일정 기간이 지난 후 증권을 다시 매수하여 이를 증권 대출 기관에 갚아야 한다. 물론, 채권 가격이 하락하여 채권을 매도했을 때보다 더 싸게 매수할 수 있기를 바랄 것이다. 공매도는 빌린 물건을 팔았기 때문에 사실상 마이너스 채권 포지션을 갖게 된다. 헤지펀드가 증권을 공매도 할 때, 브로커가 매도 대금을 보유하며 증거금을 추가로 납부하도록 헤지펀드에 요청한다(브로커도 타인에게 증권을 빌려야 할 수 있고 가치의 102%를 담보로 납부하겠지만, 헤지펀드에게는 2%보다 높은 증거금을 부과할 가능성이 높다).

- **증거금 결정 방법**: 증거금은 기본적으로 대출자의 위험을 제

한하도록 결정된다. 따라서 증거금은 일정한 신뢰도 내에서 '최악의' 가격 움직임을 수용할 수 있을 만큼 충분히 커야 한다. 최악의 가격 변동을 추정하기 위해 브로커는 4장에서 살펴보았던 VaR이나 스트레스 테스트를 사용한다. 매수 포지션의 경우, 가격 P_t의 하락이 증거금 m보다 클 확률이 1% 정도로 낮아야 한다.

$$\Pr\left(-\frac{P_{t+1} - P_t}{P_t} > m\right) = 1\%$$

증거금은 자산 가치의 일부분이므로 m은 0%-100% 사이다. 따라서 헤지펀드가 포지션을 유지하기 위해 필요한 금액은 증거금 m, 가격 P_t, 펀드가 매수한 주수의 곱이다.

만약 헤지펀드가 공매도 포지션을 취했다면, 브로커는 가격 상승시 헤지펀드의 파산을 걱정할 것이다. 헤지펀드가 빌린 주식을 다시 사들이지 못할 경우 브로커가 그 일을 해야 한다. 브로커는 증거금뿐만 아니라 매도대금도 가지고 있기 때문에, 주가 P_{t+1}가 매도 대금과 증거금의 합인 $P_t + m \times P_t$ 보다 크지 않는 한 본인의 자금을 사용하지 않고 주식을 매수할 수 있다. 일정 기간(1일 혹은 5일) 동안 이러한 사건의 확률이 작도록 증거금이 설정된다. 예를 들면 다음과 같다.

$$\Pr\left(\frac{P_{t+1} - P_t}{P_t} > m\right) = 1\%$$

- **전체 포트폴리오에 대한 자금 조달**: 매수와 공매도 포지션에 대한 자금을 조달받아야 하므로, 헤지펀드는 모든 포지션의 총액을 조달하기에 충분한 자본을 가지고 있어야 한다.

$$\sum_i m_i \times P_t^i \times \text{position size}^i \leq \text{자기 자본}$$

이러한 요건을 충족시키지 못하면 엄청난 헤지펀드의 붕괴로 이어진다. 실제로, 모든 금융 기관은 본인의 포지션에 자금을 조달할 수 있어야 하며, AIG, 리먼 브라더스 및 베어 스턴스의 파산을 일으킨 것은 위 조건을 만족하지 못해서, 즉 자신의 포지션에 자금을 조달할 수 없었기 때문이다.

- **손익의 시가 평가** Mark to market: 헤지펀드의 포지션은 매일 시가 평가되며, 이는 각 증권의 가치가 재평가됨을 의미한다. 이를 통해 차입 자본에 대한 이자 지급, 현금 자산에 대한 이자 수취뿐만 아니라 가격 변동에 따라 증거금 잔액이 증가 혹은 감소한다. 따라서, 손익 P&L은 매수 포지션의 수익률에서 공매도 포지션의 수익률을 차감한 값에 자금 조달 비용을 합한 값이다.

$$P\&L =$$
$$R_t^{매수} \times \text{매수 금액} - R_t^{공매도} \times \text{공매도 금액} + \text{자금 조달 비용}$$

자금 조달 비용은 매수 포지션을 위해 프라임 브로커로부터 받은 현금 대출의 비용(r_t^{PB}), 증권 대출자가 보유한 현금 담보에서 얻은 이자(r_t^{rebate}), 추가 현금으로 단기 금융 시장에서 얻은 이자(r_t^f)의 합이다.

$$\text{자금 조달 비용 =}$$
$$-r_t^{PB}\text{금액}^{\text{대출}} + r_t^{rebate}\text{금액}^{\text{증권 대출자}} + r_t^f\text{금액}^{\text{단기금융시장}}$$

- **금리와 자금 조달 스프레드:** 헤지펀드는 레버리지를 위해 빌린 돈에 이자를 지불해야 한다. 자금을 제공하는 프라임 브로커는 헤지펀드가 빌린 자금에 대해 지불하는 이자와 단기 금융 시장에서 얻는 이자의 차이인 '자금 조달 스프레드'만큼의 수익을 얻는다. 또한, 증권 대출자는 증권을 빌려준 대가로 약간의 프리미엄을 얻는다. 즉 증권을 빌려준 후 대출자에게 예치된 현금에서 발생하는 이자(리베이트 금리)는 단기 금융 시장 금리보다 낮다.

$$r_t^{PB} > r_t^f > r_t^{rebate}$$

예를 들어, 헤지펀드가 1억 달러 상당의 주식을 매수, 1억 달러 상당의 주식을 공매도하고 5,000만 달러의 증거금 잔고가 있다고 가정하자. 공매도 후 증권 대출자에게 예치된 1억 달러 및 추가로 예치한 2%의 현금을 통해 연준 금리보다 낮은 '리베이트 금리'를 벌게 된다. 공매도를 하기 힘든 주식의 경우 리베이트 금리는 연준 금리보다 꽤 낮을 수 있으며, 때로는 공매자가 주식 대차 수수료를 지불해야 하는 경우도 있다.

포트폴리오의 매수 측면을 보면, 헤지펀드 증거금 계좌의 4,800만 달러는 매수 자금에 사용될 수 있고, 프라임 브로커는 나머지 5,200만 달러에 대한 대출을 제공할 수 있다. 대출 금리는 일반적으로 연준 금리보다 높다(거래 상대방 신용 위험을 제한하기 위해 헤지펀드는 프라임 브로커의 증거금 계좌에 현금을 작게 유지하므로, 더 많은 대출이 필요할 경우 자금 조달 비용이 다소 증가한다). 이를 종합하면 공매도를 통한 현금에서 발생한 이자 수익은 매수 포지션을 위해 지불한 자금 조달 비용보다 낮다.

- **마진 콜:** 레버리지 또는 공매도를 할 경우, 레버리지를 사용하지 않는 장기 투자자만큼 여유가 있지 않다. 현금 수준이 최소 증거금 요구 수준보다 높은지 포지션과 현금 수준을 지속적으로 관찰해야 한다. 헤지펀드의 증거금 계정에 현금이 부족한 경우(예를 들어, 포지션 손실로 인해), 프라임 브로커로부터 마진 콜을 받는다. 즉, 계좌에 현금을 추가하거나 포지션을 줄여야 한다는 통지를 받는다. 헤지펀드가 이를 해결하지 않으면, 프라임 브로커는 해당 포지션을 청산할 것이다. 마진 콜을 받는 것은 그 자체로 부정적이다. 헤지펀드가 문제없이 현금을 추가하더라도, 반복적으로 마진 콜을 받는 것은 문제의 징후이며 결국 프라임 브로커는 계약을 종료하

거나 증거금 증액을 요구할 수 있다. 따라서 헤지펀드는 증거금 잔액이 부족하지 않게 유지하려고 해야 한다(일부 헤지펀드는 모든 자본을 증거금 계좌에 넣으며, 다른 펀드는 현금의 대부분을 단기 금융 펀드MMF에 넣은 후 필요할 때 증거금 계좌로 옮기기도 한다).

포트폴리오 자금 조달의 전반적인 경제성은 매우 일반적이지만, 구체적인 제도적 환경은 증권의 유형에 따라 다르다. 앞에서 논의된 전반적인 경제 원칙이 실제로 어떻게 적용되는지 레버리지의 주요 형태를 통해 간단히 살펴보자.

- **레포**repo: 국채와 기타 채권은 보통 환매 조건부 매매Repurchase Agreement 줄여서 레포를 통해 레버리지를 사용한다. 레포는 채권을 담보로 돈을 빌리는 것이다. 예를 들어 100달러 상당의 채권을 살 때 95달러를 빌릴 수 있으며, 차입자가 돈을 갚지 않는 것을 걱정할 필요가 없도록 대출자가 채권을 보유하며, 대출자의 안전을 위한 5%의 헤어컷을 적용할 수 있다. 레포라는 이름의 의미는 채권을 대출자에게 매도하는 동시에, 나중에 채권을 재매수하겠다는 약속에서 비롯되었다. 빌린 현금에 지불하는 이자를 레포 금리라고 한다.

- **현금 상품의 프라임 브로커:** 담보 대출을 사용하여 주식에 레

버리지를 사용할 수도 있다. 일반적으로 헤지펀드는 투자 은행의 프라임 브로커 서비스를 사용하여 주식 포트폴리오에 레버리지를 사용한다. 프라임 브로커는 헤지펀드의 전체 주식 포트폴리오를 고려하여 헤지펀드가 자신들에게 얼마나 많은 증거금을 예치해야 하는지를 결정하고, 그 후 나머지 금액을 헤지펀드에 빌려준다. 헤지펀드는 프라임 브로커와 장기적인 관계를 유지하고 있으며 헤지펀드의 포트폴리오는 하나 혹은 몇 개의 프라임 브로커에 의해 자금이 조달된다. 이와 대조적으로 레포 계약은 일반적으로 각 채권에 대해 개별적으로 이루어지며 헤지펀드는 종종 다른 거래 상대방을 갖고 있다. 전환사채와 같은 증권도 프라임 브로커를 통해 레버리지가 사용된다. 증거금은 일반적으로 자산군 별로 다르게 설정되지만, 프라임 브로커는 종종 전체 포트폴리오를 고려하여 증거금을 설정(교차 증거금 제도)하려고 한다.

- **장외 파생상품의 프라임 브로커:** 레버리지를 사용하는 또 다른 방법은 레버리지가 내재된 파생상품을 매수하는 것이다. 예를 들어, 스왑 계약은 초기 시장 가치가 0이 되도록 구성되었으므로, 스왑이 무료라고 가정하여 무제한으로 스왑을 매수할 수 있는가? 물론 아니다. 만약 누군가 엄청난 스왑 포지션을 가질 경우 상당한 이자율 위험이 발생하며, 거래 상대방은 그가 돈을 벌거나 잃는 것, 채무 불이행을 하는 것, 손

실에 대한 지불을 하지 않을 것에 대해 걱정할 것이다. 따라서 헤지펀드는 파생상품 계약을 체결할 때도 증거금을 납입해야 한다. 프라임 브로커는 헤지펀드가 장외 파생상품 계약을 처리하는 것과 서로 다른 거래 상대방과의 계약을 상계하는 것을 돕는다.

- **장내 파생상품:** 마지막으로, 헤지펀드는 장내에서 거래되는 선물 및 옵션을 통해 레버리지를 사용할 수 있다. 헤지펀드는 그들에게 증거금을 청구하는 브로커(선물거래 중개회사)를 통해 거래하며, 거래소는 브로커에게 증거금을 청구한다. 헤지펀드의 증거금은 종종 거래소의 증거금과 동일하지만, 더 높거나 낮을 수도 있다.

5.9 자금 조달 유동성 위험 및 도박꾼의 파산

카지노 및 통계 서적에서 논의된 고전적인 위험은 '도박꾼의 파산Gamblers ruin', 즉 유리한 승률에도 불구하고 파산할 위험이다. 예를 들어, 블랙잭을 하면서 카드 카운트를 한다고 생각해 보라. 이 기술은 카지노보다 작은 우위를 가질 수 있게 한다. 그러나 자본에는 한계가 있다. 유리한 승률에도 불구하고 딜러가 에이스를 뽑는 불운으로 인해 모든 돈을 잃을 수 있다. 이러한 결과는 장점을 사용할 수 없게 하므로 매우 나쁘다. 카드 카운팅을 통해 돈을 벌 수 있는 기회를 잃어버리게 된다. 도박꾼의 파산 문제는 네덜란드의 수학자이자 천문학자, 물리학자, 작가인 크리스티안 호이겐스Christiaan Huygens로 거슬러 올라간다. 그는 진자시계를 발명했으며, 토성을 공전하는 달인 타이탄을 발견했고, 몇 가지 큰 공헌을 했다.

도박꾼의 파산은 투자 관리에서도 중대한 위험이다. 투자자들은 우위(알파)를 원하지만 레버리지에는 증거금이 필요하므로 사용할 수 있는 자본에는 한계가 있다. 투자에서는 이를 종종 '자금 조달 유동성 위험'이라고 한다. 시장 유동성 위험은 큰 거래 비용을 발생시키지 않고서는 증권을 매도할 수 없는 위험인 반면, 자금 조달 유동성 위험은 반드시 매도해야 하는 위험이다. 달리 말하면, 강제로 포지션을 매도해야 하거나, 극단적으로는 게임에서 퇴출되는 위험이다. 투자에서 자금 조달 위기 시 비용은 도박에서보다 훨씬 크다.

헤지펀드가 포지션을 청산당할 때가 투자하기에 좋은 시기일 수 있다. 헤지펀드의 매도가 가격을 하락시킬 수 있고, 강제 청산이 무작위로 일어나지 않기 때문이다. 하나의 헤지펀드가 강제로 매도해야 하는 경우, 다른 유사한 펀드도 어려움을 겪을 가능성이 높다. 이로 인해 그들 역시 비슷한 증권을 매도할 것이며, 이는 돈을 준비한 채 기다리고 있는 매수자가 적다는 것을 의미한다. 이러한 문제는 유동성 소용돌이라 불리는 악순환 고리로 인해 특히 심각해진다.

5.10 유동성 소용돌이: 모두가 포지션을 청산할 때

유동성 소용돌이는 가격이 떨어지고, 유동성이 고갈되고, 자본이 줄어드는 것이 반복되는 악순환의 고리다.[8] 이러한 소용돌이 모양의 붕괴는 그림 5.5에 나와 있다.

그림 5.5 유동성 소용돌이

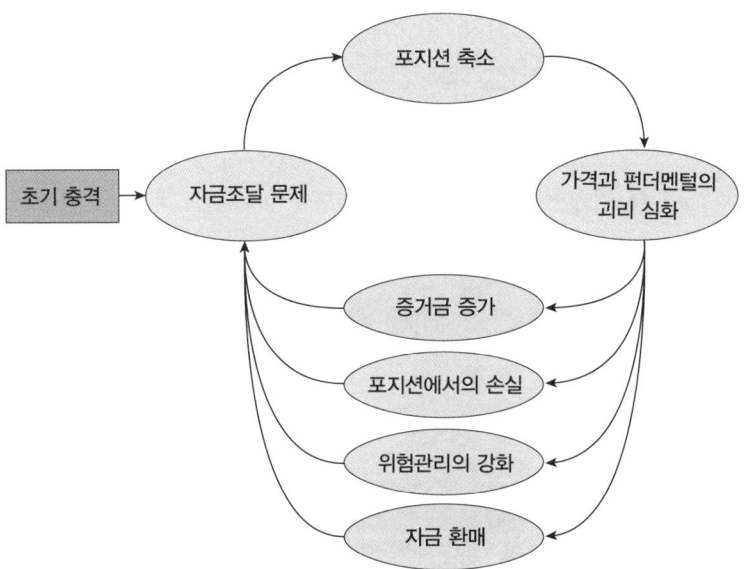

소용돌이는 시장에 어떤 충격이 가해져 레버리지를 사용하는 트레이더가 돈을 잃을 때 시작된다. 이 충격은 포지션을 줄이기 시작한 일부 트레이더에게 자금 조달 문제를 일으킨다. 이로 인한 매도 압력은 가격을 하락시켜 관련 포지션을 가진 모든 트레이더에게 더 큰 손실을 안긴다. 또한 주문 불균형으로 인해 시장의 변동성은 더욱 커지고 유동성이 떨어진다(정상적인 환경에서는 이러한 트레이더들이 유동성 공급자 역할을 하기 때문이다). 높은 시장 변동성 및 유동성 하락으로 인해 프라임 브로커는 더 높은 증거금을 요구하고, 트레이더들이 포지션의 레버리지를 줄이도록 만든다. 또한 위험 관리로 인해 트레이더들은 포지션을 줄이기 시작하고 투자자 혹은 경영진의 환매로 인해 자금 조달 문제는 커지게 된다. 이 네 가지 이유로, 자금 조달 문제는 계속 증가하여, 급매가 끝나고 시장이 반등하기 시작할 때까지 매도가 이어진다. 그림 5.6은 급매 기간 중 가격의 경로를 나타낸다.

그림 5.6 모두가 포지션을 청산할 때 유동성 소용돌이에서의 가격 움직임

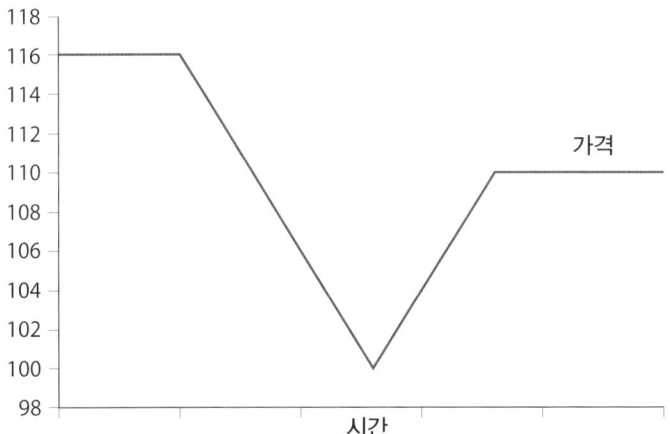

출처: Brunnermeier and Pedersen(2005)의 모형을 이용한 Pedersen(2009)

트레이더가 매도함에 따라 가격이 급락하고, 디레버리징이 끝나면 바닥에 도달한다. 그 후 일부 트레이더가 다시 레버리지를 사용하여 투자하고, 다른 투자자들 역시 돌아오기 시작하면 가격이 펀더멘털을 향해 반등하기 시작한다. 결국 새로운 균형 가격에서 안정화되며 이는 트레이더, 자본, 자금의 이탈로 인해 일시적으로 기존 가격보다 낮다.

유동성 소용돌이는 정상적인 거래 기간에는 감지하기 어려운 붕괴 위험이 있음을 의미한다. 달리 말하면, 수익률은 본질적으로 비정규 분포를 따른다. 가격 변동은 대부분의 경우 펀더멘털에 영향을 주는 뉴스에 의해 움직이지만, 유동성 소용돌이 기간에는 강제 청산에 의해 가격 변동이 유발된다.

유동성 소용돌이는 증권 간 상관관계를 변화시키기도 한다. 유동성이 문제되는 기간에, 자금 조달 문제가 있는 트레이더들이 보유하고 있는 증권의 가격은 펀더멘털과 무관하게 함께 움직이기 시작한다. 실제로, 한 시장에서 손실이 발생하면 다른 시장에서도 급매가 발생하여 더 많은 트레이더가 손해를 입으며 위기를 확산시킬 수 있기 때문에 유동성 위기는 전염성이 있다. 한 시장에서 유동성 소용돌이로 인해 주요 딜러와 헤지펀드의 자금 조달이 막히면, 이 트레이더가 활발하게 거래하는 다른 시장에서의 유동성 또한 마르게 된다. 예를 들어, 2007-2009년의 전 세계적 금융 위기는 그림 5.7에서 부분적으로 볼 수 있듯이 서브프라임 시장에서 다른 모기지 시장, 그 다음에는 신용 시장, 계량적 주식 투자 전략, 전반적인 주식 시장, 통화 시장, 전환사채 시장, 단기금융 시장, 그리고 나중에는 신흥 시장, 원자재 시장으로까지 확산되었다.

그림 5.7 글로벌 금융위기 초기의 파급(2007년 7월~2007년 8월)

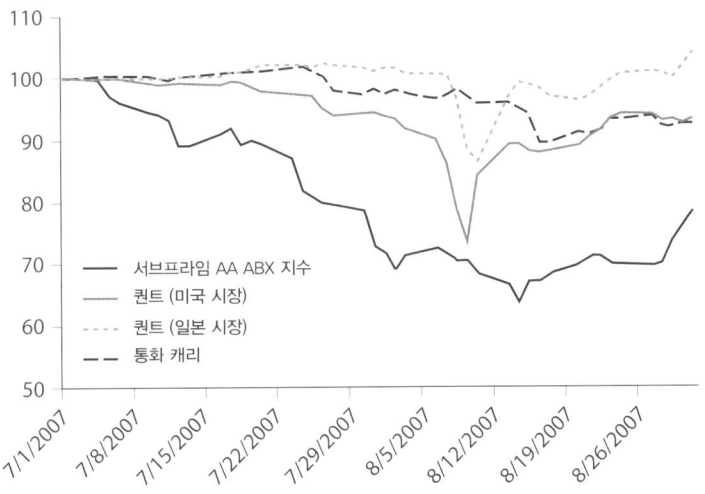

이 그림은 서브 프라임 모기지 신용의 감소로 위기가 어떻게 시작되었는가를 보여 준다. 2007년 7월, 미국 주식을 대상으로 가치와 모멘텀에 기반한 계량적 롱-숏 주식 전략이 손실을 보기 시작했으며, 그 결과 일본의 유사한 전략으로 손실이 확산되었다. 8월 중순에는 통화 캐리 거래가 손실을 보았다. 가격과 누적 수익률은 7월 초를 기준으로 하여 100으로 정규화되었다.

출처: Pedersen(2009)

5.11 약탈적 거래

유동성 소용돌이는 강제 청산당하는 경우 비용이 매우 비싸다는 것을 의미한다. 강제 청산의 비용이 많이 드는 또 다른 이유는 약탈적 거래, 즉 누군가가 포지션을 줄여야 할 필요성을 악용하거나 이를 유도하는 거래다.[9] 제임스 크레이머의 『어느 월가 중독자의 고백 Confessions of a Street Addict』에는 다음과 같은 문구가 있다.

> 물속에서 피 냄새를 맡을 때, 당신은 상어가 된다…. 누군가에게 문제가 있음을 알 때… 당신은 그가 보유한 것을 알아내려고 하고 그 주식을 공매도하기 시작한다.

주식 x의 가격이 현재 100달러고 100만 달러를 매수 혹은 매도할 때마다 가격이 1달러 상승 또는 하락한다고 가정해 보자. 아웃플로우캐피털홀딩스 Outflow Capital Holdings, OUCH는 1,000만 주를 매도해야 하며, 이 사실을 트레이더 γ가 알게 되었다. γ는 무엇을 할까? 또는 OUCH는 가격이 주당 99달러일 때에만 매도하면 된다고 가정하자. 그렇다면 다른 트레이더는 무엇을 할까?

약탈적 거래는 여러 가지 방법으로 발생할 수 있다. 예를 들어, 일부 트레이더가 손절매 주문과 같은 기계적 거래 규칙을 사용하거나 숏 스퀴즈 short squeeze[†]를 겪는 경우 발생할 수 있다. 프라임 브로커는 헤지펀드의 포지션과 자금 조달 상황에 대해 많이 알고 있으며, 때때로 이러한 정보를 악용했다는 비난을 받고 있다.

헤지펀드가 무언가를 빨리 팔아야 한다는 것을 대출 기관

[†] 공매도를 한 투자자가 주가가 오를 것으로 예상되면 손실을 줄이기 위해 다시 해당 주식을 다시 매수하는 것.

이 알고 있다면, 그들은 똑같은 자산을 팔 것이고 이는 가격을 더 빠르게 떨어트릴 것이다. 1998년 롱텀 캐피털 매니지먼트에 대해 골드만삭스와 기타 거래 상대방들은 그런 행위를 했었다.

- 『비즈니스 위크』, 2001년 2월 26일

약탈적 거래처럼 보이는 많은 경우는 다른 트레이더들이 자신을 보호하려 한다는 사실을 반영한다. 왜냐하면 그들 역시 비슷한 포지션을 가지고 있고 다음 번에는 그들이 청산 대상이 될 것을 두려워하기 때문이다. 따라서 손실이 발생하기 시작할 때 매도하는 것은 단순히 위험 관리 전략의 일부일 수 있다.

Efficiently Inefficient

How Smart Money Invests and Market Prices Are Determined

2부

주식 선택 전략

6

주식 투자와 가치 평가

내재 가치는 투자와 사업의 상대적 매력을 평가하기 위한 논리적 접근법을 제공하는 가장 중요한 개념이다. 내재 가치는 간단하게 정의할 수 있다. 잔여 기간 동안 사업에서 창출할 수 있는 현금을 현재로 할인한 가치다.

– 워런 버핏

주식 전략 혹은 주식 선택 전략을 알아보자. 주식 선택 전략은 어떤 주식의 기대 수익률이 높은지 혹은 낮은지 찾으려고 한다. 그 후 헤지펀드는 기대 수익률이 높은 주식을 매수하고 기대 수익률이 낮은 주식을 공매도한다. 이와 유사하게, 액티브 롱-온리 주식 투자자는 기대 수익률이 높은 주식의 비중을 늘리고, 기대 수익률이 낮은 주식의 비중을 줄이거나 혹은 매수하지 않는다.

이 부에서는 재량적 주식 투자(7장), 공매도 전문 투자(8장), 계량적 주식 투자(9장) 이렇게 세 가지 유형을 다룰 것이다.

재량적 주식 투자는 롱-숏 주식 헤지펀드, 액티브 공모 주식 펀드 및 여러 투자자가 추구하는 가장 전통적이고 일반적인 형태의 주식 투자다. 이 전략은 트레이더와 포트폴리오 매니저가 재량적인 관점, 즉 그들이 분석한 주식에 대한 전반적인 평가를 기반으로 주식을 매수하는 것이다. 재량적 트레이더는 주식 평가 모형, 기업 경영진과의 토론, 경쟁사, 직관 및 경험을 포함한 모든 종류의 정보를 기반으로 각 주식에 대한 맞춤 분석을 한다. 재량적 주식 투자자는 보통 공매도보다는 매수를 더 많이 하지만, 공매도 전문 헤지펀드는 그 반대다. 공매도 전문 헤지펀드는 하락하려고 하는 주식에 중점을 두어 사기, 과장된 수익 또는 나쁜 사업 계획을 가진 주식을 찾으며, 다른 재량적 주식 투자자와 비슷하게 기업의 펀더멘털 분석을 이용한다.

재량적 거래는 모형을 기반으로 체계적으로 투자하는 계량적 거래와 대조된다. 두 유형의 트레이더 모두 많은 데이터를 살펴보고 평가 모형을 사용한다. 그러나 재량적 트레이더는 사람의 판단에 따라 최종 거래 결정을 내리는 반면, 계량적 투자자는 인간의 간섭을 최소로 하여 체계적으로 거래한다. 계량적 투자자는 데이터를 수집하고 확인한 후 모형에 넣고, 모형에서 도출한 결과에 해당하는 주문을 거래소에 보낸다.[1]

퀀트는 비계량적인 방법으로는 쉽게 다룰 수 없는 아이디어의 정교한 처리를 통해 다양한 소규모 거래에서 작은 우위들을 점하려고 노력한다. 이를 위해 경제, 금융, 통계, 수학, 컴퓨터 과학 및 엔지니어링이라는 도구와 이를 통해 얻은 통찰을 (공공 및 소유권이 있는) 수많은 데이터와 결합하여 시장 참가자가 가격에 즉시 반영하지 못하는 관계를 찾아낸다. 이러한 관계를 바탕으로 거래 신호를 생성하는 컴퓨터 시스템을 구축하고, 거래 비용을 고려한 포트폴리오 최적화를 수행하며, 몇 초마다 수백 개의 주문을 전송하는 자동화된 실행 체계를 이용하여 거래를 한다. 즉, 인간의 감독하에서 다양한 프로그램을 실행하는 컴퓨터에 데이터를 공급하여 거래가 이루어진다.

재량적 투자의 장점은 각 거래에 대한 맞춤 분석과 사적인 대화 등의 소프트 데이터를 많이 사용한다는 점이다. 그러나 이러한 노동 집약적 방법으로는 한정된 수의 증권만 심층적으로 분석할 수 있으며, 재량권은 투자자를 심리적 편향에 노출시킨다. 계량적 투자는 규칙이 존재한다는 장점, 투자 아이디어를 넓은 유니버스에 적용시켜 분산 투자를 할 수 있다는 장점, 효율적인 포트폴리오를 구축할 수 있다는 장점이 있다. 그러나 하드 데이터에만 의존해야 하며, 실시간으로 판단하기에는 컴퓨터 프로그램의 능력에 한계가 있다.

세 가지 형태의 주식 투자는 몇 가지 차이점이 있지만 모두 주식 평가가 기본이다. 워런 버핏의 말에서 알 수 있듯이, 이 장에서 논의하는 주식의 내재 가치는 주식 평가의 핵심이다.

6.1 효율적으로 비효율적인 주식 시장

주식의 내재 가치를 도출하는 구체적인 방법을 설명하기 전에 가치 투자에 대해 먼저 알아보자. 가치 투자자는 내재 가치와 비교하여 시장 가치가 낮은 저가의 주식을 매수하며, 내재 가치보다 시장 가치가 높은 고가의 주식을 공매도한다.

가치 투자자는 시장을 더 효율적으로 만든다. 그들은 싼 주식의 가격을 높이고 비싼 주식의 가격을 내리면서 가격을 내재 가치에 가깝게 만든다. 그러나 가치 투자가 가진 근본적인 위험과 유동성 위험으로 인해, 가치 투자자 간의 경쟁이 비효율성을 완전히 제거하지는 못한다. 예상되는 미래 수익보다 낮은 가격의 저렴한 주식을 사더라도 예기치 못한 사건이 기업에 해를 끼칠 수 있다. 또한 주식 가격이 상승하기 전에 강제로 매도를 해야만 하는 경우 투자자는 돈을 잃을 수 있다.

투자자는 이러한 위험에 대한 보상이 필요하기에 주식은 효율적 수준의 비효율성을 갖게 된다. 즉, 가격과 펀더멘털 사이에는 효율적인 스프레드가 있으며, 가치 투자자는 이를 보통 안전마진이라고 한다. 효율적으로 비효율적인 주식 시장에서 유동성이 떨어져 거래 비용이 많이 드는 종목, 변동성이 커서 거래하기 위험한 주식, 공급/수요 불균형이 큰 주식, 공매도 비용이 많이 드는 주식은 가격이 펀더멘털과 더욱 멀어질 수 있다. 액티브 투자자의 자본이나 자금 조달 기회가 줄어들 때 특히 심해진다.

6.2 내재 가치와 배당할인모형

주식 거래의 기초는 주식 가치 평가를 이해하는 것이다. 주식의 가치는 종종 시장 가격과 구별하기 위해 내재 가치(혹은 펀더멘털 가치)라 부른다. 시장 효율성을 믿는 사람은 가격과 내재 가치를 동일하게 생각하는 반면, 가치 투자를 믿는 사람은 내재 가치에 비해 시장 가격이 저렴한 주식을 찾는다. 실제로 내재 가치는 워런 버핏의 말에서 볼 수 있듯이 가치 투자의 핵심이다.

t시점 주식의 내재 가치를 V_t라 하자. 내재 가치는 궁극적으로 주주에게 돌아가는 잉여 현금에서 유도된다. 이 책에서는 이러한 잉여 현금흐름을 배당 D_t로 두겠지만, 사실 현금흐름은 넓은 의미에서 주주에게 돌려주는 (주식 재매입을 통해 반환되는 자본을 포함한) 모든 현금에서 주주가 투입해야 할 자본(예정된 유상 증자)을 차감하는 것이다.

물론 화폐의 시간 가치와 미래 현금흐름의 불확실성으로 인해 서로 다른 기간에 걸친 배당금을 단순히 합산할 수는 없다. 다음 기간, 예를 들어 이듬해에 어떤 일이 일어나느냐에 따라 현재의 가치가 어떻게 달라지는지 고려해야 한다. 오늘의 내재 가치는 다음 기간의 배당금 D_{t+1}, 다음 기간의 가치, 요구 수익률(또는 할인율) k_t에 따라 다르다. 구체적으로 현재의 가치는 다음 기간의 배당금 및 가치의 예상되는 할인값이다.

$$V_t = E_t \left(\frac{D_{t+1} + V_{t+1}}{1 + k_t} \right)$$

따라서 주식의 가치를 평가하려면 다음 기간의 예상 배당금을 추정할 수 있어야 한다. 또한 요구 수익률 k_t를 결정해야 하며, 이는 주식의 위험에 따라 달라진다. 주식의 시장 베타를 β = 1.2, 시장 위험 프리미엄을 $E(R^M - R^f)$ = 5%로 추정하고, 현재 무위험 수익률은 R^f = 2%라 가정하자. 자산가격결정모형을 사용하면 주식의 요구 수익률은 k_t = 2% + 1.2 × 5% = 8%로 계산된다.

마지막으로 현재 t시점의 내재 가치를 결정하기 위해서는 다음 시점 $t + 1$의 내재 가치를 추정해야 한다. 평가 방정식을 반복해서 대입할 경우 다음과 같은 결론을 얻을 수 있다.

$$V_t = E_t \left(\frac{D_{t+1}}{1 + k_t} + \frac{D_{t+2}}{(1 + k_t)(1 + k_{t+1})} + \cdots \right)$$
$$= E_t \left(\sum_{s=1}^{\infty} \frac{D_{t+s}}{\prod_{u=0}^{s-1} (1 + k_{t+u})} \right)$$

이 수식은 위에서 언급한 버핏의 말을 수학적으로 나타낸다. 즉, 내재 가치는 주주에게 지급되는 모든 미래 배당금의 예상 할인값이다. 이 수식을 배당할인모형 dividend discount model이라고 하며 할인현금흐름모형 discounted cash flow model 혹은 현재가치모형 present value model이라고도 한다.

내재 가치 계산을 말로 하기는 쉽다.[2] 내재 가치를 계산하기 위해서는 미래의 모든 배당금, 할인율 및 배당금과 할인율 간의 동행성을 추정해야 한다. 이를 단순화하기 위해 주식 트레이더는 종종 모든 기간 t에 일정한 할인율을 가정하여 $k_t = k$로 둔다. 이 경우 평가 수식은 다음과 같이 단순화할 수 있다.

$$V_t = \sum_{s=1}^{\infty} \frac{E_t(D_{t+s})}{(1+k)^s}$$

고든의 배당성장모형

일정한 배당 성장률을 가정하면 배당할인모형을 더욱 단순하게 나타낼 수 있다. 일정한 배당 성장은 $E_t(D_{t+s}) = (1+g)^s D_t$로 표현되며, g는 성장률을 의미한다. 이러한 가정을 통해 내재가치를 직관적으로 표현할 수 있다.

$$V_t = \frac{(1+g)D_t}{k-g}$$

현재 배당금이 높거나, 배당 성장률이 높거나, 요구 수익률이 낮을 경우 내재 가치는 자연스럽게 높아진다.

다단계 배당할인모형

고든의 성장 모형은 성장률이 일정한 기업에만 적합하며, 성장률 g가 할인율 k보다 작아야 한다. 그렇지 않을 경우 분모는 음수가 되며, 이는 장기적으로 볼 때 할인율 대비 높은 성장률이 유지될 수 없다는 것을 반영한다. 그러나 주식 투자자는 종종 특별한 사건을 겪고 있는 기업에 관심을 갖게 되고, 그런 기업은 몇 년 동안 비정상적으로 높은 성장을 경험해 $g>k$인 기간이 존재하기도 한다. 반대로 기업은 일시적으로 침체를 경험할 수도 있다. 이런 경우 주식의 현재 가치는 비정상인 기간에 해당하는 배당금의 현재 가치에 청산 가치terminal value를 더해 계산한다.

$$V_t = \sum_{s=1}^{T} \frac{E_t(D_{t+s})}{(1+k)^s} + \frac{P_{t+T}}{(1+k)^T}$$

여기서 청산 가치 P_{t+T}는 미래의 일정한 성장률을 가정한 후 고든의 배당성장모형을 통해 추정할 수 있다. 또는 당시 업계 전반의 가치 비율을 가정하여 P_{t+T}를 계산할 수도 있다. 예를 들어, 해당 산업의 기업이 40 대 1의 주가 배당률로 거래되는 경우, $E_t(D_{t+T})$에 40을 곱해 청산 가치를 계산할 수 있다. t와 $t+T$ 시점 사이의 배당은 이 기간 동안의 모든 현금흐름을 개별적으로 추정하여 계산되며, 가치 투자자는 이러한 추정 숫자가 가득 찬 스프레드 시트를 이용한다. 또는 첫 T년 동안 주식이 비정상적이긴 하지만 지속적으로 g의 성장을 보인다고 가정할 수도 있다. 이러한 경우 주식의 현재 가치는 다음과 같다.

$$V_t = \left(1 - \left(\frac{1+g}{1+k}\right)^T\right) \frac{(1+g)D_t}{k-g} + \frac{P_{t+T}}{(1+k)^T}$$

이 수식은 성장이 초기 단계(t에서 $t+T$까지의 기간)에서 일정한 성장률을 갖고, 두 번째 단계($t+T$ 이후)부터는 또 다른 일정한 성장률을 가정하여 청산 가치를 계산한다. 그래서 2단계 배당할인모형이라고 한다(초기 성장이 할인율보다 높아 $g > k$이어도 양수의 값이 계산된다).

요약하자면, 가치 평가는 기본적으로 배당할인모형을 기반으로 하며, 특정 기간에 걸쳐 일정한 성장을 가정하면 간단한 수식(등비급수의 합)으로 계산할 수 있다. 일부 주식 투자자는 이 아이디어를 더욱 발전시키고 3단계 및 더 복잡한 다단계 평가 모형을 고려하기도 한다.

6.3 이익, 장부 가치 그리고 잔여이익모형

신생 기업과 같이 기업이 성장하고 배당금을 지불하기 시작할 때까지 몇 년 동안 이익을 유보하는 경향이 있는 경우, 배당금을 추정하는 것이 매우 어렵다. 좀 더 광범위하게 보면, 기업의 배당금보다는 경제적 이익에 집중하는 것이 때로는 더 합리적이다. 배당금을 지불하기 위해서는 기업이 수익을 내야 하며, 소비 가치를 가지기 위해 이익은 궁극적으로 주주에게 돌아가야 한다는 점에서 두 개념은 밀접하게 연관되어 있다.

이익과 배당의 관계를 연결하기 위해 이익을 순이익인 NI_t로 정의하고 주식의 장부 가치를 B_t로 둔다. 장부 가치는 순이익만큼 증가하고 배당금으로 지불된 자본만큼 감소하며, 이를 순수 잉여 관계식 clean surplus accounting이라 한다.

$$B_t = B_{t-1} + NI_t - D_t$$

순수 잉여 관계식을 배당에 대해 정리한 후 배당할인모형에 적용하면 다음과 같은 잔여이익모형이 된다.[3]

$$V_t = B_t + \sum_{s=1}^{\infty} \frac{E_t(RI_{t+s})}{(1+k)^s}$$

잔여 이익 RI_t는 다음과 같이 정의된다.

$$RI_t = NI_t - k \cdot B_{t-1}$$

잔여이익모형에서 주식의 내재 가치는 장부가액과 미래 잔여 이익들의 현재 가치의 합으로 계산된다. 잔여 이익이란 자기자본 비용을 초과한 순이익 NI_t의 양이며, 자기자본 비용은 이전 기간의 장부 가치인 B_{t-1}에 요구 수익률 k를 곱한 값이다. 당연히 특정 시점 t의 잔여 이익은 양수 또는 음수가 될 수 있다. 이익이 적자이면 잔여 이익이 음수지만, 이익이 흑자여도 자기자본 비용보다 작으면 잔여 이익은 음수가 된다. 모든 잔여 이익의 현재 가치가 음수면 내재 가치가 장부 가치 이하가 되며, 그렇지 않으면 내재 가치는 장부 가치보다 크다.

요약하자면, 내재 가치는 현재 장부 가치에 자기자본 비용보다 더 벌 것으로 기대되는 미래 이익의 현재 가치를 더한 값이다.

6.4 주식 가치 평가에 대한 다른 접근법

상대 가치 평가

주식 투자자는 종종 다른 유사한 주식의 가치에 기초하여 주식의 가치를 평가한다. 예를 들어 $E \times P/E$로 주식의 가치를 평가할 수 있으며, 여기서 E는 기업의 이익이고 P/E는 업계 평균과 같이 유사한 주식의 주가 수익 비율이다. 이 방법은 원칙적으로 모든 가치 비율에 사용할 수 있다. 그러나 중요한 점은 현재 이익 E와 같은 기업의 현재 특성은 단순히 일회성이 아닌 기업의 향후 전망을 대표하며, 가치 비율은 비슷한 주식들의 집합에서 나온다는 것이다. 물론, 상대 가치 평가는 전체 주식 시장이 과대평가되었는지 혹은 과소평가되는지 여부를 알려줄 수는 없다. 그러나 어느 주식이 다른 주식에 비해 비싸거나 저렴한지에 대한 정보를 제공한다.

내재 기대 수익률

또 다른 접근법은 현재 가격과 추정되는 미래 현금흐름을 이용하여 각 주식의 내부 수익률 관점에서 내재 기대 수익률을 계산하는 것이며, 이를 내재 자본 비용이라고도 한다. 각 주식의 내재 기대 수익률에 대한 추정을 통해, 가치 투자자는 기대 수익률이 높은 주식은 매수하고 낮은 주식은 공매도한다.[4]

기업 가치 vs 자본 가치

동일한 원칙을 사용하여 기업 전체 가치와 자본의 가치를 평가할 수 있다. 기업이 부채를 갖고 있다면 자본 가치는 기업 가치보다 낮다. 기업이나 자본을 평가하기 위해서는 모든 입력 변수가 동질적인지 확인해야 한다. 자본의 가치를 평가할 때는 자본의 요구 수익률(레버리지 효과로 인해 기업의 요구 수익률보다 값이 크다) 및 배당금과 같은 주식 보유자에 대한 잉여 현금흐름을 고려해야 한다. 기업의 가치를 평가할 때는 기업 전체 잉여 현금흐름의 현재 가치, 즉 재투자 요구를 포함한 다른 모든 종류의 현금 유출을 제한 채무 상환 전 이익을 계산해야 한다.

마찬가지로 재무 비율을 계산할 때 분자와 분모가 동질적인지를 확인해야 한다. 분자가 전체 기업이 아닌 자본에 관련된 변수인 경우, 분모도 그래야만 한다. 예를 들어, 일반적으로 이익 대비 주가를 고려하지 이익 대비 기업 가치를 고려하지는 않는다. 후자는 이자 지급이 이익을 감소시키므로 레버리지를 사용한 기업의 비율이 나빠 보이기 때문이다. 따라서 분자가 기업 가치와 관련된 값이면, 분모는 이자 비용 전 수익을 사용해야 한다.

7

재량적 주식 투자

기업을 경영하는 것처럼 투자할 때 가장 훌륭한 투자가 된다. … 어떤 사람이 주식 매매를 통해 돈을 벌려고 한다면 그는 벤처 기업을 시작하는 것과 같으며, 그 벤처 기업이 성공하려 한다면 용인된 사업 원칙에 따라 운영되어야만 한다. … 첫 번째 가장 명백한 원칙은 다음과 같다. … "당신의 비즈니스를 분명히 이해하라." … 두 번째 원칙은 다음과 같다. "(1) 적절한 관심과 이해를 바탕으로 경영자의 활동을 감독하고, (2) 경영자의 성실성과 능력에 암묵적인 신뢰를 줄 만한 강력한 이유가 없다면 자신이 해야 할 일을 다른 사람의 손에 맡기지 말아야 한다" … 세 번째 원칙은 다음과 같다. "확실한 계산을 바탕으로 상당한 이익을 볼 기회가 아니라면, 제품을 팔듯 단순하게 거래를 시작해서는 안 된다. 특히 얻을 것은 없고 잃을 것이 많은 거래라면 멀리해야 한다." … 네 번째 원칙은 좀 더 긍정적이다. "자신의 지식과 경험에 자신감을 가져야 한다. 객관적인 사실과 건전한 판단에 근거한 결론이라면, 그 판단을 믿고 행동해야 한다. 다른 사람들이 나와 다른 판단을 하고 망설이는 상황이라도 상관없다."

- 벤저민 그레이엄, 『현명한 투자자』

대부분의 액티브 주식 투자자는 재량에 따라 거래하며, 많은 성공적인 투자자는 벤저민 그레이엄Benjamin Graham의 『증권분석Security Analysis』과 『현명한 투자자The Intelligent Investor』의 원칙을 지킨다. 이는 위의 인용문에서도 분명히 알 수 있듯이 경영진이 잠재력을 발휘할 수 있는 능력과 주주에게 이익을 나누어 줄 수 있는 청렴성을 가지고 있는지 여부를 따지고, 주가와 기업의 가치를 비교하여 통념과 어긋나더라도 투자자의 판단에 따라 기업의 사업과 미래 이익의 잠재력을 철저히 분석하는 것이다.

이런 전략을 사용하는 헤지펀드를 롱-숏 주식 펀드long-short equity fund라고 한다. 롱-숏 헤지펀드는 할인된 가격으로 거래되는 좋은 주식을 매수하고 고평가된 나쁜 주식을 공매도하고자 한다. 이들은 좋은 주식을 찾아 매수하는 것이 상대적으로 더 쉽고, 주식 프리미엄을 얻기 위해 종종 공매도보다 매수를 많이 한다.

일부 롱-숏 헤지펀드는 특정 분야에 특화되어 있다. 예를 들어, 일부 펀드는 특정 산업(그레이엄이 "비즈니스를 이해해라"고 말하는 것과 일치하는), 예를 들어 기술주, 헬스케어주, 또는 원자재 관련 주식에 특화되어 있다. 다른 롱-숏 헤지펀드는 가치주 투자 혹은 성장주 투자를 전문으로 한다. 대형 롱-숏 헤지펀드는 종종 여러 개의 전문 팀으로 구성되기도 한다.

재량적 주식 투자는 액티브 공모펀드, 연기금펀드, 국부펀드 및 기타 트레이더가 사용하기도 한다. 헤지펀드와 이들의 가장 큰 차이점은 이러한 투자자 유형 중 상당수가 매수만 한다는 점이다. 따라서 그들은 좋아하는 주식을 벤치마크보다 많은 비중으로 매수할 것이며, 공매도를 할 수 없으므로 벤치마크에 비해 비중을 줄이거나 아예 매수를 하지 않을 수 있다. 그러나 대부분의 주식은 벤치마크에서의 비율이 매우 낮기 때문에(종종 1% 미만), 주식을 아예 사지 않는 것은 큰 포지션으로 주식을 매수하는 것보다 효과가 작다. 달리 말하면, 이러한 유형의 투자자는 공매도에 대한 제약으로 인해 보통 나쁜 주식을 찾는 것이 아니라 좋은 주식을 찾는 데 중점을 둔다.

7.1 가치 투자

가치 투자의 정의는 간단하다. 저렴해 보이는 증권을 매수하고, 가능하다면 비싼 주식을 공매도한다. 가치 투자의 아이디어는 1934년에 쓰인 벤저민과 도드의 『증권분석』으로 거슬러 올라간다. 가치 투자는 생각보다 어렵다. 주식은 보통 투자자를 불편하게 하는 어떤 이유가 있기에 저렴하고, 반대로 많은 투자자가 사랑하는 주식은 보통 비싸다. 가치 투자는 사회적 통념과 반대되며, 대부분의 사람이 사랑하는 주식을 피하거나 공매도하고 대중의 관심에서 멀어진 주식을 사는 것은 결코 쉽지 않다. 그레이엄의 마지막 원칙이 말하듯, 가치 투자는 용기를 필요로 한다.

가치 투자의 아이디어를 구현하는 방법은 여러 가지다. 이는 내재 가치의 정의, 보유 기간 및 포트폴리오 구성 방식에 따라 달라진다. 일부 가치 투자자는 인내심을 가지고 장기적으로 포지션을 유지하려고 한다. 그들은 시간이 지남에 따라 거둬들일 미래 배당금의 가치보다 낮은 가격의 주식을 매수하려고 한다. 다른 가치 투자자는 주식의 가격이 스스로 정정되기를 바라며 값싼 주식을 사서 중기에 팔려고 한다.

가치 투자의 한 가지 간단한 예는 보유하고 있는 현금보다 시장 가치가 낮고 부채가 없는 기업의 주식을 사는 것이다. 이러한 거래는 확실한 수익을 거둘까? 만약 시장 가치가 낮은 이유가, 투자자가 기업의 경영진이 현금을 낭비하여 주주가 결코 이익을 볼 수 없을 것이라 생각해서라면 수익이 나지 않을 것이다(그레이엄의 두 번째 사업 원칙을 참조하라). 이 경우, 가치 투자자가 해당 거래에서 수익을 얻으려면, 경영진이 현금을 배당금으로 지급하거나 생산적으로 사용할 수 있도록 영향을 미칠 수 있을 만큼 충분한 주식을 매수하는 등 보다 적극적이어야 한다.

가치 투자를 구현하는 또 다른 간단한 방법은 시장 가치에 비해 장부 가치가 높은 주식을 사는 것이다. 이 매우 단순한 가치 전략은 오랫동안 수익성이 있었으며, 이에 대해서는 9장 계량적 주식 투자에서 더욱 자세히 다루도록 하겠다.

기본적 분석

가치 투자자들은 가치 평가에 많은 시간을 쓴다. 그들은 앞에서 설명한 배당할인모형 또는 잔여이익모형 등을 사용하여 주식의 가치를 추정하지만, 이러한 추정의 어려운 점은 단순히 모형에 값을 입력하는 것이 아니라 모형에 필요한 입력 값을 찾는 것이다. 배당할인모형에서 입력 값을 추정하는 과정을 기본적 분석Fundamental Analysis이라고 한다.

가치 투자자는 미래의 매출 성장, 기업이 운영 중인 전체 제품 시장 규모의 성장, 기업의 잠재적 미래 시장 점유율, 경쟁 우위와 비용의 증가 및 효율성을 바탕으로 한 이윤의 성장 방식 등을 고려하여 미래의 이익을 추정한다.

가치 투자자는 사용 가능한 모든 방식으로 내재 가치를 가장 잘 추정하려고 노력한다. 누구는 숫자에, 누구는 사람에, 누구는 산업 역학에 초점을 맞춘다. 숫자에 초점을 맞춘 가치 투자자는 재무제표를 자세히 분석하고 과거 회계 수치의 변화를 고려하며 미래의 잉여 현금흐름을 예측한다.

사람에 초점을 맞춘 가치 투자자는 기업의 경영진, 직원, 노조, 고객, 공급 업체 등 비즈니스와 관련된 모든 사람과 대화한다. 이러한 만남을 바탕으로 기업이 잘 운영되고 있는지, 고객이 행복하고 충성심이 있으며 두터워지고 있는지, 기업이 유리한 경쟁 위치에 있는지, 비용을 통제할 수 있는지 여부를 확인한다.

산업 역학에 초점을 맞춘 가치 투자자는 종종 단일 혹은 소수의 산업을 전문으로 한다. 누가 산업을 지배하고 있으며 이 지배가 지속 가능한지를 판단하려고 한다. 어떤 기업이 강력한 브랜드 이름을 가지고 있으며 누가 실제로 수익성이 좋은가? 업계에 진입하는 데 장벽이 있는가? 고객이 얼마나 쉽게 다른 기업의 제품으로 갈아탈 수 있는가? 기술 변화와 같이 산업을 변화시킬 주요 변화는 무엇이며, 이러한 변화의 결과로 누가 혜택을 받거나 불이익을 받을 것인가? 어떤 기업이 중요한 혁신을 하고 있고 이를 다른 기업이 얼마나 쉽게 복제할 수 있는가? 다양한 유형의 경쟁사 간 시장 점유율은 어떻게 변화하고 있는가?

이런 질문들은 한 산업 내부의 역학 관계와 관련 있다. 이와 달리 전체 산업에 베팅하여, 특정 산업의 여러 종목(혹은 산업 지수)을 매수하고 다른 산업의 주식을 공매도하기도 한다. 이런 투자자는 거시 경제 환경이 다양한 산업에 어떤 영향을 미치는지에 따라 어떤 산업이 상승 또는 하락할 것인지를 고려한다. 이러한 투자 전략을 때때로 산업 로테이션industry rotation 또는 섹터 로테이션sector rotation이라고 한다.

안전마진

미래의 수익이 추정되었다면, 가치 투자자는 이러한 미래의 수익이 오늘날 어떤 가치가 있는지 계산하려고 한다. 배당할인 모형에서처럼 수익을 할인하여 계산한다. 가치 투자자는 최종적으로 추정된 내재 가치를 시장 가치와 비교한다. 추정된 내재 가치는 입력 값에 민감하며, 특히 할인율과 성장률의 추정치에 민감하다. 따라서 가치 투자자는 종종 내재 가치 추정치의 가능 범위를 고려하여 자신의 평가가 얼마나 강건한지를 고려한다.

그러나 우리는 내재 가치가 이해하기 어려운 개념이라는 것을 인식해야 한다. 일반적으로 자산, 수익, 배당금, 확실한 전망 등 사실에 의해 정당화되는 가치는 인위적인 조작이나 심리적 과잉에 의해 왜곡된 시장 시세와 구별된다. 그러나 내재가치가 시장가격만큼 확실하고 결정 가능하다고 상상하는 것은 큰 잘못이다.

― 벤저민 그레이엄, 『증권분석』

따라서 그레이엄과 도드는 가치 투자자들이 시장 가치와 내재 가치에 대한 최선의 추정치 사이에 어느 정도의 여유인 안전마진을 두라고 권고했다. 이는 그림 7.1에 설명되어 있으며, 시간에 따른 주식의 가격과 내재 가치를 보여 준다.

그림 7.1 안전마진

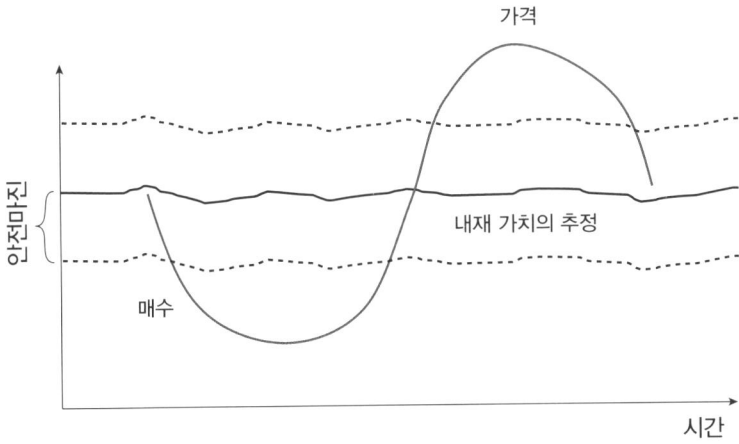

내재 가치의 불확실성은 가치 주위에 점선으로 된 '오류 밴드'로 표시되며, 가치 투자자들은 가격이 하위밴드 아래로 떨어질 때만 주식을 매수해야 한다는 것이 안전마진 원칙이다.

가치 함정

딥deep 밸류 투자자는 매우 할인된 가격에 주식을 매수하려고 한다. 예를 들어, 매우 낮은 주가순자산비율의 주식을 살 경우, 항상 다음과 같은 중요한 질문을 해야 한다. 그 주식은 값이 싸기 때문에 싸게 보이는가, 아니면 쌀 만한 이유가 있는가? 달리 말하자면, 이 주식은 다른 투자자들이 알아보지 못하는 값 싼 기업, 즉 가공되지 않은 다이아몬드인가? 아니면 펀더멘털이 붕괴되고 있기 때문에 주가가 싼 것처럼 보이는가?

훌륭한 회사를 적당한 가격에 사는 것이 적당한 회사를 아주 저렴한 가격에 사는 것보다 더 낫다.

- 워런 버핏, 1989년 버크셔 해서웨이 연차 보고서

주식의 가격은 수천 명 사이 거래의 결과로, 그중 다수는 똑똑하고 성공적이므로 가격은 많은 정보를 반영하고 있다. 따라서 저렴해 보이는 주식에는 보통 그럴 만한 이유가 있고, 이는 기업 성장률이 마이너스를 기록할 가능성이 높음을 의미한다. 가치 투자자가 근본적으로 결함이 있는 기업을 소유하게 되는 위험을 가치 함정value trap이라고 한다. 예를 들어, 은행이 많은 대출금을 감가상각해야 한다는 것을 시장에서 인식하기 때문에 은행 주식 가격이 낮을 수 있다. 또 다른 예로, 기업이 비용이 많이 드는 소송을 당한다는 사실 때문에 주식이 저렴하게 거래될 수 있다.

그보다 일반적으로, 주가순자산비율인 P/B가 비정상적으로 낮은 종목(비슷한 기업의 역사적 가치에 비해)을 생각해 보자. 해당 지표만 보면 마치 주식이 저렴해 보인다. 또한 P/B가 시간이 지남에 따라 정상으로 돌아올 것이라 믿는다고 가정하자. 이 주식을 매수하면 돈을 벌 것인가? 반드시 그런 것은 아니다. 이는 가격 혹은 장부 가치 중 무엇이 조정될 것인가에 달려 있다. 만약 P/B의 평균 회귀가 가격 상승에 의한 것이라면, 가치 투자자는 돈을 벌 것이다. 그러나 P/B의 평균 회귀가 장부 가치 하락으로 인한 것이라면, 즉 기업의 이익이 마이너스를 기록한 것이

라면, 가치 투자자는 돈을 잃을 것이다.

역사적으로 볼 때 P/B를 기반으로 한 투자는 평균적으로 수익을 거두었다. 그러나 많은 베팅은 가치 함정으로 인해 손실을 기록하기도 했다. 다음에 설명하는 것처럼, 주식의 우량성에 중점을 두어 부분적으로 가치 함정을 완화할 수 있다.

7.2 우량주 투자와 합리적 가격의 우량주

가치 투자의 한 측면은 매수할 주식의 가격을 보는 것이며, 다른 하나는 우량성을 보는 것이다. 간단히 말해서, 우량주 투자는 좋은 기업을 매수하는 것이다. 우량주 투자는 가치 투자와 결합될 수 있으며, 이는 합리적인 가격의 우량주라고 할 수 있다.[1]

좋은 기업, 즉 우량성이 높은 기업은 무엇일까? 우량성은 투자자가 더 높은 가격을 기꺼이 지불할 용이가 있는 특성으로 정의할 수 있다. 배당할인모형에 따르면, 우량성이 높다는 것은 미래 잉여 현금흐름의 현재 가치가 높음을 의미한다. 미래의 잉여 현금흐름을 예측하는 데 도움이 되는 많은 우량적 특성이 있다. 한 연구에 따르면 고든의 성장 모형을 이용하여 주식의 우량적 특성을 네 가지 광범위한 그룹으로 분류할 수 있다.[2]

$$\frac{V_t}{B_t} = \frac{E_t(NI_{t+1})/B_t \cdot E_t(D_{t+1})/E_t(NI_{t+1})}{k-g} = \frac{수익성 \cdot 지불}{요구\ 수익률 - 성장률}$$

좌변은 주식의 내재 가치를 장부가액으로 나눈 값이다. 주식 가치의 차이가 대부분 기업의 크기에 의해 좌우되기 때문에 장부 가치로 나누어 정규화했다.

우변은 주요 우량적 특성, 즉 더 높은 가치 평가 배수를 정당화하는 특성이다. 여기서 수익성(또는 자기자본수익률)은 장부 가치 단위당 이익(순이익, 총이익 또는 기타 이익으로 측정)으로 정의되며, $E_t(NI_{t+1})/B_t$로 표현된다. 지불은 이익 중 주주에게 지불하는 금액의 비율로 정의되며, $E_t(D_{t+1})/E_t(NI_{t+1})$로 표현된다. g는 수익의 성장률이며, k는 할인율이다. 이러한 방식으로 주식 가치를 평가해 보면 투자자는 높은 성장, 높은 수익성, 높은 안전성(즉, 낮은 요구 수익률 k) 및 높은 지불 비율을 가진 주식에 더 높은 가치 평가 배수를 기꺼이 지불한다는 것을 알 수 있다.

시장 효율성을 믿는 사람도 우량성이 높은 기업을 식별하는 것이 가능하다는 것에 동의하겠지만, 시장 효율성은 이러한 기업이 가격이 높으며 위험 대비 정상적인 수익을 가지고 있음을 암시한다. 다시 말해, 시장 효율성을 믿는 사람은 시장 가격이 이미 우량성을 반영했기 때문에 고우량성 기업이 저우량성 기업보다 더 나은 투자는 아니라고 생각한다.

반면, 우량주 투자자는 가격이 항상 우량성을 완전히 반영하지는 않아 우량성이 높은 기업에 투자하는 것은 미래 수익률이 평균적으로 높다고 믿는다. 이제 우량성의 구성 요소인 성장, 수익성, 안전 및 지불 비율을 이용해 거래하는 방법을 살펴보자.

성장: 좋은 성장 vs 성장 함정

많은 투자자가 미래의 구글, 애플, 혹은 마이크로소프트를 찾기 위해 성장주를 찾는다. 대부분의 사람들은 투자 원금의 몇 배를 번 투자에 대한 이야기를 들으며, 그러한 이야기는 종종 성장하는 기업의 초기에 투자한 경우가 많다. 그러나 성장에 대한 환상만 있고 현재 수익성이 거의 없는 주식은 투기적이고 과대평가될 수 있으며, 특히 투자자들이 미래를 너무 멀리 내다본다면 더욱 그렇다. 성장이 시장 가격에 완전히 반영되지 않은 경우에만 성장하는 기업에 투자하는 것이 좋다.

성장주에 투자할 때 고려해야 할 또 다른 함정은 모든 유형의 기업 성장이 가치의 향상으로 이어지는 것은 아니라는 점이다. 좋은 성장은 수익의 지속적인 성장이 잉여 현금흐름의 성장으로 이어지는 것이다. 나쁜 성장은 궁극적으로 수익을 해치는 다른 숫자의 성장이다.

나쁜 성장의 한 형태는 경영진이 자신의 힘과 보상을 증가시키기 위해 값비싼 인수나 무분별한 확장 등을 통해 기업의 규모를 늘려 자산이 성장하는 경우다. 나쁜 성장의 또 다른 예는 제품 가격을 매우 낮게 하여 매출이 성장하는 경우이며, 이는 수익성 악화로 이어진다. 회계적 속임수를 사용해 지속가능하지 않을 뿐만 아니라 나중에 제자리로 돌아올 회계 수치를 일시적으로 향상시키는 형태의 나쁜 성장도 있다.

좋은 성장과 나쁜 성장의 차이를 보기 위해 매출 성장이 강한 두 개의 소매점 체인을 생각해 보자. 하나는 기존 매장에서 판매를 늘리고 비용을 일정하게 유지해서 매출을 성장시켰다. 이러한 형태는 분명히 좋은 성장이다. 다른 하나는 다른 소매 업체를 프리미엄을 주고 인수함으로써 매출을 성장시켰다. 이러한 수익 성장이 아닌 자산 성장 전략은 인수를 통한 시너지 효과가 특별히 없거나 인수가 매우 유리한 가격으로 이루어지지 않는 한 문제가 있을 수 있으며 주주의 가치를 손상시킬 수 있다.

수익성과 이익 우량성

수익성이 높은 회사는 수익성이 낮은 혹은 수익성이 없는 회사보다 분명히 더 가치가 있다. 수익성은 회계적 이익에서부터 현금흐름, 손익계산서의 상단에 있는 매출총이익(매출액 - 매출원가)에 이르기까지 여러가지 방법으로 측정할 수 있다.[3] 주식 투자자는 지속 가능한 방식으로 진정한 경제적 수익을 계속 창출할 수 있는 기업의 능력을 평가하려고 한다. 또한 기업의 회계 관행이 얼마나 합리적인지를 의미하는 '이익 우량성'을 살펴보기도 한다. 실제로 기업은 대차대조표에서 항목을 변경하는 데 다소 적극적인 혹은 소극적인 자세를 보이거나, 비용을 미래로 지연시키거나, 소위 발생accruals을 사용하여 수익을 조기에 인식하는 등 다양한 방법으로 사업활동을 보고할 수 있다. 주식 투자자들은 회계조정에 의해 높은 수익이 창출되는 주식보다, 수익은 비슷하지만 회계가 투명한 주식을 더 선호한다.

안전

우량성의 세 번째 척도는 안전이다. 안전한 주식은 할인율이 낮아야 하며, 따라서 다른 모든 것이 같을 때 투자자들은 안전한 주식에 기꺼이 더 높은 가격을 지불한다. 안전성은 주식 수익률과 기본적인 회계 변수, 혹은 두 가지 모두를 사용하여 측정할 수 있다. 수익률 기준의 측정치는 시장 베타로써, 시장이 하락할 때 주가도 함께 하락하는 체계적인 위험을 측정한다. 일부 주식 투자자는 주식의 총 변동성 혹은 고유 변동성을 살펴본다. 베타는 분산 투자가 잘 된 포트폴리오에서 위험에 대한 기여도를 측정하는 것과 관련이 있는 반면, 주식의 총 변동성은 집중화된 포트폴리오에서 주식을 보유하는 위험이다. 펀더멘털 위험 측정은 과거의 수익성 변동을 고려하여 미래의 수익이 감소할 위험을 추정하기 위해 고안되었다.

지불 및 경영자의 자질

우량성의 네 번째 척도는 기업이 얼마나 주주 친화적이고 잘 관리되는지에 초점을 맞춘다. 구체적으로, 이익이 배당 혹은 자사주 매입으로 주주들에게 지불되는지 또는 어떻게 주주에게 혜택을 주는지 살펴볼 수 있다. 즉, 기업의 경영진이 주주의 가치를 극대화하기 위해 노력하는지 아니면 사익추구를 도모하는지에 대한 여부이다. 예를 들어, 일부 경영자들은 주주보다는 기업 제트기와 같은 호화로운 특전을 위한 현금창출에 초점을 맞추고 있다. 또한 일부 경영자는 이익 성장에 중점을 두기보다는 값비싼 인수들을 하는 '엠파이어 빌더'[†]이기도 하다. 부실한 경영의 조짐은 이사회가 기업에 가치를 더하고 주주의 이익을 대변할 수 있는 독립 이사회가 아닌, 경영자의 친구들로 가득 차 있을 때이다. 또 다른 조짐은 외부인이 회사를 인수하는 것이 매우 어려운 기업 지배 구조를 가지고 있을 때이다.

물론 주주의 가치 창출에 대한 경영진의 헌신 외에 경영자의 자질 역시 매우 중요하다. 투자자들은 경영진이 기업의 성장에 대한 통찰력과 가치를 창출하는 비전을 가지고 있는지, 직원들을 고무하고 동기를 부여할 수 있는지, 비용을 절감할 수 있는지, 지속 가능한 장기적 성장을 목표로 할 수 있는지 여부를 고려한다. 일부 투자자들은 좋은 경영자가 있는 주식을 매수하려고 하는 반면, 다른 투자자들은 경영 부진으로 인해 싼 주식을 매수한 후 이를 개선하여 이익을 얻으며, 이처럼 경영진에 직접 영향을 미치는 시도를 '행동주의 투자'라고 한다.

합리적 가격의 우량주

가치주 투자자와 성장주 투자자는 종종 정반대라고 생각하지만 때때로 그들은 같은 주식을 매수하기도 한다. 그림 7.2는 왜 종종 이 둘이 반대라고 생각되는가를 보여 준다.

[†] 자신의 세력 확대에 주력하는 사람.

그림 7.2 가치주 투자자와 성장주 투자자의 세계관

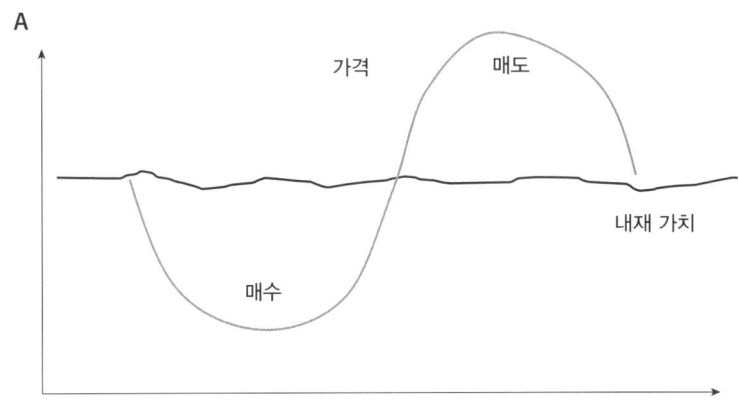

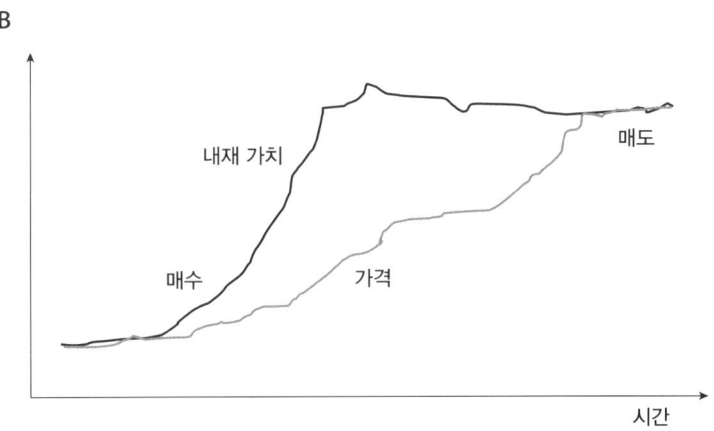

그래프 A에는 가치주 투자자, 즉 바겐 헌터bargain hunter의 세계관이 표시되어 있다. 바겐 헌터는 주가가 변해도 시간이 지남에 따라 일정하게 유지되는 내재 가치를 추정한다. 따라서 주식의 가격이 하락할 경우 싸다고 생각해 매수할 것이다. 시간이 지나 가격이 상승하면 주식이 비싸다고 생각하여 매도할 것이다.

그래프 B에는 성장주 투자자의 세계관이 나와 있다. 성장주 투자자는 다음 홈런이 될 가능성이 있는 고성장 주식을 매수하려고 한다. 미래에 빠른 성장이 있을 것으로 예상되는 기업은 종종 과거에 이미 성장과 좋은 뉴스가 있었고 가격이 상승하고 있을 가능성이 있다. 따라서 바겐 헌터bargain hunter는 가치에 비해 상승한 주식을 매도하는 반면 성장주 투자자는 그러한 주식을 매수하기도 한다. 둘 모두가 가치 투자자의 역할을 한다고 느낄 수 있지만, 역설적이게도 내재 가치에 대한 그들의 관점은 매우 다르다. 바겐 헌터는 내재 가치가 일정하게 유지된다고 생각하는 반면, 성장주 투자자는 내재 가치가 가격보다 훨씬 빠르게 상승할 것이라고 생각한다.

그렇다면 누가 옳을까? 놀랍게도 평균적으로 둘 다 맞다. 역사적으로 볼 때 P/B가 낮은 것처럼 가격이 저렴해 보이는 주식을 사는 사람들은 좋은 성과를 거두고 있다. P/B가 높고 때때로 성장주라고 불리는 반대의 주식은 결과적으로 성과가 저조하다. 그러나 P/B가 아닌 실제 성장 척도를 기준으로 주식을 분류하는 경우, 고성장 주식이 저성장 주식보다 우수한 성과를 보인다. 다시 말해, 고우량성 주식은 저우량성 주식보다 성과가 뛰어나고 이는 성장뿐만 아니라 수익성, 안전 및 지불/경영 측면에서도 마찬가지다. 가치주 투자와 우량주 투자가 모두 좋은 성과를 보이므로 이러한 개념을 결합하면 더 나은 결과를 얻을 수 있다. 일부 주식 투자자들은 예상되는 성장에 비해 가격이 저렴한 성장

주를 사려고 하며, 이를 합리적인 가격의 성장주growth at a reasonable price, GARP 투자라 한다. 이 개념은 합리적인 가격의 우량주quality at a reasonable price, QARP 투자, 즉 할인된 가격으로 고우량주를 매수하는 전략으로 일반화되기도 한다.

7.3 워런 버핏: 최고의 가치주 그리고 우량주 투자자

워런 버핏은 지난 반세기 동안 투자에서의 성공을 바탕으로 세계에서 가장 부유한 사람 중 한 명이 되었다. 그의 투자에 대한 샤프지수는 얼마일까? 대부분의 투자자는 워런 버핏이 1 혹은 2 이상의 샤프지수를 실현했을 것이라고 추측한다. 그러나 버핏의 기업인 버크셔 해서웨이는 1976년에서 2011년까지 0.76의 샤프지수를 기록했다. 이는 예상보다 낮기는 하지만 매우 인상적인 숫자다. 버핏의 샤프지수는 같은 기간 동안 전체 주식 시장의 두 배이며, 이는 동일한 위험 단위당 두 배의 수익을 거두었음을 의미한다. 단기간에는 일부 주식 또는 펀드가 버핏보다 더 높은 샤프지수를 거두기도 했지만, 버핏의 샤프지수는 최소 30년 동안 미국 주식 또는 미국 공모펀드 중 가장 높다.[4]

버핏은 어떻게 그렇게 할 수 있었을까? 버핏은 궁극의 가치 투자자로 알려져 있지만, 가치주에 대한 투자만으로는 그의 알파를 설명할 수 없다. 하지만 만약 우량성 측면을 함께 고려한다면, 그의 성과 중 많은 부분을 설명할 수 있다. 달리 말하면, 버핏은 값싸고 고우량성의 주식을 매수해 왔으며, 그러한 주식은 일반적으로 성과가 좋아 버핏의 성공을 설명하는 데 도움이 된다. 이 결과는 버핏의 설명과도 일치한다.

> 양말을 사던 주식을 사던, 나는 질 좋은 물건의 가격이 인하되었을 때 사는 것을 좋아한다.
> - 워런 버핏, 2008년 버크셔 해서웨이 연차 보고서

버핏이 성공을 거둔 또 다른 이유는 레버리지다. 그는 높은 샤프지수를 기록했을 뿐만 아니라 전체 주식 시장보다 훨씬 높은 절대 수익률을 달성했으며, 평균적으로 무위험 수익률보다 19% 높은 수익률을, 즉 전체 주식 시장의 초과 수익률인 연간 6.1%보다는 약 3배의 수익률을 기록했다. 버크셔의 변동성은 25%로 시장의 변동성보다 상당히 높으며, 이는 버핏이 주식 투자에 약 1.6 대 1의 레버리지를 사용했기 때문이다.

버핏은 여러 방법으로 레버리지를 위한 자금을 조달했다. 첫째, 버크셔는 높은 등급의 채권을 낮은 이자율로 발행했으며, 1989년부터 2009년까지 AAA 등급의 채권을 발행했다. 둘째, 버크셔는 부채의 3분의 1 정도를 보험 플로트 insurance float [†]를 이용해 무위험 이자율보다 낮은 비용으로 조달했다. 이처럼 저렴하고 안정적인 자금원을 이해하기 위해서는, 버크셔가 보험사와 재

---

† 보험 가입자가 납입하는 보험금.

보험사를 운영한다는 것을 알아야 한다. 이 회사들이 보험을 팔 때, 미리 보험료를 징수하고 나중에 다양한 청구에 대한 지불을 하는데, 이는 대출을 받는 것과 같다. 효율적으로 운영되는 보험사는 수익을 창출하고 버핏의 투자 자금을 조달하는 데도 도움을 준다. 셋째, 버크셔의 부채에는 이연 세금(본질적으로 무이자 대출)과 파생 계약 부채도 포함되어 있다.

7.4 보유 기간과 촉매

일부 매니저는 저렴한 주식을 장기로 보유할 생각으로 매수한다. 이 경우 레버리지가 적당하고 투자자가 환매하지 않는다고 가정하면, 단기적으로 주식 가격이 어떻게 변화하는가는 중요하지 않다. 워런 버핏은 때때로 이 아이디어를 극한까지 가져가 무한한 보유 기간을 추구한다.

> 뛰어난 경영진을 가진 뛰어난 사업체의 일부를 소유할 때, 우리가 가장 좋아하는 보유 기간은 영원이다. 우리는 기업의 실적이 좋으면 서둘러 판 후 이익을 기록하며, 실망시키는 사업에 집요하게 매달리는 사람들과 정반대이다. 피터 린치는 그러한 행동을 꽃을 자르고 잡초에 물을 주는 것에 적절하게 비유했다.
>
> - 워런 버핏, 1988년 버크셔 해서웨이 연차 보고서

이러한 접근에는 몇 가지 이유가 있다. 첫째, 워런 버핏과 피터 린치가 지적한 바와 같이 많은 투자자가 종종 너무 빨리 상승한 주식을 팔고 떨어지는 주식에 매달리는데, 이를 처분 효과disposition effect라고 한다.[5] 버크셔 해서웨이의 경우 세금적인 이유도 있을 수 있다. 매도를 통해 자본 이익을 실현하면 세금을 내야 하지만, 보유 기간이 영원히 지속되면 이를 영원히 연기할 수 있기 때문이다.

반면에 많은 주식 투자자가 가격이 적정 가치로 수렴되었거나 비싸다고 생각할 때 주식을 매도하는 것이 가장 좋다고 생각한다. 그러한 투자자는 자본이 한정적이므로 수익이 가장 높은 곳에 투자하기를 원한다. 따라서 주식이 더 이상 매력적이지 않을 경우 더 유망한 투자에 자본을 옮긴다. 트레이더 사이에서 흔히 하는 말은 "당신의 포지션과 결혼하지 마라"다. 이 말은 기존의 포지션에 관계없이 항상 현재 최고의 투자를 찾아야 하며, 실수를 인정하거나 수익을 얻을 수 없는 것을 두려워하여 나쁜 주식을 계속 보유해서는 안 된다는 의미다.

많은 주식 투자자는 수익을 거두는 것에 기뻐할 뿐만 아니라 빨리 수익이 나기를 바란다. 매우 성급한 투자자는 제한된 시간 내에서 촉매가 주가를 상승시킬 것이라고 예상될 때에만 저렴한 주식을 매수한다. 이러한 가치와 촉매 투자자는 시장이 그 주식의 잠재력을 깨닫기 직전이기 때문에 곧 상승할 수 있는 값싼 주식을 찾으려고 한다. 예를 들어, 주가가 저렴한 기업이 다음 수익 발표에서 강력하고 새로운 기로에 있다는 것을 발표하면, 이는 촉매가 된다.

일부 조급한 투자자는 더 나아가 촉매를 만들려고 한다. 예를 들어, 헤지펀드가 다수의 대형 투자자들과 호텔 회사에 대해 논의하고, 투자자들이 기업의 전망에 대해 지나치게 낙관적으로 판단했다고 가정하자. 조사를 통해 호텔이 대부분 비어 있다는 사실을 알고 수익이 실망적일 것이라 판단하면, 헤지펀드는 주식을 공매도할 것이다. 헤지펀드는 다른 투자자들이 호텔의 다음 이익 발표 때 이 나쁜 소식을 알게 되는 것을 기다리기보다는 주가가 즉시 하락하기를 바라며 부정적인 평가를 상세히 설명하는 보고서를 발행할 것이다. 즉, 그들만의 촉매를 만들어 낸다.

7.5 행동주의 투자

촉매를 만드는 또 다른 방법은 행동주의 투자자처럼 기업의 이사회와 적극적으로 대화하는 것이다. 행동주의 투자는 더 나은 경영으로 가치가 더 커질 수 있는 기업의 주식을 산 다음, 기업의 결정에 영향을 미치려고 노력한다. 미국에서는 투자자가 5% 이상의 지분을 매수했을 때, 자신의 포지션 크기를 보고하고 활동할 의사가 있는지 여부를 알리는 이른바 '13D 보고서'를 작성해야 한다. 행동주의 투자자가 있는 것만으로도 경영진에게 압박이 될 수 있다. 더욱이 행동주의 투자자는 경영진 교체 제안서, 특정 이사진 교체, 주주 환원, 비용 절감, 불필요한 자산의 매각과 나머지 부분에 초점을 맞추기 등 경영진이나 이사회에 구체적인 제안을 할 수 있다. 또한 행동주의 투자자는 이사회 의석을 차지하거나, 위임장 대결을 펼치거나, 기업을 인수하려 함으로써 보다 직접적인 영향력을 얻으려고 할 수 있다.

7.6 거래 흐름 및 감정에 의한 거래

일부 주식 투자자는 주식의 펀더멘털 가치와 우량적 특성을 보지 않고, 주문 흐름에 의한 가격 움직임의 기술적 요인에 집중하거나 투자자의 감정을 예측하려고 한다. 대량 주문은 가격을 움직일 수 있는데, 이는 정보를 반영하거나 유동성 공급자가 거래의 반대쪽 포지션을 취해야 하기 때문이다. 연기금의 대량 매수 주문과 같이 대규모 주문이 시장에 나올 것을 트레이더가 예측할 수 있다면, 그들은 이러한 흐름에 앞서 거래를 할 수 있다. 즉, 주문 흐름이 가격을 상승시키기 전에 매수를 하려고 할 수 있지만, 이러한 '선행 매매'가 고객에 대한 정보를 알고 있는 브로커에 의해 행해졌다면 이는 불법이 될 수 있다. 또한 가격 역전을 이용하려는 트레이더도 있으며, 그들은 주가가 상승했을 때 주식을 공매도하여 주가가 다시 하락할 경우 수익을 거두고자 한다. 선행 매매와는 달리 이러한 거래 행동은 가격 충격을 줄이기 때문에 대규모 주문을 내는 연기금을 도와주게 된다.

일부 헤지펀드는 주식이 과대평가되었다고 생각하더라도 더 오를 것이라는 확신으로 주식을 매수한다. 일부 투자자들은 1990년대 후반의 닷컴 버블 기간 동안 이 전략이 사용됐다고 주장한다.[6] 이러한 형태의 거래는 가격 버블을 만든다. 이는 투자자가 자신이 매수하는 주식이 바보 같은 주식임을 알고 있음에도 불구하고, 더 비싼 가격으로 더 멍청한 바보에게 팔 수 있다고 생각하는 '더 멍청한 바보 이론'에 근거한다. 물론 이러한 행동이 영원히 지속될 수는 없다. 버블은 언젠가 터지게 되며, 그것이 언제일지 예측하는 것은 어렵기 때문에 위험한 전략이다.

명백한 불법 거래의 형태는 트레이더들이 주식을 매수하고 과장된 광고를 통해 가격을 올린 후 다른 사람들이 더 멍청한 바보가 되도록 강요하는 것이다. 이를 펌프 앤 덤프 pump and dump라고 한다. 이러한 가격 조작은 규제 및 증권 시장에서의 경쟁으로 인해 실행하기도 어렵고 수익성도 떨어져, 다행히 시장의 일부분에서만 존재한다.

7.7 매버릭 캐피털의 리 에인슬리와의 인터뷰

리 에인슬리는 글로벌 주식에 투자하는 매버릭 캐피털의 대표이사다. 1993년에 매버릭을 설립하기 전 에인슬리는 줄리안 로버슨이 설립한 유명한 헤지펀드인 '타이거 매니지먼트 코퍼레이션'의 전무였다. 타이거 헤지펀드 출신 중 성공한 이들을 '타이거

컵'이라 부르며, 에인슬리 역시 그 중 하나이다. 에인슬리는 버지니아 대학에서 시스템 공학 학사 학위를, 노스캐롤라이나 대학에서 경영학 석사 학위를 받았다.

Q: 어떻게 투자를 하기 시작하셨나요?
A: 버지니아에서 8학년 시절에 '고등학교 투자 클럽'의 회원이 된 이후로 주식에 매료되었습니다. 공대를 졸업한 후 경영대학원에 진학했고, 줄리안 로버트슨은 그 학교의 이사회에 있었습니다. 운이 좋게도 이사회와 함께 몇 가지 문제에 대해 일해 달라는 요청을 받았고, 그 결과 줄리안을 알게 되었죠. 우리는 가끔 주식에 대해 토론하곤 했는데, 놀랍게도 어느 날 그는 제게 타이거에서 일하는 것이 어떤지 물어보았습니다. 이것이 제가 헤지펀드 사업에 입문한 계기입니다.

Q: 좋습니다. 펀드 내에서 투자 과정은 어떻게 진행되나요?
A: 단순하게 말하자면, 우리가 투자한 모든 산업의 2년이나 3년 뒤를 내다보고, 승자와 패자를 알아내기 위해 노력하고 있습니다. 그리고 아마도 가장 중요한 것은, 우리와 시장의 관점 차이를 인식하려고 합니다.

우리는 매우 깊으면서도 철저한 투자 과정을 갖고 있습니다. 매니저당 투자 포지션 비율이 대략 4대 1인 정도로 낮고, 따라서 깊은 수준의 실사due diligence가 가능합니다. 우리의 투자 과정은 잠재적 투자 대상을 갑자기 발견한 후 조사하는 것이 아니라, 투자하고 있는 모든 산업에 대해 전략적인 견해를 끊임없이 업데이트하고 새로운 기회가 나타날 수 있는 경쟁 환경의 변화를 찾습니다.

Q: 기업을 볼 때 주로 어떤 것들을 보시나요? 예를 들어 매수를 할 때 보시는 기업의 특성이 있나요?
A: 무엇보다도, 우리는 경영진의 자질에 초점을 맞춥니다. 경영진이 주주 가치를 창출하고자 하는 욕구, 경쟁적인 추진력, 지적 능력 및 실행 능력을 평가하기 위해 우리는 열심히 노력합니다. 경영진이 가장 중요하겠죠.

둘째는 사업의 질입니다. 여기에는 현금흐름의 지속성, 성장의 동력 및 지속 가능성, 산업 내의 경쟁적 동력에 대한 철저한 이해가 포함됩니다. 진부하게 들릴지 모르겠지만, 우리는 경쟁 업체, 공급 업체 및 고객과 대화하는 데 많은 시간을 투자하고 있으며 전 세계의 각기 다른 부서 및 지역의 경영진과 교류하고 있습니다.

마지막은 가치 평가입니다. 성공적인 투자자가 되기 위한 기술 중 하나는 다양한 가치 평가 방법에 익숙해지고, 어떤 방법이 특정 상황에서 가장 적절하거나 의미 있는지를 아는 것이라고 저는 생각합니다. 매버릭이 사용하는 가장 일반적인 평가 지표는 지속 가능한 현금흐름을 기업의 가치와 비교하는 것입니다.

Q: 기업의 좋은 특징들이 이미 가격에 반영되어 있는지 어떻게 아시나요?

A: 글쎄요. 확실히 알지는 못하겠지만, 사는 사람과 파는 사람 양측과 대화를 하면서 시장의 기대치를 이해하려고 노력합니다. 종종 가치 평가 자체가 진정한 기대에 대한 통찰력을 제공하기도 합니다. 그리고 앞서 언급했듯이, 우리 관점과 시장 관점의 차이를 이해하려고 노력합니다. 10년 전만 해도, 시장의 기대치를 적절하게 이해하는 것이 꽤 간단했지만 오늘날에는 그리 간단하지 않습니다. 따라서 우리는 기업의 내재 가치에 대한 관점을 개발하는 데 많은 시간을 투자하고, 시장이 다른 기업들을 어떻게 평가하는지를 우리의 관점과 비교하거나 대조합니다.

Q: 향후 1-2년, 혹은 다음 이익 발표치를 추정하고 그러한 관점을 시장의 기대치와 비교하는 것과, 주식의 전반적인 펀더멘털 가치를 추정한 후 주식 가격과 비교하는 것 중 어떤 관점이 더 유용한가요?

A: 단기적인 기대에 대응하는 것도 확실히 중요합니다. 우리가 투자하고 있는 기업의 경우, 매 분기마다 여러 가지 주

요 지표에 대해 투자자들이 무엇을 기대하는가를 잘 이해하려고 노력하고 있습니다. 그러나 우리는 일반적으로 향후 몇 년 동안을 내다보는 데 훨씬 더 집중하고 단기적인 결과에는 신경을 덜 쓰는 편입니다. 기업의 분기별 실적을 토대로 거래하는 것은 우리가 지향하는 바가 아닙니다. 단기적인 실수를 피하기 위해서는 단기적인 결과에 대응해야 하겠지만, 장기간의 경쟁 동력이 얼마나 지속될 수 있는지를 이해하는 것이 우리가 꾸준히 성공할 수 있는 방법이라 믿습니다. 더 멀리 내다볼수록 올바른 투자 결정을 내릴 확률이 올라간다고 생각합니다.

Q: 공매도의 경우, 매수할 때의 아이디어와 반대의 것들만 보시나요? 아니면 다른 무언가도 보시나요?

A: 둘 다입니다. 저희가 공매도를 하는 투자 과정은 본질적으로 매수를 하는 과정과 반대입니다. 지속 가능하지 않은 펀더멘털, 무능한 경영진 또는 말이 안 되는 밸류에이션을 가진 기업을 찾습니다. 셋 다 가지고 있다면 가장 좋습니다! 또한 우리는 중대한 허위 사실을 말했다고 생각되는 기업을 찾아 공매도를 하기도 합니다.

Q: 매수할 시기가 언제이고, 포지션에서 빠져나올 시기가 언제인지는 어떻게 평가하나요?

A: 우리 포트폴리오가 가장 매력적이라고 판단하는 기회에 초점이 맞추는 규칙에 따라 결정됩니다. 매일 우리가 갖고 있는 각각의 포지션에서 달성할 수 있다고 생각하는 수익이 얼마인지, 수익을 달성하기 위해 얼마나 많은 위험을 감수해야 하는지, 그리고 그 위험-수익 프로파일이 우리가 가진 다른 투자 기회들과 어떻게 비교되는지를 고려합니다. 따라서 어떤 주식을 매수하거나 매도한다면, 이는 대게 현재의 투자보다 다른 투자가 더 매력적이라는 결론을 내렸기 때문입니다. 물론 현실은 이론보다 어렵겠지만, 이것이 우리의 사고방식입니다.

우리는 과거가 아니라 미래를 보는 데 집중합니다. 주식을 얼마에 샀는가 혹은 팔았는가는 현재 가격에서 해당 주식의 매력에 대한 평가와 관련이 있어서는 안 됩니다.

어떤 주식이 다른 것보다 더 이상 매력적이지 않을 때 포지션을 정리하는 이러한 접근 방식에서는, 여전히 상승 여력이 있는 주식도 종종 매도하고는 합니다. 하지만 그 투자가 더 이상 가장 매력적인 것이 아니라면, 우리는 그 자본을 다른 매력적인 주식을 사는 데 씁니다.

Q: 포트폴리오를 구성할 때 계량적 방법을 사용하시나요?
A: 펀더멘털을 지향하는 투자 회사에서는 매우 드문 일이라고 생각하지만, 우리는 매우 탄탄한 계량적 연구를 하고

있습니다. 모든 투자 결정은 주로 펀더멘털을 기반으로 이루어지지만, 계량적 연구는 여러 가지 면에서 도움이 됩니다. 포트폴리오를 구성할 때 계량적 연구는 개별 포지션의 크기 조정, 팩터 노출 및 포트폴리오의 위험과 관련된 의사 결정에 중요한 역할을 합니다.

계량적 접근 방식을 투자 프로세스에 통합함으로써 얻을 수 있었던 예상치 못한 이점 중 하나는 여러 산업과 지역에 걸쳐 매우 철저하고 일관된 체계적인 기본적 프로세스를 요구하고 가능하게 했다는 점입니다. 대부분의 계량적 작업은 투자 팀의 바텀업 리서치와 그에 따른 결과에 의존합니다. 그래서 우리는 이러한 펀더멘털이라는 입력값을 신뢰할 수 있도록 하는 조치를 취해야 한다는 것을 일찍부터 깨달았으며, 이는 우리의 전반적인 리서치 과정을 매우 향상시켰습니다. 정말 의도하지 않은 결과였죠.

Q: 시장을 이길 수 있었던 이유는 무엇이고, 그 반대편에는 누가 있었을까요?

A: 우선, 유별나게 재능 있는 투자 팀을 갖게 된 것이 행운이라고 생각합니다. 저희 투자팀은 상당히 깊이가 있고, 평균적으로 10년 이상의 투자 또는 산업 경험을 가지고 있을 만큼 경험도 매우 풍부합니다. 그중 대다수는 매버릭에서 시간을 보냈습니다. 앞서 말씀드린 1인당 4개의 투

자비율도 큰 이점이지만, 숫자로는 나타내기 힘든 각 전문가의 재능이 우리 성공에 더 중요한 요소입니다.

지수 내 비중에 대해 전혀 무관심하다는 점도 의미가 있습니다. 시장에 투자된 자금의 상당 부분은 일반적으로 주가 지수와 비슷한 가중치로 투자되고 있습니다. 매버릭에서는 특정 주식이나 섹터가 어떤 지수에서 얼마나 많은 비중을 차지하는지를 무시합니다. 우리가 신경쓰는 것은 위험과 수익에 기반한 투자의 매력입니다.

마지막으로 가장 중요한 점은, 안정성이 지난 몇 년간 우리에게 큰 이점이었다고 생각합니다. 우리는 투자팀과 투자자들의 안정성 모두에 힘입어 더 장기적인 관점에서 투자할 수 있었습니다. 우리가 관리하는 자본의 대부분은 투자자들을 위해 창출했던 수익 덕분이며, 그 자본들은 대부분 10년 이상 매버릭에 투자되어 왔습니다. 투자자들이 우리의 장기적인 관점을 공유한다고 확신하기 때문에 우리는 단기적인 성과의 움직임에는 상대적으로 무관심합니다. 마지막으로, 포트폴리오의 안정성은 매우 도움이 되었습니다. 우리는 한번 매수하면 몇년씩 보유합니다. 헤지펀드 업계에서 이 정도로 오래 주식을 보유하는 것은 이례적이며, 그 덕분에 기업들과 경영진들을 잘 알 수 있게 되었습니다. 경영진들은 단기 트레이더 보다 장기적인 파트너 역할을 하는 투자자를 더 좋게 평가합니다.

Q: 만약 시장에서 소외된 주식이 있을 경우 다른 투자자들도 이에 대해 알고 있겠지만, 그 주식으로 수익을 내기 위해서는 장기간 보유해야 한다는 점 때문에 다른 투자자들은 매수하지 않을 수도 있죠?

A: 네, 얼마만큼 먼 미래를 예상할지에 대해 우리와 다른 사람들의 차이를 비교해 보자면, 많은 헤지펀드들은 단지 한두 분기만을 내다보고 있다고 생각합니다. 우리는 장기간에 집중하기 때문에, 상대적으로 경쟁이 덜 한 환경에서 운영을 하고 있습니다. 장기적으로 보면 시장이 결국 진정한 가치를 인식하기 때문에 펀더멘털이 더 큰 역할을 하며, 단기적인 혼란은 별로 중요하지 않습니다.

Q: 워런 버핏은 매수한 주식을 영원히 보유하는 것이 좋다고 말합니다. 에인슬리 씨도 그렇게 생각하시나요?

A: 아니요. 물론 저는 워런 버핏을 매우 존경하며 그의 철학 대부분에 동의합니다. 그러나 그 말에는 동의하지 않습니다. 왜냐하면 우리의 포트폴리오는 매일매일 효과적이고 효율적으로 투자할 책임이 있기 때문입니다. 영원히 주식을 보유할 경우, 자본을 더 매력적인 용도로 사용할 수 있는 기회를 놓치게 됩니다. '나는 이 주식과 결혼했어요'라는 식의 방법은 자본을 더 매력적인 기회에 자유롭게 투자할 수 없게 만듭니다. 경영진을 존경하고 기업이 잘 될

것이라고 믿고 있더라도, 만약 더 설득력이 있는 투자를 발견했다면 우리는 그곳에 자본을 투자할 것입니다.

Q: 훌륭한 투자자가 되려면 무엇이 필요한가요? 예를 들어, 사람을 뽑을 때 무엇을 보시나요?

A: 가장 중요한 것은 진실성입니다. 우리는 20년 넘게 사업을 해 왔고, 그 기간 동안 자랑스러운 평판을 얻기 위해 열심히 일했습니다. 만약 우리 팀의 어떤 구성원이라도 비윤리적인 결정을 내린다면, 그 모든 노력은 하룻밤 사이에 날아갈 수도 있습니다. 브로커에게 전화를 걸어서 우리 의무를 다하기 위해 브로커를 믿고 수억 달러를 투자한다는 점에서, 이 산업은 매우 재밌습니다. 다른 산업도 이런 식으로 일하는지는 잘 모르겠습니다. 마찬가지로, 우리가 지속적으로 고객의 이익을 최우선으로 하고 항상 적절한 방식으로 행동할 것이라는 확신이 없으면, 투자자들은 그들의 자본을 우리에게 맡기지 않을 것입니다. 저는 몇몇 기업들이 사람들을 평가할 때 간과할 수 있는것 중 하나가 인간적인 진실성이라고 생각합니다. 왜냐하면 신입 사원조차 기업의 명성에 큰 영향을 줄 수 있는 결정을 내릴 수 있기 때문입니다.

두 번째는 헌신입니다. 이곳은 매우 경쟁이 치열한 시장입니다. 비슷한 기회를 쫓는 똑똑한 사람들이 상당히 많습니다. 결국 더 똑똑하게 일하고 더 열심히 일하는 것이 성공과 연관되어 있습니다.

우리는 창의적으로 생각하고 차별화된 관점을 개발할 수 있는 사람을 찾고 있습니다. 투자는 단순히 어떠한 과정을 따라가면 자동으로 올바른 결론에 도달하는 기술이 아닙니다. 투자에 대한 새로운 관점을 개발하거나 투자 평가를 위해 다른 각도로 생각하는 능력은 성공적인 투자자가 되기 위해 매우 중요한 요인입니다.

대인 관계 역시 중요합니다. 우리가 투자한 기업의 경영진뿐만 아니라 경쟁사, 공급사, 고객과도 좋은 관계를 발전시키는 것이 중요합니다. 대인 관계가 좋은 사람들은 상대가 원하는 만큼 솔직하지 않아도 그들과 대화를 이어나가며 그들이 하는 말을 잘 이해할 수 있습니다.

마지막으로 매우 강력한 경쟁력이 필요합니다. 이 사업에서 정말 재밌는 것 중 하나는 모두가 점수를 매기고 있다는 것을 안다는 점입니다. 우리는 자랑스러운 명성을 쌓기 위해 노력하고 있으며, 이러한 명성은 우리의 행동과 투자자에게 제공하는 성과에 의해 결정됩니다.

Q: 경력에 있어 중요했던 거래가 있었나요?
A: 우리의 법률 자문 위원은 손실을 본 거래에 대해서만 이야기하게끔 합니다. 그리 자랑스러운 기억은 아니지만, 제

경력에 있어 매우 중요했던 거래가 있죠. 1994년도에는 몇 가지 중요한 소프트웨어의 트렌드가 있었습니다. 그중 하나는 운영 체제의 사용성에서 엄청난 사건이었던 마이크로소프트 윈도우 3.1의 도입입니다. 둘째로 세가와 닌텐도 사이에 게임 플랫폼 전쟁이 있었고, 그해 말에는 소니의 플레이스테이션이 출시됨에 따라 전쟁이 더욱 격렬해졌습니다. 우리는 이 두 가지의 발전에 힘입어 PC와 게임 모두에서 소프트웨어의 판매가 상당히 촉진될 것이라고 믿었습니다. 당시 이 산업을 주름잡은 유통업체는 베비지스Babbage's와 소프트웨어Software Etc.였습니다. 이들은 주로 쇼핑몰에 기반을 둔 소프트웨어 소매점이었죠. PC와 게임 플랫폼의 성장으로 인해 이 두 기업이 흥미로운 투자를 진행할 수도 있을 것이라 생각했고, 두 기업 간의 시너지를 이해하려고 하던 중 그들은 합병을 결정했습니다. 새로운 기업의 이름은 네오스타Neo Star였습니다.

  이는 제가 주목하지 않을 수 없는 투자였습니다. 산업의 성장이라는 엄청난 기회와 더불어, 이 두 기업이 하나로 합쳐질 경우 가격 경쟁이 줄어들고, 서로 직접 경쟁하는 상점이 폐쇄되고, 더 커진 규모 덕분에 공급 업체와의 협상에서 유리한 위치를 얻을 수 있으므로 엄청난 시너지 효과가 있을 것이라 생각했습니다. 돌이켜 생각해 봐도, 여전히 그때의 판단이 맞다고 봅니다.

이런 엄청난 기회에도 불구하고, 그 기업은 2년도 안 돼 파산했습니다. 왜 파산했을까요? 앞서 저는 투자를 결정할 때 경영진을 매우 중요하게 생각한다고 얘기했습니다. 이 경우, 경영진은 누가 책임을 지고 어떤 직함을 부여받을 것인지를 둘러싸고 이기적인 싸움에 휘말렸습니다. 경영진은 놀라울 정도로 부실한 구매 결정을 내렸고, 합병으로 인한 혼란 속에서 이중 주문을 하는 실수로 인해 재고가 지나치게 많아졌습니다. 시너지를 얻는 것이 쉬웠음에도 불구하고, 매우 실망스럽게도 경영진은 그러지 못했습니다. 유지 불가능한 수준까지 부채를 사용하기도 했고요. 이에 대해 더 말할 수 있지만, 이만하면 여러분도 이해하셨을 겁니다.

매우 중요한 요소들을 바로잡았음에도 불구하고, 경영진들은 결국 부도를 통해 이 좋은 기회를 날려버렸습니다. 우리는 다행히 기업이 완전히 망가지기 전에 매도했지만, 아픈 기억이 될 만큼 꽤나 손해를 보았습니다. 이 덕분에 주식을 평가할 때는 단지 시대의 유행과 수치상으로 좋아 보이는 것을 이해하는 것보다 훨씬 더 많은 것이 있다는 교훈을 얻었습니다. 경영진의 능력과 결정은 다른 모든 고려 사항들을 능가하기도 합니다.

Q: 주요 펀드에서 공매도보다는 매수를 더 하는 경향이 있고

시간에 따라 순 노출도를 변화시키시는데요, 투자의 타이밍을 결정하는 것에 대해 어떻게 생각하시나요?

A: 우리의 각기 다른 롱-숏 펀드들은 총노출도와 순 노출도가 다르고, 이에 따라 위험-수익 프로파일도 다릅니다. 일반적으로 우리 대표 펀드의 목표 순 노출도는 45% 정도입니다.

순 노출도는 시간에 따라 변하지만, 대략 30%와 60% 사이입니다. 이런 노출도의 변화는 롱-숏 포트폴리오의 상대적 매력을 어떻게 생각하느냐에 따라 결정됩니다. 거시경제의 요소를 이해하고 시장의 위험을 고려하기 위해 많은 시간을 투자하지만, 그런 것들은 노출도에 일부 영향만 미칩니다. 순 노출도 변화의 범위가 좁기 때문에, 시장 타이밍 결정이 성과에 큰 영향을 미치지는 않습니다.

이는 매우 의도적입니다. 꾸준하게 성공적으로 시장 타이밍을 잡는 것은 매우 어렵습니다. 매버릭의 핵심 펀드는 시장이나 산업과 같은 거시적인 요소가 큰 영향을 미치지 않도록, 우리가 투자하는 모든 지역과 산업 내에서 매수와 공매도의 균형을 유지하도록 설계되었습니다. 실제로 우리의 성공 혹은 부족한 면은 증권 선택을 통한 알파를 창출하는 능력에 달려있습니다. 다시 말하지만, 이는 우리가 가장 자신 있는 기술이기 때문입니다.

8

공매도 전문 투자

머피의 법칙이 우리를 위해 작동하는 것이 좋다.

- 제임스 차노스

대부분의 주식 투자자는 주식을 매수하는 데 주력하는 반면, 일부 헤지펀드 매니저들은 공매도에 초점을 맞춘다. 공매도 전문 매니저들은 매수보다 공매도를 더 많이 하지만, 그들 역시 펀더멘털 분석 등 다른 주식 투자자와 동일한 기술을 이용한다.

공매도에 초점을 맞출 경우 매니저는 기업이 가질 수 있는 모든 잠재적인 문제에 집중하게 된다. 증권거래위원회에 제출한 서류에서 과장된 수익, 공격적인 회계 방법 및 이해할 수 없는 재무제표가 있는 주식을 찾는다. 잠재적인 '위장 은폐'의 징후를 발견했을 때, 실제로 일어나고 있는 일에 대해 더 깊이 파고들려고 한다. 또한 기업이 명백하게 사기를 치는지 여부도 조사하려고 한다.

공매도 전문 매니저는 이러한 잘못된 행동을 하는 기업 외에도 사업 계획에 근본적인 결함이 있는 회사를 찾는다. 이를테면 흥미로운 기술을 가지고는 있지만, 아이폰이 출시되었을 때 노키아와 블랙베리 그랬듯, 그러한 기술이 더 이상 수익을 낼 수 없거나 쓸모없어질 수 있다. 그들은 또한 과도한 신용으로 인해 문제가 생길 것 같은 기업을 찾기도 한다.

공매도는 여러 가지 이유로 주식을 매수하는 것보다 훨씬 어렵다. 이러한 이유로 인해 공매도 투자자는 특별한 명성을 가지고 있다.

공매도 투자자는 이상한 사람들이다. 대부분은 야심차고, 추진력이 있으며, 사교적이지 않은 외골수다. 개인으로 봤을 때는 롤렉스 시계를 차거나, 스프링거 스패니얼을 키우거나, 성공의 상징인 무언가를 소유하는 경우가 거의 없다. 약간 비뚤어진 유머 감각을 가지고 있다. 단체로 보았을 때는 부딪히는 것을 좋아하며, 큰 역경을 딛고 승리하는 것을 좋아한다. 무언가 꿍꿍이가 있고 불만이 있다. 일반 사람과 마찬가지로, 백치인 사람도 있고 그렇지 않은 사람도 있다. 그러나 다른 대부분의 사람보다 더 똑똑하고 독립적이다. 일반적인 생각과는 달리, 무리를 만들지 않고 주식을 무분별하게 공격하지 않는다. 보통 비밀스럽고 약간 편집증적이다. 또한 종종 월스트리트의 비즈니스 리더와 아이콘에게 불손한 태도를 취한다.

— 『공매도의 기술 The Art of Short Selling』

8.1 공매도는 어떻게 이루어지고 왜 어려운가?

IBM 주식을 100주 매수한다는 것이 무슨 뜻인지는 누구나 안다. 그런데 100주를 공매도한다는 것은 무슨 뜻인가? 간략하게 말하면 마이너스 100주를 소유한다는 뜻이다. 공매도는 주식 매수와 반대로, 주식의 가격이 떨어지는 데 베팅한다. 따라서, IBM 주식이 10% 오른다면 해당 주식을 매수한 투자자는 10% 수익을 얻지만, 이를 공매도한 트레이더는 10% 손실을 본다. 반대로, IBM 주식이 10% 하락한다면 이를 매수한 투자자는 10% 손해를 보지만, 주식을 공매도한 트레이더는 10% 수익을 얻는다.

실무에서 공매도는 다음과 같이 이루어진다. 피델리티가 IBM 주식을 보유하고 있고, 숏캐피털 Short Capital 이라는 가상의 헤지펀드가 이 주식을 공매도하고자 하는 경우를 생각해 보자. 이 경우 숏캐피털은 브로커를 통해 다음날 주식을 돌려주기로 약속한 후 피델리티로부터 해당 주식을 빌려 주당 100달러에 매도한다. 다음날, 주식이 98달러로 떨어지게 되면, 숏캐피털은 해당 주식을 다시 매수한 후 피델리티에 돌려준다. 이 예에서 숏캐피털은 IBM 주식의 하락으로 인해 2달러의 수익을 얻게 되었다. 피델리티의 경우 주식을 빌려주지 않는 것과 비교해서 더 나빠진 것도 없으며, 오히려 대여를 통한 수수료를 받을 수 있다.

위의 설명에는 중요한 디테일 몇 가지가 빠져 있다. 우선, 숏캐피털이 IBM 주식을 매도했을 때의 100달러를 본인들이 가질 수 없다. 즉, 숏캐피털은 다른 거래에 이 돈을 사용할 수 없다. 브로커에게 이 돈을 남겨두어야 하며, 오히려 추가로 증거금을 납부해야 한다. 따라서 공매도 역시 자본이 든다. 이렇게 하는 이유는 대여자인 피델리티가 주식을 되돌려 받을 수 있을 것이라는 보장을 받기 위해서다. 따라서 피델리티는 주식을 빌려줄 때 그 대가로 현금 담보를 받는다. 만일 주식을 빌려간 사람이 이를 갚지 않을 경우, 피델리티는 현금 담보를 이용해 다시 주식을 사면 된다. 만일 주가가 오르는 상황에서도 다시 주식을 살 수 있도록 피델리티는 IBM의 처음 주가보다 높은 현금 담보를 받으며, 이는 숏캐피털이 추가로 납부하는 증거금에 해당한다.

숏캐피털이 IBM 주식을 돌려줄 때, 피델리티는 담보로 받은 현금과 리베이트 금리에 해당하는 이자를 주어야 한다. 만일 리베이트 금리가 화폐 시장 이자율보다 낮다면, 피델리티는 담보로 받은 현금을 지불해야하는 금리보다 더 높은 이자율에 투자할 수 있으므로 프리미엄을 얻는다. 이처럼 낮은 이자율은 '대여 수수료' 혹은 수수료로, 숏캐피털의 암묵적 비용이다. 공매도는 이러한 대여 수수료가 존재하므로 단순히 주식을 매수하는 것과 반대라 말할 수는 없다. 그러나 미국 주식의 90%가량은 이 연간 대여 수수료가 0.10-0.20%로 매우 저렴하다. 나머지 10%는 빌리기 어려운 주식이며, 연간 대여 수수료가 1%에서 50%까지 비싼 편이다.[1]

대여한 주식은 다시 대여해 줄 수 있으므로 원칙적으로 대여 가능한 주식의 수가 무한하며, 따라서 대여 수수료는 보통 0에 가깝다. 결과적으로 차입주 잔주short interest[†]가 발행 주식 수보다 많을 수도 있지만, 그런 일은 주식 시장에서 거의 발생하지는 않는다(미국 채권 시장에서는 종종 발생하기도 한다). 숏캐피털이 피델리티로부터 주식을 빌린 후 시장에 매도한 경우를 생각해 보자. 뱅가드의 공모펀드가 해당 주식을 매수할 경우, 그들은 또 다른 헤지펀드에게 주식을 빌려주고 이는 다시 공매도에 이용될 수 있다. 그러면 누군가가 그 주식을 또 매수할 것이며 이는 계속해서 반복된다. 동일한 주식이 몇 번 대여되었든 그 주식의 보유자는 항상 누군가에게 다시 빌려줄 수 있다. 만약 모든 사람들이 주식 대여를 통해 대여 수수료를 벌고 싶어 한다면 특별한 마찰이 없는 한 대여 수수료는 0에 가깝다. 하지만 모든 투자자가 주식을 빌려주는 것은 아니며, 이 과정에서 상당한 탐색 마찰[‡]이 발생할 수 있어 대여 수수료는 0이 아니게 된다.[2]

---

† 주식을 빌린 채 상환되지 않은 주식의 총수.
‡ 수요자와 공급자가 서로를 탐색하는 과정에서 원하는 바가 일치하지 않는 현상.

공매도가 언제나 가능한 것은 아니다. 먼저, 일부 국가에서는 공매도가 금지되기도 하고, 일정 기간 동안 특정 주식에 한해 공매도가 금지되기도 한다. 예를 들어 금융위기동안 많은 국가에서 금융주를 공매도 하는 것이 금지되었다. 공매도가 합법일지라도, 주식을 빌려줄 누군가를 찾아야 한다. 일반적으로 대여자를 찾는 것이 항상 가능한 것이 아니며, 특히 공매자가 공매도를 하고 싶을 때 대여자를 찾는것은 특히나 어렵다. 주식 대여 시장은 공급과 수요에 의해 결정되므로, 주식을 빌리려는 수요가 공급보다 많을 경우 대여 수수료는 상승하며, 이에 따라 주식을 빌리기가 더욱 어려워진다.

빌릴 주식을 찾기가 어려운 또 다른 이유는 공매도가 '상환 위험'을 갖고 있기 때문이다. 실제로 공매자는 며칠, 몇 주 또는 몇 달 동안 공매도 포지션을 유지하고 싶어 한다. 이를 위해 하루 동안 주식을 빌린 후 대여를 롤오버하는 경우가 많으며, 이는 시가 평가 후 대여자와 계약을 연장한다는 뜻이다. 경우에 따라서는 1주일 정도씩 장기로 주식을 빌리는 텀론term loan 계약을 맺기도 한다. 어쨌든 공매자는 주가가 아직 하락하지 않았거나 심지어 상승했을 경우 대여에 대한 만기가 다가와도 공매도 포지션을 유지하고 싶어한다. 만일 이때 주식 대여를 연장하지 못하고 다른 대여자를 찾을 수 없다면 공매자는 위험을 떠안게 된다. 이러한 경우 주식 대여자는 상환을 요구하며, 공매자는 상환 위험에 처한다. 만일 공매자가 주식을 상환하지 않을 경우, 대여자는 현금 증거금을 통해 주식을 매수하면 된다.

공매자가 공매도 포지션을 종료해야 할 경우 주식을 다시 사들여야 하며, 많은 공매자가 동시에 이러한 행동을 하여 주가가 상승하게 되는 현상을 '숏 스퀴즈short squeeze'라 한다. 숏 스퀴즈로 인해 다음과 같은 현상이 되풀이된다. 먼저 매수세로 인해 주가는 상승하며, 이로 인한 마진 콜로 인해 다른 공매자들이 포지션을 종료해야 하며, 다시 주가는 상승하고 또 다른 마진 콜이 발생한다.

주가가 상승할 때 공매자가 마진 콜을 당하는 데는 크게 두가지 이유가 있다. 먼저, 그들의 포지션은 매일 시가평가를 하기 때문에, 만일 주식이 100 달러에서 105 달러로 상승할 경우 공매도 한 주식수 당 5 달러를 추가로 납입해야 한다. 둘째로 주가가 상승할 경우 포지션의 액면가가 증가하게 되며, 일반적으로 증거금은 액면가에 일정한 비율만큼 납부해야 하므로 더 많은 증거금을 납부해야 한다. 예를 들어, 증거금이 20%일 경우, 앞선 예제에서의 증거금은 20달러에서 21달러로 상승하게 된다. 이와 반대로 레버리지를 사용해 매수를 한 투자자의 경우 주가가 하락하면 포지션의 사이즈가 줄어들며, 시가 평가를 통해 손실만큼의 증거금을 납부해야 한다. 그러나 요구되는 증거금은 오히려 감소한다.

공매도가 어려운 데는 이러한 기술적인 이유만 있지는 않다. 대부분의 사람들이 이해하기에 쉽지 않고, 주식 프리미엄으로 인해 일반적으로 하락보다 상승하는 경우가 많은 주식에 오히려 반대로 투자하기 때문이다. 예를 들어, 전체 시장보다 상승 폭이 낮은 주식을 공매도하는 것은 원칙적으로는 성공적인 거래지만, 그렇지 않을 수도 있다. 즉, 헤지가 되어 있는 상태라면 시장 대비 알파를 창출하여 돈을 벌수 있지만, 그렇지 않다면 돈을 잃게 된다.

요컨대, 공매도는 대여 가능한 주식을 찾아야 하고, 증거금을 납입해야 하며, 대여 수수료도 연관되어 있으며, 상환 위험과 자금 조달 유동성 위험을 키우기 때문에 실행하기 어려울 수 있다.

8.2 공매도에 대한 마찰과 이로 인한 기업의 고평가

공매도 전문 매니저들은 수익을 얻기 위해 고평가된 기업을 공매도한다. 만약 공매자들이 위에서 논의된 모든 비용과 위험 없이 거래를 할 수 있다면, 시장의 가격은 비관론자들과 낙관론자들의 관점을 통합하여 더 많은 정보를 반영할 것이다. 하지만 공매도를 하는 데는 여러 어려움이 있기 때문에 부정적인 견해를 반영하기가 더 어려우며, 주식이 고평가될 가능성은 언제나 존재한다.

공매도의 마찰에 따른 영향을 이해하기 위해, 하나의 주식에 대해 사람들의 의견이 서로 다른 경우를 생각해 보자. 어떤 이는 매우 낙관적이며 다른 이는 매우 비관적이다. 만일 공매도를 하는 것이 어렵다면, 비관론자들은 단순히 해당 주식에 대한 어떤 포지션도 가져가지 않고, 다른 주식에 투자를 할 것이다. 낙관주의자들은 주식을 사들여 가격을 끌어올릴 것이다. 그 결과 주가는 기업의 펀더멘털에 대한 평균적인 견해에 비해 너무 높게 올라갈 수 있다. 게다가 지나치게 높은 현재 주가로 인해 미래의 수익률은 낮아진다.

 이러한 주가의 과대평가 과정은 투자자들이 기업의 펀더멘털에 집중하기보다 다른 투자자들의 향후 전망에 대한 투기에 반응할 때 증폭될 수 있다. 투자자들이 다른 사람들이 어떠한 전망을 할지에 대해서 예측하는 현상을 '케인스의 미인 대회'라 불리며, 그 이유는 다음과 같다.

 전문적인 투자는 100장의 얼굴 사진을 제시하고, 시합 참가자로 하여금 그 가운데 얼굴이 예쁜 순서로 6장씩 골라내게 한 다음, 전체 참가자의 평균적인 선호에 가장 가깝게 부합하는 선택을 한 참가자에게 상금을 주는 신문 지상의 시합과 같다고 할 수 있다. 이런 시합에서 참가자들은 자기가 볼 때 가장 예쁜 얼굴을 골라내기보다 자기가 생각하기에 다른 참가자들의 마음에 들 가능성이 가장 높은 얼굴을 골라내야 한다. 참가자들은 모두 똑같은 관점에서 주어진 문제를 바라본다. 그것은 최선의 판단을 통해 정말로 가장 예쁜 얼굴을 골라내는 상황도 아니고, 평균적인 견해를 가진 사람이 진심으로 가장 예쁘다고 생각하는 얼굴을 골라내는 상황도 아니다. 우리는 평균적인 견해가 어떻게 될 것인지를 예측하는 데 우리의 지능을 집중해야 하는 세 번째 단계에 도달해 있다. 네 번째 단계, 다섯 번째 단계, 또는 이보다 더 높은 단계의 예측을 하기 위해 머리를 굴리는 사람들도 일부 있다고 믿는다.

-『고용, 이자 및 화폐의 일반 이론』

이 말은 투자자들이 주식의 장기적인 내재 가치보다는, 내일 매수자들의 의견으로 인해 내일의 주가가 어떻게 될 것인지에 초점을 맞추고 있다는 뜻이다. 미래의 매수자들도 언젠가는 매도를 해야 하므로 펀더멘털에 주의를 기울이게 되고, 그들의 의견에 집중하는 것이 결국 효율적인 시장으로 이어질 수 있다. 그러나 케인스가 말하고자 하는 바는 투자자들이 펀더멘털을 무시하고 단순히 다른 사람들이 더 높은 가격에 사줄 것이라는 생각에서 주식을 매수할 때 주가가 정상적인 범위를 벗어날 수 있다는 것이다. 이러한 과정은 바보가 더 멍청한 바보에게 주식을 매도할 수 있는 한 계속 반복되지만, 언젠가는 주식이 펀더멘털로 돌아옴에 따라 끝나게 된다. 구체적인 예를 보자.

투기적 버블의 예

매크로 환경에 따라 좌우되는 경기 민감주 A가 있다고 가정하

자. 모든 투자자들은 내년에 호황이나 불황이 될 가능성이 동일하다고 본다. 이 경우 주식 A가 얼마나 경기에 민감한지에 따라 다른 관점을 가지는 두 종류의 투자자가 있다. 첫 번째 투자자는 기업의 가치가 불황일 경우에는 80, 호황일 경우에는 120이라 생각한다. 미래의 확률이 동일하므로 위험 프리미엄을 무시할 경우 주식의 가치는 100이 된다.

두 번째 투자자는 주식이 좀 더 경기에 민감하다고 생각한다. 그들은 기업의 가치가 불황일 경우에는 60, 호황일 경우에는 140이라 생각하며, 이 역시 확률이 동일하므로 주식의 가치는 100이 된다.

공매도가 불가능하고 주가가 항상 낙관론자에 의해 결정된다고 생각해 보자. 현재 주가는 얼마가 되는가? 모든 투자자가 내재 가치가 100이라는 것에 동의하므로, 이 값이 가장 알맞은 추측일 것이다. 그러나 내년에 가격이 얼마가 될지 생각해 보자.

불황이 올 경우, 첫 번째 투자자는 기업에 대해 좀 더 낙관적일 것이다. 그들이 주식을 매수하여 주가는 80이 될 것이다. 호황일 경우, 두번째 투자자가 좀 더 낙관적이며 주가는 140이 될 것이다. 불황과 호황의 확률이 같으므로, 현재 주가는 (80+140)/2=110이 될 것이다. 즉, 모든 투자자들은 모두가 동의한 가치인 100보다 비싼 가격인 110을 기꺼이 지불할 것이다. 예를 들어, 첫번째 투자자의 경우 불황이 오면 주가가 80이 될 것이라 생각하며, 호황이 오면 두번째 투자자에게 본인의 기준에서는 비싼 가격인 140에 팔 수 있을 거라 생각한다. 두 투자자들 모두 어떠한 상황에서도 더 큰 바보에게 주식을 팔 것으로 기대한다. 위 예에서 투기적 버블은 10%였지만, 1년이 아니라 더 긴 기간을 고려할 경우 이는 더 커질 수 있으며, 투자자들은 타인의 전망을 더욱 예상하려고 할 것이다.[3]

대여 수수료와 주식의 가치 평가

위의 예에서는 공매도가 불가능하고 투기적 행위를 하는 것으로 인해 주식이 과대평가되었다. 현실에서는 대부분 국가에서 공매도가 가능하지만, 공매도와 관련된 비용과 마찰들이 존재한다. 공매도는 주식에 대한 추가적 공급을 늘려, 버블을 줄이는 역할을 하기도 한다.

그러나 공매도 비용으로 인해 놀라운 효과가 일어나기도 한다. 공매자가 주식을 빌리는 비용은 낙관론자가 본인의 주식을 빌려주고 얻는 수익이 된다. 따라서 해당 주식의 소유주는 주식 대여에 의한 수익을 고려하여 더 비싼 금액을 지불하고서라도 주식을 매수하려 할 것이다. 즉, 대여 수수료로 인한 수익으로 주가가 상승할 수도 있으며, 높은 주가는 공매자가 대여 수수료를 지불하고도 공매도를 할 동기를 준다. 즉, 특정 주식에 대한 의견 차이가 벌어지면 차입주 잔주는 쌓이게 되고 주가와 대여 수수료가 갑자기 높아질 수 있지만, 공매도에 대한 수요가 충족되고 가격이 펀더멘털로 돌아감에 따라 대여 수수료 역시 떨

어지게 된다.[4]

공매도가 많이 된 주식의 수익률에 대한 분석

주식이 고평가되어 공매도에 대한 수요가 증가하는 경우 향후 낮은 수익률로 연결된다는 증거가 있다. 차입주 잔주가 많은 주식, 즉 현재 공매도가 많이 된 주식은 향후 수익률이 낮다.[5] 또한 대여 수수료가 높은 주식은 향후 수익률이 낮으며, 특히 공매도의 수요 증가로 인해 대여 수수료가 높은 경우 그러한 현상은 더욱 심해진다. 공매도 수요가 증가하는 주식은 다음달에 지수 대비 -3%의 비정상적 수익을 보이며, 이는 공매자가 고평가된 주식을 식별해 가격 하락을 예측할 수 있다는 말과 연결된다.[6]

또한 공매자들이 기업의 잘못된 행동을 발견할 수 있다는 증거도 있다. 예를 들어, 이익 조작에 따른 증권거래위원회의 강제조치와 이에 따른 주주 소송과 같이, 기업의 펀더멘털에 부정적인 영향을 미치는 사건이 발생할 즈음에 차입주 잔주가 상승하는 경향이 있다.[7]

8.3 기업 vs 공매자: 공매도는 선인가 악인가?

경영진은 본인 기업의 주식이 공매도되지 않기를 바란다. 공매도를 불신임 투표라 여기며, 공매도로 인해 주가가 떨어지는 것을 두려워한다. 경영진은 공매도에 맞서기 위해 여러 시도를 한다. 예를 들어, 공매도를 어렵게 하기 위해 주식 분할 혹은 무상 증자를 하거나, 주주들과 협력하여 주식을 대차해 주지 않기도 한다. 때때로 공매자들을 범죄로 고발하거나, 소송을 제기하거나, 당국에 그들의 활동을 조사해 줄 것을 요청하기도 한다.

실제로 2008년 리먼 브라더스가 파산하기 전에 문제의 전모를 은폐했다고 그린라이트 캐피털 헤지펀드를 운영하는 데이비드 아인혼이 비난했을 때, 리먼은 이에 반론을 제기했다.[8]

> 지난 몇 주 동안, 리먼은 공매도에 대해 불평했다. 경영진이 이런 행동을 한다는 것은 심각한 문제로부터 투자자들의 주의를 돌리려고 하고 있다는 신호다.
>
> - 데이비드 아인혼

정책 입안자와 일반 대중 역시 때로는 공매자와 싸우고 싶어 한다.

정책 입안자와 대중은 본능적으로 공매도가 도덕적으로 잘못된 것이라는 반응을 보인다. 공매도는 마치 비인간적이고, 반反 미국적이며, 신을 거스르는 것으로 규정된다. 잠언 24:17에는 "네 원수가 넘어질 때에 즐거워하지 말며 그가 엎드러질 때 마음에 기뻐하지 말라"고 한다. 공매도에 대한 적대감은 미국에만 국한되지 않는다. 1995년 말레이시아 재무부는 공매도에 대한 처벌로 태형을 제안하기도 했다.

- 라몬트

라몬트는 1989년에 열린 미 의회의 공매도 문제에 대한 청문회 자료를 제시했으며, 청문회에서 한 대표는 공매도를 '노골적인 폭력 행위'라고 묘사했다. 그러나 청문회에서 증권거래위원회의 관계자는 다음과 같이 증언했다.

불법 공매도 혐의에 대해 우리가 받는 많은 불만 사항들은, 증권법 혹은 다른 법률의 위반이 의심되어 위원회나 다른 곳에서 조사를 받고 있는 기업과 임원들로부터 제기되는 경우가 많았다.

- 케첨과 스터르크(1989)

청문회에서 세 기업의 관계자들은 공매자에게 불리한 증언을 했으며, 역설적으로 그들의 증언은 증권거래위원회 관계자의 발언에 힘을 실어 주었다. 실제로 그들의 증언이 있은 후 셋 중 두 기업의 대표는 사기죄로 기소되었다. 세 번째 기업의 경우 그 기업의 재무제표가 허위이거나, 오해의 소지가 있지만 기소하기에는 불충분하다고 증권거래위원회는 판단했다.

많은 사람들이 공매도에 상당한 이점이 있다는 사실을 잊고 있다. 우선, 공매도는 시장에서 긍정적인 의견과 부정적인 의견을 모두 표현할 수 있게 함으로써 시장을 더 효율적으로 만든다. 당신의 할머니가 주식을 살 때, 악의적인 기업이 판매하는 쓸모없는 종이를 사지 않도록 누가 지켜주는가? 그녀가 지불하는 가격이 주식의 가치에 대한 일반적인 견해와 부합하는지 누가 도와주겠는가? 이것이 바로 효율적인 시장이 보장해야 할 부분이지만, 시장은 그 자체로 효율적이 되지는 않는다. 투자자들은 긍정적이거나 부정적인 의견을 교환할 수 있어야 한다.

> 자유 시장의 이점을 즐기기 위해서는 매수자와 매도자, 그리고 긍정론자와 비관론자가 모두 있어야 한다. 비관론자가 없는 시장은 자유 언론이 없는 나라와 같다. 비관론자가 없다면 재앙으로 이어지는 잘못된 낙관론을 비판하고 억제할 사람이 없다.
> - 버나드 바루크, 1917년 하원 규칙위원회에서의 증언

게다가 공매도에는 다른 이점도 존재한다. 헤지를 할 수 있게 해 주며, 시장에 유동성을 공급해주고 투자자들의 거래 비용을 낮춰준다. 공매도는 주식의 회전율을 높여 시장 가격을 더 유익하고 유동적으로 만든다. 그리고 시장 조성자가 위험을 헤지하면서 매수와 매도 양쪽에 유동성을 공급할 수 있도록 해 준다.

이런 순기능들이 있기 큰 틀에서는 공매도를 허용하는 것이

더 옳은 결정이다. 그러나 이것이 공매도가 결코 잘못된 행동으로 이어지지 않는다는 것을 의미할까? 물론 아니다. 만일 공매자가 시장을 조작하려 한다면 이것은 명백히 잘못된 행동이며 불법이다. 그러나 공매도뿐만 아니라 트레이더들이 매수를 할 때도 펌프 앤 덤프 등을 통해 가격을 조작하는 것은 잘못된 행위이며 불법이다.

규제를 해야 한다는 목소리가 나오는 이유 중 하나는 주가를 내리기 위해 공매도를 하여 낮아진 주가로 인해 기업이 파산할 수 있다는 점이다. 즉, 공매도로 인해 좋은 기업이 파산할 수 있다. 예를 들어 주가가 낮으면 기업은 주식을 새로 발행하거나 돈을 빌리기 힘들어진다. 이러한 문제는 특히 은행주와 관련이 있는데, 공매도로 인해 주가가 낮아지면 예금 인출 소동이 벌어져 결과적으로 실제로 은행에 문제가 발생하게 된다. 이러한 메커니즘이 어느 정도 연관이 있을 수는 있지만 그 증거는 거의 없으며, 여러 국가에서 심각한 위기 기간 동안 금융주에 대한 공매도가 금지될 뿐이었다. 그럼에도 불구하고 이러한 이야기는 공매도를 비난할 때 사용되었다.

일부 주식 투자자들은 또한 공매자에게 화를 내며 주식을 빌려주지 않기로 결정할 수도 있지만, 이러한 결정은 가끔 비이성적이다. 투자자가 그의 주식을 공매자에게 빌려주어 시장에서 매도가 된다면 가격이 하락할 수도 있지만, 다시 대여자에게 돌려주기 위해서는 재매수를 해야 하며 이로 인해 가격은 상승한다. 따라서 장기 투자자에게 있어 공매도는 기껏해야 일시적으로만 효과가 있으므로 공매도가 주가를 낮춘다고 말할 수 없다. 또한 주식에 대한 부정적인 정보는 언젠가는 밝혀지기 때문에 공매자들로 인해 부정적인 정보가 발견된다는 것은 말이 되지 않으며, 주식의 가치를 위해서는 경영진의 잘못된 행동을 늦게 발견하기보다는 조기에 멈추는 것이 좋다. 만일 투자자가 생각하기에 공매자가 옳다면, 주식을 보유하면서 대여해 주지 않는 것이 아니라 매도를 해야 한다. 또한 주식을 대여해 주지 않으면 대여 수수료도 벌 수가 없게 된다.

결론적으로, 공매자들은 시장을 효율적으로 만들고 관습에 반하고, 기업과 주식 애널리스트의 낙관적인 의견에 반하며, 주식 프리미엄에 맞서는 데다 대여 수수료라는 어려움까지 있다. 그들은 가격 발견에 기여하고 사회가 가장 생산적인 기업에 자본을 할당하도록 돕는다.

8.4 엔론 사례 분석

엔론은 매우 성공한 에너지 및 원자재 기업이었으며, 1996년부터 2000년까지 매해 포춘지가 선정한 '미국의 가장 혁신적인 기업'이었다. 엔론의 직원은 약 2만명이었으며, 2001년 초 시가총액은 수익의 약 70배에 해당하는 600억 달러였다. 하지만 2001년 12월 2일 엔론의 파산은 큰 물의를 일으켰다. 이 스캔들을 엔론사의 감사인 아더 안데르센이 적발하지 못했으며, 그로 인해 결국 세계 5대 회계법인 가운데 한 곳이 해체되었다. 공매자인 제임스 차노스는 엔론의 문제를 일찍이 제기한 것으로 유명해졌다. 먼저 그가 2003년 5월 15일 미국 증권거래위원회 성명에서 발표한 내용을 살펴보며, 아래의 인터뷰에서 더 많은 이야기를 들어보자.

저와 엔론과의 관계는 정상적으로 시작되었습니다. 2000년 10월, 한 친구가 저에게 텍사스『월스트리트 저널』에 에너지 거래 기업의 회계 관행에 관한 흥미로운 기사가 실렸는데 봤냐고 물었습니다. 조나단 웨일이 쓴 이 기사는 엔론을 포함한 많은 기업들이 장기적인 에너지 거래에서 '게인 온 세일Gain-on-Sale' 회계 기법을 사용했다고 지적했습니다. 이러한 회계 기법은 기업이 오늘 이루어진 거래의 미래 수익성을 추정할 수 있도록 하며, 미래에 대한 추정을 현재의 이익으로 장부에 기입하는 것이 가능합니다.

경험적으로 볼 때, 이러한 회계 기법을 도입한 기업의 경영진은 미래를 지나치게 낙관적으로 가정하려는 유혹이 너무 커서 무시하기 쉽지 않습니다. 이런 점이 엔론과 다른 에너지 거래 기업들에 대한 호기심을 자극했습니다. 경영진이 유리한 가설을 사용하기만 하면 '이익'은 얼마든지 만들어낼 수 있으니까요. 그러나 미래의 가정이 현실화되지 않으면, 미리 잡아두었던 '이익'을 하향 조정해야 합니다. 종종 그랬듯이, 이런 상황이 발생하면 게인 온 세일 회계 처리에 전적으로 의존하는 기업들은 하향 조정을 상쇄하기 위해 더 크고 즉각적인 '이익'을 창출할 수 있는 새로운 거래를 할 것입니다. 일단 기업이 이러한 회계 기법을 택했다면, 이를 그만하는 것은 매우 어렵습니다.

저희 회사가 첫 번째로 분석한 엔론의 문서는 1999년 증권거래위원회에 제출한 10-K 문서입니다. 당장 충격이었던 것은 게인 온 세일 방식을 사용했음에도 불구하고, 엔론의 세전 자본 수익률이 7%에 불과했다는 점입니다. 즉, 1달러의 자본 당 약 7센트를 벌어들였다는 의미입니다. 이는 두 가지 관점에서 중요합니다.

우선 엔론을 '에너지 헤지펀드'와 비슷한 트레이딩 회사로 보았습니다. 시장 지배력과 회계 방법을 고려할 때 이러한 유형의 기업이 7%의 자본 수익을 내는 것은 매우 낮아 보였습니다. 둘째, 엔론의 자본 비용은 7%를 초과하고 아마도 9%에 가까울 것 같다는 것이 우리 견해였습니다. 이는 경제적인 관점에서 볼 때, 엔론이 주주들에게는 '수익'을 보고했음에도 불구하고 실제로는 돈을 전혀 벌지 못하고 있다는 것을 의미합니다. 엔론의 자본 비용과 투자 수익의 불일치 때문에 우리는 엔론을 부정적으로 보았고,

2000년 11월 엔론 주식을 공매도하기 시작했습니다.

또한 1999년 증권거래위원회에 제출한 10-K 문서와 2000년 3, 6, 9월 분기별 10-Q 문서에 기술된 각종 '이해관계자 간의 거래'와 이에 대한 엔론사의 난해한 설명도 걱정되었습니다. 우리는 재무제표에서 이러한 거래에 대한 각주를 반복해서 읽었지만 엔론의 전반적인 재정 상태에 어떤 영향을 미쳤는지 판단할 수 없었습니다. 그러나 엔론이 모회사와의 거래 목적으로 이러한 조직을 설립하고, 경영자가 이를 경영하고 있다는 사실이 이상해 보였습니다. 또 다른 충격적인 사실은 기업의 고위 경영진이 엔론의 주식을 대량으로 매도한 것입니다. 주식을 매도한 것 자체를 비난할 수는 없지만, 그런 행위는 엔론의 다른 재정적인 우려와 함께 우리의 확신을 더욱 강하게 만들어 주었습니다.

마지막으로, 엔론과 그 지지자들이 2000년 말에 통신, 특히 브로드밴드 사업 계획을 자랑하는 것이 당황스러웠습니다. 엔론은 브로드밴드라는 거대하고 미개척인 시장에 대해 웅변조로 말했으며, 이러한 기회의 현재 가치는 주당 20~30달러일 수 있다고 애널리스트들에게 말했습니다. 그 주장이 약간 당황스러웠던 이유는, 우리 포트폴리오에는 통신 및 브로드밴드 산업의 공급 과잉으로 인한 공매도 아이디어가 많았기 때문입니다. 2000년 후반에 이러 이 산업의 주식들은 급격하게 떨어졌지만, 엔론 경영진은 이 사실을 잊은 듯했습니다. 또한 통신 용량과 서비스의 가격 책정 시장이 하락하고 있음에도 불구하고, 엔론은 여전히 이러한 시장을 통해 기업 가치 상승을 기대하고 있었으며, 이는 분명 불길한 징조였습니다.

2001년 1월부터 우리는 월스트리트의 여러 애널리스트와 함께 엔론과 엔론의 가치에 대해 논의했습니다. 그중 많은 사람들이 엔론을 분석할 방법이 없고, 엔론에 투자하는 것은 그저 '믿음'이라는 것을 인정했다는 점에서 충격을 받았습니다. 한 애널리스트는 엔론의 이익이 '블랙박스'라고 인정하면서도, 엔론이 그렇게 말하는 이상 누구에게 따질 수 있겠냐고 말했습니다.

2001년 봄, 엔론의 많은 고위 임원들이 기업을 떠난다는 소식을 들었습니다. 게다가 엔론 내부자의 주식 매도는 꺾이지 않고 계속됐습니다. 마지막으로 2000년 10-K 문서와 2001년 3월 10-Q 문서를 분석하니 수익을 증가시키기 위한 일회성 이익뿐만 아니라 낮은 자본 수익률이 지속되었습니다. 이 분석에 따르면 엔론은 이해 관계자 간 거래를 계속하고 있고, 이에 대한 추가 설명을 제공하긴 했지만, 그럼에도 이해하기 힘들었습니다. 이를 통해 엔론의 주식이 시장에서 여전히 과대평가되고 있다는 확신이 더욱 강해졌습니다.

2001년 여름, 에너지와 전력 가격, 특히 천연가스와 전기 가격이 떨어지기 시작했습니다. 월가에서는 엔론이 전력 시장에 발목이 잡혔다는 소문이 돌았으며, 하락하는 시장에 대한 노출을 줄이기 위해서는 공격적으로 움직일 수밖에 없었습니다. 기업이 아무리 잘 '헤지'되고 있다고 주장하더라도, 트레이딩이 강세 시장에서 더 잘 되고 약세 시장에서 어렵다는 것은 증권 트레이딩의 공리입니다. 우리는 전력 시장이 엔론에게 불리한 약세 단계에 진입했다고 판단했습니다.

또한 2001년 여름에는 엔론의 제휴 관계 및 주가가 재정적인 안정에 얼마나 중요한지에 대한 이야기가 시장에 돌기 시작했습니다. 트레이더들에 따르면, 엔론의 주가가 하락할 경우 계열 파트너십과 맺은 특정 조항과 합의로 인해 기업의 현금흐름이 압박받을 수 있었습니다. 이 이야기는 엔론이 2001년 8월에 제출한 2001년 6월 10-Q 문서에서 파트너십에 대해 더 많은 정보를 공개함으로써 어느 정도 신뢰를 얻었습니다.

그러나 2001년 8월 가장 중요한 이야기는 엔론의 CEO인 제프 스킬링이 '개인적인 이유'로 갑작스럽게 사임한 것입니다. 경험상 어떤 '공식'적인 이유이든 간에, 논란이 많은 기업에서 최고 경영자가 갑작스럽게 이탈하는 것보다 큰 경고는 없습니다. 우리는 스킬링이 현재의 엔론을 이룩한 사람이라 생각했기 때문에, 그의 갑작스러운 사퇴는 매우 불길했습니다. 이 발표 이후 키니코스는 엔론에 대한 공매도 포지션을 늘렸습니다.

엔론의 수치에는 보이지 않는 것에 대한 노력과 연구, 분석을 바탕으로 취한 행동은, 우리가 어떻게 투자자들에게 가치를 제공하고 궁극적으로 시장 전체에 가치를 제공하는지를 보여 줍니다. 공매자는 주식의 진정한 가치를 측정하기 위해 과대 광고를 꼼꼼히 살펴보는 회의론자들입니다.

8.5 키니코스 어소시에이츠의 제임스 차노스와의 인터뷰

짐 차노스는 세계 최대의 공매도 투자 회사인 키니코스 어소시에이츠의 창립자이자 대표다. 차노스는 패인 웨버Paine Webber, 글리포드 증권Gilford Securities, 도이치은행Deutsche Bank에서 애널리스트로 경력을 쌓기 시작하면서 그가 발견한 투자 전략을 실행하기 위해 1985년 키니코스를 창립했다. 엔론 주식에 대한 그의 유명한 공매도에 대해 배런스Barron's는 '10년 내 최고의 투자'라 칭했다. 차노스는 1980년 예일대학에서 경제학과 정치학 학사 학위를 받았다.

Q: 어떻게 공매도를 시작하게 되셨나요?

A: 애널리스트 일을 시작하며 처음 살펴본 대기업 중 하나가 볼드윈 유나이티드Baldwin United입니다. 운 좋게도 상사가 그 기업을 봐달라고 부탁했고, 우리가 우연히 발견한 것은 결국 사기로 판명났습니다.

Q: 이러한 성공적인 분석 이후에 공매도에 집중하기로 결정하셨나요?

A: 네. 그 일을 통해 얻은 교훈 중 하나는 과대평가된 기업을 분석하는 일은 매우 어렵고, 그래서 많은 사람들이 이러한 일을 하지 않지만, 분명 부가 가치가 있다는 것입니다. 볼드윈 이후 많은 사람들이 우리 분석을 얻기 위해 연락을 해 왔고, 시장에 서비스가 제공되지 않는 부분이 있다고 느꼈습니다.

Q: 투자 과정에 대해 말씀해 주시겠어요?

A: 일반적인 헤지펀드와는 약간 접근 방식이 다릅니다. 대부분의 헤지펀드는 포트폴리오 매니저 밑에 여러 명의 주니어 애널리스트가 있는 식입니다. 이런 전형적인 구조에서는 포트폴리오 매니저가 후배 애널리스트들에게 아이디어를 가져오고 처리하여 보여달라는 압박을 줍니다. 이러한 구조에서는 주니어 레벨이 너무 많은 책임을 지며, 만약 어떤 일이 잘못되면 주니어들은 관련된 정보를 전달할 동

기가 없습니다. 저희는 이런 형태를 좋아하지 않습니다.

여기, 어떠한 아이디어를 처음으로 생각해 낸 저와 다른 두 명의 연구 책임자가 있다고 합시다. 우리는 이 아이디어의 처리와 추천 여부 결정을 위해 아래 직원에게 전달하겠죠. "공매도 하기에 좋아 보이는 것 같습니다"라고 추천할 수도 있지만, 대부분의 경우 "흠, 이런 이유에서 당신이 잘못 생각하고 있어요. 이 기업은 괜찮은 기업입니다"라고 반응합니다. 이는 경제적 소유권과 지적 소유권을 동일한 수준으로 끌어올리기 때문에 더 나은 비즈니스 모형이라고 생각합니다.

Q: 아이디어에서부터 공매도를 해야 한다는 것을 알게 되기까지 어떤 단계가 있나요?

A: 전반적인 과정이 있습니다. 먼저, 주식을 빌릴 수 있는지부터 알아봐야 합니다. 빌릴 수 없다면 거래를 할 수 없으니까요.

주식을 빌릴 수 있다면, 긍정적 측면에서부터 시작합니다. 왜 사람들은 이 기업을 좋아할까? 해당 주식을 적절한 애널리스트에게 할당하고, 그는 셀사이드 애널리스트와 이야기를 나눈 후 그 기업에 관한 모든 보고서를 받아서 가능한 수준까지 이해하려고 합니다. 동시에 같은 산업의 다른 기업들과 비교하면서 재무 상태를 살펴보기도 합니다. 1~2주 후, 공매도를 하기 좋은지 아닌지 설명하는 내부 회의를 준비합니다.

우리는 가설을 세울 때, 강세론자들과 이야기를 나누며 그들에게 우리의 가설을 평가절하해 달라고 요청합니다. 점심 식사에 그들을 초대하기도 하며, 때때로 우리 이야기를 화이트보드에 적기도 합니다. "우리가 중국을 안 좋게 보는 이유는 이것 때문입니다. 우리가 틀렸나요? 그렇다면 무엇이 틀렸다고 생각하시나요?" 아이디어가 나오고 몇 주 후, 시니어 파트너들은 최종적으로 해당 케이스에 대해 토론을 한 후 결정을 내립니다.

Q: 중점적으로 보는 숫자가 있나요?
A: 네. 하지만 기업이 숫자를 조작할 수 있기 때문에 어떤 숫자든 약간 주의해서 봅니다. 하지만 전체 순사업 자산의 영업 수익을 의미하는 자본 수익률을 부풀리기는 어렵습니다. 만일 기업의 자본 수익률이 하락한다면, 무언가 잘못되어 가고 있다는 뜻입니다. 엔론과 같이 엄청난 성장에도 불구하고 자본 수익률이 낮은 경우 역시 뭔가 잘못된 것이었죠.

Q: 내부자의 주식 매도와 사퇴에 대해서는 어떠한가요?
A: 네. 그 역시 중요하게 살펴보고 있습니다. 두 가지 경우가

동시에 발생한다면, 그것은 엄청난 경고 신호입니다.

Q: 경고 신호로 볼만한 다른 것도 있나요?
A: 공시를 이해할 수 없다면, 뭔가 이유가 있습니다. 특정 기업의 10-K를 두세 번 읽었는데도 여전히 어떻게 돈을 버는지 파악이 안 된다면 뭔가 이유가 있겠죠. 그들은 일부러 말하지 않으려고 하며, 혼란스럽게 하는 것입니다. 그래서 기업의 공시는 우리에게 매우 중요합니다.

Q: 보통 경고 신호에 의존하시나요, 아니면 결정적 증거인 스모킹건을 찾으시나요?
A: 흠, 언제나 스모킹건을 찾을 수는 없습니다. 그게 문제죠. 시장에서 포지션을 잡는다는 것은 형사 재판을 하는 것이 아니기 때문에, '의심할 여지가 전혀 없다'는 증거에 근거한 것이 아니란 겁니다. 오히려 시장은 '증거의 우위'를 기반으로 한 민사 재판에 가깝죠. 가장 완벽한 공매도에서조차 마지막에 가서야 결정적 증거를 볼 수 있는 경우가 많습니다. 엔론 사태를 예로 들면, 의심스러운 점들이 많기는 했지만 그게 사기라고 생각하지는 않았으니까요.

Q: 제가 듣기로는 기업을 방문하거나, 탐정을 고용하거나, 대상 기업의 전직 직원들과 이야기를 나누지 않으신다고 들

었습니다.

A: 네. 음, 우선, 우리는 환대받지 않을 것을 알기에 기업을 방문하지 않습니다. 사람들은 우리가 누구인지 압니다. 하지만 우리가 기업으로부터 정보가 필요할 때, 정보를 얻는 것은 그리 어렵지 않습니다. 기업들은 컨퍼런스콜을 합니다. 우리는 셀사이드 브로커들과 좋은 관계를 맺고 있기 때문에, 만약 숫자에 대해 궁금한 점이 있을 때 보통 답을 얻을 수 있습니다. 게다가, 경영진이 다른 사람에게 말하지 않는 사실을 당신에게 말하는 것은 공정 공시법을 어기는 것이므로, 그들과 만난다고 좋은 정보를 얻을 수 있는 것은 아닙니다. 경영진들은 다른 모든 투자자에게 하는 것과 똑같은 이야기를 할 것이고, 그러한 정보는 모든 낙관적인 보고서와 웹사이트의 발표에서도 볼 수 있습니다. 또한 CEO가 하는 말을 믿어 기업이 좋다고 잘못된 판단을 할 수도 있죠. 이게 첫 번째 이유입니다.

두 번째로, 전직 직원들과 대화하고 사설 탐정을 고용하는 것은 다소 애매합니다. 다시 말하지만, 전직 직원들은 본인들의 기업에 대한 수탁책임fiduciary responsibilities이 있습니다. 따라서 전직 직원이 기업 기밀을 말하는 것은 아마도 증권법 위반입니다. 우리는 중요한 비공개 정보가 될 수 있는 모든 것으로부터 가능한 거리를 멀리 두려고 합니다.

Q: 경쟁 업체와 대화하는 건 어떤가요?

A: 때때로 경쟁 업체나 업계 사람들과의 이야기를 통해 비즈니스의 작동 방식과 업계 동향을 파악하기도 합니다.

Q: 부정적인 정보가 이미 가격에 반영되어 있는지 어떻게 알 수 있나요?

A: 음, 정말 좋은 질문입니다. 얼마나 많은 부정적인 정보들이 이미 퍼져 있는가? 그것이 이미 주가에 반영되었는가? 부정적인 소식이 다 나왔다면, 공매도를 걷어야 할 때인가? 모릅니다. 이는 단순히 개인의 판단에 달려 있죠.

Q: 공매도를 한 것 중 기억에 남는 사건을 말씀해 주실 수 있나요?

A: 엔론을 통해 우리는 유명해졌고, 매우 재밌는 사건이었죠. 80년대 후반에 드렉셀 버넘Drexel Burnham 주식과 인테그레이티드 리소스Integrated Resources, 퍼스트 익스큐티브First Executive를 공매도 했던 것도 기억에 남네요. 최근에는 부동산 회사를 공매도하기도 했습니다.

가장 큰 손실은 아메리카 온라인America Online에서 발생했습니다. 1996년에 공매도를 한 후, 주가가 8배 오른 1998년에 공매도를 걷었죠. 우리는 그 기업이 마케팅 비용의 회계 처리를 제대로 하지 않고 있다고 생각해 공매도를 했습니다. 그 후 96년에 빅베스를 통한 상각이 있었고, 사람들은 "좋아. 모든 게 잘 될 거야"라고 말했죠. 큰 상각을 하는 것은 수익성이 없다는 것을 의미한다고 생각했고, 결코 수익을 얻지 못할 것이라 판단했습니다. 하지만 인터넷의 힘, 그리고 개인 투자자들의 광기를 과소평가했습니다. 그 주식은 인터넷 관련주였고 인터넷 리더 중 하나였기 때문에 계속해서 올랐습니다. 다행히도, 그것은 우리 포지션 중 1% 미만이었습니다. 주가가 상승해 계속해서 포지션이 늘어날 때마다 이를 줄였습니다. 그러나 해당 포지션에서 2년 동안 5%, 6%, 결국 7% 손실을 보았습니다. 재난 수준은 아니었지만, 공매도한 주식이 8배나 상승한 것을 지켜보는 것은 힘든 일입니다. 이 거래는 공매도의 위험을 과소평가했고, 이를 통해 변동성이 있는 주식에서 포지션의 크기를 정하는 방법에 대해 배웠습니다. 변동성이 심한 주식에서는 포지션을 너무 크게 가지고 가면 안 됩니다. 위험을 분산시킬 필요가 있습니다.

Q: 공매도의 어려운 점, 그리고 이를 어떻게 극복했는지 말씀해 주실 수 있나요?

A: 어려운 점이 많죠. 시장은 일반적으로 오르니까요. 주식도 빌려야 합니다. 세금 혜택도 덜합니다. 모두가 우리를 싫어하죠. 하지만 그것들이 오히려 기회이기도 합니다.

Q: 공매도에 대한 기계적 장애물과 행동적 장애물 중 무엇이 가장 중요하다고 생각하시나요?

A: 멋진 질문입니다. 제가 처음 이 일을 시작했을 때, 공매도는 그저 매수하는 것과 정반대라고만 생각했죠. 이제는 더 이상 그렇게 생각하지 않지만요. 공매도에는 대부분의 사람들에게 매우 어려운 행동적 장애물이 있다고 생각합니다. 이게 가장 중요하겠죠.

월스트리트는 사람들에게 증권을 팔기 위해 존재합니다. 그래서 여러분이 항상 듣는 대부분의 것들은 긍정적인 말들이죠. 매수 추천입니다. 저는 매일 아침 블랙베리를 확인합니다. 우리가 보유한 국내 주식 50개 중 10개는 아마도 그날 아침 누군가로부터 이익 추정치가 올랐다거나, '매수'에서 '강력 매수'로 바뀌었다거나, CEO가 CNBC에 출연한다거나, 인수설이 있다거나 하는 말들을 듣게 됩니다. 그중 99%는 새로운 정보가 없는 잡음일 뿐이지만, 희망으로 가득차 있습니다.

만일 여러분이 공매도를 한다면, 그들은 매일 찾아와 이렇게 말할 겁니다. "니가 틀렸어. 니가 틀렸어. 니가 틀렸어. 니가 틀렸어. 이 기업은 이러이러한 것들 때문에 잘 될 거야." 그리고 대부분의 사람들은 이렇게 말하겠죠. "굳이 공매도를 해서 안좋은 소리를 매일 들을 필요는 없잖아? 차라리 매수를 하고 매일 긍정적이고 행복한 말만

듣는 게 좋지!" 인간은 그저 인간일 뿐입니다. 심지어 대부분의 헤지펀드 매니저들 조차도 그들의 공매도 포지션에 대해 매우 걱정합니다. 그리고 매수를 하는데 있어 매우 훌륭한 몇몇 매니저들도 공매도에 있어서는 형편없습니다.

그래서 저는 솔직히 좋은 공매자는 태어나는 것이지 만들어지는 것이 아니라고 생각합니다. 전에는 그런 생각을 해본 적이 없었지만, 30년 동안 이 일을 하다보니 이제는 그렇게 생각하게 되더라고요. 즉, 여러분은 긍정적인 소음을 그냥 흘려보내고, 무시하고, 여러분의 일, 여러분의 사실, 여러분의 결론에 집중하는 정신적 기질을 갖고 있어야 합니다.

Q: 그렇다면 본인은 과대 광고가 있으면 공매도를 하고 싶은 기질을 갖고 태어나셨나요?

A: 그것에 대해서는 잘 모르겠습니다. 소음이 흘러버리는 것과 고집이 센 것에는 차이가 있습니다. 사람들이 뭐라고 말하는지 듣고, 중요한 점을 놓쳐서는 안 됩니다. 무언가 변화가 있다면, 그것을 알고 행동할 필요가 있습니다. 단순히 입장을 고수해서는 안 됩니다.

Q: 주가는 0까지만 떨어지지만 어디까지 오를지는 모른다는

비대칭도 존재하죠?

A: 네, 주가가 무한대로 상승할 수도 있지만, 저는 항상 "무한대로 오르는 것 보다 0으로 가는 경우를 더 많이 봤어"라고 말합니다.

Q: 펀드에서는 공매도만 하나요?

A: 우리는 두 종류의 펀드를 운용하고 있습니다. 이 중 기관 대상의 주요 상품은 공매도만을 하는 펀드입니다. 또한 전통적인 롱-숏 헤지펀드인 킨코스 오퍼튜니티Kynikos Opportunity 펀드도 있습니다.

Q: 위험 관리와 포트폴리오 구성은 어떻게 하시나요?

A: 펀드에서는 언제든지 국내외 50개 정도의 주식을 보유하고 있습니다. 우리는 변동성, 차입, 산업 노출도를 기준으로 포지션의 크기를 정합니다. 수익과 위험을 염두하면서 포트폴리오를 구성합니다. 그리고 어떤 주식도 펀드의 5% 이상 투자하지 않는다는 규칙이 있습니다. 레버리지도 사용하지 않습니다. 50개 종목이 있으면 평균 포지션은 2%이며, 큰 포지션의 경우 3%, 작은 포지션은 1% 정도입니다. 아무리 좋아하는 주식이라도 손익이 나빠지면, 아메리카 온라인에서 그랬던 것처럼 포지션을 줄일 것입니다.

Q: 왜 사람들이 종종 공매자에 대해 비판적이라고 생각하시나요?

A: 아마 공매도에 대해 많은 오해들이 있기 때문이겠죠. 사람들은 먼저 이렇게 생각합니다. "가지고 있지 않은것을 어떻게 팔 수 있죠?" 사람들이 이렇게 생각하기 시작하면, 일반적인 시장의 형태로 공매도를 이해하는 것은 더 어려워집니다. 그럴때 저는 보험이야말로 엄청난 공매도 제도라고 말합니다. 농업의 많은 부분도 상당히 공매도의 형태입니다. 이들 역시 나중에 수익을 볼 것이라는 생각으로, 아직 가지고 있지 않은 미래의 물건을 팔고 있는 것입니다. 항공사에서 예매권을 파는 것 역시 여러분에게 좌석을 공매도 하는 것입니다. 모든 종류의 사업은 공매도를 기준으로 이루어지는데, 돈을 먼저 받고 나중에 상품이나 서비스를 제공하죠.

사람들은 흔히 공매도가 남의 집을 대상으로 화재 보험을 드는 것과 같다고 비유하지만, 여기에는 중요한 차이가 있습니다. 만약 어떤 사람이 남의 집을 대상으로 보험을 든다고 가정한다면, 그 사람이 방화를 저지를 것이라고 믿을 것입니다. 그래서 이러한 비유는 공매도가 주가를 떨어뜨리기 위해 범죄적인 행동을 할 것임을 암시합니다. 그건 틀렸습니다. 매수건 공매도건, 어떤 기업에 대해 고의로 허위 사실을 퍼뜨리는 사람은 증권 사기죄를 저지르는 것입니다.

Q: 대표님처럼 실제로 공매도를 하는 사람들에 대한 이야기를 듣는 게 공매도를 이해하는데 도움이 되겠네요.

A: 그게 제가 다른 공매자들보다 대중에 나서는 이유 중 하나입니다. 만약 제가 익명으로 활동한다면, 사람들은 우리에 대해 최악으로 생각하고 단순히 추론할 것입니다. 그러나 저는 실제 얼굴을 내비치며 말하죠, "이것이 우리가 공매도를 하는 이유고, 이러한 기업들을 찾고 있으며, 시장에는 긍정적인 시각뿐만 아니라 부정적인 시각도 존재해야 하며, 이를 통해 사람들은 스스로 결정을 내릴 수 있습니다." 그러면 사람들이 더 쉽게 이해할 겁니다. 시장은 궁극적으로 정보가 반영되는 곳이며, 사람들이 긍정적인 시각만을 표현하도록 제한하는 것은 미친 짓입니다.

Q: 그렇다면 금융 시장에서 공매도는 정보 수집 역할을 하는 것인가요?

A: 네, 그렇습니다. 지난 25년간의 주요 금융 사기 중 거의 모든 것이 내부 고발자, 언론인, 공매자에 의해 적발되었습니다. 외부 감사인도, 외부 변호인도, 연방수사국도 아니고 말이죠. 이처럼 공매도는 주요 정보를 밝히는 데 도움이 됩니다.

9

계량적 주식 투자

내가 생각하기에 훌륭한 퀀트 매니저는 자신의 신념을 실제로 반복 가능한 과정으로 체계화한 금융 경제학자다. 그들은 분산, 규율에 의한 프로세스의 고수, 포트폴리오 특성을 설계할 수 있는 능력으로 구별된다.

- 클리프 애스니스(2007)

계량적 주식 투자(줄여서 퀀트)는 모형을 이용해 주식에 투자하는 것을 의미한다. 퀀트는 그들의 거래 규칙을 컴퓨터 시스템에 설계하고, 사람이 감독하는 알고리즘 거래로 주문을 실행한다.

재량적 거래와 비교하면 계량적 투자는 몇 가지 장단점이 있다. 단점은 거래 규칙이 각 상황에 맞게 조정될 수 없으며, 전화

통화 및 사람의 판단과 같은 '소프트' 정보를 기반으로 할 수 없다는 것이다. 물론 컴퓨팅 성능과 정교함이 향상됨에 따라 이러한 단점이 줄어들 수는 있다. 예를 들어, 텍스트 분석을 사용하여 주식 애널리스트와 함께 기업의 컨퍼런스콜 기록을 분석하는 퀀트 모형을 통해 특정 단어가 자주 사용되는지를 조사하거나 더 복잡한 분석을 수행할 수 있다.

계량적 투자의 장점은 첫째, 광범위한 주식에 적용할 수 있어 상당한 분산 투자가 가능하다. 퀀트가 제대로 된 투자 모형을 만든 경우, 이 모형을 전 세계 수천 개의 주식에 동시에 적용할 수 있다. 둘째, 퀀트의 엄격한 모형화는 인간 판단에 영향을 미치는 행동 편향을 극복하게 해 준다. 애초에 이런 사람들의 편향에서 거래 기회가 만들어진다. 셋째, 과거 데이터를 사용하여 퀀트의 거래 원칙을 백테스트할 수 있다. 퀀트는 데이터와 과학적 방법을 투자의 중심에 놓는다.

계량적 주식 투자는 표 9.1에서 볼 수 있듯이 펀더멘털 퀀트, 통계적 차익거래 및 고빈도 매매 High Frequency Trading, HFT 세 가지 유형으로 세분화된다. 이 세 가지 유형의 퀀트 투자는 지적 기반, 회전율, 수용력, 거래 결정 방법 및 백테스트 할 수 있는 정도를 포함하여 여러 면에서 다르다.

표 9.1 세 가지 계량적 투자

	펀더멘털 퀀트 투자	통계적 차익 거래	고빈도 매매
기초 학문	경제학, 금융학, 통계학	재정 관계, 통계학	통계학, 엔지니어링, 정보 처리
매매회전	일–월	시–일	초단기
수용력	큼	중간	작음
거래 결정자	전략	전략. 일부는 체결 안 될 수도 있음	시장
백테스트	믿을 만함	거래 비용 추정이 중요	금융에서 불확정성 원리

펀더멘털 퀀트 투자는 재량적 트레이더와 마찬가지로 기본적 분석을 적용하지만, 이를 체계적인 방법으로 적용한다. 따라서 펀더멘털 퀀트는 통계 데이터 분석과 함께 경제 및 재무 이론을 기초로 한다. 가격과 기업의 펀더멘털이 서서히 바뀌는 것을 감안하면, 펀더멘털 퀀트는 며칠에서 몇 달 간격으로 포트폴리오를 재조정하고, 분산 투자로 인해 높은 수용력(전략에 많은 돈을 투자할 수 있음을 의미한다)을 가지고 있다.

통계적 차익거래는 밀접하게 관련된 주식들 사이의 상대적인 가격 괴리를 이용한다. 따라서 차익거래 관계 및 통계에 대한 이해를 기반으로 하며, 일반적으로 펀더멘털 퀀트보다 포트폴리오의 회전이 빠르다. 거래가 더 빠르고 차익 스프레드가 있는 주식이 더 적으므로, 통계적 차익거래의 수용력은 더 낮다.

마지막으로 고빈도 매매의 성공은 부분적으로 거래 속도에 달려 있다. 그래서 이들은 통계, 정보 처리 및 엔지니어링을 기반으로 한다. 고빈도 매매는 초고속 컴퓨터와 컴퓨터 프로그램을 갖추고 컴퓨터를 거래소와 최대한 가깝게 배치하기 위해 노력하며, 고속 케이블을 사용하기도 한다. 고빈도 매매는 거래가 가장 빠르게 이루어지고 따라서 가장 수용력이 낮다.

세 가지 종류의 퀀트는 거래가 결정되는 방식 또한 다르다. 일반적으로 펀더멘털 퀀트는 거래를 미리 결정하고, 통계적 차익거래 트레이더는 점차적으로 거래를 결정하며, 고빈도 매매자는 시장이 거래를 결정하도록 한다. 좀 더 구체적으로, 펀더멘털 퀀트 모형은 기대 수익률이 높은 주식을 선별한 다음 매수하며 거의 항상 주문이 체결된다. 통계적 차익거래 모형은 가격 괴리가 있는 주식을 매수하고자 하지만, 가격이 불리하게 움직이는 경우에는 거래 완료 전에 계획을 종료할 수도 있다. 고빈도 매매 모형은 여러 거래소에 매수 및 매도를 지정가 주문으로 내어, 어떤 것이 체결될지를 시장에 맡긴다.

이러한 거래 구조로 인해 펀더멘털 퀀트 투자의 경우 어느 정도 신뢰성을 가지고 백테스트를 통해 시뮬레이션할 수 있다. 통계적 차익거래의 백테스트는 실행 시간, 거래 비용 및 충족률을 어떻게 가정하느냐에 크게 의존한다. 고빈도 매매 전략은 신뢰할 수 있는 시뮬레이션이 어려운 경우가 많으므로 실험에 의존해야 한다.

고빈도 매매는 금융에서의 '하이젠베르크의 불확정성 원리'라고 할 수 있다. 양자 역학에서 하이젠베르크의 불확정성 원리는 관찰 행위가 입자를 방해하기 때문에 입자의 위치와 운동량을 알 수 있는 정밀도에는 한계가 있다고 본다. 이와 유사하게, 주문을 제출하는 행위가 시장을 변화시키므로 지정가 주문의 실행 시기와 가격을 정확하게 시뮬레이션할 수 없다.

9.1 펀더멘털 퀀트 투자

펀더멘털 퀀트 투자는 가치, 모멘텀, 우량성, 사이즈 및 저위험과 같은 팩터를 이용해 거래한다. 그들은 재량적인 트레이더가 사용하는 것과 유사한 정보를 사용하지만, 훌륭한 주식 애널리스트가 하는 일을 컴퓨터에게 효과적으로 가르치기 위해 노력하고, 이 방법을 체계적인 방식으로 전세계 수천 개의 주식에 적용하려고 한다.

펀더멘털 퀀트 투자는 롱-온리 및 롱-숏 모두에 적용할 수 있다. 실제로 계량적 모형이 유니버스 내 모든 주식에 대한 견해를 갖고 있으므로, 이러한 견해를 롱-숏 시장중립형 헤지펀드 전략, 130/30 롱-바이어스 전략[†], 롱-온리 전략 등 여러 가지 경우에 자연스럽게 적용할 수 있다. 어떤 주식의 기대 수익률이 높거나 낮

[†] 가격 상승이 예상되는 종목을 130% 매수하고 하락 예상 종목을 30% 공매도해 순 포지션을 100%로 유지하는 펀드.

을지에 대한 예상 및 위험 모형이라는 기본적 구성 요소는 모두 동일하다. 롱-숏 헤지펀드의 포트폴리오는 종종 여러 팩터의 조합이며, 이러한 현상에 베팅하기 위해 정기적으로 포트폴리오를 재조정한다. 이러한 팩터들은 어떠한 주식의 기대 수익률이 높은지 혹은 낮은지를 나타내는 유용한 표현이므로 다른 유형의 계량적 주식 투자에도 유용하다. 먼저 계량형 가치 투자로 수익을 포착하는 가치 팩터에 대해 살펴보자.

계량형 가치 투자

퀀트는 주식의 펀더멘털 가치(미래 잉여 현금흐름의 현재 가치)와 관련된 값을 체계적으로 계산하고 이를 현재 시장 가치와 비교해 가치 투자를 수행한다. 시장 가치 대비 펀더멘털 가치 비율이 높은 가치주를 매수하고, 반대의 특성을 가진 주식을 공매도한다.

어떤 이들은 이러한 전략이 시장 가격보다 더 많은 정보를 담을 수 있는 매우 뛰어난 펀더멘털 가치 지표에서만 효과가 있다고 생각할 수도 있다. 그러나 놀랍게도 이러한 직관은 틀리다. 그 이유는 가격이 기대되는 미래 현금흐름뿐만 아니라 이것이 현재 가치로 어떻게 할인되느냐에 따라 달라지기 때문이며, 따라서 가격은 기대 수익률을 반영한다. 간단히 말해, 가격은 예상되는 현금흐름을 기대 수익률로 나눈 값과 동일하기 때문에 가치 투자가 작동한다. 이 수식을 뒤집으면 기대 수익률은 현금흐름을 가격으로 나눈 값이 된다. 따라서 가치 투자는 가격을 표준화하는 데 합리적으로 사용될 수 있는 모든 변수에 대해 효과가 있을 수 있다.

예를 들어, 가치 투자는 주식의 시장가 대비 장부가, 즉 자본의 장부가를 시장가로 나눈 값과 같이 매우 단순한 가치 지표에서도 역사적으로 효과가 있었다.[1] 장부가는 펀더멘털 가치의 단순한 지표(미래에 대한 값이 아닌 과거에 대한 값)임에도 불구하고 시장가에 대한 유용한 조정 변수 역할을 한다.

주식의 기대 수익률의 변동을 근거로 하면, 가치주는 위험에 대한 합리적인 보상이나 제도적 마찰, 행동적 이유 등으로 기대 수익률이 높을 수 있다. 일부 경제학자들은 주식이 과도하게 움직여 가치 투자자들에게 기회를 창출한다고 주장한다.[2]

> 기존의 투자 수익에 대한 일상적인 변동은 분명히 일시적이고 중요하지 않은 성격을 지니고 있으며, 시장에 지나치게 과도하고 불합리한 영향을 미치는 경향이 있다.
> -『고용, 이자 및 화폐의 일반 이론』

롱-숏 가치 팩터 HML의 누적 수익률(즉, 복리가 아니다)을 나타낸 그림 9.1에서 볼 수 있듯이, 가치 투자는 역사적으로 효과가 있었다.

그림 9.1 가치 팩터 HML의 누적 수익률, 1926-2012

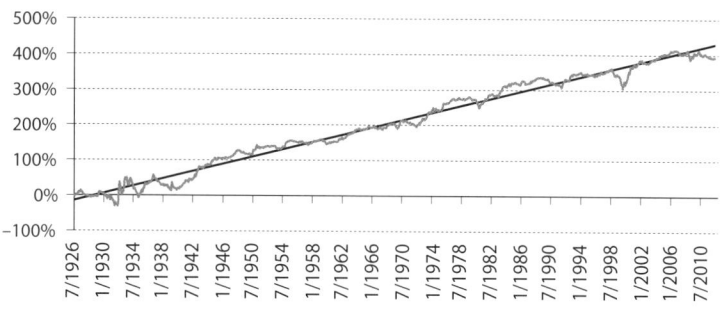

HML 팩터는 시장가 대비 장부가가 높은 주식, 즉 가장 싼 주식 30%를 매수하며, 가장 비싼 30%의 주식을 공매도한다.[3] 매수와 공매도의 균형을 맞춤에 따라, HML 수익률은 비싼 주식에 비해 싼 주식의 상대 성과를 포착하고, 전체 시장 움직임의 직접적인 영향을 없앴다. 이 기간 동안 HML은 연평균 4.6%의 초과 수익률과 12.3%의 연율화 변동성을 보였으며, 샤프지수는 0.4다.

이 외에도 가치 투자는 시장가 대비 이익, 시장가 대비 배당금, 시장가 대비 현금흐름 등 다른 가치 지표에서도 작동하며, 주식의 우량성을 고려할 경우 더욱 개선될 수 있다.

가치 전략은 또한 여러 지역 및 자산에서도 효과가 있었다. 영국, 유럽 대륙 및 일본을 포함한 글로벌 주식 시장에서도 작동했으며 원자재 및 통화와 같은 다른 자산 군에서도 작동했다.[4] 흥미로운 사실은, 서로 다른 지역과 자산군의 가치 전략은 양의 상관관계를 갖는 경향이 있으며, 이는 위험을 기반으로 가치 투자를 설명하는 것과 일관되게, 공통적이고도 체계적인 위험 요인을 제시한다. 그림 9.2에서 볼 수 있듯이 가치 투자의 수익률은 또 다른 중요한 퀀트 투자 전략, 즉 모멘텀 투자와 역의 상관관계가 있다.[5]

그림 9.2 1972-2012 글로벌 가치 및 모멘텀 주식 선택 전략의 성과

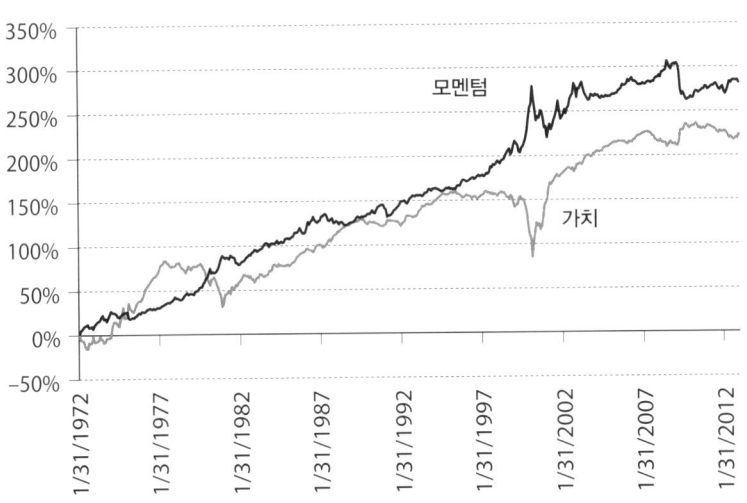

참고: 이 그림은 미국, 영국, 유럽 대륙 및 일본에서 가치 및 모멘텀 전략의 월별 성과의 누적 합계를 보여 준다.

주식의 모멘텀: 계량적 촉매

모멘텀 투자란 최근 상승한 주식을 매수하고 하락한 주식을 공매도하는 것이다. 그림 9.2에 제시된 전략은 가장 최근 일년 간(아래에 설명된 것처럼 가장 최근 달은 제외) 주식의 성과를 고려하여 수익률이 가장 높은 주식들은 매수, 수익률이 가장 낮은 주식들은 공매도한다. 그림에서 보듯이, 모멘텀은 꽤 잘 작동했으며 역사적으로 거래 비용 이전에는 가치 투자보다 훨씬 높

은 수익률을 기록했다.⁶

  모멘텀 투자의 우수한 성과는 지난 12개월 동안 수익률이 우수한 주식이 다음 달에도 계속 우수한 경향이 있음을 의미한다. 모멘텀의 높은 회전율은 주식의 위험 특성이 빠르고 자주 변경되어야 함을 의미하므로, 합리적인 위험 프리미엄으로 모멘텀을 설명하기는 어렵다. 아마도 더 매력적인 설명은 주식이 뉴스에 대해 초기에는 과소 반응을 보인 다음 뒤늦게 과잉 반응을 보인다는 것이다. 과소 반응과 과잉 반응이 모두 모멘텀의 수익을 가져올 수 있는 이유는 다음과 같다.

  첫째, 오늘날 좋은 소식은 가격 상승으로 이어지지만, 가격이 처음에 과소 반응한다면 미래에도 계속 가격이 상승하여 모멘텀을 만든다. 둘째, 가격이 한동안 상승하고 투자가들이 시류에 편승하여 뒤늦게 과잉 반응하기 시작한다면, 이것은 더 큰 동력을 더하게 된다.

  모멘텀을 개념화하는 또 다른 방법은 이를 주식 촉매의 계량적 척도로 생각하는 것다. 7장에서 논의한 바와 같이, 재량적 주식 투자자는 종종 가치와 촉매를 가진 주식을 찾으며, 이는 시장이 그 잠재력을 인식하기 이전의 값싼 주식을 의미한다. 주식 애널리스트들은 보통 수익을 얻기 위해 기업이 실제로 모든 위험을 감수하고 잠재력을 발휘할 때까지 기다린다. 촉매는 주가 상승을 통해 가치 베팅이 빠르게 수익을 거둘 수 있게 한다.

  모멘텀이 높은 주식은 수익률이 우수한 주식이므로 투자자들

사이에서 점점 인기를 끌게 된다. 가치와 모멘텀 사이에는 음의 상관관계가 있으므로, 개별 전략보다 이를 결합하면 더욱 강력한 위험 대비 수익률을 얻을 수 있다. 가치와 모멘텀 특성이 좋은 종목은 상승세에 있는 저가 종목이다. 아직도 싸기 때문에 평균적인 모멘텀 주식보다 추세를 이어갈 가능성이 더 높고, 투자자들이 그 잠재력을 인식했기 때문에 가치가 인정받을 가능성이 더 높다.

우량성 투자: 그레이엄과 도드의 체계화

모멘텀 투자가 가치 투자를 보완하는 것처럼 우량성 투자도 마찬가지다. 우량성 투자는 우량성이 높은 주식을 매수하는 전략이다. 고우량성 주식은 7장 2절에서 논의된 바와 같이 수익성이 높고, 성장하고, 안정적이며, 경영진이 좋은 주식으로 정의될 수 있다. 투자자마다 우량성 요소에 대한 견해가 다를 수 있지만, 다양한 우량성 지표를 고려할 때 미국과 전세계 주식, 중소 및 대형 주식 모두에서 우량성 팩터가 평균적으로 양의 초과 수익을 기록했다.[7]

우량성 투자는 정상보다 높은 가격(또는 장부가 대비 시장가)을 받을 만한 '좋은' 주식을 매수하고, 가격이 싸질 말한 '나쁜' 주식을 공매도한다. 이와 대조적으로, 단순한 가치 팩터는 고가인 경우 주식의 우량적 특성에 의해 가격이 정당화되는지 여부에 관계없이 주식을 공매도하고, 저렴한 이유에 대한 여부와는 상관없이 싼 주식을 매수한다. 따라서 우량성 투자는 단순한 가치 투자를 보완하며, 실제로 계량적인 가치와 우량성 팩터는 음의 상관관계가 있다.

가치와 우량 팩터를 결합하면 '합리적인 가격의 우량성'이라는 전략으로 발전하며, 이는 각 팩터보다 더 높은 위험 조정 수익률을 보인다. 우량성, 가치 및 모멘텀을 결합하면 우량성에 비해 싼 상승 추세의 주식을 매수하고, 비싸면서 하락하는 주식을 공매도하는 더 강력한 전략이 되기도 한다.

역베타 및 저위험 투자

전통적인 자산가격결정모형(CAPM)에 따르면 증권의 기대 초과 수익률은 베타에 비례해야 한다.

$$E(r_t^i - r^f) = \beta^i E(r_t^M - r^f)$$

따라서 주식 A의 베타가 0.7이고 주식 B의 베타가 1.4인 경우, 주식 B의 평균 초과 수익률은 두 배가 되어야 한다. 그러나 실증적으로는 저베타 주식의 평균 수익률이 고베타 주식의 평균 수익률만큼 높기 때문에 자산가격결정모형이 맞지 않는다. 그림 9.3에서 보듯이 현실에서 자산가격결정모형이 말하는 증권시장선은 너무 평평하다.

그림 9.3 자산가격결정모형에 비해 매우 평평한 증권 시장선

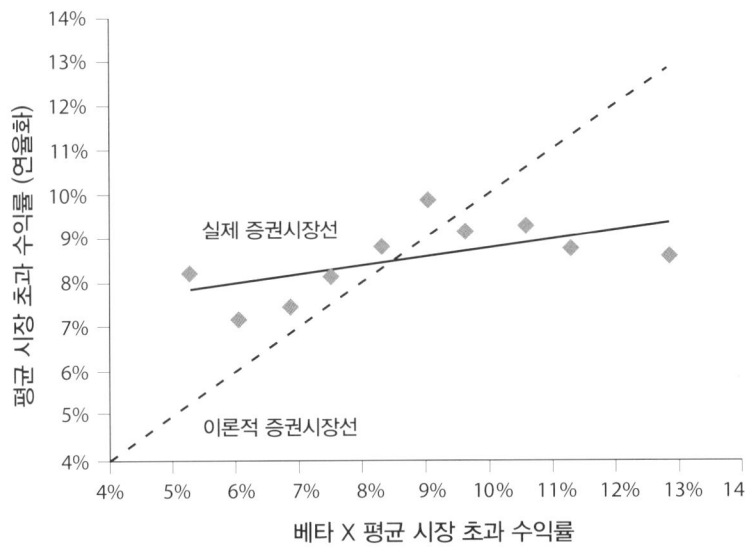

이 그림은 1926년부터 2010년까지 사전적 ex ante 베타로 분류된 10개 미국 주식 포트폴리오에 해당하는 점을 표시했다. 가로축은 각 포트폴리오에 대한 자산가격결정모형의 예상 수익률, 즉, 사후적 ex post 베타에 시장 위험 프리미엄을 곱한 값인 $\beta^i E(r_t^M - r^f)$이다. 세로 축은 각 포트폴리오의 실제 평균 초과 수익률인 $E(r_t^i - r^f)$이다. 45도 기울기의 선은 자산가격결정모형에서 말하는 이론적 증권시장선이다.

데이터가 이론에 맞지 않으면 어떻게 해야할까? 이론을 기각하거나, 금융 시장이 '되어야 할 것'처럼 행동하지 않는다는 사실을 이용해야 한다. 그러나 어떻게 평평한 증권시장선을 이용할 수 있을까? 안전한 주식은 자산가격결정모형에서 계산된 것보다 높은 수익률을 보인다. 달리 말하면, 안전한 주식은 알파가 양수고 위험한 주식은 알파가 음수다.

따라서 안전한 주식을 매수하고 위험한 주식을 공매도해야 한다. 이는 과연 돈을 벌 수 있을까? 1달러의 안전한 주식을 매수하고 1달러의 위험한 주식을 공매도할 경우는 아니다. 그림 9.3에서 볼 수 있듯이 가장 위험한 주식 5개의 포트폴리오는 가장 안전한 주식 5개의 포트폴리오보다 평균 수익률이 약간 높다. 또한, 안전한 주식을 매수하고 위험한 주식을 공매도하는 것은, 매수하는 주식이 공매도하는 주식보다 훨씬 안전하므로 시장 중립적 포트폴리오도 아니다.

시장 중립적 포트폴리오를 가지기 위해서는 약 1.4달러 상당의 안전한(즉, 베타가 낮은) 주식을 매수하고 0.7 달러 상당의 위험한(고 베타) 주식을 공매도해야 한다. 이 포트폴리오는 안전한 주식과 위험한 주식의 평균 수익률은 비슷하지만, 안전한 주식의 샤프지수가 상당히 높다는 사실을 이용하기 때문에 수익이 난다. 포트폴리오의 매수와 공매도 포지션의 베타가 모두 1이 되도록 안전한 주식에는 레버리지를 사용하고 위험한 주식은 디레버리지를 해서 샤프지수의 차이를 이용한다. 이 포트폴리오를 '역베타Betting against Beta, BAB' 팩터라고 한다. 미국 주식의 역베타 팩터는 그림 9.4에서 볼 수 있듯이 0.78의 샤프지수를 보인다. 또한 역베타 팩터는 대부분의 전 세계 주식 시장과 신용 시장, 채권 시장 및 선물 시장에서도 양의 성과를 보였다.

그림 9.4 역베타 포트폴리오의 샤프지수

출처: Frazzini and Pedersen(2014)

저위험 투자가 효과가 있었던 한 가지 이유는 많은 투자자들이 레버리지에 대한 제약이 있거나, 단순히 레버리지에 따라오는 위험을 두려워하기 때문이다. 따라서 높은 수익률을 추구하는 투자자는 안전한 증권 포트폴리오에 레버리지를 사용하는 대신 위험한 증권을 매수한다. 이러한 행동은 위험한 주식의 가격을 상승시키며, 높은 가격은 낮은 수익률을 의미한다. 동시에 이러한 행동은 안전한 주식에 대한 수요를 낮추어 가격을 낮추고 기대 수익률을 올린다. 따라서 레버리지가 제한된 투자자들이 위험한 주식을 매수하고, 제약이 덜한 투자자들이 안전한 주식을 매수하면서 증권시장선은 더 평평해지게 된다. 이러한 역베타 이론은 레버리지에 제한이 있거나 레버리지를 기피하는 공모펀드와 개별 투자자들이 평균 베타가 1 이상인 주식을 보유하고 있는 반면, 워런 버핏과 차입매수leveraged buyout, LBO 투자자는 평균적으로 안전한 주식에 레버리지를 사용하는 이유를 설명할 수 있다.[8]

저위험 투자에는 또 다른 여러 가지 형태가 있다. 일부 롱-온리 투자자들은 위험한 주식을 공매도하지 않고 안전한 주식을 매수한다. 이 방법을 사용하면 전체 시장보다 약간 낮은 평균 수익률을 달성하면서도 위험은 크게 줄어 샤프지수가 높아진다. 저위험의 정의는 저베타 주식뿐만 아니라 총변동성이 낮거나, 고유 변동성이 낮거나, 이익의 변동성이 낮거나, 고우량 주식일 수도 있으며 최소 분산 포트폴리오를 구성할 수도 있다.

산업이나 섹터에 관계없이 구성된 저위험 포트폴리오는 유틸리티, 소매 또는 담배 주식과 같은 비경기 산업의 주식의 비중을 확대하는 경향이 있다. 그러나 이러한 산업에 베팅하는 것이 저위험 투자가 작동하는 주된 이유는 아니다. 실제로 저위험 투자는 역사적으로 산업 전반 혹은 산업 내에서 투자하는 것 모두에서 효과적이었다. 그림 9.5는 미국의 산업 내에서 구성된 역베타 팩터이다.

예를 들어, 유틸리티 주식에 대한 역베타 팩터는 더 안전한 유틸리티 주식을 레버리지를 사용하여 매수하는 반면, 위험이 높은 유틸리티 주식을 공매도해 포트폴리오를 구성한다. 놀랍게도, 저위험 투자는 미국의 각 산업 내에서도 작동했다.

계량적 포트폴리오 구성

퀀트는 수백 또는 수천 개의 주식에 그들의 모형을 적용한다. 이러한 분산 투자는 대부분의 고유 위험을 제거한다. 즉, 기업 특유의 사건이 발생해도 전체 포트폴리오 수준에서는 사라지는 경향이 있으며, 개별 포지션은 비중이 작아 포트폴리오의 전체 성과를 크게 떨어뜨리지는 않는다.

매수와 공매도를 동일하게 하면서, 주식형 시장 중립 포트폴리오는 전체 주식 시장의 위험도 제거한다. 일부 퀀트는 매수와 공매도 포지션의 금액을 동일하게 하여 시장 중립을 달성하려고 한다. 그러나 이는 매수와 공매도가 동일한 위험을 가진 경우에

그림 9.5 미국의 각 산업 내 역베타 전략, 1926-2012

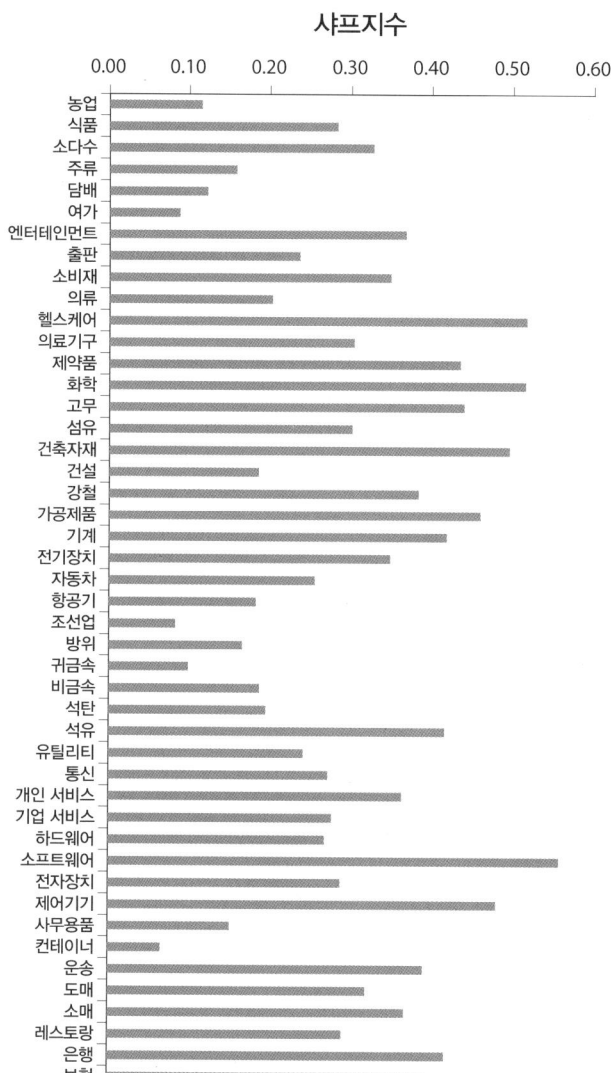

참고: 각 막대는 산업 내 역베타 전략의 샤프지수를 나타낸다.
출처: Frazzini and Pedersen(2014)

만 작동한다. 따라서 퀀트는 매수와 공매도 포지션의 시장 베타의 균형을 맞추기 위해 노력해야 한다. 일부 퀀트는 금액과 베타 모두 중립을 맞추려고 한다.

퀀트는 또한 산업 위험을 제거하기도 한다. 각 산업 내에서 '나쁜' 주식을 공매도하면서 '좋은' 주식을 매수하면 산업 전반의 움직임에는 중립적일 수 있다. 예를 들어, 앞의 그림 9.5는 산업 중립적 요소가 결합된 역베타 팩터의 성과를 보여 준다.

이러한 산업 중립 포트폴리오의 구성은 두 가지 이유로 더 높은 샤프지수를 만든다. 첫째, 산업의 위험을 제거한다. 둘째, 더 의미있는 비교인 동종 업계를 비교해 포트폴리오를 구성하므로, '좋은' 주식을 더 정확하게 선택할 수 있다. 만약 모멘텀과 같은 팩터가 산업의 선택에도 효과가 있다면, 퀀트는 각 베팅에서 발생하는 위험의 양을 통제하면서 산업 내 그리고 산업 간 모멘텀에 모두 투자할 수 있다.

퀀트가 고유 위험, 시장 위험 및 산업 위험을 대부분 제거하면 어떤 위험이 남아 있을까? 위험이 전혀 없을까? 물론 아니다. 퀀트가 베팅하려는 팩터와 관련된 위험이 남아있다. 예를 들어, 퀀트가 가치에 베팅하는 경우 포트폴리오의 위험은 가치 팩터가 좋은 성과를 보이지 않는 것이다. 싼 주식이 더 싸지고 비싼 주식이 더 비싸지거나, 싼 주식이 펀더멘털 악화에 비해 저렴하지 않은 것으로 판명되면 가치 기반의 포트폴리오는 손실을 입게 된다. 따라서 모든 레버리지 투자자와 마찬가지로, 퀀트들은 뒤에서 다룰 2007년의 퀀트 사건에서 발생한 유동성 소용돌이 위험에 직면한다.

퀀트 투자의 일반적인 방법에 대해 논의했지만, 퀀트 포트폴리오 구성의 특성에는 많은 차이가 있다. 일부 퀀트는 포트폴리오의 변동성을 통제하려고 하는 반면 다른 퀀트는 일정한 명목 노출을 유지한다. 어떤 이들은 팩터별로 전술적인 비중을 조절하는 반면, 다른 이들은 각 팩터에 대해 일정한 비중을 유지하려고 한다. 또한 퀀트들은 각 주식의 신호에서 포트폴리오 비중을 구하는 방법에도 차이가 있다. 학문에서의 이론적 팩터는 종종 가장 좋은 팩터를 가진 상위 10% 주식을 매수하고 하위 10% 주식을 공매도하며, 매월 모델 포트폴리오를 재조정한다. 이러한 전략은 큰 회전율이 발생하여 현실에서는 거의 사용되지 않는다. 퀀트는 신호 값과 기대 수익 간의 관계를 추정하고 거래 비용을 제한 후의 성과를 최대로 높일 수 있는 포트폴리오를 구성하여 재조정한다.

2007년의 퀀트 사건

2007년 8월, 퀀트 전략과 관련된 사건이 터졌지만, 외부에 잘 알려지지는 않았다. 해당 사건을 잘 이해하기 위해서는 퀀트들의 롱-숏 포트폴리오라는 렌즈를 통해 사건을 봐야 하며, 분 단위의 짧은 주기를 이용해야 한다.[9] 나는 서문에서 말한 바와 같이 이 극적인 사건을 직접 경험했다.

2007년 6월과 7월에 많은 은행과 일부 헤지펀드가 서브프라임 신용 위기의 파급 효과로 인해 상당한 손실을 기록하기 시작했다. 이러한 손실로 인해 일부 기업은 주식 포지션과 같은 유동성 상품을 매도하여 위험을 줄이고 현금을 마련했으며, 일반적인 주식 선택 전략의 수익률이 떨어지게 되었다. 금융 시장은 붕괴되기 시작했고, 현금에 쪼들린 은행들은 퀀트 프랍 트레이딩을 포함한 트레이딩 데스크를 폐쇄했다. 동시에 일부 헤지펀드에서는 환매가 발생했다. 예를 들어, 어떤 재간접 펀드(다른 헤지펀드에 투자하는 헤지펀드)는 손실 한계를 넘어, 퀀트를 포함하여 투자한 헤지펀드들에서 환매를 해야 했다.

서브프라임 신용 위기는 퀀트들이 보유한 주식과는 거의 관련이 없었다. 그러나 퀀트의 청산으로 인해 기대 수익률이 높은 주식이 매도되고 있었고 공매도 포지션을 청산하기 위해 기대 수익률이 낮은 주식이 매수되고 있었다. 물론 다양한 퀀트들은 서로 다른 모형을 가지고 있었지만, 높은 수익률이 기대되는 주식 중 중복되는 것들이 있었다. 그들은 모두 같은 것, 즉 높은 수익률을 추구하고 있었기 때문이다.

이러한 청산은 7월과 8월, 퀀트의 가치 전략에 영향을 미치기 시작했다. 레버리지를 사용할 수 있는 방법이 줄어들었기 때문에, 잠재적인 차입매수 후보였던 주식에서 돈이 빠져나갔으며 이로 인해 가치 전략은 타격을 입었다. 이러한 주식들은 차입매수 기업들이 생각하기에 강력한 가치와 현금흐름으로 인해 저렴한 주식이었으며, 퀀트 역시 일반적으로 유사한 특성을 고려하기 때문에 가치 전략에서 손실이 발생했다. 또한 매수 포지션에 있는 값싼 주식들은 더 많은 레버리지를 가지고 있어서 신용 스프레드의 확대에 더 민감하게 반응했고 그에 따라 가치 전략은 손실을 입었다.

2007년 8월 6일 월요일, 퀀트 전략의 대대적인 디레버리징이 시작되었다. 그림 9.6은 가치 및 모멘텀 신호를 기반으로 '산업 중립 롱-숏' 포트폴리오의 시뮬레이션 된 누적 수익률을 보여 준다.

그림 9.6 2007년 8월 퀀트 주식 사건

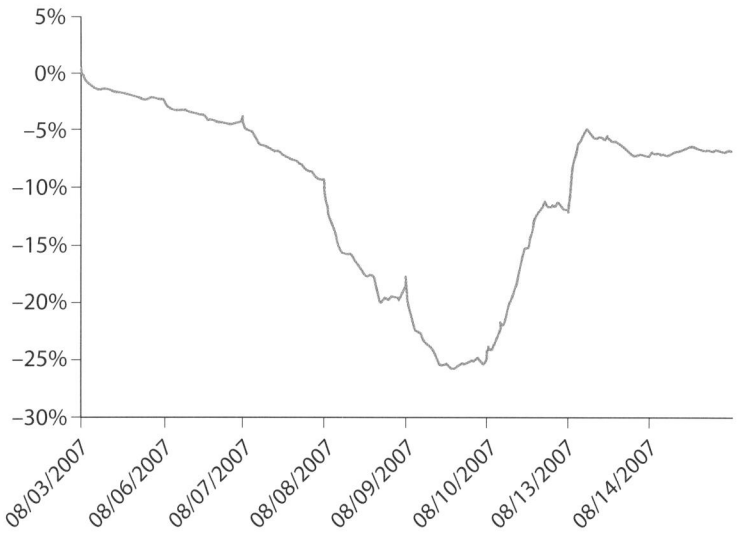

참고: 이 그래프는 2007년 8월 3~14일 동안 미국 대형 주식 대상 6% 연율화 변동성으로 표준화된 롱-숏 시장 중립 가치와 모멘텀 전략으로 시뮬레이션된 누적 수익률.
출처: Pedersen(2009)

위에서 논의한 바와 같이 펀더멘털 퀀트들은 다양한 팩터들을 사용하지만, 많은 팩터가 가치와 모멘텀에 어느 정도 노출되어 있다. 또한, 그림에는 표시되지 않지만 가격 반전에 의존하는 통계적 차익거래 전략은 비정상적인 가격이 연속되면서 유동성 이벤트의 영향을 받았다.

위 그림은 8월 6일 월요일부터 8월 9일 목요일까지 퀀트들이 포지션을 정리하면서 상당한 손실을 입게되었고, 그 후 금요일과 월요일에는 포지션 정리가 끝나면서 손실의 상당 부분을 회복해 일부 트레이더들이 그들의 포지션에 다시 진입했을 가능성을 나타낸다. 주목할 만한 사실은 그래프의 매끄러움이다. 이 그래프는 몇 개의 점을 연결하여 그린 인공적인 그림이 아니라, 분 단위 데이터를 사용한 그림이다. 매도 압력과 뒤따르는 빠른 회복으로 인해 현저하게 단기 예측이 가능해 그래프가 매끄러워진다. 예를 들어, 10분 간격으로 보았을 때 8월 7일 화요일까지는 계속 하락하여 -10%의 손실을 보았다. 이러한 예측 가능성은 랜덤워크와는 통계적으로 크게 달라, 유동성 사건의 강력한 증거다.

그림 9.6에서 손실의 크기를 주목해 보자. 시뮬레이션된 전략은 월요일에서 목요일까지 약 25%의 손실을 보이며 일반적으로 널리 쓰이는 위험 모형을 사용하면 연율화 변동성이 약 6%다. 이러한 변동성을 넓게 해석하면, 일정한 신뢰도 내에서 해당 전략은 1년 안에 최대 12%까지 잃을 수 있다. 이 경우, 단 4일 만에 그것의 두 배에 해당하는 손실이 발생했다.

4일 간의 변동성 $6\% \times \sqrt{4/260} = 0.74\%$를 고려할 때, 전략의 손

실은 30표준편차 이상이다. 30표준편차는 제대로 해석되어야 한다. 이 숫자는 거의 발생하지 않을 사건이나 다시는 일어나지 않을 사건을 의미하는 것이 아니다. 이는 이 사건이 주식의 펀더멘털이 아닌 유동성에 의해 일어났다는 뜻이며, 위험 모형이 유동성 위험과 유동성 소용돌이로 인한 내생적 증폭을 포착하지 못한다는 뜻이다.

주가 변동의 대부분은 펀더멘털에 관한 경제 뉴스에 의해 발생하지만, 유동성 위기 기간 중에는 가격 압력이 큰 영향을 미친다. 주식 수익률의 분포는 유동성 효과에 의한 충격과 펀더멘털에 의한 충격의 혼합이다. 기존의 위험 모형은 펀더멘털 충격을 포착하기 위해 짜여 있다. 주식 수익률은 일반적으로 펀더멘털이 주요 원동력이기 때문이다. 그렇기에 기존의 위험 모형은 유동성 꼬리 사건은 잘 포착하지 못한다. 따라서 30표준편차의 결과는 이번 사건이 펀더멘털 충격과 통계적으로 크게 다르며, 유동성 사건에 의해 주도되었음을 의미한다.

유동성 소용돌이의 한 가운데 있을 때 무엇을 해야 할까? 먼저 손실이 유동성 소용돌이 혹은 펀더멘털의 손실에 기인한 것인지 알아내야 한다. 둘 간의 차이가 중요한 이유는 유동성 소용돌이는 결국 빠른 회복으로 끝날 가능성이 크지만, 펀더멘털의 손실은 하락이 계속되고 회복될 이유가 없기 때문이다.

5장의 그림 5.6은 모든 사람이 포지션을 정리하고 가격이 하락한 후 반등하는, 유동성 소용돌이 기간 동안의 가격 경로를 보여 준다(이는 퀀트 사건이 발생하기 2년 전에 마커스 브루너마이어Markus Brunnermeier와 발표한 모형을 기반으로 한다).[10] 그림 5.6의 경로와 그림 9.6의 실제 시장 가격 사이에는 상당한 유사성이 있다. 두 그래프 모두 매끄럽게 내려간 후 매끄럽게 올라가며, 결국에는 시작 지점 아래에서 수평을 이룬다. 가격의 하락과 반등은 유동성 소용돌이의 대표적인 모습이며, 나중에 논의되는 플래시 크래시와 같은 다른 많은 유동성 사건에서도 볼 수 있다.

2007년 퀀트 사건은 목요일까지의 모든 증거를 고려할 때 명백하게 유동성 소용돌이였다. 그러나 이것이 언제 명백해졌을까? 현실에서는 사후 판단 외에는 어떤 것도 명확하지 않지만, 퀀트들은 월요일에 이미 올바르게 방향으로 생각하고 있었다.

첫째, 하루 동안의 너무나 크고 매끄러운 손실은 다른 요인에 의해서는 설명될 수 없을 것 같았다.

둘째, 7월에는 가치 투자의 손실에 대한 펀더멘털 요인이 있었던 반면, 가치와 모멘텀 포트폴리오의 손실은 설명하기 어려웠다. 더욱이 경제적인 펀더멘털은 매수 포지션의 주식이 공매도 포지션의 주식보다 더 개선되는 것처럼 보였다. 실제로, 시뮬레이션된 포트폴리오가 막대한 금액을 잃는 동안 주식 애널리스트들은 공매도 포지션에 비해 매수 포지션에 포함된 주식에 대한 추천을 상향했다. 이를 통해 펀더멘털의 손상이 아닌 유동성에 의한 손실이라고 볼 수 있다.

셋째, 여러 주식이 함께 움직이는 모습은 비정상적으로 작동했으며, 유동성 소용돌이를 만들어 냈다. 예를 들어, 모멘텀은 보통 가치와 음의 상관관계가 있지만, 둘 간에 갑자기 양의 상관관계가 나타났다. 다시 말하면, 주식들의 펀더멘털은 서로 연결되어 있지 않았지만 퀀트들이 보유하고 있다는 이유만으로 연결되기 시작했다. 넷째, 월요일의 사건은 이미 7월과 8월 첫째 주에 울리기 시작한 다른 경보음의 뒤를 이어 터졌다.

유동성 소용돌이를 인식하고 난 후에는 어떻게 해야 할까? 몇 가지 선택이 있다. (a) 포트폴리오의 일부분을 청산해 현금을 확보하고 위험을 줄인다. 이 경우 가격이 불리하게 움직이고, 거래 비용이 발생하며, 유동성 소용돌이가 끝났을 때의 가격 상승을 포기하게 된다. (b) 포트폴리오를 청산에 영향받지 않는 좀 더 특이한 팩터로 변경한다. 이 경우 거래 비용이 발생하고 가격 반전은 포기하지만 현금을 보유하지는 않는다. (c) 현상을 유지한다. (d) 상황의 반전이 가까워졌다는 데 베팅하여 포지션을 늘린다. (e) 포트폴리오를 청산할 뿐만 아니라 180도 뒤집거나, 청산이 장기간 지속될 것이라는 데 베팅해 평상시 믿는 모든 팩터에 반대되는 베팅을 한다. 이 경우 큰 거래 비용이 발생한다.

퀀트들은 서로 다른 전략을 취했고, 최선의 조치는 펀드의 레버리지, 레버리지를 위한 자금 조달, 여유 현금의 양, 포트폴리오의 위험, 포트폴리오의 크기와 유동성에 달려 있었다. 레버리지를 사용하지 않은 롱-온리 주식 포트폴리오는 채권자에 의해 강제 청산될 위험에 직면하지 않는다. 그러한 포트폴리오는 위기를 기다리는 것이 더 나으며, 심지어 가장 영향을 받는 팩터에 더욱 노출할 수도 있다. 반대로 레버리지를 많이 사용한 포트폴리오는 위험을 관리하지 않고서는 큰 손실을 안고 갈 수 없기 때문에, 마진 콜을 받지 않고 너무 늦게 위험 관리를 하지 않기 위해 포지션을 줄이고 현금을 확보해야 한다. 더 크고 유동성이 떨어지는 포트폴리오의 경우, 위험 관리에 더 많은 시간이 소요된다. 청산이 끝났다고 판단되면, 반전에서 가능한 많은 돈을 벌 수 있도록 포지션을 빠르게 늘릴 준비가 되어 있어야 한다. 그림 9.6에서 보듯이, 마침내 포트폴리오는 금요일에 반대 방향으로 튀어올라 엄청난 돈을 벌었으며, 10분 간격으로 보았을 때 -25% 수준에서 급반등하기 시작했다.

이 퀀트 사건은 전체 주식 시장이 상대적으로 평온한 기간 동안 발생했음을 기억해야 한다. 퀀트 사건 기간 동안 주식 시장은 1.5% 상승했으며, 연초부터 7월과 8월까지 상승세를 보였다. 이 퀀트 사건은 계량적 포트폴리오의 렌즈를 통해서만 볼 수 있었기 때문에 일반 시장에서는 보이지 않았다.

2008년 유동성 문제는 경제 전반에 훨씬 더 널리 퍼지게 되었고, 2008년 9월 리먼 브라더스의 파산을 중심으로 전반적인 유동성 위기가 전개되었다. 역설적이게도, 가치/모멘텀 퀀트 주식 전략은 2008년에 비교적 좋은 성과를 기록했다.

9.2 통계적 차익거래

통계적 차익거래 전략도 계량적이지만, 일반적으로 경제 기초에 대한 분석이 아닌 재정 및 통계적 관계에 기초한다.

이중 상장 주식

어떤 주식들은 펀더멘털 가치가 서로 경제적으로 연결되어 있다. 대표적인 예로 서로 다른 나라의 두 기업이 합병할 경우 별도의 법적 신분은 유지하되, 평등 계약equalization agreement을 통해 단일 기업의 기능을 하기로 결정하는 경우를 들 수 있다. 이전의 두 주식 모두 각 거래소에 계속 상장되어 있으므로, 합병 기업은 이중으로 상장된 주식을 보유하게 된다.

예를 들어, 유니레버 그룹Unilever Group은 1930년 더치 마가린 유니Dutch Margarine Unie와 '브리티쉬 레버 브라더스British Lever Brothers의 합병으로 만들어졌다. 유니레버는 여전히 네덜란드에 본사를 두고 주식이 유로화로 거래되는 '유니레버 NV'와 영국에 본사를 두고 런던 증권거래소에서 영국 파운드로 거래되는 '유니레버 PLC' 두 개의 다른 기업으로 구성되어 있다. NV와 PLC의 주가는 서로 밀접하게 연관되어 있지만, 그림 9.7에서 볼 수 있듯이 둘 사이에 상당한 스프레드가 존재하는 경우가 종종 있다.

그림 9.7 유니레버의 이중 상장 주식의 균형에서의 이탈

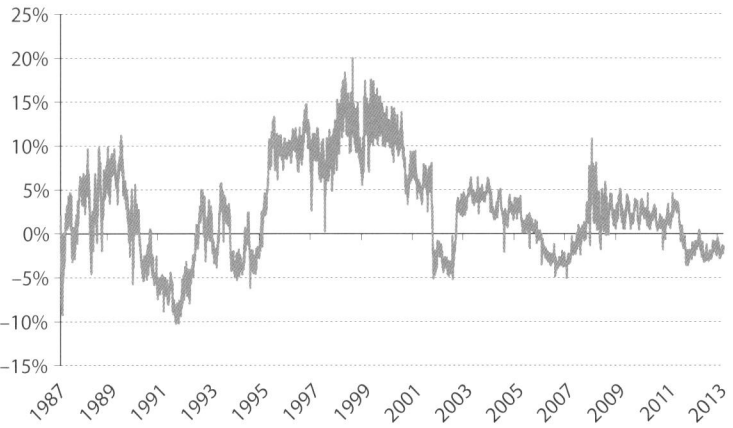

참고: 이 그림은 PNV/PPLC - 1로 계산된 유니레버 NV와 유니레버 PLC의 가격 사이의 스프레드 비율을 보여 주며, 가격은 공동 통화로 조정되었다.

세계적으로 통합된 효율적인 금융 시장에서 쌍둥이 주식은 항상 같이 움직이며 평행을 이루어야한다. 그러나 실제로는 유니레버와 다른 쌍둥이 주식에서 볼 수 있듯이 평행을 벗어난 편차가 존재한다. 각 주식은 상장되어 있는 시장에 따라 움직인다.

주식의 여러 클래스들

밀접하게 연결된 증권을 기반으로 한 또 다른 통계적 차익거래는 동일한 주식이 A주와 B주, 또는 일반주와 우선주 같이 다른 클래스class의 주식을 발행할 때 생긴다. 종종 B주은 A주보다 투표권은 적지만 배당에 대한 권리는 동일하다. 마찬가지로, 우선주은 지불에 대한 권리는 동일하지만 지배권은 적을 수 있다(우선주는 종종 부채의 형태와 같은 주식이다). 어떤 경우 클래스에 따라 주식의 유동성에 상당한 차이가 있다. 의결권과 유동성의 차이는 주식 클래스 사이에 매우 큰 스프레드로 이어질 수 있다. 예를 들어 그림 9.8은 BMW의 우선주가 일반주에 비해 할인된 정도를 보여 주며, 이는 시간에 따라 다르며 오랜 기간 동안 큰 할인을 보이기도 한다.

그림 9.8 BMW의 일반주 대비 우선주의 주가 할인

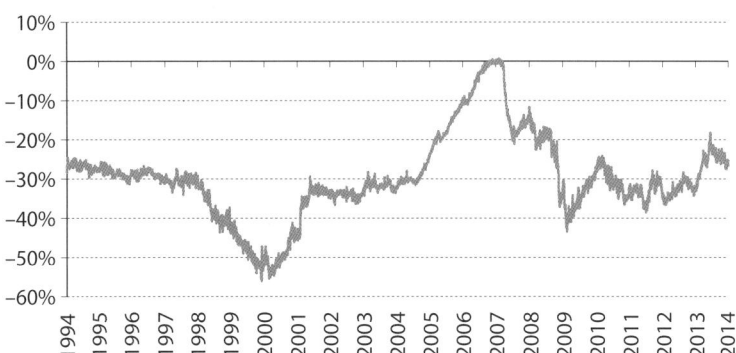

주식 클래스 간 스프레드를 이용한 거래는 스프레드가 확대될 수 있고 기업 이벤트가 서로 다른 주식 클래스에 서로 다른 영향을 미칠 수도 있으므로 완벽한 차익거래는 아니다. 예를 들어, 행동주의 투자자는 차등 주식 매입과 같이 주식 클래스별로 다른 영향을 미치는 기업 활동을 제안할 수 있다. 한편, 기업을 인수하는 경우와 같은 사건으로 인해 스프레드가 붕괴될 수도 있다.

효율적으로 비효율적인 차익 스프레드: 쌍둥이 주식의 예

통계적 차익거래 트레이더는 쌍둥이 주식의 가격 불일치를 이용해 거래한다. 이러한 행동은 차익 스프레드를 감소시키지만, 차익거래 트레이더 간의 경쟁이 스프레드를 완전히 제거하지는 않는다. 이러한 스프레드에 기반한 거래는 시장을 계속 관찰하여 가격 불일치를 인식하고 다른 유형의 주식의 계약상 권리를 이해한 후에 실행한다. 거래의 실행은 거래 비용과 종종 헤지되어야 하는 통화 위험을 포함한다.

차익 스프레드는 완벽하게 효율적인 시장에서는 0이 될 것이고, 따라서 0이 아닌 스프레드는 시장이 비효율적이라는 명확한 증거다. 그러나 차익거래가 더 위험하고 비용이 많이 들며, 차익거래를 위한 자본이 부족할 때 스프레드가 더 크다. 그런 점에서 스프레드는 효율적으로 비효율적이다. 유동성 프리미엄이 높을 때는 유동성이 떨어지는 주식이 할인되어 거래되는 경우가 많은 것도 효율적으로 비효율적인 가격 결정의 또 다른 신호다.

효율적으로 비효율적인 시장의 예로 유럽에서 거래되는 현지 유니레버 주식과 미국에서 거래되는 주식예탁증서American depositary Receipts, ADR 사이의 차익 스프레드를 비교해 보자. 유니레버 NV의 ADR은 NV의 실제 가격과 0-2% 내로 매우 비슷하게 거래되며, 유니레버 PLC의 ADR 역시 PLC의 실제 가격과 비슷하게 거래된다. 그러나 ADR 서로 간에는 현지 NV와 PLC 주식과 마찬가지로 유의한 스프레드를 가지고 거래된다. 왜 그럴까?

차익 스프레드는 비교적 단순한 차익거래를 반영하기 때문에 ADR은 일반주와 비슷한 가격에 거래된다. ADR과 보통주가 서로 교환 가능하기 때문이며, 이는 마치 ETF의 설정/해지와 같다. 반대로 NV 주식을 매수하고 PLC 주식을 공매도하면 포지션을 상계할 수 없다. 가격이 수렴될 때까지 두 포지션을 모두 보유해야 하며, 잠재적으로 오랫동안 자본을 묶어야 한다.

ADR 간의 차익 스프레드는 보통주의 차익 스프레드와 비슷하다. 그러나 그림 9.9에서 볼 수 있듯이 ADR의 스프레드가 약간 작은 경향이 있다.

그림 9.9 유니레버 ADR의 차익 스프레드 vs 현지 주식의 차익 스프레드

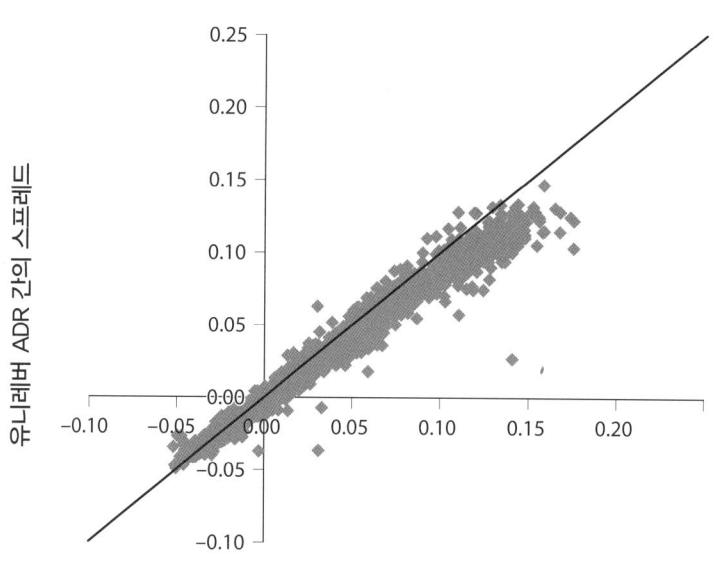

2000년부터 2013년까지를 대상으로, 가로 축은 유니레버 NV 대 PLC 보통주의 차익 스프레드를 나타내며, 세로 축은 해당 ADR의 차익 스프레드를 나타낸다. 대부분의 점이 x축과 45도 선 사이에 있다는 사실은 ADR이 더 쉬운 차익거래이므로 스프레드가 더 작은 경향이 있음을 반영한다.

이러한 차이는 두 ADR이 모두 미국 달러로 거래되기 때문에 통화를 헤지하는 것이 필요하지 않아 ADR의 차익거래가 더 간단한 전략이기 때문일 가능성이 높다. 더 작은 ADR 간의 스프레드는 효율적으로 비효율적인 시장의 또 다른 신호다.

페어 트레이딩과 반전 전략

통계적 차익거래 트레이더는 이중 상장 주식 및 밀접하게 관련된 주식 클래스를 찾는 것 외에도, 명시적인 재정 관계가 없이 통계적으로 유사하게 움직이는 주식을 찾는다.[11] 이러한 전략 중 하나가 페어 트레이딩Pairs Trading이다. 통계적 차익거래 트레이더들은 높은 상관성을 가진 주식 한 쌍을 찾고, 가격이 서로 멀어지는 상황을 파악한 후에 떨어지는 주식을 매수하고 상승하는 주식을 공매도하여 두 주식의 차이가 수렴하는 데 베팅한다. 즉, 가격 반전에 베팅하는 것이다.

통계적 차익거래 트레이더들은 가격 반전에 더 광범위한 베팅을 하기도 한다. 광범위한 반전 전략은 주식 쌍이 아닌 대형 주식 유니버스를 대상으로 하여 시장 대비 떨어지는 주식들과 올라가는 주식들을 찾는다. 가장 간단한 유형의 반전 전략은, 지난 며칠 동안 수익률이 가장 낮은 주식들을 매수하고 수익률이 가장 높은 주식들을 공매도하는 것이다.

잔여 반전 전략residual reversal strategies이라고도 불리는 더 정교한 형태의 전략은 각 주식과 유사한 특성을 가진 다른 주식의 수익률을 고려하여 각 주식의 기대 수익률을 추정한 다음 주식의 실제 수익률과 기대 수익률 사이의 잔여가 반전할 것에 베팅한다.

지수 차익거래와 폐쇄형 펀드 차익거래

마지막으로, 통계적 차익거래 트레이더는 일명 '주식 바스켓basket security'과 구성 요소의 차이에서 차익을 발견한다. 예를 들어, 주가 지수 선물과 기초 자산 주식의 가격 차이, 선물과 ETF의 차이, ETF와 그 구성 종목의 차이, 폐쇄형 공모펀드와 보유 주식 간의 차이에서 기회를 찾는다. 차익 스프레드가 크게 벌어질 수 있는 폐쇄형 펀드를 제외하고 제한된 위험으로 전략을 실행할 수 있다는 점에서 차익 스프레드가 작은 경향이 있다. 이런 거래는 스프레드가 매우 좁을 경우 거래 비용을 최소화하고 실행 위험을 제한하기 위해 정교한 거래 인프라가 필요하다.

9.3 고빈도 매매: 효율적으로 비효율적인 시장 조성자

고빈도 매매는 다양한 전략을 이용해 거래한다. 유동성을 제공하는 것도 있고 유동성을 요구하는 것도 있다.[12] 고빈도 매매는 오늘날의 전자 시장에 유동성을 제공하며, 이들은 본질적으로 뉴욕 증권거래소의 오래된 시장 조성자 및 전문가들과 같은 역할을 한다.

모든 투자자가 항상 시장에 존재하고 모두가 동일한 정보를 가지고 있는 완벽하게 효율적인 시장에서는 유동성이 거의 무제한이며 매수-매도 스프레드는 사실상 0일 것이다. 그러나 시장은 완벽하게 효율적이지 않으며 유동성 문제는 어디에나 있다.

효율적으로 비효율적인 시장에서 시장 조성자의 기본적인 경제성을 이해하려면 대부분의 투자자가 시장을 지속적으로 관찰하지 않으며, 가끔씩 거래하기로 결정했을 때는 즉시 거래하기를 원한다는 사실을 알아야 한다. 그래서 보통 매수자와 매도자는 동시에 시장에 존재하지 않기 때문에, 심지어 동시에 존재하는 경우에도 서로 다른 거래소로 가는 경우가 있기 때문에 주문 흐름이 끊기게 된다. 이러한 행동은 시장 가격이 '균형 가격', 즉 모든 매수자와 매도자가 동시에 시장에 존재한다면 결정되었을 가격을 중심으로 움직인다(시장 조성자가 없으면 가격은 훨씬 더 많이 움직일 것이다). 즉, 시장에 매수자가 많으면 가격이 상승하고 매도자가 많으면 가격이 하락한다.

시장 조성자는 유동성 서비스를 제공한다. 즉, 시장에 매수자보다 매도자가 더 많을 경우, 시장 조성자는 초과 공급 매수를 준비한다. 매수자가 도착할 때까지 증권을 재고로 비축해 두었다가 이를 꺼내서 매수자들의 수요를 충족시킨다.

시장 조성자들은 유동성 서비스에 가격을 부과한다. 이 가격은 시장 조성자의 수익이며, 매수자와 매도자에는 거래 비용이다. 시장 조성자들은 매수-매도 스프레드와 시장 충격, 즉 가격이 출렁임에 따라 낮은 가격에 매수하고 높은 가격에 매도하여 수익을 얻는다. 이는 식료품을 구매한 후 수수료를 붙여 판매하는 식료품점의 수익과 유사하다. 식료품점은 직원들에게 임금을 지불하고, 임대료, 운임, 자본 비용을 지불할 만큼 충분히 큰 돈을 벌기 위해 수수료를 부과한다. 이와 유사하게, 시장 조성자들은 유동성 공급과 관련된 비용에 대한 보상이 필요하며, 시장이 더 경쟁적일수록 시장의 유동성은 더 높아진다.

대규모 거래 인프라를 구축하는 비용 외에도, 시장 조성자는 정보 투자자와 거래하여 돈을 잃을 위험이 있다. 실제로 시장의 매도 압력으로 인해 시장 조성자가 순 매수자가 되는 경우, 시장 조성자들은 그 이유가 급매 때문인지 균형 가격이 실제로 바뀌었기 때문인지 확신할 수 없다. 전자의 경우, 시장 조성자는 낮은 가격으로 매수한 후 가격이 반등할 때 높은 가격으로 매도하여 수익을 얻는다. 후자의 경우, 가격 압력이 일시적인 효과가 아니라 근본적인 가치가 하락했기 때문이라는 것을 깨달으면 낮은 가격으로 매수하여 더 낮은 가격으로 매도한다. 이때 매도자들은 시장 조성자들이 모르는 사실을 이미 알고 있었기에 매도를 할 것이다. 따라서 수익성을 유지하기 위해 시장 조성자는 시장 상황을 계속 주시해야 한다. 뉴스가 도착하면, 그 즉시 주문을 조정해야 한다.

개념적으로, 전자 시장의 시장 조성자는 다음과 같이 작동한다. 그들은 주식의 균형 가격을 결정하고 이 가격 바로 아래에 지정가 매수 주문을, 바로 위에 지정가 매도 주문을 낸다. 그들은 시장에 도달하는 여러 주문을 기반으로 최적의 주문에 대한 추정치를 끊임없이 업데이트하며, 균형 가격이 변하면 기존 주문을 취소한 후 새로운 주문을 낸다. 또한, 시장 조성자는 재고 위험을 관리해야 하며, 그들의 포지션을 줄이기 위해 주문을 감춰야 하고, 시장 및 산업 노출을 헤지해야 한다.

고빈도 매매는 유동성 공급 외에도 다른 많은 전략을 추구하며, 추정에 따르면 그들은 지정가 주문이 체결되기를 기다리기 보다는 체결 가능 주문marketable orders을 더 자주 사용한다. 예를 들어, 고빈도 매매는 위에서 논의된 통계적 차익거래 전략과 유사하게, 서로 관련된 주식들에서 발생하는 단기간의 상대적 가격 괴리를 이용한다. 다른 고빈도 매매 거래자가 제출한 지정가 주문을 포함하여 '오래된' 지정가 주문을 매수하는 전략도 있다. 예를 들어, 주식의 가치가 상승하는 뉴스가 발표되었을 때, 고빈도 매매 거래자는 이전의 균형 가격 근처의 지정가 매도 주문을 즉시 매수할 것이다. 동시에 유동성을 제공하는 고빈도 매매는 본인들의 오래된 주문을 즉시 취소할 것이다.

고빈도 매매는 빠른 것이 중요하지 않다. 더 빠른 것이 중요하다. 그래서 치열하게 '군비 경쟁'을 한다. 실제로 가장 빠른 고빈도 매매만이 시장에 있는 지정가 주문을 체결할 수 있다. 반대로, 고빈도 매매는 불리한 위치에 노출될 위험을 줄이려면 지정가 주문이 오래된 것이 되거나, 다른 고빈도 매매 거래자에 의해 잡아먹히기 전에 주문을 취소해야 한다.

일부 고빈도 매매는 대규모 주문이 소규모 거래로 분할되어 몇 시간 또는 며칠에 걸쳐 거래되는지를 식별하고 이를 활용하려고 할 수도 있다. 예를 들어, 대량의 주식을 매수하려고 할 때, 매분마다 동일한 수의 주식을 매수하도록 지정가 주문을 제출하고, 이러한 주문이 더 정교하고 무작위로 분할한 후 무작위 시간에 실행하는 것과 어떻게 다른지 살펴본다.

2010년의 플래시 크래시

2010년 5월 6일, 플래시 크래시 flash crash로 알려지게 된 극적인 시장 사건이 미국 증시에서 일어났다. 계속되는 유럽 채무 위기에 대한 우려로 오전부터 거래량과 변동성이 증가하며 시장은 하락했다.

오후 2시 32분, S&P 500 주가 지수가 2.8% 하락했다. 변동성 증가와 일부 거래소에서 데이터 지연 및 기타 데이터 문제가 발생하여 호가창이 얇아지고 있었다. 전자 시장에서 트레이더들이 데이터 품질에 대한 의문을 가지기 시작하면, 갑자기 장님이 되는 것이나 마찬가지다. 그리고 눈을 감고 거래하는 것을 두려워하게 되면, 자연스럽게 주문을 축소하거나 심지어 다함께 거래를 중단하기도 한다.

이때, 공모펀드 와델&리드파이낸셜Waddell & Reed Financial, Inc.이 7만 5,000개의 e-미니 S&P 500 선물(약 41억 달러)을 매도하는 엄청나게 큰 주문을 냈다. 그렇게 큰 주문은 좀처럼 시장에 나오지 않는다. 이러한 대규모 주문은 지난 12개월 동안 단 두 번 발생했으며, 그중 하나는 동일한 공모펀드에 의해서였다. 이 공모펀드가 이전에 비슷한 규모의 주문을 실행했을 때는 몇 시간 동안 매도를 했지만, 플래시 크래시 당일에는 단 20분 동안 알고리즘으로 주문을 실행하기로 결정했다. 다음 13분 동안 시장은 5.2% 하락했으며, 그림 9.10에서 볼 수 있듯이 짧은 기간 동안 막대한 움직임을 보였다.

그림 9.10 2010년 5월 6일의 플래시 크래시

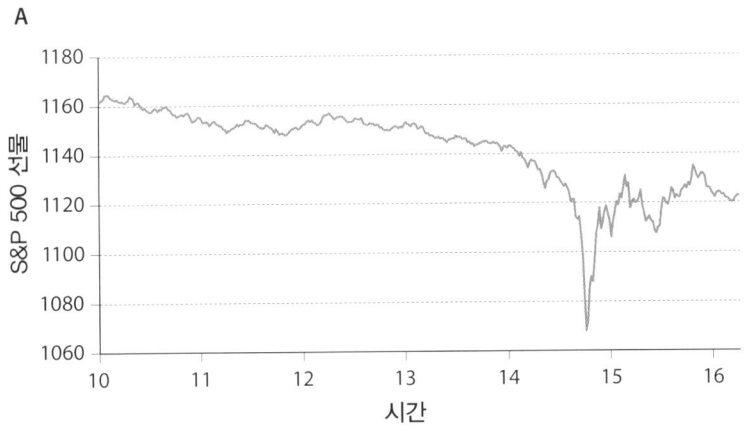

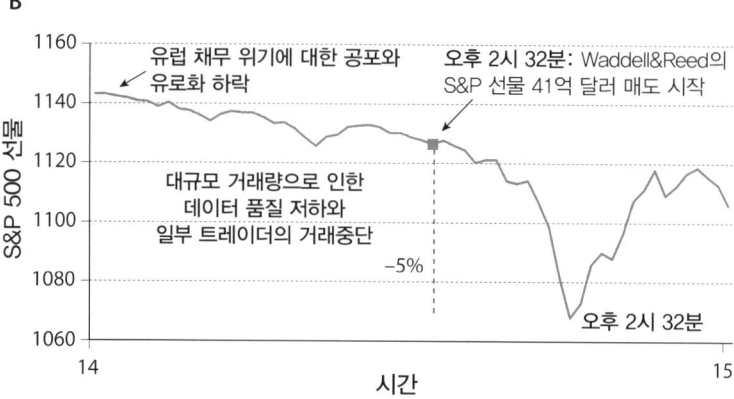

처음에는 고빈도 매매가 유동성을 제공했다. 그들은 시장이 하락하고 있을 때 순 매수자였지만, 오후 2시 41분부터 재고 위험을 줄이기 위해 순 매도자로 변했다. 그러나 이 사건 내내 고빈도 매매 거래자들은 상품선물거래위원회와 증권거래위원회가 기록한 것처럼 매수 매도를 주고받았다.

매수자 혹은 교차 시장 차익거래의 수요가 여전히 충분하지 못한 상황에서, 고빈도 매매는 계약을 신속하게 매수한 후 서로 재매도하기 시작했다. 동일한 포지션이 왔다갔다 하면서 '뜨거운 감자'인 거래량 효과를 만들었다. 2시 45분 13초에서 2시 45분 27초 사이에 고빈도 매매는 전체 거래량의 약 49%를 차지하는 27,000개 이상의 계약을 거래하는 한편, 약 200개의 추가 계약만 순매수했다.

오후 2시 45분 28초, 추가적인 가격 하락을 막기 위해 시카고 상품거래소가 거래 정지Stop Logic Functionality를 발동하면서 e-미니 거래가 5초간 중단되었다. 그 짧은 기간 동안 e-미니의 매도 압력은 부분적으로 완화되었고, 매수에 대한 관심은 증가했다. 오후 2시 45분 33초에 거래가 재개되자, 가격은 안정되었고 e-미니는 반등하기 시작했다.[13]

S&P 500의 가격이 바닥에 가까워졌을 때, 호가창의 주문이 거의 사라져 유동성이 말라버렸다. 게다가 S&P 500의 유동성 위기는 다른 많은 시장에도 영향을 주었으며, 이는 트레이더들이 S&P 500의 하락으로 인해 발생한 상대적 가격 괴리를 이용해 차익거래를 했기 때문이다. 상대적 가치를 이용한 트레이더들은 S&P 500을 매수하면서 다른 증권을 공매도했다. 이로 인해 S&P 500이 상승하면서 다른 시장의 가격은 하락했다. 먼저 ETF를 시작으로 많은 개별주가 타격을 받았다. 일부 주식은 호가창이 얇아짐에 따라 매우 특이한 거래가 발생했으며, 시장가 주문을 통해 액센츄어Accenture 주식이 0.01달러에 거래되는 등 극한의 가격으로 '플레이스홀더placeholder'[†] 주문이 체결되기 시작했다. 그러나 이런 극단적인 거래는 나중에 취소되었다.

플래시 크래시에서 고빈도 매매의 책임은 그들이 했던 것이 아니라 그들이 하지 않은 것, 즉 무제한의 유동성을 제공하지

[†] 매수호가를 1센트에 매도호가를 2,000달러에 제시하는 등 주식의 시장가격보다 훨씬 떨어져 놓인 주문이며, 스터브 주문이라고도 한다.

않았다는 점이다. 하지만 압도적으로 일방적인 수요 압력에 맞서 시장 조성자들이 유동성을 공급하기는 힘들다는 점, 시장 가격의 혼란, 그리고 증가하는 위험은 항상 문제가 되어 왔다. 예를 들어, 나스닥 주식과 장외 시장에서 예전의 시장 조성자들은 1987년 주식 시장 붕괴와 같이 시장이 벼랑에 서있을 때 전화기를 꺼버린 것으로 알려져 있다. 또한 2010년 플래시 크래시가 발생하기 반세기 전에는 '1962년 5월 시장 붕괴'로 알려진 비슷한 사건이 발생했다. 이 사건은 증권거래위원회가 조사했으며, 플래시 크래시에서와 마찬가지로 증권거래소는 '뉴욕거래소 테이프의 지연†과 가격 하락의 규모로 인해 일부 장외 딜러가 특정 증권의 시장 조성자에서 철수했다'고 밝혔다.[14]

9.4 AQR 캐피털의 클리프 애스니스와의 인터뷰

클리프 애스니스는 금융 이론의 실제 적용을 위해 설립된 글로벌 투자 회사 AQR 캐피털의 공동 설립자이자 대표이다. 그는 최초의 퀀트 투자자 중 한 명으로, 영향력 있고 수상 경력이 있는 다수의 논문을 집필했다. AQR을 공동 설립하기 전에는 골드만삭스 자산운용에서 계량적 연구를 담당했다. 펜실베니아 대학에서 두 개의 학사 학위를 받았으며, 시카고 대학에서 박사 학

---

† 예전 거래소에서는 거래가 체결되면, 거래소 직원이 세부 사항을 종이에 적어 건물 5층에 있는 방으로 보내고 그곳의 직원이 이를 타이핑해 전송했다. 따라서 객장에서 거래가 체결되고 나서 그 결과가 테이프에 나타나기까지 시간이 걸리며, 1962년 당일에는 수십분이 지연되었다.

위와 MBA 학위를 받았다. 그는 모멘텀 투자에 관한 초기 연구 중 하나인 논문을 썼으며, 오늘날에도 여전히 학계에서 가장 일반적으로 연구되고 있는 모멘텀 전략의 유형을 파마 교수의 학생이자 조교였던 시절에 확립했다.

Q: 박사 학위 논문에서 모멘텀, 반전, 통계적 차익거래에 관해 중요한 연구를 하셨는데, 어떻게 그런 아이디어가 나오게 되었나요?

A: 제가 시카고 대학에 있을 때 유진 파마와 켄 프렌치 교수님께서 지도해 주셨습니다. 그분들은 가치와 사이즈에 대한 연구를 하고 계셨고, 처음에 저는 가치 투자의 연장선상에서 논문을 쓰기로 생각했었습니다. 데이터를 연구하는데 많은 시간을 보냈고, 가장 최근 한달을 제외한 12개월의 주식 수익률을 분석해보면, 거기에는 강한 모멘텀이 있다는 이상한 결과를 보았죠. 모멘텀 효과는 가치 투자만큼이나 강했고, 실제로 총 수익률 측면에서는 훨씬 높았습니다. 저는 이 결과를 학술 문헌에서 찾아볼 수 없었습니다 (UCLA의 연구원 두 명이 비슷한 것을 저와 동시에 연구하고 있다는 것이 나중에 밝혀졌지만, 그분들은 최근 한 달 부분은 고려하지 않았습니다). 그래서 저는 꽤 흥분됐지만, 한편으로는 걱정되기도 했습니다. 유진 교수님은 효율적 시장의 열렬한 신봉자이셨기 때문에, 제가 시장

효율성과 너무 모순되는 것으로 논문을 쓰겠다는 것이 좀 무서웠습니다. 저는 교수님이 처음부터 다시 하라고 말씀하실 거라 예상하며 저의 발견에 대해 설명했습니다. 그러나 교수님의 대답은 "데이터가 그렇다면, 한번 해봐!"였습니다. 저에게도 훌륭한 순간이었으며, 유진 교수님에 대해 더욱 존경하게 된 순간이었죠.

데이터를 다루다가 발견한 또 다른 사실은 가장 최근의 한 달이 반전과 관련이 있다는 것이었습니다. 저는 그게 멋지다고 생각했지만, 얼마나 실행 가능한지는 완전히 확신하지 못했습니다. 그 효과를 통해 많은 통계적 차익거래 트레이더들이 성공했지만, 저는 그걸 너무 빨리 포기했습니다.

Q: 발견하신 모멘텀이 중요한 결과라는 것을 깨달은 순간이 있었나요?

A: 제게 있어, 아마도 논문에서 중요한 순간은 제가 샘플을 1926년으로 늘렸을 때입니다. 아시다시피, 데이터 마이닝의 유일한 해결책은 표본 외 기간에 테스트해보는 것입니다. 그래서 저는 제 연구 결과가 다른 기간에서도 유지되는지 알고 싶었습니다. 처음에는 1963년부터 1990년을 대상으로 파마-프렌치와 동일한 데이터를 사용하여 모든 분석을 수행했지만, 갑자기 1926년부터 데이터가 존재한다

는 점을 깨달았습니다. 파마-프렌치의 연구는 회사의 장부 가치를 사용해야 하는데, 1963년 이전에는 그 데이터가 없었기 때문이죠. 저는 생각했습니다. "나는 1926년부터의 주가를 가지고 있고, 내 연구는 장부 가치가 필요하지도 않은데, 왜 굳이 샘플 기간을 1963년부터로 해야하지?" 그래서 1926년부터 1963년 6월까지를 대상으로 분석을 실시해 보았습니다. 모멘텀은 과거 기간을 대상으로도 완벽하게 작동했습니다. 1963년 이전에도 모멘텀 효과는 강했으며, 가장 최근 한 달 동안에는 강한 반전이 있었고, 장기 반전도 작동했습니다. 스물세 살이던 저에게는 매우 흥미진진한 순간이었죠. 전 이렇게 말했죠. "이런, 잘 되자나!" 그러나 저는 모멘텀이 학계에서 그렇게까지 큰 역할을 할 줄은 몰랐습니다. 저는 그냥 졸업을 하고 싶었거든요.

Q: 제가 스탠퍼드 대학원에 있을 때 교수님들은 저희가 월스트리트에서 인턴쉽을 하는 것을 막았습니다. 최고의 박사 과정 학생들이 '타락한' 스타 학생을 따라 학계를 버리고 월가로 갔던 시카고 대학의 비극을 언급하면서요. 시카고의 '잃어버린 세대'라고 불렸던 것 같아요. 그것에 대해 말씀해 주시겠어요?

A: 하! 음, 여러 해가 지나는 동안 학계 친구들로부터 제가 학

계를 떠난 것에 대해 유진 교수님이 화가 났다는 소식을 계속 들었습니다. 제가 떠날 때 시카고의 많은 박사 학우들이 다같이 온 게 일을 더 나쁘게 만들었다고 생각했죠. 제 반응은 항상 "정말요?"였고, 그들의 반응은 "아니야, 설마…."였습니다. 글쎄요, 유진 교수님은 제가 훌륭한 경험주의자가 되도록 훈련시켰고, 그래서 이러한 일이 있고 시간이 한참 지난 후에야 무언가 있다는 걸 깨달았죠. 하지만 저는 항상 그것을 칭찬으로 생각하려고 노력했고, 교수님과 저는 현재 사이가 매우 좋습니다.

Q: 그렇다면 왜 월스트리트로 떠나기로 결심하셨나요?
A: 저는 시카고에 있을 때 하던 일이 정말 좋았습니다. 하지만 대학을 졸업하고 바로 대학원에 갔기 때문에, 현실 세계가 어떨지에 대해 조금 의심했습니다. 또 골드만삭스에 입사한 대학 시절 가장 친한 친구가 말하길, 현실이 어떤 모습인지 직접 봐야 한다고 했죠. 그래서 저는 골드만에서 여름에만 일하기로 결심했지만, 결국 여름으로 끝나지 않았습니다. 저는 채권 트레이더로 일을 시작했습니다. 그래서 낮에는 채권을 거래했고, 밤에는 주식에 관한 논문을 작성했습니다. 얼마 후 골드만은 주식과 채권을 모두 다루는 계량적 연구 그룹이 필요하다고 판단했고, 저에게 이를 할 수 있는지 물어봤습니다. 그 조직의 권한은 꽤

넓었고, 제가 학교에서 일하고 있던 모든 매력적인 일들을 할 수 있는 기회가 여기 있다는 것을 깨달았습니다. 그리고 저는 학자의 엄격함과 동시에 좀 더 응용적인 환경에서 일할 것 같았죠. 저에겐 정말 매력적이었습니다.

Q: 시장을 학문적으로 연구하던 때에서 실제 돈을 거래하기 위해 연구를 사용하는 것으로 전환하는 과정 중 가장 어려운 점은 무엇이었나요?

A: 먼저, 현실 세계가 어떻게 작동하는지와 브로커의 관계 등을 배워야 합니다. 이를 통해 거래 비용과 포트폴리오 구축의 중요성을 곧 알 수 있겠죠. 학자들도 이런 것들을 모르는 것은 아니지만, '진짜 탄약'을 가지고 놀면서 진짜 돈을 벌 때, 이는 더욱 중요해집니다. 예를 들어, 상당히 많은 양의 돈을 운용하고 싶다면, 거래 비용이 너무 큰 소형주에 내가 원하는 만큼의 투자를 할 수 없다는 것을 알게 됩니다. 회전율이 너무 높은 전략도 실행할 수 없습니다. 또한, 가장 큰 차이 중 하나는 사람들에게 여러분이 정말 할 수 있다고 설득해야 한다는 것입니다. 사람들이 실제 탄약, 즉 그들의 탄약을 가지고 놀 수 있게 허락해 주는데의 장애물은, 성공적인 논문을 쓰는데의 장애물과는 매우 다릅니다. 저는 골드만삭스에서 "돈을 주세요. 계량적인 투자는 효과가 있어요!"라고 말하는 25살짜리 괴짜였습니

다. 예를 들어, 그들은 당시 골드만의 거물이었던 애비 코헨Abby Cohen 씨에게 우리의 일을 발표하게 했습니다. 저는 애비씨를 존경하지만, 그녀는 우리와 매우 다른 종류의 애널리스트였습니다. 하지만 우리는 발표를 했고, 그녀는 이해했으며, 결국 허락을 받았습니다.

Q: 현실에서는 어떤 차이점이 있나요?

A: 음, 현실과 학계의 가장 큰 차이점은 과학적으로 들리겠지만, '시간 팽창'입니다. 무슨 뜻인지 설명해보죠. 제가 말하는 것은 빛의 속도로 움직이는 것과 같이 물리학에서 말하는 상대론적인 시간 팽창이 아닙니다. 진짜 돈을 운영할 때 여러분의 시간에 대한 감각은 변합니다. 예를 들어 샤프지수가 0.7이지만 3년 간의 성과가 나빴던 전략을 생각해봅시다. 아마 여러분은 당황하지 않고 말하겠죠. "아, 보세요, 1973년에 그런 일이 있었지만 1976년에 다시 좋아졌습니다. 그 결과 샤프지수가 0.7이나 됩니다." 그러나 그 기간을 지내는 것은 실제 시간 보다 몇 배가 길게 느껴지며 내부 장기가 닳고 찢길 만큼 고통스럽습니다. 3년 동안 전략이 작동하지 않으면, 10년은 늙습니다. 모형을 바꾸어야 한다는 엄청난 압력에 시달리며, 믿음을 잃는 상사나 고객이 생깁니다. 얼마나 징계를 받을 지는 설명할 수조차 없습니다.

Q: 워런 버핏의 버크셔 해서웨이 주식 수익률의 샤프지수도 그 정도입니다.

A: 네, 그도 물론 손실을 보는 기간이 있었고, 그 중 몇몇은 꽤 끔찍했습니다. 0.7의 샤프지수를 통해 많은 부를 얻을 수 있지만, 상당한 시간 동안 손실을 볼 수도 있으며, 때로는 여러 해 연속해서 손실을 보기도 합니다. 다행히 저는 운이 좋았고, 이것은 아마도 제 직장 생활에서 가장 큰 행운일 것입니다. 처음 몇 년 동안 우리는 매우 좋은 수익률을 기록했습니다. 처음 2년 동안 우리는 큰 위험 조정 수익률로 많은 돈을 벌었습니다. 만약 처음 몇 년이 나빴다면, 저는 아마 다른 일을 하고 있었겠죠. 그것이 바로 이 사업이 돌아가는 방식이니까요. 제 논문이 끝난 후인 '표본 외 기간'를 포함해도 전략은 계속해서 작동했으므로 저는 이 행운이 전혀 불공평했다고 생각하지 않지만, 피할 수 없는 나쁜 시기를 헤쳐나가는 것은 학계에서 떠날 때 필요한 가장 큰 사고방식의 변화입니다.

Q: 골드만삭스에서 퀀트 그룹을 시작했을 때, 세 자리수 수익률을 기록하고 골드만삭스의 파트너가 될 수 있던 젊은 남자셨죠. 그런데 왜 새로운 회사를 차리기 위해 그 일을 그만두었나요?

A: 그건 쉬운 결정이 아니었습니다. 우리는 골드만에서 매우

잘했으며, 좋은 대접을 받았습니다. 하지만 미래를 내다보았을 때, 골드만에서의 길은 독립된 기업으로서의 길과는 매우 달랐습니다. 점점 더 성공이라는 것이 큰 기업의 고위 경영진이 되는 것처럼 보였습니다. 제가 원하던 길은 언제나 저의 열정이었던 연구를 가까이하는 것이었습니다. 몇 가지 촉매로 인해 결정을 내렸습니다. 하나는 당시 저를 위해 일했던 시카고 박사 학우 한 명이 자신의 헤지펀드를 설립하기 위해 떠났고, 그의 초기 성공으로 인해 경쟁심이 들었습니다. 둘째로, 골드만의 또 다른 그룹의 동료였던 데이비드 카빌러도 우리 스스로가 이 일을 성공적으로 해낼 수 있다는 주장을 하기 시작했습니다. 그는 우리보다 우리를 더 신뢰했고, 많은 사업 아이디어를 가지고 있었습니다. 그래서 1년 후에, 저는 AQR을 시작하기 위해 시카고 박사 학우이자 우리 팀의 두 선임인 존 리우John Liew와 밥 크레일, 나머지 팀의 절반 정도 및 데이비드와 함께 떠났습니다. 저는 물론 골드만에 머물면서 옛 그룹을 운영한 사람들 역시 올스타 팀이라고 생각합니다.

Q: 기회를 잡고 AQR을 시작하기로 결심하셨군요.
A: 네. 우리는 예상보다 더 쉽게 돈을 모았고, 실제로 모인 금액의 절반 정도를 되돌려주어야 했습니다. 그러나 우리는 어떤 일이 다가오고 있는지 몰랐죠. 젊고 건방진 골드만

삭스 퀀트들은 오랫동안 잘못을 깨달아야 했습니다.

Q: 기술주 버블에 대해 말씀하시는 건가요?

A: 맞아요. 사실, 1998년 8월 우리의 첫 달은 시장이 붕괴되고 LTCM과 다른 많은 헤지펀드가 어려움에 처했음에도 불구하고 좋았습니다. 우리는 매우 다른 전략을 사용했고, 돈을 벌었죠. 그런데 갑자기 상황이 바뀌기 시작했습니다. 그 이유를 이해하려면 거래 전략의 기반이 되는 매우 중요한 두 가지 투자 테마가 가치와 모멘텀이라는 점을 기억해야 합니다. 우리는 다른 전략들 역시 사용했고 수년에 걸쳐 많은 새로운 전략들을 개발했지만 가치와 모멘텀은 여전히 중요합니다. 기술주 버블은 가치 전략이 크게 하락하고, 모멘텀이 도움이 되긴 하지만 충분하지는 않았던 시기입니다. 기술주 버블이 시작되기 직전, 말 그대로 정말 말도 안 되는 단계가 시작되기 직전, 우리는 사업과 첫 펀드를 출시했습니다. 제가 전에 언급했던 시간 팽창을 기억하시죠? 우리의 힘든 출발은 약 18개월 동안 지속되었지만, 그것은 마치 일생처럼 느껴졌습니다.

Q: 투자자들은 어려운 출발에 어떤 반응을 보였나요?

A: 저희 투자자들 중 많은 분들, 특히 저희의 투자 과정을 정말로 이해해주신 분들은 저희와 함께 했습니다. 우리는

그분들에게 인터넷 가치평가가 말도 안된다는 많은 중거들과, 앞으로 우리의 투자가 훨씬 더 좋아보인다는 것을 보여 주었습니다. 물론, 모든 투자자들이 우리와 함께 한 것은 아닙니다. 이 사업의 답답한점 중 하나는 많은 투자자들이 단기 성과에 굉장히 민감하다는 것입니다. 물론 우리가 그 수혜를 받을 때도 있지만요. 많은 투자자들은 최근 실적이 좋은 투자 전략이나 매니저에 집중하는 경향이 있으며, 수익이 나빠지면 바로 떠납니다. 더 나쁜 것은, 계속 기다리다 결국 영원히 손실이 날 것 같다는 생각으로 최악의 시기에 떠나는 것입니다. 사실 통계적으로는 그러한 손실이 그렇게 충격적이지도 않습니다. 이러한 행동의 문제는, 진입과 청산의 시기를 잘못 맞추면 이러한 전략들이 장기적으로 돈을 벌 수 있음에도 불구하고 고객들은 손실을 본다는 것입니다. 너무 징징거리지는 말아야겠네요. 아마도 이러한 점들이 전략이 애초에 존재하는 이유이며, 몇몇 사람들이 추측하는 것처럼 쉽게 사라지지 않는 이유이겠지만, 가끔은 이런 관점을 유지하기가 어렵습니다. 어쨌든 2000년과 이듬해 인터넷 버블이 터졌을 때 우리 곁에 남아 있던 투자자들은 보상을 받았습니다.

Q: 주제를 약간 바꿔서 계량적 투자에 대한 접근방식을 얘기해 보도록 하겠습니다. 어떻게 주식을 선택하시나요?

A: 음, 누구나 비밀은 있지만, 가장 기본적인 아이디어 몇 가지를 공유하겠습니다. 앞서 말씀드렸듯이, 가장 간단한 수준에서 우리는 점점 더 나아지고 있는 값싼 주식, 즉 학문적 관점에서 가치와 모멘텀이 있는 주식을 매수하며, 그 반대로 점점 더 나빠지고 있는 값비싼 주식을 공매도합니다. 우리의 모형은 다른 테마들도 포함하여 이것보다는 좀 더 정교하고, 가치와 모멘텀을 다루기 위해 좀 더 복잡한 방법을 사용합니다. 오랜 기간 동안 개선을 위한 노력했지만 20년이 지난 지금도 핵심 원칙은 유지되고 있습니다.

또한, 제 논문은 주식에 관한 것이지만, 우리는 채권, 통화, 원자재 그리고 몇 가지 다른 자산 군에 대해서도 연구를 진행합니다.

Q: 계량적 투자와 재량적 투자 사이의 차이나 동일성은 무엇인가요?

A: 좋은 판단력이 있는 매니저들은 우리와 같은 것을 찾는 경우가 많다고 생각합니다. 싸면서도 촉매가 있어 상승할 것 같은 주식을 매수하며, 반대인 주식을 공매도합니다. 사실 저는 '촉매'와 '모멘텀'이 공통점이 많다는 것과 다른 퀀트 및 재량적 매니저도 똑같이 생각하는 것을 깨닫기 전까지, 우리가 매우 다른 일을 한다고 생각했습니다. 사실 합리적이든 비합리적이든 간에, 저는 이것이 시간이 지

남에 따라 계량적 혹은 재량적 매니저가 가치를 더하는 방법이라 생각합니다. 퀀트와 비퀀트의 큰 차이는, 퀀트는 분산 투자에 의지하는 반면 재량적 매니저는 집중투자에 의지한다는 점입니다. 하지만 일반적으로 좋아하거나 싫어하는 것은 사실 상당히 비슷합니다.

재량적 투자자는 그들이 투자한 기업에 대해 자세히 압니다. 계량적 투자자는 아니죠. 그렇지만 우리의 장점은 동시에 수천개 주식을 대상으로 거래 철학을 적용할 수 있다는 것입니다. 철학이 통한다면, 그렇게 많은 주식에 위험을 퍼뜨리는 것을 감안할 때 시간이 지남에 따라 손해를 보기는 매우 어렵습니다. 물론, 앞에서 말했듯이, 당신이 옳다 하더라도 당분간은 잃을 수도 있습니다. 재량적 투자자가 기업을 잘 알고 있다고 하더라도, CEO가 사기성 횡령자로 판명될 가능성이 여전히 있습니다. 그러니 주식을 몇 개만 가지고 있으면 개별주 특유의 무작위성을 갖게 됩니다. 여러분이 아무리 잘 알고 있다고 해도, 틀렸을 가능성은 여전히 있습니다.

Q: 계량적 투자의 가장 큰 장점은 무엇인가요?

A: 계량적 투자자들은 많은 정보를 처리할 수 있습니다. 우리는 재량적 투자자들 보다 쉽게 더 많은 주식과 더 많은 팩터들을 살펴봅니다. 또한, 여러 주식에 걸쳐 동일한 투자

원칙을 적용하고, 전략을 백테스트하고, 어느 정도 규율을 적용하여 모형을 따릅니다.

Q: 언제나 모형을 따라 투자하시나요?

A: 규율은 중요하죠. 우리는 다른 사람들보다 심리적 편향에 더 면역이 있다고 생각치도 않으며, 모형을 따르는 것이 도움이 될 것이라고 생각합니다. 우리가 덜 규율적으로 모형을 적용한다면, 우리가 이용하고자 하는 편향에 스스로가 노출되는 심각한 위험을 무릅쓰게 됩니다. 예를 들어, 문제가 있는 주식에서 사람들이 도망친다면 가치주의 값이 싸지고 우리는 해당 주식을 장기적으로 사들일 것입니다. 그러나 자율적으로 판단하고 모형을 무시한다면, 자기 만족을 위해 우리가 하고자 했던 베팅을 취소할 것입니다. 규율이 항상 쉬운 것은 아닙니다. 전략을 고수하는 것은 정말 어렵습니다. 하지만 사람들이 굴복하고 그들의 모형을 버리는 최악의 결정을 하는데는 보통 1시간 30분도 안걸리더군요. 물론 그건 계량적으로 연구한 결과가 아니라 아닌 제 경험입니다. 모형을 고수하는 데 어려움이 있는 것은 전략이 작동하는 이유의 일부입니다.

Q: 새로운 거래 팩터가 좋은지 어떻게 판단하나요?

A: 아시다시피, 우리는 다양하고 복잡한 가치와 모멘텀 팩터

에서부터 완전히 다른 신호를 기반으로 하는 팩터에 이르기까지 많은 거래 팩터를 가지고 있습니다. 20년 동안 이 일을 해 왔고, 모형을 추가하거나 변경할 때는 많은 테스트를 했습니다. 먼저, 그것은 어느 정도 합리적이어야 하고, 재량적 매니저와는 달리 시험을 해봅니다. 표본 외 기간의 테스트에서도 살아남아야 합니다. 예를 들어, 모든 국가에서 거래 신호가 작동하는가? 여러 기간에서는 어떠한가? 그것이 발견된 이후에도 작동하는가? 다른 자산군에서도 작동하는가? 이러한 것들을 보죠. 또한, 수익성뿐만 아니라 아이디어의 경제성을 시험합니다. 만약 팩터가 기업의 이익을 예측하고 그에 따라 수익을 거둔다는 아이디어라면, 우리는 단순히 수익률이 아니라 실제로 기업의 이익을 예측하는지 여부를 테스트합니다. 또한 성능이 거래 비용을 고려해도 살아남는지를 봅니다.

Q: 이러한 전략이 효과가 있었던 주요 이유는 무엇이라고 보시나요?

A: 과거에 전략이 통했던 세 가지 가능한 이유는 다음과 같습니다. 하나는 우연입니다. 그게 다라고는 믿지 않아요. 제 생각에 우리는 상당히 엄격합니다. 우리의 전략을 처음 발견했을 때부터 20년 동안 표본 외 샘플 기간을 포함해 백여 군데에서 테스트했습니다. 그래서 적어도 우리

의 핵심 전략은 단지 우연은 아니라고 확신합니다. 그래도 여전히 가능성으로는 두어야겠죠. 그렇지 않으면 지적으로 정직하지 않으니까요. 두 번째는 위험 프리미엄을 획득하고 있기 때문에 전략이 통한다는 점입니다. 우리가 매수하는 것들은 공매도 하는 것들보다 더 위험하고, 따라서 그것에 대한 대가를 받고 있습니다. 마지막 가능성은 우리가 하고 있는 것이 약간의 공짜 점심인, 즉 다른 투자자들의 비이성적인 행동이나 '행동적 편향'으로 인해 발생한 시장 비효율성입니다. 솔직히, 시간이 지나면서 저는 마지막 의견쪽으로 더 기울었지만, 대부분의 액티브 투자자들의 세계만큼은 아닙니다. 그나저나 공짜 점심이라는 단어는, 그것을 얻기 위해 정교한 포트폴리오 최적화 기술을 사용해 열심히 일해야 하고 한동안 작동되지 않는 기간 동안 어려움을 겪어야 한다는 점을 고려하면 지나치게 과장된 것 같습니다. 그래서 어떤 곳에서는 우리가 롱-온리 시장과는 별 관련이 없는 체계적인 위험 프리미엄을 취하고 있다고 생각합니다. 즉, 누군가의 포트폴리오에 이러한 위험 프리미엄이 없다면, 이를 추가해야 합니다. 다른 곳에서 우리는 증권가격에 영향을 미치는 어떤 일반적인 심리적 특성이나 제도적 제약의 반대 포지션을 취하면서, 인간의 편향을 이용하고 그것에 대한 규율과 결단력을 갖기 위해 노력하고 있다고 생각합니다.

Efficiently Inefficient

How Smart Money Invests and Market Prices Are Determined

3부

매크로 투자 전략

10

자산 배분에 대한 서론

주요 자산군의 수익률

포트폴리오 설계는 최소 4단계로 이루어진다. 포트폴리오에 어떤 자산군을 선택하거나 제외할지를 결정하는 것, 포트폴리오에서 허용되는 각 자산군에 대한 일반적인 혹은 장기적인 가중치를 결정하는 것, 자산군 별 가격의 단기 변동으로 인한 초과 수익을 포착하기 위해 투자 비중을 정상에서 벗어나 변경하는 것(시장 타이밍), 자산군 내에서 개별 증권을 선택하여 해당 자산군 대비 우수한 수익을 달성하는 것(증권 선택)이다.

- 브린슨, 후드, 비보어(1986)

매크로 투자는 투자자의 전반적인 자산 배분, 즉 주식, 채권 및 기타 주요 자산군에 얼마나 투자할 것인가를 다룬다. 매크로 투자의 목표는 두 가지 요소로 나눌 수 있다.

1. **장기적인 전략적 자산 배분**strategic asset allocation **정책:** 예를 들어 노르웨이 국부펀드는 약 60%의 글로벌 주식과 40%의 글로벌 채권으로 구성된 벤치마크 포트폴리오를 갖고 있다.
2. **전술적 자산 배분**Tactical Asset Allocation **또는 시장 타이밍**market timing**:** 현재의 시장 관점을 바탕으로 장기적인 가중치를 재조정하는 것이다. 예를 들어, 주식 시장을 매력적이라고 보는 연금은 일시적으로 주식 비중을 늘리기로 결정할 수 있다. 또 다른 예로, 매크로 헤지펀드의 주식 시장에 대한 전략적 자산 배분이 0% 라면, 전체 투자 전략은 전술적 관점을 바탕으로 시장에 대한 롱-숏을 한다. 그러나 시장 중립적 헤지펀드도 자산 배분 기술을 사용하여 다양한 거래 전략에 대한 상대적 배분을 관리할 수 있다.

이런 매크로 투자 결정은 증권 선택과 대조해서 봐야 한다. 매크로 투자는 전체 시장 또는 자산군에 얼마를 할당해야 하는지를 다루는 반면, 증권 선택은 시장 내에서 최고의 증권을 찾는다.

매크로 투자자들은 인플레이션의 상승 여부, 경제 성장, 세계 무역, 그리고 정치적 변화와 같은 세계적인 동향 등 전반적인 시장 발전과 경제 상황을 고려한다. 전반적인 경제 상황을 분석하고, 어떤 시장과 섹터가 좋을지를 결정한 다음, 거시적 관점에서 어떤 증권에 투자할지를 결정하는 하향식 방법을 사용한다. 증권 선택에 주력하는 투자자들은 마음에 드는 증권을 찾는 반면, 전반적인 자산 배분은 고려하지 않으며, 이를 상향식이라고 말할 수 있다. 예를 들어, 만약 어떤 투자자가 브라질에서 매력적인 주식을 많이 발견한다면, 그는 브라질 전체 시장에 대한 명확한 견해 없이 브라질 주식에 큰 비중을 둘 수도 있다.

이 장에서는 전략적 자산 배분과 전술적 자산 배분의 기초를 다룬다. 그 후 주요 자산군 별로 수익의 근본적인 원인을 설명한다.[1] 수익률의 요인과 이를 이용한 글로벌 매크로 거래 전략은 11장에서 더 자세히 설명하겠으며, 중앙은행, 거시경제 및 기타 요인들이 글로벌 자산 시장에 어떻게 영향을 미치는지에 대해서도 살펴보겠다. 12장에서는 추세 추종 전략에 초점을 맞춘 매니지드 퓨처스에 대해 설명하겠다.

10.1 전략적 자산 배분

대형 기관 투자자들은 종종 장기적인 전략적 자산 배분을 결정한다. 이는 투자 목적에 맞는 대표적인 포트폴리오이며, 이를 바탕으로 전술적 베팅 및 증권 선택의 관점을 구현한다. 이러한 전략적 자산 배분은 연금, 기금 및 기타 투자자들의 성공에 매우 중요하다. 전략적 배분은 종종 정책 포트폴리오 혹은 벤치마크 포트폴리오라고 불리기도 한다.

대형 기관 투자자들의 전략적 자산 배분은 시장 위험 프리미엄에 초점이 맞춰져 있다. 그들은 주식(주식 위험 프리미엄), 국채(기간 프리미엄), 회사채와 부실 채권(신용 프리미엄), 부동산, 땅, 인프라 등 유동성이 떨어지는 실물 자산(유동성 프리미엄), 현금에 자산을 배분한다. 전략적 자산 배분은 또한 이 책에서 논의된 스타일(가치, 추세 추종, 유동성, 캐리, 저위험 및 우량성 프리미엄)과 같은 대안적인 위험 프리미엄이나, 액티브 투자 전략(예를 들어 주식, 매크로 및 차익거래에 투자하는 헤지펀드)에 대한 배분도 포함한다. 전략적 배분을 선택하는 방법은 많다. 여기서는 수동적 자산 배분, 고정 비율 자산 배분, 유동성 기반의 자산 배분 및 위험 기반 자산 배분을 알아본다.

평균적으로 시장 중립적인 헤지펀드라고 하면 단순히 시장에 전략적 배분을 하지 않는 곳이라고 생각할 수 있다. 그러나 헤지펀드는 종종 자산 배분 기법을 사용하여 전략에 따라 베팅 규모를 조정하기도 한다. 예를 들어, 여러 개의 전략을 사용하는 헤지펀드는 서로 다른 주식 전략, 차익거래 전략 및 매크로 전략에 배분을 결정하고 시간이 지남에 따라 배분을 변경해야 한다.

수동적 자산 배분

진정한 패시브 포트폴리오는 시장 포트폴리오다. 시가총액 비중 자산 배분은 주식, 국채, 회사채, 부동산 등 여러 투자 유니버스의 시가총액 중 주식의 비중이 45%일 경우, 자산의 45%를 주식에 투자하는 것이다.

시장 포트폴리오는 두 가지 독특한 방식으로 수동적이다. 첫째, 시장 포트폴리오는 거래를 최소한으로 한다. 주식의 가치가 증가하면 주식의 비중이 자연스럽게 증가하며, 동시에 시장 포트폴리오 내 주식의 비중도 그만큼 증가한다. 그렇기 때문에 수동적인 시장 배분을 유지하기 위해 거래를 할 필요가 없다. 신규 증권이 발행되거나 자금 흐름으로 인해 전체 투자를 늘리거나 줄여야 할 때만 거래하면 된다.

둘째, 거시적 일관성이 있다. 시장 포트폴리오에 투자하는 것은 누구나 할 수 있다는 의미다. 시장 포트폴리오를 매수하면, 다른 누군가가 더 나쁜 포트폴리오를 가진 '호구'라고 가정하지 않는다. 즉, 시장 포트폴리오는 자산가격결정모형에서 말하는 균형에 해당한다.

고정 비율 자산 배분

고정 비율 포트폴리오는 주식 60%, 채권 40%와 같이 일정한 가중치로 재조정하는 포트폴리오다. 이 전략은 포트폴리오 가중치가 일정하기 때문에 수동적으로 보이지만, 두가지 기준에서 볼 때 수동적이지 않다. 잦은 재조정이 필요하며, 시장의 모든 사람이 할 수 있는 것은 아니다.

60/40 포트폴리오가 연금 사이에서 인기를 얻고 있는데, 아마

자산 배분 내에서 가치 교환이 일어나기 때문일 것이다. 주가의 가치가 상승하면 주식의 비중이 60% 이상이 되어 60/40 투자자는 일부 주식을 매도해야 한다. 반대로 주가가 떨어지면 주식을 매수해야 한다. 예일 대학 기금의 유명한 매니저인 데이비드 스웬슨David Swensen은 이런 포트폴리오 재조정을 추천한다.

> 포트폴리오 재조정은 매우 합리적인 행동이다. 시장의 움직임에 직면했을 때 포트폴리오 목표를 유지하려면 성과가 좋은 것을 매도하고, 성과가 나쁜 것을 매수해야 한다. 달리 표현하면, 잘 훈련된 투자자는 핫한 것을 매도하고 그렇지 않은 것을 매수한다. … 시장이 극단적인 움직임을 보일 때, 포트폴리오를 재조정하려면 상당한 용기가 필요하다. … 비상장 자산을 소유하고 있는 사람은 포트폴리오를 재조정하는 데 있어 특별한 어려움에 직면한다.
>
> - 데이비드 스웬슨(2000)

유동성 기반의 자산 배분

스웬슨의 인용문으로부터 알 수 있듯이, 유동성이 떨어지는 자산을 재조정하는 일은 어렵다. 최고로 유동성이 떨어지는 자산은 비상장 자산 혹은 비상장 주식에 투자한 것이며, 이들은 매도하기 어렵거나 불가능한 경우가 많다. 이렇듯 유동성이 떨어진다는 사실은 재조정의 빈도 및 전략적 자산 배분에서의 이탈뿐만 아니라 투자 자본의 회수 능력에도 영향을 미친다. 따라서 단기 투자자의 경우 단기간에 자본을 회수할 수 있어야 하기에 유동성 위험이 높은 자산에 노출되는 것을 제한해야 한다. 예를 들어, 매일 환매를 하는 공모펀드는 자산을 신속하게 매도할 수 있어야 하기에 따라서 유동성이 떨어지는 비상장 자산에 투자할 수 없다. 유동성이 서로 다른 자산에 자산을 배분할 때는 투자자의 보유 기간과 자금 조달 능력을 고려해야 한다. 안정적인 자금 조달 능력을 가진 장기 투자자들은 유동성이 떨어지는 자산에 투자할 수 있는 능력으로 인해 유동성 프리미엄을 얻을 수 있다.[2]

위험 기반 자산 배분과 리스크 패러티 투자

많은 투자자들이 각 자산군에 얼마의 금액을 투자할 것인지 혹은 자본의 어느 정도를 투자할 것인지를 생각한다. 그러나 어떤 투자자들은 위험의 관점에서 생각한다. 각 자산군에서 얼마나 많은 위험을 감수해야 하는지를 고려하는 것이다.

위험 기반 자산 배분을 하는 이유를 이해하기 위해, 투자자가 현금 그리고 주식과 같은 단일 위험 자산에 투자 비중을 결정하는 경우를 생각해 보자. 4장에서 논의한 바와 같이 포트폴리오 이론에서 위험 자산에 투자하는 최적의 금액인 x는 기대 초과 수익률 $E(R^e)$과 분산 σ^2의 비율에 비례한다고 규정한다.

$$x = \frac{1}{\gamma} \frac{E(R^e)}{\sigma^2} \qquad (10.1)$$

여기서 비례의 정도는 위험 회피 γ에 달려 있다. 즉 포트폴리오의 위험은 다음과 같다.

$$\text{포트폴리오 위험} = \sigma \times x = \frac{1}{\gamma} \frac{E(R^e)}{\sigma} = \frac{1}{\gamma} \cdot \text{샤프지수} \quad (10.2)$$

포트폴리오의 위험은 위험에 처한 돈의 양으로 측정된다. 연간 변동성이 σ = 10% 이고 x = 1억 달러를 투자한다면, 향후 1년간 손익의 표준편차는 1,000만 달러가 된다. 수식 10.2는 이러한 포트폴리오의 위험이 샤프지수에 의해 결정되어야 함을 보여 준다. 즉, 샤프지수가 높은 투자에는 포트폴리오의 위험을 크게 가져가야 하며, 낮은 투자에는 위험을 덜 가지고 가야 한다.

샤프지수가 상대적으로 안정적이라 예상하면 안정적인 위험 노출을 모색해야 하고, 위험이 증가하면 노출 금액을 줄이고 감소하면 노출 금액을 높여야 한다. 즉, 샤프지수가 일정하다면 포트폴리오에서 기대되는 위험도 일정할 것이며, 따라서 노출되는 금액 x = 목표 위험/σ는 자산의 변동성 σ에 반비례한다.

이 아이디어는 자산군에도 적용될 수 있다. 이를 위해 각 자산군의 샤프지수를 추정하고 그에 따라 위험 예산을 할당해야 한다. 리스크 패러티 투자는 주식, 국채, 회사채 및 실물 자산(원자재 및 물가상승률 연계 증권) 등 서로 다른 주요 자산군이 유사한 샤프지수를 가지고 있다는 생각에 기초한다. 이런 관점으로 보면, 기존의 자산 배분은 전체 위험의 80% 이상이 하나의 요소, 즉 주식에서 발생하므로 비효율적이다. 이와 달리 리스크 패러티 자산 배분에서는 각 자산군이 포트폴리오 위험에 비슷하게 정도로 기여한다. 이를 위한 간단한 방법 중 하나는 각 자산군의 포트폴리오 가중치가 위험과 반비례하도록 하는 것이다. 좀 더 정교한 리스크 패러티 배분은 자산군 간의 상관관계를 고려한다.

레버리지를 사용하지 않는 리스크 패러티 배분은 전통적인 자산 배분에 비해 위험이 훨씬 적다. 위험이 가장 낮은 자산군에 더 많은 금액을 할당하기 때문이다. 따라서 높은 기대 수익률을 달성하려면 레버리지가 필요하다. 이러한 레버리지는 리스크 패러티 배분이 역사적으로 높은 위험 조정 수익률을 보였던 원인이자 위험일 수 있다.

한 연구에 따르면 투자자는 레버리지를 꺼리며, 대신 주식과 같이 레버리지를 사용하지 않고도 높은 수익을 가져다주는 위험 자산에 더 많이 투자를 하는 것을 선호한다.[3] 이러한 행동은 균형 상태에서 안전 자산 등급의 샤프지수를 높여, 레버리지를 사용하거나 기대 수익이 낮더라도 더 낮은 수준의 위험을 원하는 투자자에게 기회를 제공한다. 즉, 주식에 많은 투자를 하는 전통적인 자산 배분은 레버리지 제약이 있는 투자자에게 효율적으로 비효율적일 수 있는 반면, 제약이 적은 투자자는 더욱 효율적인 접선 포트폴리오 tangency portfolio [†]에 레버리지를 사용할 수 있다.

[†] 자산가격결정모형에서 샤프지수가 최대가 되는 포트폴리오.

10.2 시장 타이밍과 전술적 자산 배분

시장 타이밍

시장 타이밍이란, 특정 시장에서 매수 혹은 공매도 포지션의 크기를 선택하는 것이다. 예를 들어, 주식 시장에 투자할 시기를 맞추려는 투자자는 보통 주가가 오를지 혹은 내릴지를 스스로에게 묻는다. 시점은 정성적 값과 정량적 값을 모두 고려해 결정한다. 중앙은행의 행동에 대한 분석이나 경제 뉴스에서 나온 최근의 고용 상황과 같은 지표에 대한 투자자의 해석에 근거할 수도 있다.

시장 타이밍 규칙은 3장에서 다뤘듯이 회귀 및 백테스트를 통해 분석할 수 있다. 좀 더 구체적으로, 배당 수익률에 근거하여 주식 시장의 타이밍을 어떻게 맞출 수 있는지 생각해 보자. 이것이 왜 효과가 있는지 이해하기 위해서는 주식의 수익은 배당 수익률과 시세 차익으로 구성되어 있다는 점을 알아야 한다.

$$R_{t+1} = \underbrace{\frac{D_{t+1}}{P_t}}_{\text{배당 수익률}} + \underbrace{\frac{P_{t+1} - P_t}{P_t}}_{\text{시세 차익}} \qquad (10.3)$$

배당 수익률은 보통 잘 추정할 수 있으며, 주가 지수의 경우는 더욱 그러하다. 예를 들어, 이미 알려진 지난 해의 배당금을 기대되는 미래 배당의 대용으로 사용해 배당 수익률 $DP_t = D_t/P_t$을 계산한다. 가격 상승을 예측하기는 물론 어렵지만, 배당 수익률은 전체 주식 수익률에 유용한 시장 타이밍 신호일 수 있다. 이 타이밍 능력을 검사하기 위해 다음의 회귀 분석을 실시한다.

$$R_{t+1}^e = a + bDP_t + \varepsilon_{t+1} \qquad (10.4)$$

좌변은 무위험 수익률 대비 주식의 초과 수익률인 $R_{t+1}^e = R_{t+1} - R^f$를 나타낸다. 초과 수익률을 사용한 이유는, 시장 타이밍이 궁극적으로 주식에서 돈을 벌 것인지의 문제가 아니라 무위험 투자보다 더 많은 돈을 벌 것인지의 문제이기 때문이다. 참고로 이는 예측(시장 타이밍) 회귀이므로, 좌변의 초과 수익률은 $t + 1$ 시점을 사용한 반면, 우변의 배당 수익률 DP_t는 t 시점을 사용했다. 즉, 이 회귀는 배당 수익률을 미리 아는 것이 미래의 초과 수익률을 예측하는 데 도움이 되는지를 판단한다.

회귀 계수 b는 무엇을 의미하는가? 계수가 0이면 배당 수익률이 예측 변수로 의미가 없다는 뜻이다. 이는 어떤 것도 초과 수익을 예측할 수 없어야 한다는 랜덤워크 가설과 일치한다. 계수 b가 양일 경우 예측 변수가 유용할 수 있음을 나타낸다. 반면 계수가 음일 경우 예측 변수가 잠재적으로 역효과를 낼 수 있으므로 예측 변수가 높을 때 시장을 공매도해야 함을 의미한다.

예측 변수가 배당 수익률일 경우 계수 b의 크기도 해석할 수 있다. 대략적 벤치마크는 $b = 1$ 이다. 즉, 배당 수익률이 1%p 높아지면 주식 수익률도 1%p 더 높아질 것으로 예상된다. 즉, 수식 10.3에서 보듯이 배당 수익률은 주식 수익률의 일부이기 때문에,

주식 수익률은 예측하지만 가격 상승을 예측하지는 않는다.

이와 대조적으로, 랜덤워크 가설에 해당하는 $b = 0$은 배당 수익률이 높을 때 가격 상승이 낮아, 주식의 전체 기대 수익률은 배당 수익률과 독립적이라는 것을 의미한다. 그렇다면 실제 결과는 어떠할까? 데이터는 다르게 말한다.

1926년부터 2013년까지 미국의 월별 데이터를 이용해 회귀 분석을 했으며, 연간 배당금과 비교하기 위해 월 초과 수익에 12를 곱했다(이 결과는 미래 1년간의 수익을 사용하는 것과 거의 동일하지만, 중복 데이터를 사용할 경우 t - 통계값은 더 복잡한 방식으로 추정해야 한다).[4] 배당 수익률의 시계열은 그림 10.1에 나와 있다.

그림 10.1 미국의 배당 수익률, 1871-2013

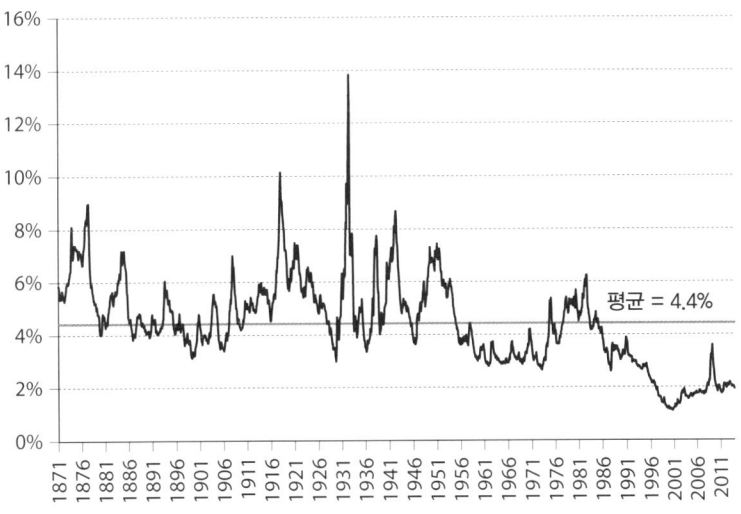

출처: 로버트 쉴러의 데이터, http://www.econ.yale.edu/~shiller/data.htm

배당 수익률은 세기에 걸쳐 꽤 많이 지속적으로 변했으며, 최근 몇십 년 동안은 높은 주식 가치 평가로 인해 배당 수익률이 과거보다 낮았다는 것을 알 수 있다. 예측 회귀식은 다음과 같다.

$$R^e_{t+1} = -5.3\% + 3.3 \times DP_t + \varepsilon_{t+1} \qquad (10.5)$$

추정된 계수 b가 1보다 더 크다는 것을 알 수 있다. 즉, 배당 수익률이 높으면 배당으로 인한 수익이 높을 뿐만 아니라, 일반적인 시기보다 더 많은 가격 인상을 기대할 수 있다. 이것이 직관적인 이유는 높은 배당 수익률은 주식 가격이 저렴해 상승할 가능성이 높음을 의미하기 때문이다. 배당 수익률이 1%p 높아지면 예상 가격 상승은 2.3%p 높아져 총 주식 프리미엄은 3.3%p가 상승한다. 추정치의 t - 통계값은 2.8로, 계수가 0과 상당히 다름을 나타내지만[5], 추정 표준오차가 1.2이므로 계수는 실제로 3.3 - 2 × 1.2 = 1과 3.3 + 2 × 1.2 = 6이라는 넓은 범위 사이에 있을 수 있다.

추정된 계수는 시간이 지남에 따라 배당금이 변해 주식 프리미엄이 크게 달라진다는 것을 암시한다. 예를 들어, 인터넷 버블이 한창일 때인 2000년 배당 수익률은 가장 낮은 1.1%였다. 회귀 추정치에 따르면 주식 프리미엄은 $E_t(R^e_{t+1})$ = -5.3% + 3.3 × 1.1% = -1.6%가 된다. 1932년에는 배당 수익률이 13.8%로 가장 높았으며, 이는 41%의 주식 프리미엄을 의미한다.

이 회귀에서 나온 통찰을 이용하면 어떻게 거래할 수 있을까?

간단한 백테스트를 생각해 보자. 표 10.1에 따르면 배당 수익률이 높았을 때, 다음 달 연간 시장 수익률은 평균 11.2%였다.

표 10.1 배당 수익률에 따른 시장 초과 수익률

	배당 수익률이 중위수 위에 있을 때	배당 수익률이 중위수 아래에 있을 때
$t+1$의 시장 초과 수익률	11.2%	4.2%
$t+1$의 시장 변동성	21.6%	15.3%

배당 수익률이 낮은 기간 동안, 이후의 시장 수익률은 더 낮았다. 이는 배당 수익률이 높거나 혹은 낮을 때만 투자하겠다는 전략의 백테스트로 볼 수 있다. 배당 수익률이 높을 때만 투자했다면 시장 수익률의 많은 부분을 더 낮은 위험으로 얻을 수 있었을 것이며, 만약 레버리지를 사용했다면, 샤프지수의 개선은 미미하지만 전체 기간 동안 동일한 위험으로 시장을 능가할 수 있었을 것이다. 배당 수익률에 따른 시장 노출도 변경과 같은, 좀 더 복잡한 타이밍 전략을 시험할 수도 있다.

표본 외 vs 표본 내

위의 회귀 분석과 백테스트에는 모두 심각한 문제가 있다. 이러한 데이터는 1926년 백테스트의 시작점에서는 알 수 없는 값이다. 타이밍 전략을 세우려면 투자자는 세 가지를 결정해야 한다. (1) 예측 변수는 무엇인가? (2) 예측 변수의 현재 수준이 높은가 혹은 낮은가? (3) 예측 변수의 변화는 어떻게 미래 예측 수익률로 변환되는가?

각 단계는 실시간으로 수행하기 어려우며, 백테스트에는 일부 또는 전체에 대한 편향이 있는 경우가 많다. 첫째, 예측 변수를 선택하는 것은 쉽지 않으며, 백테스트는 과거에 효과가 있었던 변수를 사용하지만 이는 미래에 효과가 없을 수도 있기 때문에 변수 선택에서 편향이 발생한다. 둘째, 예측 변수가 높은지 낮은지를 아는 것은 제한된 역사적 증거, 판단 및 경제 이론의 지침에 기반한다. 이처럼 예측 변수의 수준을 판단하는 일은 백테스트에서는 쉽다. 그러나 1932년의 투자자들은 이 배당 수익률이 향후 80년에 비해 사상 최고 수준이라는 것을 몰랐으며, 2000년의 투자자들은 향후 10년 동안 배당 수익률이 더 낮아지지 않을 것이라는 사실을 알지 못했다. 셋째, 예측 변수의 수준을 수익률 예측으로 변환하는 방법을 알기는 당연히 어렵다. 예를 들어, 회귀 계수는 100년의 데이터를 가지고 추정해도 상당한 오차가 있다.

타이밍 전략을 현실적인 방법으로 백테스트하기 위해서는 표본 외에서의 성과, 즉 3장에서 설명했던 바와 같이 해당 백테스트 시점에서 사용 가능한 정보로 기록한 수익을 살펴봐야 한다. 미국 주식 프리미엄과 관련한 다양한 예측 변수의 표본 외 성과를 연구한 결과, 대부분의 시장 타이밍 모형이 좋지 않은 것으로 판명되었다.[6]

분명히, 시장 타이밍을 잡는 것은 믿을 수 없을 정도로 어려우며, 승률이 반반인 베팅이다. 매크로 투자가 성공할 기회를 갖기 위해서는 강력한 전략적 자산 배분에서 출발하여 적절한 전술적 변화를 주거나 여러 타이밍 전략으로 다양화해야 한다. 12장에서는 50여 개의 주식, 채권, 통화 및 원자재 시장에 걸쳐 다양화했을 때, 단순히 추세를 따르는 타이밍 전략도 좋은 성과를 기록했음을 살펴볼 것이다.

전술적 자산 배분

앞서 살펴본 것처럼, 시장 타이밍 전략은 하나의 위험 시장에 해당하는 포지션을 그대로 들고 갈지 아니면 대신 현금으로 들고 갈지를 결정하는 것이다. 이와 달리 여러 시장에 걸쳐 결정하는 것을 전술적 자산 배분이라고 한다. 고전적인 전술적 자산 배분 결정은 현금, 주식, 채권 사이의 상대적 가중치를 결정하는 방법이다.

글로벌 전술적 자산 배분Global tactical asset allocation, GTAA은 더욱 광범위한 매크로 투자 전략이다. 여기서는 자산군별 배분을 결정하는 것뿐만 아니라 다양한 글로벌 시장을 고려하는 것을 목표로 한다. 예를 들어, 미국, 일본, 영국, 캐나다, 브라질 또는 호주의 전체 주식 시장 지수에 투자해야 하는가? 아니면 이 주가 지수들 중 일부를 매수하면서 다른 지수들을 매도해야 할 것인가? 글로벌 전술적 자산 배분 투자자는 브라질과 호주 증시를 매수하고 영국과 캐나다 증시를 매도하는 것을 선택할 수 있기 때문에 글로벌 전술적 자산 배분와 증권 선택의 차이는 모호해지기 시작한다. 다음 장에서는 글로벌 매크로 투자자들이 이러한 결정을 내리는 방법에 대해 설명한다.

10.3 주요 자산군의 수익률에 대한 이해

전략적 자산 배분과 이러한 배분을 전술적으로 변경하는 방법을 결정하기 위해서는 각 주요 자산군의 수익률을 이해하는 것이 중요하다. 장기 수익률의 요인 및 기대 수익률이 시간에 따라 어떻게 변화하는지를 살펴보도록 하자.

주식 수익률의 요인들

가장 기본적인 수준에서, 주식의 수익률은 수식 10.3에서 살펴보았듯이 배당 수익률과 시세 차익으로 구성된다. 물론 실현된 가격 상승을 사전에 알 수는 없으며, 가격의 기대 상승도 추정하기 어렵다. 가격 상승의 요인을 더 잘 이해하기 위해, 주가 배당률 $PD_t = P_t/D_t$에 기초하여 주식 수익률을 더 분해해 보자.

$$R_{t+1} = \underbrace{\frac{D_{t+1}}{P_t}}_{\text{배당 수익률}} + \underbrace{\frac{D_{t+1} - D_t}{D_t}}_{\text{배당 성장}} + \underbrace{\frac{PD_{t+1} - PD_t}{PD_t}}_{\text{밸류에이션 변화}} + \underbrace{\frac{D_{t+1} - D_t}{D_t} \cdot \frac{PD_{t+1} - PD_t}{PD_t}}_{\text{미세 조정}}$$

(10.6)

주식 투자자는 미세 조정을 제외한 세 가지 유형을 통해 수익을 얻는다. 첫째, 배당을 받는다.[7] 배당금이 클수록, 수익률 또한 높다. 중요한 점은 주식에 지불한 금액과 관계 있는 배당을 살펴보아야 하며, 이 비율을 배당 수익률이라고 한다. 단순하게 주식의 가격이 낮아 배당 수익률이 높을 수도 있다. 일반적인 배당 수익률은 2%지만, 현재는 주주에게 배당을 지불하지 않다가 때로는 8%가 넘게 배당을 하는 등 기업 간에 시간에 따라 배당 수익률에 많은 변동이 있다.

둘째, 주식의 배당금이 시간이 지남에 따라 증가하면 주식에서 수익률이 증가한다. 이러한 배당금의 증가는 자연스럽게 미래의 배당 소득을 증가시키지만 수익률은 그보다 더 즉각적일 수 있다. 만약 주가 배당률이 변하지 않는 상태에서, 배당금이 4% 증가하면 주가 역시 4% 상승한다. 즉, 4%의 시세 차익이 생긴다. 어떤 배당 성장이 예상되는가? 먼저, 기업의 수익은 명목으로 계산하므로, 수익과 배당금은 인플레이션과 함께 상승하는 경향이 있다. 따라서 2%의 인플레이션은 수익과 배당을 2% 증가시키는 경향이 있다. 게다가 비록 역사적 실질 배당 성장률은 전체 경제 성장률 1.5%보다 낮았지만, 기업이 정상적인 경제 성장(이를테면, 1인당 GDP의 성장) 상황에 있는 경우 약 2%의 실질 배당금 증가가 있을 수 있다. 이 수치를 합하면 총 명목 배당 성장률은 3에서 4% 사이인 3.5% 정도가 된다.

셋째, 밸류에이션의 변화로 양 혹은 음의 주식 수익률을 얻는다. 예를 들어, 장기적인 주가 배당률이 30대 1이며, 현재 50대 1의 주가 배당률이 40대 1로 변하면, 주식 가치를 20% 잃는다. 반대로, 주가 배당률의 증가는 시세 차익으로 이어진다. 따라서 시세 차익은 동일한 밸류에이션에서 더 높은 배당을 지불하거나, 배당금은 동일한데 밸류에이션이 상승할 때 발생한다.

마지막으로, 주식의 수익률은 작은 조정항을 가지는데, 이는 밸류에이션과 배당금이 동시에 변할 때 발생한다. 예를 들어 배당금이 5% 증가하고 밸류에이션이 8% 증가하면 조정항은 5%×8%=0.4%에 불과하며, 이는 증가한 배당금을 통해 밸류에이션에서도 이익을 얻는 미세한 효과를 반영한다. 그래서 해당 항은 종종 무시한다.

주식의 장기 수익률은 얼마일까? 밸류에이션은 장기간에 걸쳐 영원히 증가하거나 감소할 수 없기 때문에, 장기 수익률은 주로 배당 수익률과 배당 성장에서 발생한다. 따라서 일반적인 주식은 배당 수익률이 2%, 배당 성장률이 3.5%이며, 장기간에 걸쳐 5.5%의 기대 수익률을 가진다.

주식 프리미엄, 즉 무위험 이자율을 초과하는 주식의 기대 수익률을 추가로 계산할 수 있다. 주식 프리미엄은 주식이 현금 대비 얼마나 높은 수익률이 기대되는가를 말해 주기 때문에 중요하다. 주식에 투자하여 위험을 감당하는 것에 대한 시장의 보상으로 봐야 한다. 주식 프리미엄은 주식의 기대 수익률과 현재의 무위험 이자율에 의해 결정된다. 현재 금리가 0에 가깝다는 점을 감안하면 위와 같은 가정하에서 주식 프리미엄은 약 5.5%다. 일반적으로 명목 무위험 이자율은 실질 금리 1~2%와 인플레이션 2%의 합계인 3~4% 수준이다. 3%의 이자율을 적용하면, 주식 프리미엄은 2.5%에 불과하지만, 이 모든 수치는 불확실하다.

1926년부터 2013년까지 미국의 현금 대비 주식 프리미엄은 연간 약 7~8%였으며, 다른 나라에서는 대부분 이보다 낮았다. 이처럼 높은 미국의 주식 프리미엄은 다음과 같이 분해할 수 있다. 역사적 배당 수익률은 평균 3.9%로 현재의 약 두 배 정도다. 역사적 인플레이션인 3% 정도하에서 배당 성장률은 4.6% 정도이며, 이는 앞의 가정보다 높다. 주가 배당률이 상승하면서 밸류에이션 변화에 따른 가격 상승률은 약 2.4%다.[8] 조정항은 약 0.15%로 낮다. 평균적인 무위험 이자율은 3.5%로, 이는 낮은 실질 수익률을 의미한다. 이러한 수치는 3.9% + 4.6% + 2.4% = 11%의 과거 주식 수익률과 11%-3.5%=7.5%의 위험 프리미엄을 설명한다.

현재의 높은 밸류에이션을 고려할 때, 역사적 주식 프리미엄은 미래에 지속 가능하지 않은 것으로 보인다. 주가 배당률은 영원히 상승할 수 없으며, 반대로 밸류에이션 수준은 시간이 지남에 따라 평균 수준으로 되돌아가므로 위에서 추정된 것보다 더 낮은 주식 수익률로 이어질 수 있다.

마지막으로, 주식의 수익률은 이율earnings yield, 즉 가격 대비 기업의 이익(또는 순이익) 비율을 통해서도 이해할 수 있다.

$$R_{t+1} = \underbrace{\frac{NI_{t+1}}{P_t}}_{\text{이율}} + \underbrace{\frac{P_{t+1} - (P_t + NI_{t+1} - D_{t+1})}{P_t}}_{\text{가격 잉여 price surplus}} \quad (10.7)$$

이 관계를 장부상의 가치로 본다면, 두 번째 항은 6장에서 살펴본 바와 같이 '순수 잉여 관계식'에 의해 0이 된다. 시장 가치의 경우 여러 가지 이유로 달라질 수 있기 때문에 두 번째 항이 0이 될 필요는 없다. 다만 이 항의 예상 가치는 대부분의 성숙한 기업에 적용되는 특정한 조건하에서 물가상승률과 거의 같다.[9]

$$E_t(R_{t+1}) \cong \underbrace{\frac{E_t(NI_{t+1})}{P_t}}_{\text{이율}} + \underbrace{i}_{\text{인플레이션}} \quad (10.8)$$

따라서 기대 이율은 개별 주식 혹은 전체 주식 시장의 '실질' 기대 수익률을 측정하는 척도로 볼 수 있다. 이는 수식 10.8의 양변에서 물가상승률을 차감하여 계산할 수 있다. 물가상승률을 조정하는 더 정확한 방법은 수식 10.8을 조정하여 실질 수익률 $R_{t+1}^{실질}$을 $(1 + R_{t+1}) = (1 + R_{t+1}^{실질})(1 + i_t)$로 정의하는 것이다. 이 방법과 단순히 차감하는 방법은 물가상승률이 높은 국가에서만 차이가 발생한다.

$$E_t(R_{t+1}^{실질}) \cong \underbrace{\frac{E_t(NI_{t+1}/(1+i))}{P_t}}_{\text{조정된 이율}} \quad (10.9)$$

실질 기대 수익률은 분자 부분이 물가상승률 조정을 거친 이율로 표시된다. 이익이 물가상승률의 영향을 받지 않기 위해서는 이익과 가격이 시간 t의 가치로 측정되어야 하며, 이것이 바로 분자의 이익 부분을 물가상승률로 조정하는 이유이다.

투자자들은 종종 이율을 채권 수익률과 비교하며, 이를 '패드 모형 Fed Model'이라고 한다. 그러나 이러한 비교는 이율이 '실질' 수익률의 지표인 반면, 채권 수익률은 '명목' 수익률의 지표라는 개념을 무시한다.[10] 직관적으로, 물가상승률은 미래의 이익과 주가를 상승시키기 때문에 실질 주식 수익률은 물가상승률의 영향을 받지 않지만, 채권의 실질 가치는 명목 이자가 고정되어 있어 물가상승률로 인해 감소한다.

이러한 이율 방식을 실제 데이터에 적용하기 위해, 미국의 평균 이율이 1926년부터 2013년까지 약 7%로 실질 주식 수익률과 비슷하다는 점을 알아야 한다. 실제로, 가격 잉여는 약 3.6%였으며 3%의 물가상승률과 비슷했다. 따라서, 수식 10.8은 이 샘플에서 상당히 효과가 있었다. 이 두 부분을 합하면 총 명목 주식 수익률은 11% 정도다.

2013년 말 이율은 약 5.5%였으며, 이는 물가상승률이 2%라고 가정할 때 약 7.5%의 기대 명목 주식 수익률을 의미한다. 이 추정치는 수식 10.6을 통해 도출된 5.5%보다 높으며, 이는 경기가 좋았기 때문이다. 경기가 조정된 이율은 4.3%이며, 이를 통한 기대 명목 주식 수익률은 6.4%가 되어 수식 10.6에서 도출된 값과 유사하다. 경기가 조정된 이율은 쉴러의 경기조정주가수익비율cyclically adjusted price earnings, CAPE을 통해 계산할 수 있다. 이는 10년 평균 물가상승률로 조정한 이익을 통해 계산할 수 있다.

채권 수익률

장기간에 걸친 채권의 수익률, 즉 만기까지의 수익률은 만기 수익률yield to maturity과 같다.[11] 이러한 장기 수익률은 현금 투자에서 기대되는 수익률과 비교할 수 있다. 따라서 채권의 수익률이 만기까지 기대되는 단기 금리보다 클 경우, 채권에서 기대되는 장기 초과 수익률은 양의 값이다. 또한 채권 수익률은 투자자들이 높은 실질 기대 수익률을 추구하므로 해당 기간 동안 기대되는 물가상승률과 비교되기도 한다.

채권 수익률에 대해서는 14장에서 자세히 설명한다. 해당 장에서 설명하듯이, 채권의 일정 기간 동안의 보유 수익률은 현재 만기 수익률 YTM_t에서 수정 듀레이션† $\overline{D}$와 이자율의 변화의 곱한 값을 차감하여 계산된다.

$$R_{t+1} \cong \underbrace{YTM_t}_{\text{만기 수익률}} - \underbrace{\overline{D}(YTM_{t+1} - YTM_t)}_{\substack{\text{이자율 변화로}\\\text{인한 가격상승}}} \quad (10.10)$$

따라서 채권의 단기 수익률은 만기 수익률과 기대 이자율의

---

† 이자율 변화에 대한 채권 가격의 민감도를 측정하기 위한 척도로, 이자율이 1% 변했을때 채권 가격은 몇 %가 변하는지를 뜻한다.

변화에 따라 달라진다. 14장에서 논의하겠지만, 이자율의 변화는 수익률 곡선의 롤다운으로 예측할 수 있다. 즉, 다음 기간 채권의 기대 이자율은 이에 해당하는 짧은 만기 채권의 현재 이자율과 같을 것이라고 가정한다(채권은 시간이 지남에 따라 만기가 점점 더 짧아진다). 롤다운에 기반한 기대 이자율의 변화는 수익률 곡선의 변동이 없을 것이라 가정하며, 이는 역사를 돌아봤을 때 좋은 가정이었다. 물론 이자율은 시간에 따라 크게 변동하며, 한 기간 동안의 수익률은 성장, 인플레이션 또는 통화 정책의 충격을 반영하는 이자율의 변화에 의해 좌우된다. 이자율의 변화는 다른 요인을 이용해 예측할 수도 있다. 예를 들어 이자율이 장기 평균으로 되돌아간다고 가정하거나, 11장에서 자세히 논의할 바와 같이 중앙은행의 예상되는 정책 조치를 고려하는 것이다.

신용 수익률

고정된 이자를 지급하는 회사채의 수익률은 이자율 위험과 회사가 부도를 선언하고 액면가보다 적은 금액을 돌려주는 신용 위험을 가지고 있다. 순수한 신용 수익률은 이자율 요소를 헤지해서 얻을 수 있다. 즉, 회사채를 매수하고 같은 듀레이션을 가진 국채를 공매도한다. 이러한 신용 수익률은 신용부도스왑CDS의 수익률과 거의 비슷하다. 신용 수익률은 '신용 스프레드'[12], 즉 회사채 이자율과 듀레이션이 같은 국채 이자율의 차이인 $s_t = y_t^{회사채} - y_t^{국채}$에 따라 결정된다. 회사채 및 국채에 수식 10.10을 사용하고 부도로 인한 손실을 조정할 경우 신용 수익률에 대한 관계를 얻을 수 있다.

$$R_{t+1}^{회사채} - R_{t+1}^{국채} \cong \underline{s_t} - \underline{\overline{D}(s_{t+1} - s_t)} - \underline{L_t} \quad (10.11)$$

신용 스프레드   밸류에이션과 등급 위험   부도로 인한 손실

기대 신용 수익률은 신용 스프레드에서 예상되는 신용 스프레드의 변화와 듀레이션의 곱, 예상되는 부도로 인한 손실을 차감한 값으로 계산된다. 다른 조건이 동일할 때, 신용 스프레드가 더 높을수록 수익률도 더 높다.

수식 10.11에서 볼 수 있듯이 신용 스프레드의 감소는 시세 차익으로 이어진다. 반면, 신용 스프레드가 확대되면 손실이 발생한다. 따라서 회사채의 단기 위험은 부도뿐 아니라 신용 등급 하향 조정(등급 위험)과 같은 부도 위험에 대한 인식의 변화로 인한 신용 스프레드의 변화도 포함한다. 회사채를 만기까지 보유하는 경우 장기 수익률은 중간중간 밸류에이션의 변화에 따라 달리지지 않으며, 투자자가 원금을 받는지 여부에 달려 있다. 수식 10.11의 마지막 항에서 보듯이, 신용 수익률은 부도로 인한 손실만큼 감소한다. 부도로 인한 기대 손실은 부도 위험과 부도 발생 시 손실의 곱이다.

따라서 장기적인 신용 수익률은 대략적으로 신용 스프레드에서 평균 손실률을 뺀 값이다. 10년을 보유할 경우 투자 등급 채

권의 누적 부도 확률은 4% 정도로 연간으로는 약 0.4%이며, 채권 등급이 하향 조정될 수 있는 보유 기간 말에 가장 높은 수치를 보인다. (1 - 회수율)에 해당하는 부도시 손실은 우선 순위인지 후순위인지, 담보부 부채인지 무담보부 부채인지 등에 따라 다르다. 우선 순위 무담보 부채의 경우 부도시 손실은 약 60%이며, 이는 40% 정도를 회수할 수 있다는 의미다. 따라서 10년 보유 기간 동안 투자 등급 채권의 부도로 인한 연간 평균 손실은 역사적으로 볼 때 연간 약 0.60×0.4%=0.24%로 작은 편이다. 투자 등급 채권의 수익률 스프레드[†]가 약 1%인 것을 감안하면 장기 초과 수익률은 약 1%-0.24%=0.76%다. 물론 수익률 스프레드와 부도 위험은 낮은 등급의 채권에서 더 높지만, 대체로 투자 등급 채권의 수익률 스프레드는 예상되는 부도시 손실보다 몇 배는 더 컸다.

투기 등급 회사채의 경우 손실률이 신용 스프레드의 절반에 가깝다. 10년 누적 부도 확률은 약 30%이며, 연간으로는 약 3%다. 위와 같은 회수율을 가정할 때, 투기 등급 채권의 부도로 인한 연평균 손실은 역사적으로 약 0.60×3%=1.8%였다. 투기 등급 채권의 신용 스프레드는 1% 미만에서 두 자리 숫자까지 크게 차이가 나긴 하지만 약 5% 정도로 계산되며, 기대 초과 수익률은 연간 5%-1.8%=3.2%다.[13]

---

† 무위험 채권의 이자율과 부도 위험이 있는 채권 이자율 간의 차이.

통화 수익률

다음으로 해외 통화에 대한 투자 수익률을 알아보도록 하자. 미국 투자자의 관점에서 현지 통화는 달러라고 정의한다. 투자자가 1달러를 $1/S_t$ 통화로 환전한 후(S_t는 엔당 달러와 같이 통화 단위당 달러 수로 측정된 현물 환율), 이 돈을 이자율이 R_t^{f*}인 외국 단기 금융 시장에 투자하고, $t+1$ 시점의 현물 환율이 S_{t+1}인 경우를 생각해 보자. 이 전략의 수익률은 다음과 같다.

$$R_{t+1} = \frac{1+R_t^{f*}}{S_t}S_{t+1} - 1 = \underbrace{R_t^{f*}}_{\text{캐리}} + \underbrace{\frac{S_{t+1}-S_t}{S_t}}_{\text{환율 상승}} + \underbrace{R_t^{f*}\frac{S_{t+1}-S_t}{S_t}}_{\text{조정항}} \quad (10.12)$$

통화 수익률은 외국에서의 이자 수익(캐리)과 환율 상승 및 미세 조정항(연속 복리로 계산하면 사라진다)의 합이다. 실증적으로 미래 환율의 변화를 예측하기는 어려우며, 따라서 통화에서 기대되는 단기 수익률에 대한 간단한 측정치로 외국의 금리를 이용한다.[14] 이는 나중에 자세히 설명할 통화 캐리 거래의 기본 원리다.

통화의 장기 수익률을 이해하려면 구매력평가지수purchasing power parity, PPP가 장기적으로는 유지된다는 점을 유념해야 한다. 즉, 자동차의 실제 가격은 다른 나라에서는 같지 않지만, 장기적으로는 수렴하는 경향이 있다. 이 경향은 아이폰처럼 배송이 쉬운 품목의 경우 더 빨리 나타나고, 배송이 어려운 경우 더 느리게 나타난다. 국가별로 인건비가 지속적으로 다를 경우 서비스비가 다르며, 이와 관련된 상품은 수렴하지 않을 수 있다. 덴마크와 케냐의 이발 가격은 빠른 시일 내에 수렴할 것 같지는 않다.

구매력평가지수가 T년 내에 유지된다고 가정할 때 발생하는 수익률의 의미를 이해해 보자. T는 수렴의 속도에 따라 다르다. 이를 위해 구매력평가지수와 일치하는 환율을 S_t^{PPP}로 정의한다. t 시점부터 $t + T$ 시점까지 기대되는 국내 누적 물가상승률을 i, 해외 인플레이션을 i^*로 표현하면 구매력 평가지수에서 말하는 환율은 다음과 같다.

$$S_{t+T}^{\text{PPP}} = \frac{1 + i}{1 + i^*} S_t^{\text{PPP}} \qquad (10.13)$$

만약 구매력 평가지수가 T년 내에 유지된다면, 환율은 S_{t+T}^{PPP}로 수렴할 것이다. 따라서 장기간 동안 기대되는 환율 상승은 $S_{t+T}^{\text{PPP}} - S_t$이며, 이는 구매력 평가지수로부터 현재 벌어진 정도와 예상되는 인플레이션에 따라 달라진다. 이를 이용하여 통화의 기대 수익률을 이해하는 직관적인 공식을 도출할 수 있다. t 시점부터 $t + T$ 시점까지 국내의 무위험 이자율 투자로부터 발생하는 수익률인 $R_{t,t+T}^f$ 대비 초과 수익률을 고려하는 것이 중요하다. t 시점부터 $t + T$ 시점까지 통화의 누적 초과 수익률은 다음과 같다.

$$E_t(R_{t,t+T} - R_{t,t+T}^f) \cong \underbrace{R_{t,t+T}^{f*} - R_{t,t+T}^f}_{\text{이자율 차이}} + \underbrace{i - i^*}_{\text{인플레이션 차이}} + \underbrace{\frac{S_t^{\text{PPP}} - S_t}{S_t}}_{\substack{\text{구매력평가지수 대비}\\\text{현재 할인 정도}}}$$

$$(10.14)$$

만일 밸류에이션이 균형 대비 중간 정도의 수렴을 가정하면 마지막 항을 2로 나누어 준다.

T년 간의 누적 수익률이 아닌 연평균 이자율과 연평균 물가상승률을 통해 연간 기대 수익률을 표현하고 싶다면, 수식 10.14에 연속 복리 수익률을 사용해 계산할 수 있다.

$$E_t(R_{t,t+T} - R^f_{t,t+T}) \cong \underbrace{R^{f*}_{t,t+T} - R^f_{t,t+T}}_{\text{이자율 차이}} + \underbrace{i - i^*}_{\text{인플레이션 차이}} + \underbrace{\frac{\log(S^{PPP}_t) - \log(S_t)}{T}}_{\substack{\text{구매력 평가지수 대비} \\ \text{현재 할인 정도}}}$$

(10.15)

이는 예상 이자율이 높고, 예상 물가상승률이 낮으며, 구매력 평가지수에 비해 현재 환율이 낮을 경우 통화의 장기 기대 수익률이 높다는 것을 의미한다. 이 세 가지 효과는 각각 직관적이다. 높은 이자율의 경우 해당 국가에 돈을 투자하면 높은 명목 수익률을 얻을 수 있다는 것을 의미한다. 낮은 물가상승률은 높은 명목 수익률이 높은 실질 수익률로 연결된다는 것을 의미하며, 다른 관점에서 보면 낮은 물가상승률은 환율 상승으로 이어질 가능성이 높다. 마지막으로 현재 통화가 저렴하다면, 투자자는 밸류에이션이 정상화됨에 따라 그 상승분만큼 수익을 얻게 될 것이다.

예를 들어, 호주 금리가 미국 금리보다 3%p 높으며, 호주 물가상승률이 미국보다 1%p 높고, 구매력평가지수로 볼 때 호주 달러가 미국에 비해 5% 더 비싸다고 가정해 보자. 이러한 가정 하에서 금리 차이가 향후 5년간 지속되고 밸류에이션이 균형으로 수렴한다고 가정하면, 연간 기대 수익률은 3% -1%-5%/5=1%다.

기대 수익률은 실질 이자율로도 표현할 수 있다.

$$E_t(R_{t,t+T} - R^f_{t,t+T}) \cong \underbrace{R^{f,\text{실질}^*}_{t,t+T} - R^{f,\text{실질}}_{t,t+T}}_{\text{실질 이자율 차이}} + \underbrace{\frac{\log(S_t^{\text{PPP}}) - \log(S_t)}{T}}_{\text{구매력평가지수 대비 현재 할인 정도}}$$

(10.16)

11

글로벌 매크로 전략

전 세계는 그야말로 자본의 흐름도에 지나지 않는다.

- 폴 튜더 존스

'글로벌 매크로'는 다양한 투자 전략을 추구하는 헤지펀드의 유형이다. 글로벌 매크로 투자자들은 전 세계와 모든 자산군에서 기회를 찾으며, 종종 장기적인 '큰 그림'의 테마를 사용하여 포지션을 구축하며, 때로는 대규모의 헤지되지 않은 베팅을 하기도 한다. 매크로 투자자들은 중앙은행을 면밀히 따르고 거시경제와의 관계를 고려하며 정치, 기술, 인구통계학적 추세 등 금융과 비금융 정보를 모두 통합한다.

글로벌 매크로 헤지펀드는 일반적으로 전체 시장 지수에 투자하여 전체 시장에 대한 방향에 베팅하거나 여러 시장을 대상으로 상대적 가치에 베팅을 한다. 예를 들어, 주식 롱-숏 매니저는 포드가 도요타보다 성과가 좋을 것이라는 데 베팅하지만, 글로벌 매크로 매니저는 전체 자동차 산업이 번창할 것이지만 미국 자동차 산업(또는 더 넓은 주식 시장)이 일본 산업보다 더 좋은 성과를 보이거나, 혹은 달러 엔 환율이 떨어지는 데 베팅한다.

매크로 트레이더들은 세계 주가 지수, 채권 시장, 통화 시장, 원자재 시장을 포함한 다양한 시장을 살펴본다. 매크로 매니저는 포지션의 캐리, 중앙은행의 행동에 대한 견해, 거시 경제 환경에 대한 분석, 세계 시장의 상대적인 가격과 추세에 근거한 좋은 국가 대 나쁜 국가의 선택, 특정 주요 테마에 근거하여 매수 혹은 매도 결정을 내린다.

글로벌 매크로 헤지펀드는 선택한 투자 관점을 믿을 수 있는지 확인하기 위해 다양한 방법을 사용한다. 몇몇은 세계를 돌아다니며 중앙은행, 현지 정부 공무원, 기업, 언론인, 정치인 등과 대화하여 국가를 평가한다. 그런 매크로 트레이더들은 경제가 어디로 가고 있는지, 전반적인 정서, 정치와 정책의 변화 가능성, 그리고 국가의 무역 전망을 평가하려고 노력한다. 일부 '재량적 매크로 헤지펀드'는 이러한 지역에 관한 지식을 매우 중요하게 여겨 전 세계에 지역 사무소를 설립한다. 반면, 다른 이들은 이러한 대화가 대부분 소음이라고 생각하며 그 대신 하드 데이터, 역사적 선례, 철저한 연구 및 기타 정보에 의존한다. 후자의 가장 극단적인 예는 계량적 모형을 기반으로 거래하는 '시스테 믹systematic 매크로 헤지펀드'와 '시스테믹 글로벌 전술적 자산 배분 펀드'다.

11.1 캐리 거래

전형적인 매크로 거래는 통화 캐리 거래다. 이는 금리가 낮은 통화를 매도하면서 금리가 높은 통화에 투자한다. 예를 들어, 2012년 1월 호주의 이자율은 약 4%이며, 일본의 이자율은 약 0%였다. 따라서 일본에서 0%의 이자로 100엔을 빌리고, 엔을 약 1 호주 달러로 교환한 후, 호주에서 연 4%의 이자를 얻을 수 있다. 1년 동안 이 포지션을 유지하면 연말에 호주달러는 1.04가 되지만, 여전히 일본에서 빌린 금액은 100엔이다. 만일 환율이 여전히 0.01호주달러/1엔일 경우, 호주달러를 104엔으로 환전한 후 돈을 갚으면, 4엔이 남는다. 그러나 이러한 수익은 보장되지 않는다. 환율이 움직이면 수익은 금방 손실로 돌아설 수 있다. 환율이 어떻게 변하는지에 따라 돈을 잃을지, 혹은 4엔보다 더 큰 수익을 낼지 생각해야 한다.

이 예에서 4%와 같이 환율이 변하지 않을 경우 얻게 되는 수익을 캐리라고 한다. '캐리 거래'는 캐리가 높은 상품에 투자하고 캐리가 낮은 상품을 매도하는 방법이다.

경제학자들은 금리가 높은 통화의 환율이 하락하는 경향이 있고 이러한 하락이 평균적으로 높은 금리를 상쇄할 것이라고 믿었다. 이러한 유위험이자율평가설 uncovered interest rate parity 하에서 캐리 거래는 돈을 벌 수 없어야 한다. 그러나 데이터를 살펴보면 이 이론은 틀렸으며, 매크로 트레이더들의 경험처럼 캐리 거래는 역사적으로 돈을 벌었다. 실제로 선진국 시장에서 금리가 높은 통화의 환율은 평균적으로 유의하게 상승하거나 하락하지 않는다.[1] 바꿔 말하면, 환율의 변화는 캐리 거래에 수익이 되기도 하고 손실이 되기도 하며, 이러한 수익과 손실은 평균적으로 같다.

통화 캐리 거래는 잦은 소규모 수익과 일시적인 큰 손실을 갖는 것이 특징이다. 그래서 트레이더들은 다음과 같이 말한다.

캐리 거래는 계단으로 올라가고 엘리베이터로 내려온다.

이러한 수익률 패턴은 호주달러-엔 환율의 시계열만 봐도 분명하다. 레버리지가 사용되는 경우 캐리 거래를 활용하는 것은 위험하다. 예를 들어, 매크로 트레이더가 호주달러-엔 거래에 세 배의 레버리지를 사용하여 3×4%=12%의 수익을 올리기로 결정할 수 있다. 그러나 이 방법은 호주달러 환율이 급격하게 하락할 경우 큰 손실을 기록할 수 있다.

개별 통화의 고유한 위험은 여러 개의 고금리 통화들에 투자하고 저금리 통화들을 매도하여 분산할 수 있지만, 분산 투자는 소위 '캐리 거래 청산' 기간 동안 대부분의 고금리 통화가 함께 하락하는 캐리 거래의 붕괴 위험을 없애지는 못한다. 그림 11.1는 캐리 거래의 분기별 수익률의 분포다.

그림 11.1 통화 캐리 거래의 분기별 초과 수익률 분포

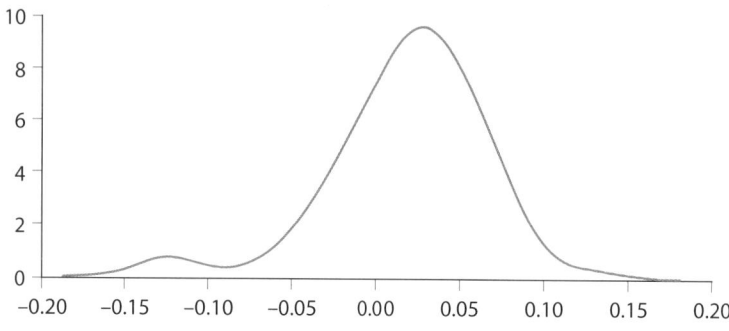

출처: Brunnermeier, Nagel, and Pedersen(2008)

분포에서 최고점의 x축은 0 이상이며, 이는 캐리 거래가 돈을 버는 횟수가 그렇지 않은 경우보다 많다는 것을 나타낸다. 반면에 왼쪽에 있는 혹 모양은 분산 투자를 한 캐리 거래에서 예상할 수 없는 큰 손실이 발생할 위험을 나타낸다. 캐리 거래의 청산은 종종 시장 유동성이 떨어지고, 트레이더가 자금 조달이 필요하며, 위험 회피가 증가하는 경제 혼란기에 발생한다.[2]

이러한 위험으로 인해 매크로 트레이더들은 언제 캐리 거래에서 손을 뗄지 고민한다. 유동성이 고갈되기 시작하고 위험이 증가하면, 아마도 다른 사람들보다 빨리 캐리 거래를 청산해야 할 때인가? 이 시기를 맞추는 것은 쉽지 않다. 많은 트레이더들의 변덕스러운 행동은 모든 사람들이 동시에 포지션을 정리하며 캐리를 청산하는 원인이 될 수 있다. 이것이 5장 10절에서 살펴봤던 유동성 소용돌이의 예다.

또한 매크로 트레이더들은 중앙은행이 고정하거나 관리하는 환율에 대해 잘 알고 있어야 한다. 만약 환율이 고정되어 있다면, 캐리 거래는 고정 환율이 깨져 붕괴를 맞이하기 전까지 완벽한 차익거래처럼 보인다. 이것은 1970년대 멕시코 페소 사건 때문에 페소화 문제peso problem†라고 불린다. 따라서 매크로 트레이더들은 종종 관리 통화 제도에 캐리 전략을 사용하기를 주저한다. 만약 환율 구간이 안정적이라고 생각한다면, 트레이더들은 하한선에 가까워질 때 통화를 산 후 상한선에 가깝게 파는, 평균 회귀에 돈을 베팅할 수도 있다.

좀 더 극적으로는, 1992년 조지 소로스가 '영란은행을 쓰러뜨린 사나이'로 유명했던 것처럼 고정 환율제가 깨질 것이라는 데 베팅할 수도 있다. 종종 회자되는 이야기이지만, 이러한 거래는 역캐리‡라는 점을 알아야 한다. 달리 말하면, 이 경우 캐리 거래는 기존과 반대 방향으로 포지션을 잡는다. 1992년 영란은행이 했던 것처럼, 중앙은행은 공격받는 통화를 방어하기 위해 자국의 금리를 올려야 한다. 이러한 움직임은 통화를 매도하는 사람에게는 역캐리로 작용하지만, 환율이 빠르고 심각하게 붕괴된다면 그 수익은 역캐리 이상이다.

---

† 정책과 제도의 변화 때문에 환율이 현재의 적정 균형 수준을 이탈해 점프하는 현상.
‡ 차입 금리가 투자 소득보다 높은 상황.

통화 캐리 거래는 가장 유명한 캐리 거래지만, 매크로 트레이더들은 사실상 모든 자산군에서 캐리 거래를 할 수 있다. 캐리의 개념은 일반적으로 가격이 그대로 유지될 경우 얻을 수 있는 금액으로 정의할 수 있다. 캐리 거래는 캐리가 높은 증권에 투자하고, 낮은 증권을 매도하는 것이다. 캐리 거래의 예는 다음과 같다.

- **통화 캐리 거래:** 위에서 논의한 것처럼, 이 전략은 이자율이 높은 통화에 투자하고 이자율이 낮은 통화를 매도하는 전략이다. 일반적으로 매크로 트레이더들은 외환FX 선도 계약을 사용해 통화에 투자하지만, 유동성이 더 낮은 선물 시장이 존재하기도 한다. 헤지펀드가 실제로 한 나라에서 돈을 빌려 다른 나라의 통화로 교환하는 등 현금 시장에서 거래를 하는 경우는 거의 없지만, 다국적 은행들은 이렇게 하기도 한다.

- **채권 캐리 거래:** 채권의 캐리는 자금 조달 금리를 초과하는 만기 수익률이다. 예를 들어, 일본의 10년 만기 국채는 일본의 수익률 곡선이 가파를 경우 높은 캐리를 가지고 있다. 일부 매크로 투자자들은 국가 간 채권 캐리를 거래하며, 캐리가 높은 국가의 채권을 매수하면서 캐리가 낮은 국가의 채권을 공매도한다. 이러한 거래는 채권, 채권 선물 또는 이자율 스왑 등으로 할 수 있다.

- **수익률 곡선 캐리 거래:** 매크로 투자자들은 또한 같은 국가 내에서 서로 다른 만기의 채권을 거래하며, 이를 수익률 곡선 거래라고 한다. 14장에서는 보다 정교한 채권 캐리(롤다운 효과 포함)에 대해 설명하며, 채권 및 수익률 곡선 거래를 실행하는 방법에 대해 자세히 설명한다.

- **원자재 캐리 거래:** 원자재 선물 계약의 캐리는 현물 상품 가격이 변하지 않을 경우 버는 돈이다. 선물 가격은 만기에 현물 가격으로 만료되면 현재 선물 가격에서 캐리를 직접 계산할 수 있다. 원자재 캐리는 실물 재고가 필요한 생산자의 편의 수익 convenience yield과 원자재 지수 투자자로 인한 선물 가격 왜곡으로 인해 발생한다. 원자재 캐리 거래는 캐리가 높은 원자재에 투자하고 캐리가 낮은 원자재를 매도한다. 또 다른 캐리 거래는 12월 만기 원유 선물 계약을 매수하는 것과 동시에 캐리가 더 낮은 3월 만기 원유 계약을 매도하는 것과 같이 동일한 상품의 서로 다른 선물 계약에 투자할 수 있으며, 이는 채권의 수익률 곡선 캐리 거래와 비슷하다.

- **주식 캐리 거래:** 주식의 캐리는 배낭 수익률이므로 주식 캐리 거래는 배당 수익률이 높은 주식 선물에 투자하면서 배당 수익률이 낮은 주식 선물을 매도하는 것이다. 가치 투자자들 역시 배당 수익률을 이용해 투자하므로, 주식에서의 캐리는

가치와 연관되어 있다.

- **신용 캐리 거래:** 신용 시장에서 캐리는 단순히 무위험 채권 대비 수익률 스프레드로 간주된다. 따라서 이자율이 더 높은 채권을 매수하면서 이자율이 낮은 채권을 매도하는 신용 캐리 전략은 당연히 상당한 신용 위험에 노출된다.

표 11.1은 1980년대부터 2011년까지 여러 글로벌 시장에서 캐리 거래의 성과를 추정한 것이다.[3]

표 11.1 글로벌 시장에서 캐리 거래의 성과

	통화 캐리 거래	채권 캐리 거래	원자재 캐리 거래	주식 캐리 거래	분산된 캐리 거래
샤프지수	0.6	0.8	0.5	0.9	1.4

출처: Koijen, Moskowitz, Pedersen, and Vrugt (2012)

이러한 캐리 거래는 역사적으로 잘 작동했다. 서로 다른 자산군의 캐리 거래는 낮은 상관관계를 가지며, 그 결과 네 개 자산군 모두에 분산 투자하는 캐리 거래는 샤프지수가 1.4라는 놀라운 성과를 기록했다(이는 거래 비용 및 기타 비용을 차감하기 전 수익이다). 따라서 매크로 트레이더들이 높은 캐리를 제공하는 증권을 사는 이유는 단지 기분이 좋고 직관적이기 때문일 뿐만 아니라 평균적으로 캐리가 수익을 예측할 수 있기 때문이다.

일부 매크로 트레이더들이 캐리를 이용해 거래를 하는 반면, 다른 투자 주제에 초점을 맞추는 매크로 트레이더도 있다. 어떤 매크로 트레이더들은 다양한 방법을 결합하기도 한다. 이들은 캐리 거래가 주요 목적이 아닐 때도 결국 이에 노출되는 경우가 많다.

11.2 중앙은행 모니터링

매크로 트레이더들은 중앙은행에 엄청난 관심을 기울인다. 돈이 있는 곳이기 때문이다. 중앙은행은 모든 시장에 영향을 미치는 단기 금리를 통제한다. 예를 들어, 이자율은 통화 캐리와 채권의 가격을 결정한다. 그래서 매크로 투자자들은 중앙은행들을 관찰하면서 다음 움직임을 예측하려고 한다. 중앙은행이 금리를 올리거나 내릴 것인가? 금리를 내리려고 할 경우, 인하 폭은 25bps, 50bps, 혹은 그 이상일 것인가? 향후 금리 변화에 대해서 시장의 기대를 바꿀 매파적 또는 비둘기적 입장을 낼 것인가? 대출 기구나 양적 완화와 같은 파격적인 통화 정책을 시행할 것인가? 혹은 그러한 프로그램의 강도를 높일 것인가?

이러한 질문에 답하기 위해 매크로 트레이더들은 각 중앙은행의 목표와 정책적 제약을 이해하고 그들과 동일한 경제 데이터를 분석하고자 한다. 중앙은행의 목표는 국가마다 다르다. 미국의 연방준비제도는 물가 안정과 최대 고용이라는 '이중 책무dual mandate'가 있다. 이러한 이중 책무를 위해 연준이 설정하고자 하는 명목 이자율 R^f는 테일러 준칙에 의해 다음과 같이 계산된다.

$$R^f = 4\% + 1.5 \times (인플레이션 - 2\%) + 0.5 \times 아웃풋 갭$$
(11.1)

아웃풋 갭은 실질 GDP와 목표의 차이다. 이는 단순하게 실업률이라고 생각할 수 있으며, 현재 실업률이 구직 지연이나 다른 일들로 인해 '자연적인' 수준 이하인지로 계산된다.[4]

테일러 준칙은 연준이 인플레이션을 2%로 유지하고 아웃풋 갭을 0으로 유지하기를 원한다는 점을 반영한다. 연준이 명목 이자율을 4%로 설정하면, 실질 이자율(R^f - 인플레이션)은 2%가 된다. 만일 인플레이션이 2% 이상으로 올라갈 경우, 연준은 인플레이션의 1%p 상승에 맞추어 명목이자율을 1%p 이상 올려야 하며, 이를 '테일러 준칙'Taylor principle이라 한다. 예를 들어, 인플레이션이 3%가 될 경우, 연준은 명목 이자율을 5.5%로 올려야 한다. 실질 이자율은 2.5%로 상승하며, 이로 인해 경제가 진정되고 인플레이션은 다시 목표를 향해 내려오게 된다. 이와 마찬가지로 마이너스 아웃풋, 즉 높은 실업률은 경기 부양을 위한 저금리로 이어진다.

테일러 준칙은 연준의 실제 행동에 대한 근사치일 뿐이며, 연준의 실제 선택과 완벽하게 일치하지는 않지만 몇 가지 변수들을 제시한다. 예를 들어, 거시 경제학자들은 연준이 종종 어느정도 관성을 가지고 행동하며 금리를 올릴 경우 점진적으로 인상하는 것을 선호한다고 지적했다.

유럽 중앙은행 등 다른 중앙은행들은 인플레이션을 2% 정도로 일정하게 유지해 물가를 안정시킨다는 단일 목표를 갖고 있다. 고정 환율을 가진 나라들 역시 목표 환율을 달성하기 위해 통화정책을 사용해야 하며, 통화 가치가 하락할 때 금리를 올리고, 가치가 상승할 때 금리를 낮춰야 한다. 중앙은행들은 갈수록 금융 안정 역시 목표로 두고 있다.

글로벌 매크로 트레이더들은 두 가지 이유로 중앙은행의 행동에 집착한다. 먼저, 가장 중요한 이유는 중앙은행 조치가 자산 가격을 움직이기 때문에 중앙은행 조치가 있기 이전에 좋은 포지션을 잡아 성과를 얻기 위함이다. 둘째, 중앙은행들은 단기 금융 시장, 채권 시장, 통화 시장에서 활발한 활동을 하고 있으며, 수익을 극대화하기 위해 거래하는 것이 아니므로 이들의 행동은 때때로 기회를 낳는다.

그렇다면 매크로 투자자들은 통화 정책에 대한 견해를 바탕으로 어떻게 거래할까? 가장 간단한 방법은 중앙은행이 금리를 낮추려 한다고 생각하면 채권이나 금리 선물을 매수하고, 금리를 올리려 한다고 생각하면 공매도를 하는 것이다. 또한 중앙은행의 금리 인상이 장기 금리보다 단기 금리를 더 많이 올려 수익률 곡선이 평평해질 수도 있기 때문에, 이러한 수익률 곡선의 기울기에 베팅할 수도 있다. 매크로 트레이더는 또한 이자율 선도 계약을 이용해 중앙은행의 향후 조치에 베팅하기도 한다.

중앙은행의 행동을 이해하는 것은 통화 거래에도 유용하다. 금리가 오를 경우 캐리를 위한 자본 유입이 많아져 통화 가치가 상승한다. 외환 시장은 중앙은행이 통화를 사거나 파는 등 적극적으로 개입할 때, 더욱 직접적인 영향을 받는다. 이러한 개입과 그 시기를 예측하는 것은 어렵지만, 몇 가지 일반적인 패턴이 나타나기도 한다. 중앙은행이 일반적으로 환율 변동을 완화하려고 시도하면 환율은 새로운 펀더멘털을 향해 천천히 움직이고 매크로 트레이더는 이러한 통화 시장의 추세를 이용한다.

예제: 그린스펀의 서류 가방 지수

많은 매크로 트레이더들은 앨런 그린스펀이 연준의 의장을 맡고 있을 때 그를 종교적으로 추종했다. 그래서인지 그는 의도적으로 모호한 진술을 했고, 이러한 어법은 '페드스피크Fedspeak'라고도 불린다(이와 대조적으로 버냉키는 투명하게 말하는 것이 더 도움이 된다고 믿었다). 트레이더들은 그린스펀의 일거수일투족을 감시했으며, 특히 연방공개시장위원회FOMC가 새로운 금리 목표를 결정하는 날에는 더욱 예의주시했다.

트레이더들은 테일러 준칙이나 최근의 페드스피크에 근거하여 금리를 올릴지 혹은 내릴지를 미리 계산한다. 연준이 금리를 바꿀것인가 아니면 그대로 둘 것인가? 그 대답은 트레이더들은 볼 수 없는 그린스펀의 서류 가방에 있었다. 그러나 서류 가방의 두께에 해답이 있었다. 두꺼운 서류 가방은 많은 논쟁을 의미했으며, 이는 금리 변경으로 이어졌다. 얇은 서류 가방은 금리가 그대로 유지될 것을 의미했다. 따라서 연방공개시장위원회가 있는 날 그린스펀이 연준으로 걸어 들어갈때 그의 서류 가방은 많은 주목을 받았다. 몇 년 후 그린스펀은 연방공개시장위원회가 있는 날이면 서류 가방을 자동차 트렁크에 숨겨서 연준으로 운반하게 했으며 본인은 빈손으로 입장했다.

11.3 경제 발전에 따른 거래

글로벌 매크로 트레이더들에게 있어 성배는 경제가 어디로 움직이고 있는지를 아는 것이다. 특히 경제 성장이 강세를 보일지 둔화될지, 인플레이션이 올라가는지 완화되는지를 알고 싶어한다. 경제 성장과 인플레이션의 조합은 표 11.2에 나타낸 것과 같이 경제 환경을 결정한다.

표 11.2 경제 성장과 인플레이션에 따른 네 가지의 경제 환경

	경제 성장	경제 둔화
고 인플레이션	과열	스태그플레이션
저 인플레이션 (혹은 디플레이션)	골디락스	침체

성장이 강하고 인플레이션이 높을 경우 경기가 좋아지지만 '과열'될 수 있으므로 중앙은행은 금리를 인상한다. 이러한 경우 채

권 가격이 하락하기 때문에 매크로 트레이더들은 채권을 공매도한다. 과열된 경기 초기에는 수익률 곡선이 가파를 수 있지만, 정책 금리를 올리는 중앙은행의 조치에 따라 시간이 지날수록 곡선이 평평하게 될 가능성이 높다.

경제 성장이 기업의 이익을 끌어올리고, 인플레이션은 기업의 가치에 영향을 미치지 않기 때문에(기업의 이익은 인플레이션만큼 상승하여 실질 가치가 유지되므로) 과열된 경제하에서 주식은 매우 좋다. 반면 회사채의 경우 신용 스프레드는 감소하지만 전반적인 금리 상승으로 인해 가격이 하락한다.

너무 뜨겁지도 않고 너무 차갑지도 않은 '골디락스' 경제에서는 주식과 채권 모두 좋다. 변동성이 감소하고, 옵션 가격이 낮아질 수도 있지만, 이러한 안정이 영원히 지속되지는 않는다.

인플레이션에 맞서 더 높은 금리로 싸운다는 것은 침체된 경제를 더 해치는 것을 의미하므로, 스테이그플레이션은 중앙은행에게 악몽과 같다. 주식은 경제 성장 전망이 좋지 않아 나쁘며, 채권은 인플레이션으로 인해 나쁘다. 원자재와 물가연동채권TIPS은 인플레이션으로부터 보호되어 적어도 명목상으로는 좋으며, 금 역시 안전 자산 선호로 인해 가격이 상승한다.

인플레이션이 낮고 성장이 느린 '침체' 시기에는 채권 이자율이 하락하여 채권 가격이 상승한다. 예를 들어, 2008~2009년 글로벌 금융 위기 이후 채권 이자율은 하락하기 시작했고, 일부 투자자들은 이자율이 이제 상승할 일만 남았다고 계속해서 언급했다. 그러나 그 후에도 채권 이자율은 계속 하락했다. 마찬가지로, 일본의 채권 이자율은 1990년대에 지속적으로 하락했으며, 2000년대까지 하락이 이어졌다.

글로벌 매크로 헤지펀드들은 경제 환경을 분석하고, 그 분석을 바탕으로 방향성 투자를 한다. 또한 매크로 투자자들은 다른 나라의 상대적 성장과 인플레이션 정도를 비교하여 상대 가치를 이용한 거래를 한다. 이러한 트레이더들은 특정 국가에서 어떤 자산군의 성과가 더 좋을지와 나쁠지에 베팅하며, 이에 대해서는 11장 4절에서 살펴보도록 하겠다. 먼저, 무엇이 경제의 상태를 결정하는지 알아볼 필요가 있다.

경제는 총수요와 공급에 의해 결정되며, 무엇이 이것을 이끄는지 고려해야 한다. 현대 거시 경제학에는 여러 가지 경쟁 모형이 있지만, 많은 매크로 트레이더와 정책 입안자들이 경제적 문제를 생각할 때 염두에 두고 있는 아이디어를 담고 있는 단순한 모형을 살펴보겠다.

무엇이 총공급을 촉진하는가?

매크로 경제학자들은 국내총생산GDP과 같이 한 국가의 생산량의 총공급을 결정하기를 원하며, 이는 종종 기호 Y로 표시한다. 이러한 생산량은 국가의 노동(L)과 자본(K)에 의해 결정된다. 노동 L은 일하는 사람의 수를 나타낸다. 국가의 물리적 자본인 K는 기계, 공장, 천연자원, 컴퓨터, 트럭, 그리고 사용할 인프라를 말한다. 생산함수 F를 이용해 생산량을 계산할 수 있다.

$$Y = 총요소\ 생산성 \times F(K, L)$$

총요소 생산성total factor productivity은 기술이 얼마나 우수한지, 사람들이 얼마나 잘 교육되고 숙련되어 있는지, 자본과 사람이 가장 생산적인 부문에 얼마나 효율적으로 할당되는지를 측정한다.

장기적으로는 이것이 전부다. 생산량은 국가의 인구 및 보유하고 있는 기계로 계산할 수 있는 것이다. 공급과 수요가 일치하도록 가격과 임금이 조정되며, 장기 국내총생산은 노동력, 자본, 생산 기술에 의존한다. 따라서 매크로 트레이더는 장기적인 성장을 판단하기 위해 인구 증가, 교육, 투자, 기술 혁신을 살핀다.

단기적인 경기 변동은 더 복잡하다. 단기적으로 총공급을 결정하는 가장 중요한 요인은 고용률이다. 생산에 사용되는 노동력 L은 국가의 전체 가용 노동력뿐만 아니라 실제로 사람들이 얼마나 일하는가에도 영향을 받는다. 실업률은 국가의 생산량에 필요한 노동력이 더 적다는 것을 의미한다. 마찬가지로 생산량은 자산의 이용률에 따라 달라지는데, 이는 기계가 유휴 상태인지 최대 속도로 가동 중인지 여부를 의미한다.

따라서 단기적인 경제 역학은 실업률과 밀접한 연관이 있으며, 실업률은 인플레이션과 관련이 있다. '필립스 곡선'에 따르면 단기적으로는 인플레이션이 고용과 함께 증가한다. 고용과 함께 생산량의 공급이 증가하기 때문에 단기적으로는 생산량 공급 역시 인플레이션과 양의 관계로 연관이 있으며, 이러한 관계는 그림 11.2에서 총공급 곡선으로 표현된다.

그림 11.2 단기 총수요 및 총공급 곡선

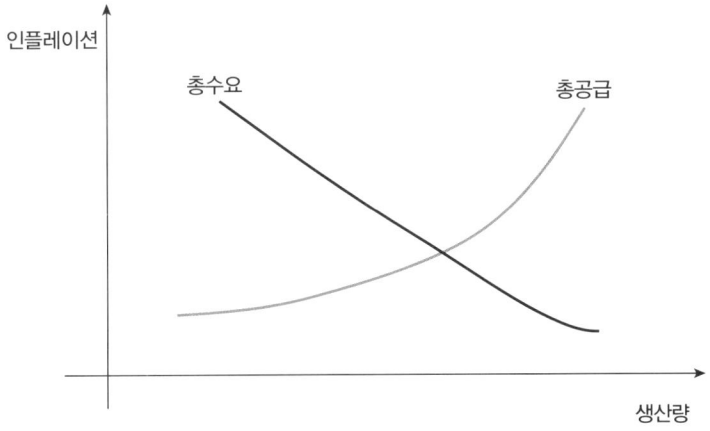

그렇다면 왜 인플레이션이 고용과 관련이 있을까? 이는 명목 임금이 단기적으로는 '경직성'이 있기 때문인데, 이는 사람들의 임금에 대한 기대치를 바꾸고 임금을 재협상하는 데 시간이 걸린다는 뜻이다. 임금 경직성으로 인해 예상보다 높은 생산량의 물가 상승으로 기업들은 더 많은 이윤을 내고, 따라서 더 많은 사람들을 고용한다. 다르게 말하면, 명목 임금은 비교적 일정하지만 생산 물가가 놀랄 만큼 상승한다면, 실질 임금은 감소하고 기업은 고용하기를 원한다. 따라서 (예상치 못한) 인플레이션은 단기적으로 고용 및 공급과 양의 관계가 있다. 장기적으로는 기대치가 인플레이션 수준에 맞춰 조정되어 임금이 상승하므로, 영구적으로는 높은 인플레이션이 공급에 영향을 미치지는 않는다.

무엇이 총수요를 촉진하는가?

단기적으로 생산량은 공급뿐만 아니라 수요에 따라서도 달라진다. 총수요를 인플레이션과 연결시키기 위해 현대 경제학자들은 먼저 11장 2절에서 논의한 중앙은행의 행동을 고려한다.[5] 중앙은행들은 인플레이션을 통제하고자 하므로, 높은 인플레이션은 높은 실질 금리로 이어진다. 이는 수식 11.1의 테일러 준칙에서도 확인할 수 있다.

그렇다면 금리는 어떻게 수요에 영향을 미치는가? 먼저 생산량의 수요(Y)는 소비(C), 투자(I), 정부지출(G), 수출(X), 수입(M)으로 구성된다.

$$Y = C + I + G + X - M \qquad (11.2)$$

수요가 금리에 따라 어떻게 달라지는지 파악하기 위해, 먼저 민간 소비의 결정 요인인 C를 고려하자. 금리가 낮아지면 대출 비용(예를 들어, 자동차 대출이나 신용 카드 대출)이 낮아지고 미래를 위해 저축할 매력도 떨어지기 때문에 민간 소비가 늘어난다. 민간 소비는 또한 현재 소득과 미래 소득에 대한 기대치에 따라 달라진다. 소득은 생산량 Y와 같기 때문에, 승수 효과[†]는 소비의 금리 민감도를 높일 수 있다.

---

† 정부지출을 늘릴 경우 지출한 금액보다 많은 수요가 창출되는 현상.

금리가 낮아지면 실물 투자인 I도 늘어난다. 이는 기업들이 낮은 금리로 자금을 조달하여 새로운 공장과 기계를 건설하는 것이 수익성이 있다고 생각하기 때문이다. 정부 지출, 수출, 수입 등은 상대적으로 금리에 둔감하지만, 무역 흐름의 변화로 인해 수요 충격이 올 수도 있다.

결론적으로 금리가 낮아지면 총수요(투자-저축 곡선 또는 IS 곡선)가 늘어난다. 게다가, 낮은 인플레이션은 낮은 금리로 이어진다. 이 두 가지를 종합하면 그림 11.2의 총수요 곡선에서 볼 수 있듯이 낮은 인플레이션이 총수요 증가로 이어지는 이유를 알 수 있다.

수요와 공급의 충격에 따른 성장과 인플레이션의 변화

단기 생산량과 인플레이션은 그림 11.2에서 총공급과 수요가 만나는 균형 지점에서 결정된다. 그러나 매크로 투자자들은 경제의 현주소를 이해하는 데 만족하지 않는다. 그들은 다음에 무슨 일이 일어나는지 알고 싶어한다. 경제 성장률이 오를지 둔화될지, 인플레이션이 오를지 잠잠해질지를 살펴보고자 한다. 이러한 변화는 자산 가격을 움직이며, 매크로 투자자들은 다음 번 큰 움직임에 맞추어 정확한 포지션을 잡고자 한다.

다음에 무슨 일이 일어날지 파악하기 위해서, 거시 경제학자들은 경제에 곧 닥칠 충격과 그로 인한 영향을 고려한다. 한 가지 가능성은 그림 11.3과 같이 양positive의 수요 충격이다.

그림 11.3 양의 수요 충격의 영향

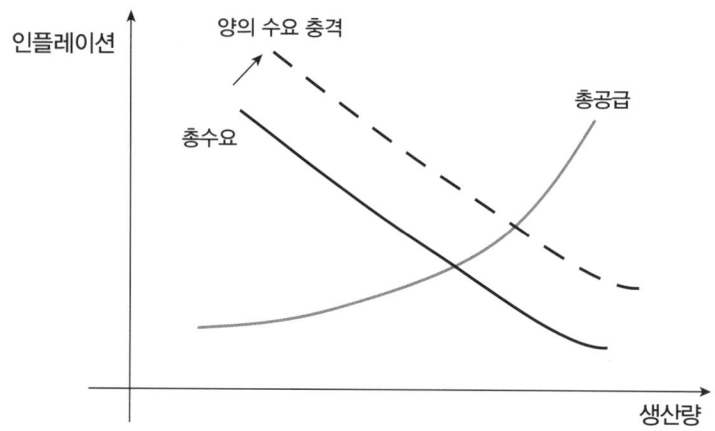

예를 들어, 소비자 신뢰 지수가 상승하거나 양적 완화로 인해 총수요가 증가한다고 가정하자. 그림 11.3에서 보듯이, 이러한 증가는 생산량과 인플레이션을 모두 증가시켜 주가 상승과 채권 가격 하락으로 이어진다. 따라서 매크로 투자자가 총수요 증가를 예상하거나, 현재 가격에 반영된 것보다 수요가 더 증가할 것으로 예상한다면, 주식을 매수하고 채권을 공매도할 것이다.

또는 수요 충격이 음negative일 수 있으며, 충격이 공급 측에서 올 수도 있다. 공급 충격(동일한 생산물가에 대한 상품 공급의 변화)은 유가 변화, 기술 혁신 또는 노동 시장의 변화로 발생한다. 이러한 충격은 총수요/총공급 곡선의 위/아래 이동에 해당하며, 이 네 가지 유형의 충격의 영향은 표 11.3에 정리했다.

표 11.3 경제 환경에 따른 네 가지 수요와 공급 충격

	강한 성장	느린 성장
고 인플레이션	양의 수요 충격: – 소비자 신뢰지수의 상승 – 양적 완화 – 쉬워진 신용 이용 가능성	음의 공급 충격: – 유가 상승 – 자산 가치 하락 – 자산의 비효율적 사용
저 인플레이션 (혹은 디플레이션)	양의 공급 충격: – 유가 하락 – 더 나은 기술 – 글로벌화 되거나 숙련된 노동 시장	음의 수요 충격: – 소비자 신뢰 지수의 하락 – 통화 긴축 – 어려워진 신용 이용 가능성

흥미롭게도, 이러한 수요와 공급 충격으로 인해 표 11.2의 네 가지 경제 환경이 만들어진다. 수요 충격은 경기 과열이나 침체를 만들며, 공급 충격은 골디락스나 스태그플레이션을 만든다. 따라서 매크로 투자자들은 자산군별 방향성 거래를 결정할 때 공급과 수요 충격의 상대적 가능성을 심사숙고한다.

다양한 유형의 수요와 공급 충격은 지속적으로 발생하며, 거시적 사건은 단기적 영향(1년 이내)을 미치거나, 중기적 경제 환경(1~5년)에 영향을 미치거나, 장기적 성장(5년 이상)을 결정하기도 한다. 대표적인 단기 수요 충격으로는 소비 지출률의 변화, 통화 정책의 변화, 소비자 신용 이용 가능성의 변화 등이 있다. 단기 공급 충격은 천연자원 가격, 특히 에너지 가격의 변화가 포함된다.

중기적으로는 자본의 변화로 공급 충격이 발생할 수 있다. 자본의 개선은 외국인 직접 투자 등 성공적인 투자의 결과물이다. 한 국가가 충분히 투자하지 않으면, 해당 국가의 자본은 가치가 하락하고 쓸모없게 된다. 투자 요인 중 하나는 실질 금리가 얼마나 낮은지인데, 이는 부분적으로 인플레이션 위험 프리미엄(안정적인 인플레이션이 최선으로 여겨진다)과 법규에 달려 있다. 공급 충격은 또한 노동-시장 마찰(임금 경직, 탐색 마찰, 엄격한 노동법), 제품-시장 마찰(경직된 가격과 반경쟁적 기업 대책), 그리고 실업과 자본 활용 저하를 초래하는 자본-시장 마찰(시장 및 자금 조달 비유동성)의 변화로 인해 발생할 수 있다. 예를 들어, 프로젝트의 자금 조달 능력이 투자의 원동력이므로 시스템적인 은행 위기는 성장을 둔화시킨다. 장기적으로 볼 때 생산량은 기술적 진보와 인구 증가와 같은 공급 요인에 따라 달라진다.

11.4 국가 선택과 기타 글로벌 매크로 거래

글로벌 매크로 헤지펀드가 실행할 수 있는 거래 종류에는 제한이 없다. 그중 주요 전략인 상대적 가치를 이용한 국가 선정, 모멘텀, 무역 흐름 및 정치적 사건을 이용한 거래를 살펴보자.

글로벌 시장에서의 가치와 모멘텀

9장에서 논의했듯, 가치와 모멘텀 전략은 개별 주식 시장에서 오랫동안 잘 작동했다. 글로벌 매크로 투자자도 매크로 시장에서 이 전략을 이용한다. 매크로 모멘텀 투자란 성과가 우수한 시장을 매수하는 동시에 성과가 저조한 시장을 매도하는 것이다. 예를 들어, 상승 추세를 보이고 있는 국가의 주가 지수를 매수하고, 뒤처지는 국가의 주식 선물을 매도한다. 전략의 단순함으로 인해 여러 시장에서 이 전략은 쉽게 사용된다.

매크로 가치 투자는 비싼 시장을 매도하면서 싼 시장을 매수한다. 예를 들어, 매니저는 주식시장의 전반적인 가격을 본인이 생각하는 펀더멘털 가치와 비교할 수 있다. 물론 펀더멘털 가치를 추정하는 것은 도전적일 수 있으며, 방법 또한 여러 가지가 있다. 다음은 한 논문에서 정리한 여러 주요 글로벌 자산군에 가치 투자를 적용하는 방법들이다.[6]

- **글로벌 주가지수 가치 거래**: 주가 지수의 경우 개별 주식을 평가할 때와 동일한 기법을 사용할 수 있다. 즉, 각 종목의 가치를 평가할 수 있다면 지수의 펀더멘털 가치를 구하기 위해 종목별 가치를 합산하고 이를 전체 가격과 비교한다. 한 가지 간단한 척도는 전체 시장의 PBR(혹은 다른 가치 지표)이다. 따라서 매크로 가치 거래는 PBR이 낮은 '저렴한' 국가의 주가 지수를 매수하는 동시에 PBR이 높은 국가의 주가 지수를 매도한다.

- **통화 가치 거래**: 통화의 경우, 구매력평가지수를 사용하여

가치의 척도를 도출할 수 있다. 구매력 평가지수에 의하면 모든 국가에서 동일한 상품의 가격은 같아야 한다. 따라서 햄버거(또는 다양한 상품의 조합)의 가격이 미국 달러보다 유로화에서 더 비싸다면, 유로화는 향후 가치가 떨어질 것이며, 유로화 가치에 매도를 하는 베팅으로 이어진다.[7] 통화 가치를 이용한 거래의 더욱 간단한 방법은 장기 반전을 이용하는 것으로, 환율이 크게 상승한(5년 이상) 통화는 결국 어느 정도 반전하게 될 것이라는 데 베팅한다.

- **글로벌 채권 가치 거래:** 채권 가치 거래는 전 세계의 10년 만기 채권을 사고 판다. 채권 가치의 한 지표는 채권의 실질 수익률, 즉 수익률에서 국내 물가상승률을 뺀 것이다. 다른 간단한 지표는 현재의 수익률에서 해당 국가의 과거 수익률을 뺀 것으로, 이는 장기 반전에 초점을 맞춘다. 더 정교한 가치 지표는 각국의 채무 불이행 위험(정부 채무, 경상 수지 등), 향후 인플레이션 위험, 글로벌 투자 흐름 등을 고려한다.

- **원자재 가치 거래:** 원자재의 펀더멘털 가치는 수요와 공급 요인에 의존하기 때문에 측정하는 것이 어렵다. 가장 간단한 원자재 가치 트레이드는 장기 반전을 사용하는 것으로, 가치가 유난히 오른 원자재들이 덜 오른 원자재들보다 더 낮은 성과를 낼 것이라는 데 베팅한다.

한 연구에서 이러한 글로벌 주식, 통화, 채권, 원자재 시장에서 글로벌 가치와 모멘텀 거래를 검증했다.[8] 그림 11.4는 시간에 따른 성과 및 샤프지수와 상관관계를 나타낸다.

그림 11.4 국가의 주가 지수, 통화, 채권, 원자재 시장에서의 가치, 모멘텀, 그리고 콤보 전략

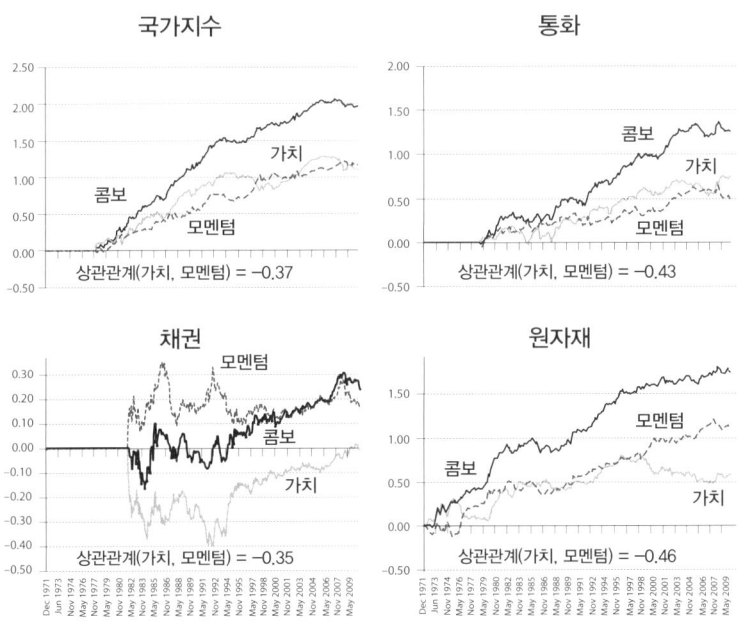

출처: Asness, Moskowitz, and Pedersen(2013)

이 그림에는 가치와 모멘텀 신호를 함께 사용하는 '콤보' 전략도 표시되어 있다. 그림에서 볼 수 있듯이, 가치와 모멘텀은 각 자산군에서 잘 작동했다. 개별 주식 시장과 매크로 시장 모두에서 작동한다는 것이 가치와 모멘텀 투자 철학의 강점을 보여 주는 증거다.

가치와 모멘텀은 강한 음의 상관관계가 있다. 이는 다소 상반되는 개념으로 거래하기 때문에 타당하다. 하나는 값싸게 보이는 것을 매수하는 반면, 다른 하나는 상승 추세(이는 비싼 것일 수도 있다)를 보이는 것을 매수한다. 그러나 모멘텀은 단기간, 가치는 장기간에 초점을 맞추므로 이 둘은 정반대의 관계가 아니다. 그래서 둘 다 평균적으로 돈을 벌 수 있다. 가치와 모멘텀은 강한 음의 상관관계를 갖는다. 이는 콤보 전략의 성과에서 보듯이 이들의 결합이 강하다는 것을 의미한다. 그러나 많은 매크로 트레이더들은 하나의 전략만을 사용하고 있는데, 이는 상승 추세에 있는 값싼 국가를 찾는다는 것이 비논리적이라 생각하기 때문이다. 즉, 그들은 바닥을 놓치고 있는 것이다.

글로벌 무역 흐름 및 교역 조건

글로벌 무역은 경제 활동과 환율의 중요한 결정 요인이 될 수 있으며, 특히 작은 나라에게는 매우 중요한 요인이다. 수입보다 수출을 많이 하는 나라는 자국 통화를 구매할 압력이 발생하며, 특히 갑자기 구매 압력이 높아지면 통화 가치 상승으로 이어질 수 있다. 게다가 수출 부문은 국내 경제에 활력을 공급한다. 따라서 일부 글로벌 매크로 투자자들은 수출입의 상대적 수급에 영향을 미치는 새로운 사건을 바탕으로 무역 흐름의 변화를 예측하려고 한다.

한 가지 중요한 지표는 국가의 교역 조건으로, 국가가 수출하는 상품의 가격을 그 국가가 수입하는 상품의 가격에 비례하여 측정해야 한다. 예를 들어, 남아프리카가 다이아몬드를 수출하고 채굴 기계를 수입한다고 가정하자. 다이아몬드 가격이 기계 가격에 비해 오른다면 이는 남아프리카공화국의 교역 조건이 개선되는 것이다.

매크로 트레이더는 교역 조건의 변화를 추적하고, 이로 인한 다양한 영향을 예측하려고 한다. 다른 조건이 같다면, 다이아몬드 가격의 인상은 수출을 증가시키고 남아프리카공화국 랜드ZAR의 수요를 창출할 것이다. 다이아몬드 산업이 수혜를 보는 반면, 환율의 하락은 와인과 섬유 수출 업체 등 지역 경제의 다른 부분에 타격을 준다(이러한 현상을 '네덜란드병'이라고도 한다).

무역 흑자는 경상 수지 흑자를 결정하는 주요 요인이다. 한 국가의 경상 수지 흑자는 자본 유출이라고 불리는 외국 자산의 순증가에 해당한다. 따라서 자본 흐름과 무역 흐름은 밀접하게 연관되어 있으며, 둘 중 하나에 충격이 가해지면 환율에 중요한 영향을 준다. 예를 들어, 한 국가에 강한 자본 유입이 있으면 환율이 하락해 무역 적자로 이어질 수 있다.

정치적 사건과 규제 불확실성

무역 흐름과 교역 조건의 변화는 환율에 영향을 줄 수 있지만, 반대로 작용할 수도 있다. 때때로 국가들은 수출을 늘리기 위해 환율에 영향을 미치며, 매크로 투자자들은 그러한 개입에 대응하려고 한다.

좀 더 일반적으로, 정치적 사건은 세계적인 거시적 발전을 위해 중요할 수 있다. 국가들은 시장의 공개 혹은 폐쇄, 관세 부과, 명시적 또는 암묵적 무역 장벽 등 다양한 방법으로 무역 관계를 변화시킬 수 있으며, 일부 국가는 정부 간 관계 경색으로 인해 무역이 금지되고 있다.

정치적 사건의 가장 극단적인 결과는 전쟁이지만, 매크로 트레이더들은 좀 더 '일상적인' 새로운 정책과 입법을 살펴본다. 그들은 새로운 법률로 인해 어떤 부문이 혜택을 받을지, 어떤 부문이 피해를 입을지 결과를 예측하려고 한다.

11.5 테마성 글로벌 매크로

일부 글로벌 매크로 트레이더들은 '테마'라고 부르는 몇 가지 '큰 아이디어'에 초점을 맞춘다. 그들은 특정한 거시적인 사건들이 미래의 경제 사건들의 중요한 원동력이 될 것이라고 믿고, 그 테마가 실제로 발휘된다면 수익을 창출할 수 있는 다양한 방법을 찾으려고 한다.

예를 들어, 일부 글로벌 매크로 트레이더들은 중국의 성장이 사람들의 기대를 능가할 것이라고 믿는다. 따라서 그들은 중국 주식을 사고, 중국이 많이 수입하는 원자재를 사고, 호주와 같은 원자재 생산국의 주식을 사고, 인플레이션이 발생할 것이라고 믿는다면 채권을 팔 수도 있다. 이와 반대로 중국이 오히려 버블 상태에 있다고 생각하는 매크로 트레이더들은 반대 포지션을 취할 수도 있다.

또 다른 테마성 글로벌 매크로 매니저는 지구 온난화가 다가오고 있으므로 탄소권과 풍력 기업을 사들이거나, 석유 생산이 수요를 따라가지 못해 에너지 가격이 상승할 것이라고 생각할 수 있다.

최근에는 금융 분야의 체계적인 위험과 국가 신용 위험이 중요한 테마였다. 일부 매크로 트레이더들은 정부 부채가 많은 나라에서 채무 불이행이나 인플레이션이 생기거나, 불확실성과 돈의 증가로 인해 금값이 상승할 가능성에 초점을 맞춘다. 본인만의 테마를 생각해 보고 그 테마를 이용해 거래하는 방법을 생각해 볼 수도 있다.

11.6 조지 소로스의 호황/불황 사이클과 재귀성 이론

조지 소로스는 역사상 가장 성공한 투자자 중 한 명이다. 더 나아가 자선 사업가, 여론 형성가, 철학자다. 소로스는 최근 강의에서 설명한 것처럼 호황/불황 사이클과 재귀성에 관한 이론을 발전시켰다.[9]

제 개념 틀을 금융 시장에 적용할 때 가장 중요한 두 가지 원리에 대해 설명하겠습니다. 첫째, 시장 가격은 항상 펀더멘털을 왜곡합니다. 왜곡의 정도는 무시해도 좋을 정도로 작을 수도 있고 매우 클 수도 있습니다. 이 원리는 시장이 모든 정보를 정확하게 반영한다고 주장하는 효율적 시장 가설과 정면으로 부딪힙니다. 둘째, 금융 시장은 시장의 현실을 반영하는 소극적인 역할뿐 아니라 이른바 펀더멘털에 영향을 미치는 적극적인 역할도 담당합니다.

금융 자산의 가격이 잘못 매겨져 펀더멘털에 영향을 주는 방법은 여러 가지가 있습니다. 가장 흔한 방법은 레버리지를 사용할 때 나타납니다. 다양한 피드백 고리를 살펴보면 대게 시장이 옳다는 인상을 받지만, 실제로 작용하는 메커니즘은 효율적 시장 가설이 제시하는 바와 매우 다릅니다. 저는 금융 시장이 펀더멘털을 바꿔놓을 수 있으며, 그 결과 시장 가격과 펀더멘털이 더 가까워질 수 있다고 생각합니다.

제가 주장하는 두 가지 원리는 금융 시장의 특징인 재귀적 피드백 고리에 주목합니다. 부정적 피드백과 긍정적 피드백에 대해 설명했습니다. 부정적 피드백은 자기 수정 과정이며, 긍정적 피드백은 자기 강화 과정입니다. 따라서 부정적 피드백은 균형에 가까워지는 경향이 있지만, 긍정적 피드백은 역동적인 불균형을 만듭니다. 긍정적 피드백은 시장 가격과 펀더멘털 모두에 큰 변동을 일으킬 수 있으므로 더 흥미로운 요소입니다. 긍정적 피드백 과정에서는 처음에는 한쪽으로 자기 강화가 진행되지만, 마침내 절정에 도달한 다음에는 반대쪽으로 자기 강화가 진행됩니다. 그러나 긍정적 피드백 과정이 항상 모든 과정을 다 거치는 것은 아닙니다. 부정적 피드백의 영향으로 언제든지 진행 과정이 중단될 수 있습니다.

이런 맥락에서 호황과 불황의 과정, 혹은 버블 이론을 개발했습니다. 모든 버블에는 두 가지 요소가 있습니다. 하나는 현실 세계에서 유행하는 추세이고, 다른 하나는 그 추세에 대한 착각입니다. 추세와 착각이 서로 작용하면서 함께 강해질 때 버블이 형성되기 시작합니다. 이 과정은 도중에 부정적 피드백으로 검증받기도 합니다. 그러나 추세가 매우 강력해서 검증을 통과하면, 추세와 착각 모두 더욱 강화됩니다. 마침내 시장에 대한 기대가 현실과 너무나 동떨어지면, 사람들은 자신의 착각을 깨닫게 됩니다. 이제 사람들 사이에 의심이 자라나고 확신이 줄어드는 혼돈의 기간이 이어지지만, 현재의 추세는 관성에 의해 유지됩니다. 씨티그룹의 대표였던 척 프린스는 이렇게 말했습니다. "연주가 이어지는 한, 우리는 일어나 춤을 출 수밖에 없습니다. 그래서 우리는 여전히 춤추고 있습니다." 결국 추세가 반전되는 지점에 도달하면, 이제는 반대 방향으로 자기 강화가 진행됩니다.

1987년에 제가 처음 이론을 제시할 때 사용했던 예를 떠올려 보겠습니다. 1960년대 말에는 대기업이 유행이었습니다. 이런 추세를 대표하는 지표가 주당 순이익이었고, 주가도 주당 순이익을 따라갔습니다. 대기업들은 다른 기업들을 인수하는 방법으로 주당 순이익을 높였습니다. 주당 순이익 증가에 대한 사람들의 기대는 계속 높아졌지만, 결국 현실은 기대를 따라갈 수가 없었습니다. 점진적 쇠퇴 기간이 지나자 주가 추세는 반전되었습니다. 한쪽 구석에 덮어놓았던 문제들이 모두 표면으로 드러났고, 이익이 가파르게 감소했습니다. 당시 대기업이던 오그덴 코퍼레이션의 사장이 제게 실상을 말해주었지만, 제가 이 말을 전하려 해도 귀 기울이는 사람은 아무도 없었습니다.

아래 그림은 대기업의 버블 모형입니다. 오그덴 코퍼레이션과 같은 대기업의 실제 차트도 이와 매우 비슷합니다. 이 패턴을 따르는 버블들은 (1) 시작, (2) 가속 기간, (3) 검증을 거쳐 더욱 강화됨, (4) 점진적 쇠퇴 기간, (5) 정점, (6) 하락세 가속, (7) 금융 위기 절정이라는 단계를 따릅니다.

그림 11.4 소로스의 호황/불황 사이클의 단계와 재귀성에 대한 이론

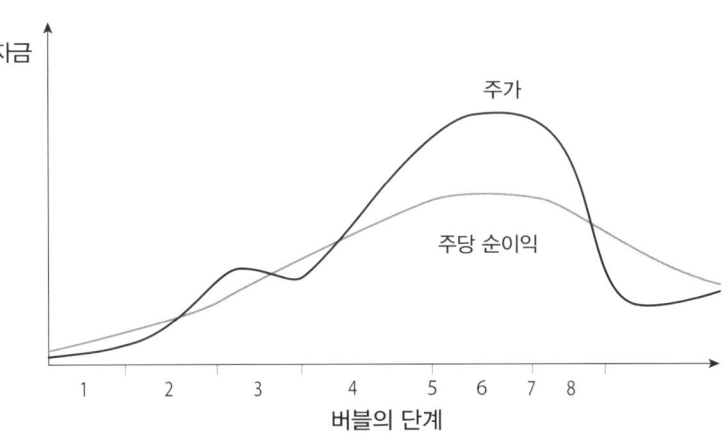

출처: 『이기는 패러다임』

각 단계가 얼마나 강하고 얼마나 오래갈지는 예측할 수 없지만, 각각 논리적 순서에 따라 진행됩니다. 따라서 순서는 예측할 수 있지만, 이 순서도 정부의 개입이나 다른 부정적 피드백의 영향으로 중단될 수 있습니다. '리스코 시스템즈 앤드 리서치 코퍼레이션'이 '매뉴팩처러 하노버 트러스트 컴퍼니' 인수에 실패하자, 대기업의 호황은 정점을 찍은 후 하락세로 돌아섰습니다.

버블은 대게 비대칭적인 형태입니다. 호황은 길고 지루하게 이어집니다. 천천히 시작되어 점차 가속되다가 점진적 쇠퇴기에는 보합세를 유지합니다. 붕괴는 짧고 가파르게 진행됩니다. 부실 자산이 강제 청산되기 때문입니다.

환멸은 공포로 바뀌고, 공포는 금융위기 때 절정에 도달합니다.

가장 단순한 사례가 부동산 버블입니다. 대출 이자율이 내려가고 대출받기가 쉬워지면 부동산 호황이 촉진됩니다. 사람들은 부동산 담보 가치가 대출 시장과 상관없다고 착각합니다. 그러나 실제로 부동산 대출 시장과 부동산 담보 가치는 서로 재귀적 관계입니다. 대출 이자율이 내려가고 대출받기가 쉬워지면, 부동산 거래가 활발해지고 부동산 가치가 상승합니다. 부도 건수가 감소해 사람들의 신용도가 개선되며, 대출 기준도 완화됩니다. 따라서 부동산 호황의 정점에서는 대출이 최대 규모에 이르며, 반전 단계에서는 강제 청산이 진행되어 부동산 가치가 떨어지게 됩니다.

모든 버블이 대출 증가에서 비롯되는 것은 아닙니다. 주식 레버리지에서 발생하기도 합니다. 가장 대표적인 예가 1960년대 말 대기업의 호황과 1990년대 말의 인터넷 버블입니다. 1996년에 앨런 그린스펀은 이상과열을 언급했지만, 그는 버블에 대해 잘못 설명했습니다. 저는 버블이 형성되는 모습을 발견하면, 즉시 자산을 사들여 불난 곳에 기름을 붓습니다. 이것은 이상한 행동이 아닙니다. 그러므로 버블이 너무 커질 위험이 있으면 규제 당국은 시장에 대응해야 합니다. 시장 참가자들이 아무리 박식하고 합리적이더라도 이들을 믿어서는 안 됩니다.

재귀성이 꼭 버블의 형태로 나타나는 것은 아닙니다. 버블은 효율적 시장 가설을 가장 극적이고 직접적으로 반박하는 예입니다. 따라서 특별히 관심을 기울일 만합니다. 재귀성은 여러 다양한 형태로도 나타납니다. 예를 들어, 외환 시장은 상승과 하락이 대칭적이며, 호황과 불황에도 비대칭이 나타나지 않습니다. 그러나 균형도 나타나지 않습니다. 환율은 대게 자유롭게 움직이면서 여러 해에 걸쳐 거대한 파동을 형성합니다.

가장 중요하고도 흥미로운 재귀적 상호 작용은 금융 당국과 금융 시장 사이에서 일어납니다. 버블은 간헐적으로만 발생하지만, 당국과 시장 사이의 상호작용은 계속해서 진행됩니다. 어느 한쪽만 착각을 일으킬 때에는 버블이 일어나지 않습니다. 당국이 시장의 반응에서 유용한 피드백을 얻어서, 잘못을 수정할 수 있기 때문입니다. 그러나 때로는 이런 잘못이 스스로 타당성을 입증하면서 악순환이나 선순환을 일으키기도 합니다. 이러한 피드백 고리는 처음에 자기 강화로 시작되어 마침내 자멸로 이어진다는 점에서 버블과 닮았습니다. 당국은 금융 위기에 대응하려고 주기적으로 개입했는데, 실제로 이런 개입이 2007~2008년에 터진 '거대 버블'을 만드는데 결정적인 역할을 했습니다.

시장이 무작위로 오르내리는 균형에 가까운 상황과, 버블이 압도하는 균형에서 동떨어진 상황을 구분해 두면 유용합니다. 균형에 가까운 상황은 단조롭고 반복적인 일상 사건들이라 통계 이론으로 나타낼 수 있습니다. 그러나 균형에서 동떨어진 상황은 독특한 역사적 사건을 일으키며 그 결과가 불확실해서, 일상적 사건에 바탕을 둔 통계 이론을 무너뜨릴 수 있습니다. 균형에 가까운 상황에서 결정에 도움이 되는 원칙들은 균형에서 동떨어진 상황에는 적용되지 않습니다. 최근 금융 위기가 바로 그런 경우입니다.

불확실성은 변동성으로 나타납니다. 변동성이 증가하면 위험에 대한 노출을 줄여야 합니다. 이는 존 메이너드 케인스가 '유동성 선호의 증가'라고 표현한 것입니다. 포지션의 강제 청산도 금융위기에 나타나는 특징적인 요소입니다. 위기가 고비를 넘기고 불확실성이 줄어들면, 유동성 선호 현상이 감소세로 반전하면서 주식 시장이 거의 틀림없이 반등합니다. 이것이 제가 최근에 얻은 교훈입니다.

11.7 소로스 펀드의 조지 소로스와의 인터뷰

조지 소로스는 소로스 펀드 매니지먼트의 회장이다. 최초이자 가장 성공한 헤지펀드 매니저 중 한 명으로 1973년부터 펀드를 운용해 왔다. 1992년 영국 외환 위기 당시 영국 파운드화를 공매도해 10억 달러 안팎의 수익을 올리면서 '영란은행을 쓰러뜨린 사나이'로 알려지게 되었다. 또한 다작의 작가이자 재귀성 이론을 개발했다. 1930년 부다페스트에서 태어나 제2차 세계대전 중 나치의 헝가리 점령과 전후 스탈린주의에서 살아남았고, 영국으로 망명해 1952년 런던정경 대학을 졸업했다.

Q: 시장의 감정, 널리 퍼져 있는 편향, 규제 당국이 무엇을 고려하고 있는지, 시장 참가자들이 어떤 생각을 하고 있는지 믿을 수 없을 정도로 잘 알고 계신다는 데 감동받았습니다. 어떻게 그런 통찰력을 얻으셨나요?

A: 수년간 저는 시장에 대한 이론을 개발했습니다. 저의 이론은 지배적인 견해와 매우 달랐습니다. 현재를 평가하기보다는 미래를 예측하는 것이 중요하다는 사실에 초점을 맞췄습니다. 또한 정치와 경제 사이의 상호 작용에 주목했죠. 그래서 정부의 행동을 매우 중요하게 생각했습니다. 때때로 거시적인 변화가 중요하지만, 그렇지 않을 때도 있습니다. 저는 시장을 다양한 수준에서 살펴보았습니다. 매크로에 집중한 적도 있습니다. 특정 업종이나 기업에 집중했던 적도 있고요. 시장은 끊임없이 변화하는 게임입니다. 저는 어떤 특정한 규칙으로 시장에서 활동하는 일에서는 최고가 아니지만, 규칙의 변화에는 적절하게 대

응합니다. 그것이 저를 차별화시킨 것입니다.

Q: 그렇다면 어떻게 게임 규칙들의 변화에 적응했는지 설명해 주실 수 있나요?

A: 끊임없는 배움의 과정이었습니다. 많은 사람과 이야기를 나누었습니다. 시장은 진화하고 있죠. 저는 시장이 불변이 아니라 시간에 따라 변한다고 생각합니다. 시장을 역사적 과정으로 봅니다. 저의 개입 역시 진화의 과정입니다. 제 관점은 불변이 아니며, 시간에 따라 다릅니다.

Q: 시장 참여의 진화에 대해 설명해 주실 수 있나요?

A: 2차 세계대전 이후 금융 시장은 급변했습니다. 초기에는 규제가 매우 심했죠. 환율은 규제되었습니다. 신용 시장도 마찬가지입니다. 은행 시스템을 살펴보죠. 저는 1972년 투자에 흥미를 느낀 순간부터 은행 제도의 발전에 참여했습니다. 저는 '은행들이 성장한다는 증거'라는 글을 썼습니다. 당시 은행주는 사실상 거래되지 않았습니다. 이것이 곧 바뀔 것이라고 느꼈고, 실제로 1973년에 바뀌었습니다. 그 당시 은행들이 성장한다는 증거가 있었죠. 신흥 시장에 대해 말해보겠습니다. 초창기에는 '신흥' 시장이 아니었습니다. 시장 자체가 존재하지 않았습니다. 그래서 저는 시장의 출현에 참여했습니다. 스웨덴 증시의

개방에 대해 말해보죠. 그곳은 원래 완전히 고립되고 얼어붙어 있었습니다.

Q: 매크로 거래를 하셨던 예와 어떻게 그런 아이디어를 얻었는지, 그리고 어떻게 거래에 대해 확신을 얻으셨는지 설명해 주실 수 있나요?

A: 글쎄요. 가장 확실한 예는, 2008년 금융 위기를 예상하고 적극적인 역할을 하기 위해 은퇴 생활을 청산한 것이겠네요. 당시에 저는 은퇴했었고 시장에 대한 감도 뒤떨어졌습니다. 그러나 다른 요소들을 압도하는 커다란 거시적인 성장이 있다고 믿었습니다. 수년간 모은 재산을 보호해야 한다고 느꼈고, 아시다시피 그 당시 저는 다른 사람들에게 투자를 맡겼습니다. 당시 그 펀드는 꽤나 컸었고 매수 포지션을 취하는 경향이 있었기 때문에, 저는 계정을 열어 다른 포지션에 대한 헤지와 함께 공매도 포지션을 취했습니다.

Q: 어떻게 큰 금융 위기가 올 것이라는 확신을 시장이 인식하기 전에 얻으셨습니까?

A: 음, 제가 호황/불황 이론을 발전시켰기 때문이겠죠. 저는 이에 대해 책도 썼습니다. 98년에 『세계 자본주의의 위기』를 출판했는데, 여기서 시장이 곧 무너질 것 같다고 말했

죠. 그 예측은 틀렸습니다. 시장은 붕괴되지 않았죠.

Q: 네, 몇 년이 더 걸렸죠.

A: 정부당국은 1998년에 그 문제를 가까스로 진압했습니다. 롱텀 캐피털 매니지먼트는 꽤 심각한 상황이었는데, 뉴욕 연준 총재인 빌 맥도너가 구제했습니다. 그는 사람들을 한 방에 집어넣고, "뭔가 조치를 취해야 해!"라고 말했습니다. 결국 그들은 살려냈죠. 그래서 우리는 98년에 살아남았습니다. 그러나 제가 말하는 이 슈퍼 버블은 더욱 커졌고, 마침내 2008년에 폭발했습니다. 2006년에 저는 『오류의 시대』라는 책을 출판했는데, 앞으로 닥칠 일을 미리 살펴보는 아주 짧은 섹션이 있었습니다. 2006년에 그것이 오고 있다는 것을 분명하게 느꼈습니다. 그게 언제일지는 불확실 했지만요.

Q: 네. 호황/불황의 사이클을 이해하는 일관된 기록을 가지고 계신듯 합니다. 전반적인 수준에서는 무슨 말인지 이해되지만, 저같은 사람들은 특정 상황에서 우리가 어떠한 사이클에 있는지 분명하게 알 수 없는 것 같습니다.

A: 저도 분명하게 알지는 못합니다. 그게 요점입니다. 버블은 균형에 근접한 상태에서 균형과 멀어질 때를 말합니다. 그

래서 우리는 두 가지 이상한 끌개strange attractors[†]를 가지고 있는데, 이곳에서는 모든 것이 인식과 실제 상황 사이의 상호 작용입니다. 우리는 인지 기능과 자각적 기능 두 가지를 가지고 있는데, 이 사이의 상호 작용이 재귀성입니다.

Q: 제가 이해한 게 맞다면, 균형 상태에서 더 멀어지더라도 호황에서의 포지션으로 수익을 얻고, 균형에 근접한 상태로 되돌아가는 불황에서도 포지션을 통해 수익을 얻는 건가요?
A: 네, 그렇습니다.

Q: 그렇다면, 언제 포지션을 바꿔야 하는지는 어떻게 아시나요?
A: 모릅니다. 제 이론은 그러한 것을 말해주지는 않습니다. 왜냐하면 그러한 것들은 미리 정해진 것이 아니기 때문에 사실 알 수 없는 것이기 때문이죠. 이는 시장 참가자와 규제자들의 행동과 태도에 의해 결정됩니다. 사실, 저는 어떤 상황이 균형 상태에서 얼마나 멀어질 수 있는지를 과소평가해 왔다고 생각합니다. 예를 들어 2000년 IT 거품이 무너졌다고 생각했을 때 반등이 있었고, 우리는 많은 돈을 잃었습니다.

[†] 카오스의 성질을 갖춘 시계열 데이터의 궤적을 삼차원 또는 이차원 공간에 도시한 것. 주로 어떤 현상이 카오스인지 아닌지를 판단하기 위해 이용한다.

Q: 하지만 투자자로서 매수할지 매도할지를 결정해야 합니다. 이를 결정할 때 찾아보시는 지표가 있나요?

A: 음, 찾고 있는 중입니다. 포지션을 바꿔야 한다는 것을 알지만, 그게 언제인지는 모릅니다.

Q: 볼커나 그린스펀이나 다른 정책 입안자들의 다음 행보는 어떻게 생각하셨습니까?

A: 뭐, 각각의 경우마다 달랐죠.

Q: 그들의 입장에서 생각하신 건가요?

A: 네, 그렇습니다.

Q: 포지션의 크기는 어떻게 결정하시나요? 『금융의 연금술』을 보면, "나는 자본이 아닌 수익에 대해서만 위험을 감수한다. 이를 통해 펀드는 모멘텀을 가질 수 있다. 순풍이 불 때는 속도를 올리지만, 날씨가 험악할 때는 돛을 조절한다"라 말씀하셨습니다. 하지만, 또한 강한 확신을 가지고 있을 때 매우 큰 포지션을 취해야 한다고 강조하셨습니다.

A: 음, 저는 비대칭이 있을 때만 매우 큰 포지션을 취합니다. 예를 들어 유럽 환율 메커니즘에 대한 베팅은 위험이 낮은 베팅이었습니다. 아주 큰 포지션을 취했지만, 위험이

크지는 않았습니다. 존 폴슨이 서브프라임 모기지에 대해 매우 큰 포지션을 취한 것도 위험과 보상 간에 불균형이 있었기 때문입니다. 그는 제 책을 통해 이를 배웠습니다.

Q: 매우 유리한 위험 보상 비율을 가진 일반적인 상황은 무엇인가요?

A: 위험과 보상 간 불균형이 있는 상황은 많습니다. 예를 들어, 고정 환율 제도를 채택하고 있을 때를 생각해 봅시다. 만약 환율이 고정되어 있어서, 예를 들어 2%내에서만 움직인다면, 공매도 포지션을 취할 때의 하락 위험은 2%입니다. 하지만, 만약 고정제도가 깨지면, 환율은 더욱 크게 움직일 수 있습니다. 따라서 위험이 2%밖에 안 된다면 큰 포지션을 취할 수 있습니다.

Q: 손실 후 위험을 줄이고, 수익 후 위험을 높이는 경향이 있나요?

A: 글쎄, 일반적으로 말해서, 자본의 상당 부분이 위험해지게 해서는 안 됩니다. 따라서 수익을 많이 낸다면, 자본에 대한 위험보다는 발생한 수익에 더 많은 위험을 걸어야 합니다.

Q: 선진 시장과 신흥 시장 모두에 투자하셨죠. 신흥 시장에

투자할때는 뭔가 다른 점이 있나요?

A: 네. 하지만 신흥 시장 자체가 바뀌었습니다. 자, 브라질은 신흥 시장이었습니다. 하지만 지금은 상당한 실체가 있고 더 이상 예전 같지 않습니다.

또한, 초기에 신흥 시장이 생긴 것은 미국인들이 투자를 결정했기 때문입니다. 그래서 외국인 투자자들이 지배하고 있었죠. 그리고 그들이 호황/불황의 상황을 만들었죠. 외국인 투자자들의 유입이 국내 수요를 능가하는 추가적인 수요를 창출했기 때문입니다. 그래서 주식이 재평가되었습니다.

그러나 외국인 투자자들은 이러한 빠른 상승에 끌리기도 했지만, 그들에게 불리하게 되었을 때는 버리기도 했습니다. 그래서 그들은 외부 영향력이었으며, 그들의 출입은 호황/불황의 상황을 만들었습니다.

Q: 마지막으로, 투자자로서 본인을 만든 특별한 경험이 있으신가요?

A: 나치가 정렴했던 헝가리에서 자란 경험이 저를 만들었습니다. 그때 저는 정상과 균형에서 멀어진 것의 차이를 알게 되었습니다. 정상적인 상황에서는 정상적인 규칙이 작동하지만, 독일 점령하에서 유대인이라는 사실은 정상이 아니었습니다. 왜냐하면, 아시다시피, 독일인들은 유대인

이라는 이유로 일반 시민들을 죽였기 때문입니다. 그건 정상이 아닙니다. 그러니 이를 잘 인식해야 합니다.

Q: 투자자로서 강한 역경에 직면할 수 있고, 힘든 기간 동안 지속되는 규율을 갖는 것이 중요하다는 것을 말하시는 건가요?

A: 네, 그겁니다. 주식의 성과가 당신의 예측과 일치하지 않을 때, 무엇이 잘못되었는지 확인할 필요가 있습니다. 틀릴 수 있는 것 중 하나는 당신의 가설입니다. 그래서 주식을 살 때 믿었던 가설이 무엇이었는지를 끊임없이 재검토해야 합니다.

12

매니지드 퓨처스 전략
추세 추종 투자

> 손실은 끊고, 수익은 유지되도록 하라.
>
>   - 데이비드 리카도(1772-1823)

> 큰 돈은 개별 움직임에 있지 않다. … 시장 전체와 추세에 대해 평가하라.
>
>   - 제시 리버모어

2세기 동안 전해지고 있는 데이비드 리카도의 규범은 추세에 대한 관심을 나타낸다.[1] 추세는 전설적인 트레이더인 제시 리버모어가 강조하는 핵심이기도 하며, 액티브 투자자들 역시 이를 중요하게 생각한다. 추세 추종 전략에 집중하는 트레이더는 매

니지드 퓨처스 헤지펀드와 선물거래자문업자다. 이러한 펀드는 적어도 리차드 돈치안이 1949년 그의 펀드를 시작한 이래로 계속 존재해 왔으며, 1970년대 이후 선물 거래소가 거래 가능한 상품을 확장하면서 이러한 펀드 역시 급증했다. 바클레이에 따르면 선물거래자문업자 산업의 크기는 2012년 1분기 기준 3,200억 달러로 추정된다.[2]

매니지드 퓨처스의 수익률은 대부분 단순하면서도 실행 가능한 추세 추종 전략, 특히 시계열 모멘텀 전략으로 이해할 수 있다. 이 장에서는 이러한 전략의 경제성에 대한 상세한 분석과 이를 통한 매니지드 퓨처스 펀드의 속성에 대해 설명하겠다. 시계열 모멘텀 전략의 수익률을 이용하여, 매니지드 퓨처스 펀드가 추세로부터 어떻게 수익을 얻는지, 그리고 다양한 추세 구간과 자산군의 성과를 분석하며, 해당 전략에서 거래 비용과 수수료가 미치는 영향에 대해서도 알아보겠다.

시계열 모멘텀은 단순히 과거의 특정 구간동안 양의 초과 수익률을 기록할 경우 매수, 그렇지 않을 경우 매도하는 추세 추종 전략이다. 이러한 과거 구간으로 단기로는 1개월, 중기로는 3개월, 장기로는 12개월을 사용하며, 거래가 풍부한 원자재 선물, 주식 선물, 통화 선도 및 국채 선물 등을 통해 전략을 구현한다.

추세 추종 전략은 시장 가격이 추세를 보일 때만 수익을 거둘 수 있다. 그렇다면 가격의 추세는 왜 존재하는가? 뉴스에 대한 초기 과소 반응 및 지연된 과잉 반응을 바탕으로 한 추세의 경제 성과 행동 편향, 군중 행위, 중앙은행의 행동, 자본 시장의 마찰에 관한 광범위한 자료를 살펴야 한다. 만약 가격이 초기의 뉴스에 과소 반응한다면, 가격은 내재 가치의 변화를 온전히 반영하기 위해 서서히 움직이면서 추세가 발생한다. 이러한 추세는 군중들의 지연된 과잉 반응으로 인해 더욱 지속될 가능성이 있다. 물론 공정 가치로부터 벗어나는 정도가 무한정 지속될 수는 없기 때문에 모든 추세는 결국 끝나기 마련이다.

과거에 대한 다양한 측정 기간과 자산군에서 추세가 존재한다는 강력한 증거가 있다. 모든 자산과 추세 기간에 걸쳐 분산된 시계열 모멘텀 전략은 전통적인 자산군과 상관관계가 거의 없으면서도 1.8의 샤프지수를 보여 준다. 이 전략은 시장이 극단적으로 상승하거나 극단적으로 하락할 때 최고의 성과를 보여 주었다. 극단적인 시장에서 강세를 보이는 한 가지 이유는 역사적으로 대부분의 극단적인 상승장 혹은 하락장이 하루 동안 일어나는 것이 아니라 수개월 또는 수년에 걸쳐 발생했기 때문이다. 따라서 장기적인 약세장에서의 경우 시계열 모멘텀은 시장이 하락하기 시작할 때 매도 포지션을 잡으며, 시장이 계속 하락함에 따라 수익을 얻게 된다.

시계열 모멘텀 전략은 매니지드 퓨처스의 수익을 설명하는 데 도움이 된다. 시계열 모멘텀과 마찬가지로, 일부 매니지드 퓨처스 펀드는 전통적인 자산군과 낮은 상관관계를 보이며, 극단적인 상승장 혹은 하락장에서 매우 뛰어난 성과를 보인다. 또한 전통적인 자산군과 비교할 때 알파를 창출하기도 한다.

매니지드 퓨처스 지수와 매니저의 수익률을 시계열 모멘텀 수익률에 대해 회귀 분석을 실시할 경우, 각 추세 기간과 자산군에서 높은 R^2 및 유의미한 회귀 계수가 발견된다. 시계열 모멘텀은 매니지드 퓨처스의 수익률뿐만 아니라 평균 초과 수익률을 설명하기도 한다. 또한 시계열 모멘텀 효과를 제거할 경우 대부분 매니저와 지수의 알파는 0보다 낮다. 가상의 시계열 모멘텀 전략 대비 음의 알파는 수수료와 비용의 중요성을 보여 준다. 회귀 분석 결과를 살펴보면, 대부분의 매니저는 중기(6개월)와 장기(12개월) 추세에 초점을 맞추고 있으며 단기(1개월) 추세에 대한 노출도는 낮다. 또한 일부 매니저는 채권 시장에 초점을 맞추기도 한다.

12.1 추세의 라이프 사이클

추세 추종 전략의 경제학적인 근거는 그림 12.1에 나오는 추세의 '라이프 사이클life cycle'이다. 추세 추종 전략은 펀더멘털 가치의 변화에 대한 초기의 과소 반응으로 인해 새로운 정보가 가격에 완전히 반영되기 전에 투자를 한다. 그 후 이 추세는 양떼 효과herding effect로 인해 펀더멘털을 초과하게 되며 그 결과 하락 반전으로 이어진다. 관련 문헌을 통해 각 단계에 대해 살펴보도록 하자.

그림 12.1 추세의 라이프 사이클

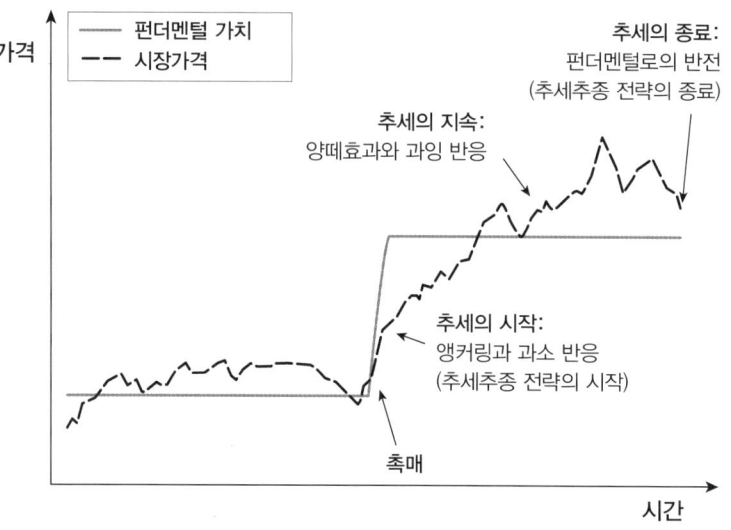

출처: Hurst, Ooi, and Pedersen(2013)

추세의 시작: 정보에 대한 과소 반응

그림 12.1에 나타난 것처럼 기업의 이익, 공급 충격 또는 수요 변화라는 촉매로 인해 주식, 원자재, 통화 혹은 채권의 가치가 변한다. 실선으로 표시된 바와 같이, 가치는 즉각적으로 변한다. 반면 점선으로 표시된 시장 가격은 촉매로 인해 상승하기는 하지만, 초기에는 과소평가로 인해 상승폭이 낮으며 그 이후 계속해서 상승한다. 추세 추종 전략은 초기 가격이 상승하는 자산을 매수하고, 해당 자산이 이후에도 지속적으로 상승함에 따라 수익을 거둔다. 이러한 라이프 사이클의 측면에서, 추세 추종 투자자들은 가격 발견 과정의 속도를 높이는 데 기여한다.

이러한 '초기의 과소 반응'을 초래하는 행동적인 기질과 시장 마찰에 관한 많은 연구가 있다.[3]

- **앵커 및 불충분한 조정**Anchor-and-insufficient-adjustment: 사람들은 자신의 관점을 과거 데이터에 고정시키며 새로운 정보에 대해서는 충분하게 조정을 하지 않는 경향이 있다.

- **처분 효과**The disposition effect: 사람들은 수익을 거둔 주식을 너무 일찍 팔고 손해를 본 주식은 너무 오래 보유하는 경향이 있다. 그들은 수익을 실현하는 것을 좋아하기 때문에 조금만 상승해도 재빨리 매도한다. 가격 하락의 압력으로 인해, 새로운 긍정적 정보를 반영한 가격의 상승이 느려지게 된다. 반면에, 사람들은 손실을 확정하는 것을 고통스러워하므로 손실이 난 주식을 계속해서 보유한다. 그들은 손실을 '복구'하려고 노력한다. 매도자가 적어서 가격이 빠르게 하향 조정되지 않을 수 있다.

- **비영리적 활동**Non-profit-seeking activities: 중앙은행들은 환율과 금리의 변동성을 줄이기 위해 통화와 채권 시장에 개입하며, 이로 인해 뉴스에 대한 가격 조정이 늦어질 가능성이 있다. 또한, 전략적 자산 배분의 비중을 맞추기 위해 기계적으로 포트폴리오를 재조정하는 투자자들은 추세에 반하는 거래

를 한다. 예를 들어 60/40 포트폴리오 투자자는 60%의 주식과 40%의 채권을 보유하고자 하며, 주식이 초과 성과를 기록할 경우 비중 유지를 위해 주식을 매도한 후 채권을 매수할 것이다.

- **마찰과 자본의 느린 이동**Frictions and slow moving capital: 마찰, 일부 시장 참가자의 지연된 대응, 그리고 느리게 움직이는 차익거래 자본으로 인해 가격 발견이 늦어지고 가격 하락과 반등으로 이어질 수 있다.

이러한 것들의 복합적인 효과는 뉴스에 반응하여 가격이 점진적으로 움직이고, 시장 가격이 뉴스의 전체 효과를 천천히 통합함에 따라 가격의 추세를 만드는 것이다. 추세 추종 전략은 초기의 뉴스와 관련해 포지션을 정하며, 추세가 계속된다면 수익을 거둘 것이다.

추세의 지속: 지연된 과잉 반응
한번 추세가 시작되면 펀더멘털 가치 이상으로 추세가 지속될 수 있는 여러 가지 현상이 존재한다.[4]

- **군중 효과와 추세 추종**Herding and feedback trading: 가격이 한동안 한 방향으로 움직였을 때, 일부 트레이더들은 군집 행동 혹

은 추세 추종으로 인해 시류에 편승할 수도 있다. 군중 효과는 애널리스트의 추천 및 이익 예측, 투자 뉴스레터 및 기관의 투자 결정에서 나타난다.

- **확증 편향과 대표성** Confirmation bias and representativeness : 휴리스틱heuristics[†]은 사람들이 이미 믿고 있는 것을 확인하는 정보를 찾는 경향이 있으며, 최근의 가격 움직임을 미래를 대표하는 것으로 판단하는 경향이 있음을 보여 준다. 이러한 태도로 인해 투자자들은 최근 수익을 거둔 투자로 자금을 이동하고 반대로 손실을 본 투자에서 자본을 빼게 되며, 이 두가지 이유로 추세가 지속된다.

- **자금 흐름과 위험 관리** Fund flows and risk management : 앞의 두 가지 이유로 인해 최근의 실적에 따라 자금이 이동하는 경향이 있다. 최근 성과가 부진한 매니저에게서 투자자들이 돈을 인출함에 따라 해당 매니저는 본인의 포지션을 줄여야 하며, 이와 반대로 성과가 좋은 매니저에게 자금이 들어옴에 따라 해당 포지션에 대한 매수 압력이 늘어나게 된다. 더욱이 일부 위험관리계획은 추세에 따라 하락장에서 매도하고 상승장에서 매수하도록 한다. 이러한 예로는 손절매, 포트폴리오 보험, 기업의 헤지 활동(항공사의 기업 이익이 너무 떨어지

[†] 숫자나 연산과 같은 과학적 조건보다는 경험이나 직관에 의해 의사를 결정하는 방식.

는 것을 막기 위해 유가가 오른 후 석유 선물을 사거나, 환율이 불리하게 움직인 후에 다국적 기업이 외환 노출을 헤지하는 경우)이 있다.

추세의 종료

물론 추세가 영원히 지속되지는 않는다. 특정 지점에서 가격은 펀더멘털 가치와 너무 멀어지게 되고, 사람들이 이를 깨닫는 순간 가격이 펀더멘털 가치를 향해 돌아가면서 추세는 사라진다. 이처럼 지나치게 상승한 추세의 증거로, 3~5년에 걸쳐 발생했던 가격의 상승이 반전하는 경향이 있다.[5] 수익률 반전은 가격 추세의 일부만을 반전시키며, 가격의 추세가 일부는 초기의 과소 반응(이 부분이 반전해서는 안 되므로)에 의해 주도되고, 나머지 일부는 지연된 과잉 반응(이 부분이 반전하기 때문에)에 의해 주도되었음을 의미한다.

12.2 추세를 이용한 거래

추세가 존재하는 이유에 대해 살펴보았으니 이번에는 추세 추종 전략의 간단한 형태인 시계열 모멘텀의 성과에 대해 알아보자. 1985년 1월부터 2012년 6월까지 58개의 유동성이 높은 선물 및 통화 선도에 대한 시계열 모멘텀 전략을 수립한다(24개의 원자재 선물, 9개의 주가 지수 선물, 13개의 채권 선물, 12개의 통화 선도). 이 전략에서는 각 자산의 추세 방향을 판단하기 위해 그저 자산의 초과 수익률이 양수인지 음수인지를 고려한다. 과거 수익률이 양수일 경우 상승 추세로 간주해 매수 포지션을, 수익률이 음수일 경우 하락 추세로 간주해 매도 포지션을 취한다.

단기, 중기 및 장기 추세 추종 전략에 해당하는 1개월, 3개월 및 12개월 시계열 모멘텀 전략을 보자. 예를 들어 이전 1개월 초과 수익률이 양수일 경우 매수를 하며, 음수일 경우 매도를 한다. 3개월, 12개월 전략 역시 유사하게 구성한다. 따라서 각 전략은 58개 시장에서 항상 매수 또는 매도 포지션을 가지고 있다.

각 포지션의 크기는 해당 자산 별 40%의 연율화 변동성이 되게 구성한다.[6] 구체적으로, t 시점에 자산의 매수/매도 금액은 $40\%/\sigma_t^s$이며, 시계열 모멘텀(TSMOM)의 한 주 동안의 실현 수익률은 다음과 같다.

$$\text{TSMOM}_{t+1}^{\text{X개월 자산 s}} = \text{부호}(\text{자산 s의 과거 X개월 동안의 초과수익률}) \frac{40\%}{\sigma_t^s} R_{t+1}^s$$

이 중 σ_t^s는 과거 수익률의 제곱을 바탕으로 지수 가중 평균ex-ponentially weighted average을 이용해 각 자산별로 추정한 사전적 연간 변동성이다. 이러한 일정한 변동성을 기반으로 포지션 크기를 정하는 방법론은 여러 가지 면에서 유용하다. 첫째, 다양한 자산을 통합하여 분산된 포트폴리오를 만들수 있게 하며, 위험도가 높은 자산에 과도하게 의존하지 않게 한다. 이는 거래하는 자산들간의 변동성 차이가 크다는 점을 고려하면 매우 중요하다. 둘째, 이 방법론은 모든 기간에서 각 자산의 위험을 안정되게 유지하여 전략의 성과가 위험이 높은 시기에 지나치게 좌우되지 않도록 한다. 셋째, 이러한 방법론은 포지션의 크기를 선택할 때 매개변수나 최적화를 사용하지 않는다는 점에서 데이터 마이닝의 위험을 최소화한다.

해당 포트폴리오는 매주 목요일에 발표된 데이터를 기반으로 매주 금요일 종가 기준으로 재조정한다. 따라서 전략을 구현할 수 있도록 하기 위해 그 당시에 이용 가능한 정보만을 사용한다. 전략의 수익률에 거래 비용은 고려되지 않았지만, 투자하는 상품들은 세계에서 가장 유동성이 높은 상품들이다. 아래에서는 거래 비용과 서로 다른 재조정 규칙의 효과 역시 고려한다. 학계에서는 월별 재조정을 고려하는 경우가 많지만, 온종일 거래를 하는 전문 자금 관리자의 수익률을 설명하는데 초점을 맞춘 점을 감안하면 재조정 빈도를 높이는 것이 더욱 합리적이다.

그림 12.2로 각 자산에서 시계열 모멘텀 전략의 성과를 살펴보도록 하자. 이 전략은 거의 모든 경우에서 일관된 수준의 성과를 보여 준다. 평균 샤프지수는 1개월 모멘텀의 경우 0.28, 3개월 모멘텀의 경우 0.36, 12개월 모멘텀의 경우 0.38이다.

그림 12.2 개별 자산과 추세 기간에 따른 시계열 모멘텀의 성과

A. 1개월 시계열 모멘텀

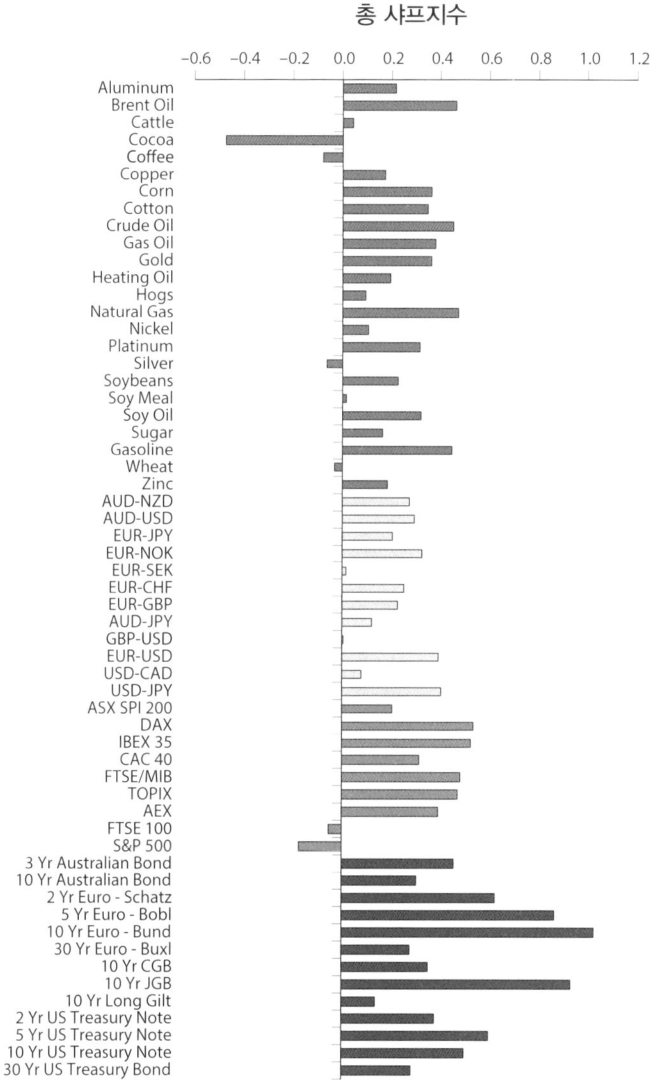

B. 3개월 시계열 모멘텀

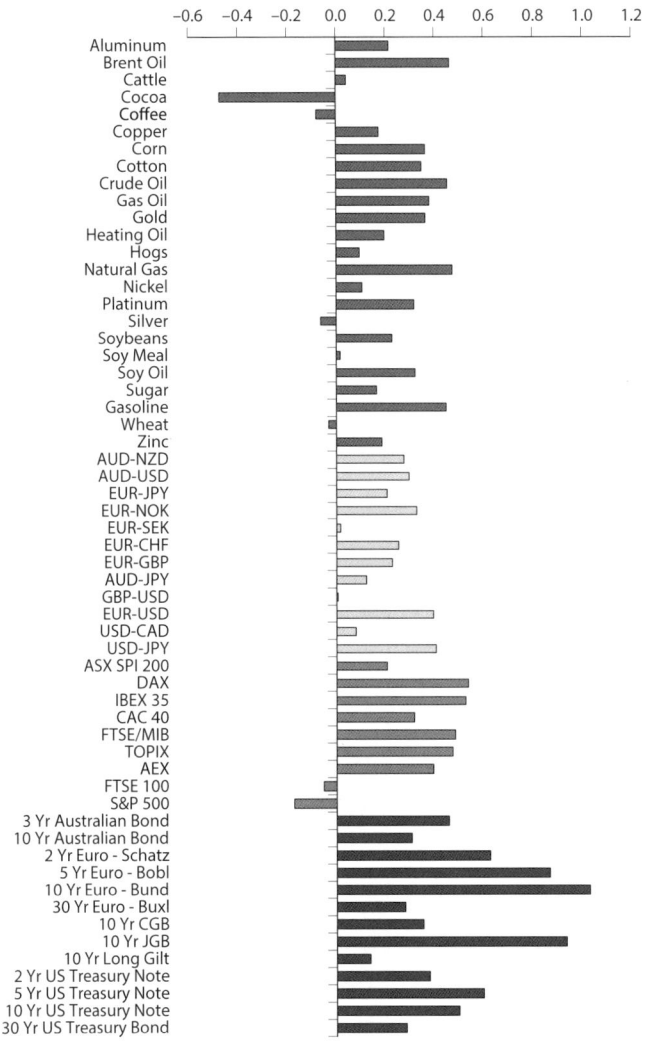

C. 12개월 시계열 모멘텀

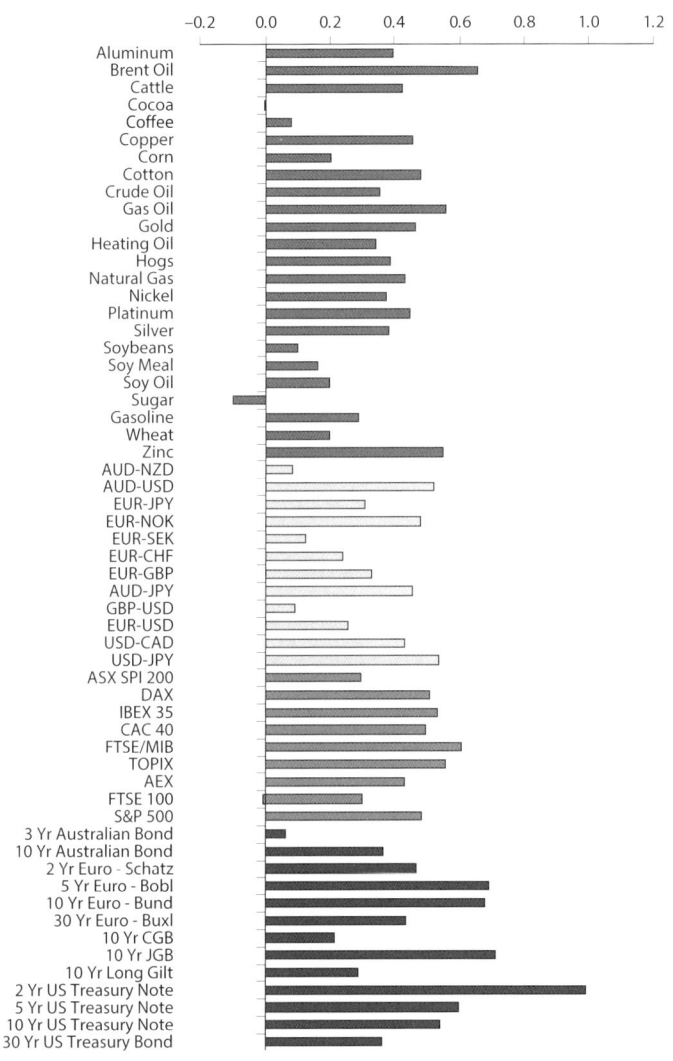

참고: 이 그림은 각 원자재 선물, 통화 선도, 주식 선물 및 채권 선물에 대한 시계열 모멘텀 전략의 샤프지수를 나타내며, 각각 1개월(A), 3개월(B), 12개월(C) 모멘텀 측정기간에 해당한다.

출처: Hurst, Ooi, and Pedersen(2013)

12.3 분산된 시계열 모멘텀 전략

다음으로 동일한 모멘텀 측정 기간을 대상으로 개별 전략의 평균 수익률을 계산하여 분산된 1개월, 3개월, 12개월 시계열 모멘텀 전략을 구성한다. 또한 원자재, 통화, 주식, 채권에 대한 4개 자산군 각각에 대한 시계열 모멘텀 전략을 구성한다. 예를 들어, 원자재 전략은 세 가지 추세 기간에 대한 각 개별 원자재 전략의 평균 수익률이다. 마지막으로 모든 자산과 추세 기간으로 이루어진 분산된 시계열 모멘텀 전략을 구성한다. 각각의 경우에서 지수 가중 분산-공분산 행렬을 사용하여 10%의 사전적 변동성을 목표로 포지션을 조정한다.

표 12.1은 이러한 분산된 시계열 모멘텀 전략의 성과를 나타낸다. 전략의 실제 변동성은 사전적 변동성 10%과 거의 비슷한 9.5%에서 11.9% 정도로 나타난다. 더 중요한 사실은 모든 시계열 모멘텀 전략이 인상적인 샤프지수를 보인다는 점이며, 이는 위험에 비해 평균 초과 수익률이 높다는 것을 의미한다. 추세 기간에 따른 성과를 살펴보면, 12개월을 사용한 장기 모멘텀이 가장 우수한 성과를 보이며, 그 다음으로는 3개월을 사용한 중기 모멘텀, 1개월을 사용한 단기 모멘텀 순이며, 단기 모멘텀 역시 샤프지수가 1.3으로써 높은 편이다. 자산군별로 살펴보면 원자재, 채권, 외환이 주식에 비해 약간 더 좋은 성과를 보인다.

표 12.1 시계열 모멘텀 전략의 성과

A. 자산군 별 시계열 모멘텀 성과

	원자재 TSMOM	주식 TSMOM	채권 TSMOM	통화 TSMOM	분산된 TSMOM
평균 초과 수익률	11.5%	8.7%	11.7%	10.49%	19.4%
변동성	11.0%	11.1%	11.7%	11.9%	10.8%
샤프지수	1.05	0.78	1.00	0.87	1.79
연율화 알파	12.1%	6.8%	9.0%	10.1%	17.4%
t – 통계값	(5.63)	(3.16)	(4.15)	(4.30)	(8.42)

B. 모멘텀 측정 기간 별 성과

	1개월 TSMOM	3개월 TSMOM	12개월 TSMOM	분산된 TSMOM
평균 초과 수익률	12.0%	14.5%	17.2%	19.4%
변동성	9.5%	10.2%	11.3%	10.8%
샤프지수	1.26	1.43	1.52	1.79
연율화 알파	11.1%	13.3%	14.4%	17.4%
t – 통계값	(6.04)	(6.70)	(6.74)	(8.42)

참고: A는 자산군 별 시계열 모멘텀의 성과를, B는 측정 기간 별 시계열 모멘텀의 성과를 나타낸다. 모든 값은 연율화로 환산되었다. 알파는 MSCI World 주가 지수, 바클레이 채권 지수, GSCI 원자재 지수를 대상으로 회귀한 결과의 계수를 사용했다. 알파의 t-통계값은 괄호 안에 표시되어 있다.

출처: Hurst, Ooi, and Pedersen(2013)

표 12.1에는 수익률, 변동성, 샤프지수와 함께 아래 회귀식을 통한 알파 역시 나타나 있다.

$$\text{TSMOM}_t = \alpha + \beta^1 R_t^{주식} + \beta^2 R_t^{채권} + \beta^3 R_t^{원자재} + \varepsilon_t$$

분산된 시계열 모멘텀 전략의 수익률을 MSCI World 주가 지수, 바클레이 미국 국채 지수, S&P GSCI 원자재 지수에 회귀했다. 알파는 이런 전통적 자산군을 매수하여 얻는 위험 프리미엄을 제어한 후 발생하는 초과 수익률을 측정한다. 분산된 시계열 모멘텀 전략은 롱-숏 전략이므로 매수를 의미하는 각 지수에 대한 노출도가 작아, 알파가 초과 수익률만큼 크게 나타난다. 마지막으로, 표 12.1에 나타나 있는 알파의 t-통계값을 살펴보면 알파가 통계적으로 매우 유의하다.

가장 성과가 좋은 전략은 분산된 시계열 모멘텀 전략으로, 샤프지수가 1.79다. 그림 12.3은 1985년에 분산된 시계열 모멘텀 전략과 S&P 500 지수에 100달러를 투자했다고 가정할 때의 투자 금액 증가를 보여 준다.

그림 12.3 분산된 시계열 모멘텀 전략의 성과

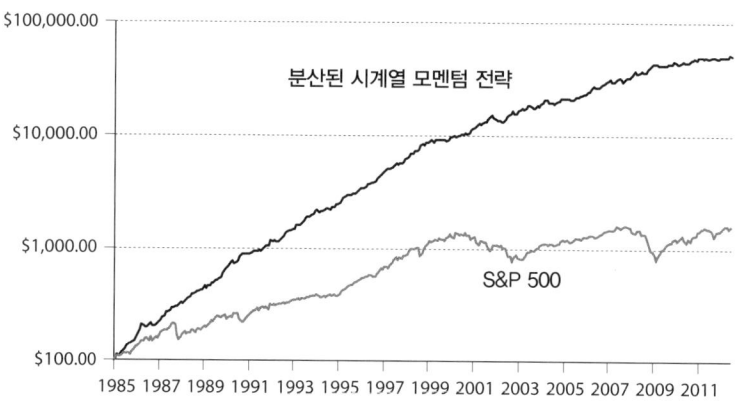

참고: 1985년-2012년 까지의 총 수익률 기준이며, y축은 로그 스케일이다.
출처: Hurst, Ooi, and Pedersen(2013)

12.4 추세의 이점

시계열 모멘텀의 높은 성과를 이해하려면 먼저 각 추세 기간에서 개별 자산 전략의 상관관계의 평균이 0.1보다 작다는 점을 알아야 한다. 즉, 전략이 시장 전반에 걸쳐 독립적으로 작용하여 특정 전략에서 손실을 보더라도 다른 전략에서 수익을 얻게 된다. 전략을 자산군 또는 추세 기간별로 묶더라도, 분산된 전략들은 중간 정도의 상관관계를 가지고 있다. 분산화의 강한 이점에 대한 또 다른 이유는 동일한 위험을 적용하는 방식이다. 각 포지션이 동일한 사전적 변동성을 가지도록 크기를 조절했으므로, 변동성이 높은 자산의 경우 포트폴리오 내 포지션이 작아 안정적이고 위험 균형적인 포트폴리오가 구성되었다. 이것이 중요한 이유는 각 자산별로 변동성의 크기가 다르기 때문이다. 예를 들어 5년 만기 미국 국고채 선물의 경우 연 변동성이 5% 정도지만, 천연 가스 선물은 50% 정도의 연 변동성을 보인다. 만일 일부 지수나 매니저들이 하는것처럼 포트폴리오 내에서 각 자산별로 동일한 금액의 노출도를 가져간다면, 포트폴리오의 위험과 수익이 변동성이 가장 큰 자산에 의해 좌우될 것이며 이는 분산화의 이점을 감소시킬 것이다.

분산된 시계열 모멘텀 전략은 전통적 자산군과 매우 낮은 상관관계를 가지고 있다. S&P 500 주식 시장과는 -0.02, 바클레이 미국 국고채 지수와는 0.23, S&P GSCI 원자재 지수와는 0.05의 상관관계를 가지고 있다. 물론 특정 기간에는 해당 전략이 시장과 높은 상관관계를 가질 때도 있지만, 일반적인 기간에는 전략과 시장이 음의 상관관계를 가짐에 따라 이는 상쇄된다.

추세 추종 전략은 그림 12.4에서 보듯이 장기화된 약세장과 지속적인 강세장에서 특히 좋은 성과를 보였다. 그림 12.4는 시계열 모멘텀 전략의 분기별 수익률과 S&P 500의 분기별 수익률을 나타낸다. 시계열 모멘텀 수익률과 시장 수익률의 관계를 추정하면 마치 '스마일' 곡선과 같은 2차 함수가 나타난다.

그림 12.4 시계열 모멘텀 '스마일'

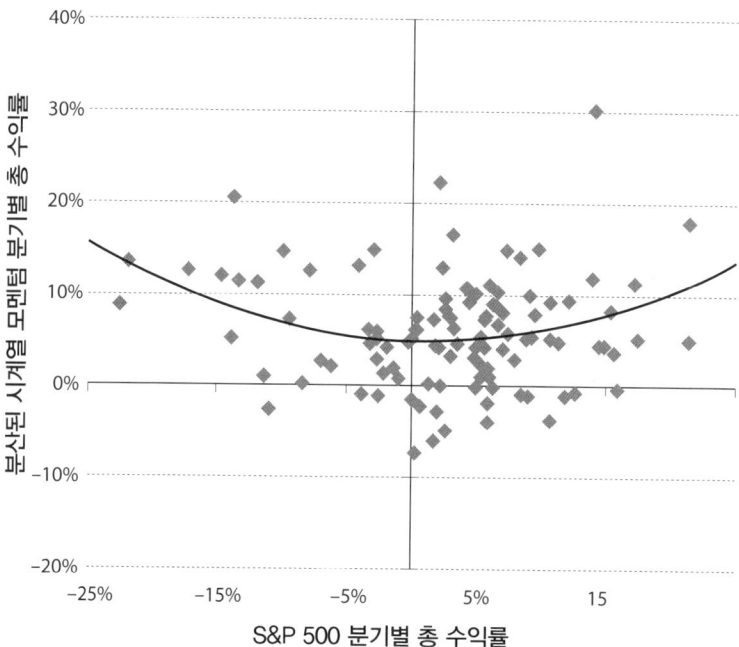

출처: Hurst, Ooi, and Pedersen(2013)

스마일 곡선은 시계열 모멘텀이 주요 약세 시장 또는 주요 강세 시장에서 좋은 성과를 보였으며, 횡보장에서 낮은 성과를 보였다는 것을 의미한다. 이러한 스마일 효과를 이해하기 위해서는, 역사적으로 최악의 약세장은 대부분 점진적으로 발생했다는 것을 주목해야 한다. 시장은 먼저 '일반적인' 수준에서 '나쁜' 수준으로 변하며, 이에 따라 시계열 모멘텀 전략은 매도를 한다. 약세장이 점차 '나쁜' 수준에서 '더 나쁜' 수준으로 변함에 따라, 트레이더들은 패닉에 빠지게 되며 주가는 무너진다. 이를 통해 매도 포지션은 수익을 거두게 되며, 이러한 극단적인 사건에서 해당 전략이 좋은 성과를 얻게 되는 이유이기도 하다. 물론 이러한 전략이 극단적인 사건에서 항상 성과가 좋은것은 아니다. 예를 들어, 강세장에서 전략이 매수 포지션을 유지하는 와중에 시장에 폭락할 경우 손실을 볼 수도 있다.

12.5 시계열 모멘텀을 통한 매니지드 퓨처스 펀드 수익률의 평가

먼저 매니지드 퓨처스와 관련된 대표 지수인 BTOP 50과 DJCS 매니지드 퓨처스 지수DJCS Managed Futures Index[7]의 수익률뿐만 아니라, 리퍼/테스Lipper/Tass 데이터베이스에서 '매니지드 퓨처스' 카테고리에 있는 개별 펀드의 수익률 데이터를 수집했다. 2012년 06월 기준 리퍼/테스 데이터베이스에서 '펀드 자산'이 가장 높게 보고된 5개 매니지드 퓨처스 펀드의 성과를 선택했다. 물론 가장 규모가 큰 펀드를 선택할 경우 과거 성과가 좋았던 펀드를 선택하는 편향이 생기지만, 그럼에도 불구하고 가장 성공한 펀드를 시계열 모멘텀과 비교하는 것은 흥미롭다.

표 12.2의 패널 A는 매니지드 퓨처스 지수의 성과를 나타낸다. 지수 및 펀드 매니저 성과의 샤프지수는 0.27과 0.88 사이다. 주식, 채권, 원자재에 대한 노출도를 제어한 후 알파들은 모두 양수이며, 대부분 통계적으로 유의하다. 분산된 시계열 모멘텀 전략의 경우 샤프지수와 알파가 인덱스와 매니저에 비해 높다. 그러나 해당 전략은 보수 혹은 매매 수수료를 고려하지 않은 반면, 매니저와 인덱스의 성과는 이를 모두 고려한 수익률이다.

표 12.2 매니지드 퓨처스 성과의 이해

패널 A. 매니지드 퓨처스 지수와 상위 펀드의 성과

	BTOP 50	DJCS MF	매니저 A	매니저 B	매니저 C	매니저 D	매니저 E
시작일	1987년 1월 30일	1994년 1월 31일	2004년 4월 30일	1997년 8월 31일	2000년 5월 31일	1996년 3월 29일	1998년 12월 31일
평균 초과 수익률	5.2%	3.2%	12.4%	13.3%	11.8%	12.3%	8.1%
변동성	10.3%	11.7%	14.0%	17.7%	14.8%	17.2%	16.4%
샤프지수	0.50	0.27	0.88	0.75	0.80	0.72	0.49
연율화 알파	3.5%	1.1%	10.7%	9.3%	8.5%	9.4%	5.1%
t - 통계값	(1.69)	(0.41)	(2.15)	(2.05)	(2.05)	(2.22)	(1.17)

패널 B. 시계열 모멘텀과 매니지드 퓨처스 수익률의 관계

	1개월 TSMOM	3개월 TSMOM	12개월 TSMOM	절편 (연율화)	R^2	TSMOM과의 상관관계
DJCS 매니지드 퓨처스	0.26 (3.65)	0.56 (7.69)	0.23 (3.86)	−8.8% (−4.58)	0.58	0.73
BTOP 50	0.27 (4.87)	0.56 (9.00)	0.08 (1.78)	−6.6% (−4.24)	0.53	0.69
매니저 A	0.39 (2.85)	0.59 (4.51)	0.31 (2.69)	2.8% (0.80)	0.54	0.73
매니저 B	0.66 (5.00)	0.35 (2.56)	0.47 (4.03)	−0.8% (−0.23)	0.46	0.66
매니저 C	0.55 (4.93)	0.52 (4.47)	0.25 (2.55)	0.6% (0.19)	0.55	0.72
매니저 D	0.50 (4.54)	0.80 (6.85)	0.22 (2.25)	−3.6% (−1.19)	0.57	0.70
매니저 E	0.35 (3.32)	0.70 (6.42)	0.48 (5.29)	−6.0% (−2.09)	0.64	0.78
Lipper/Tass DB의 모든 펀드 중 양의 베타 비중	76%	78%	76%			

참고: 패널 A는 2012년 6월 기준 매니지드 퓨처스 지수 및 Lipper/Tass 데이터베이스에 등록된 5개 상위 매니지드 퓨처스 매니저의 성과를 나타낸다. 모든 값은 연율화로 환산되었다. 알파는 MSCI World 주가 지수, 바클레이 채권 지수, GSCI 원자재 지수를 대상으로 회귀 결과의 계수를 사용했다. 패널 B는 해당 성과들을 시계열 기간 별 모멘텀 전략에 다중회귀분석한 결과다. 알파의 t-통계값은 괄호 안에 표시되어 있다. 가장 하단 행은 Lipper/Tass에 등록된 모든 펀드 중 양의 계수의 비중이다. 가장 우측 열은 매니지드 퓨처스 수익률과 분산된 시계열 모멘텀 전략 수익률 간의 상관관계다.

출처: Hurst, Ooi, and Pedersen(2013)

또한 시계열 모멘텀 전략은 간단하면서도 데이터 마이닝을 최소화하지만, 1, 3, 12개월의 추세 기간을 선택하는 것 자체가 사후적인 판단이다. 그러나 실시간으로 손실을 경험하는 매니저는 어려운 시기에 이런 전략을 고수하기 매우 힘들 수 있다.

역사적으로 대부분의 선물거래자문업자와 매니지드 퓨처스 헤지펀드가 최소 2%의 관리 수수료와 20%의 성과 수수료를 부과했다는 점을 생각해 보면 수수료가 상당한 차이를 만들 수 있다. 비록 수수료 차감 전 매니저의 수익률을 알 수는 없지만, 시계열 모멘텀 전략에 가상의 수수료를 시뮬레이션할 수는 있다. 2-20 수수료 구조를 적용할 경우 분산된 시계열 모멘텀 전략은 연간 약 6%의 수수료가 계산되며, 이처럼 높은 수수료는 시뮬레이션된 전략의 성과가 높았기 때문이다. 또한, 전문 매니저의 경우 거래 비용이 매년 1~4%씩 발생하며, 덜 전문적인 매니저의 경우 비용이 더 높을 수도 있다. 따라서 이러한 수수료 및 거래 비용을 고려할 경우, 분산된 시계열 모멘텀 전략의 샤프지수는 대략 1 정도로 여전히 지수나 매니저 대비 좋은 성과를 보이지만, 과거의 거래 비용은 알려지지 않았으며 불확실성이 상당히 높다는 점 역시 인지해야 한다.

시계열 모멘텀 전략을 지수 및 매니저의 성과와 비교하기 보다는, 시계열 모멘텀이 매니지드 퓨처스 매니저의 우수한 성과를 설명하는 데 도움이 되는지 알아보려 한다. 매니지드 퓨처스의 수익률을 설명하기 위해, 지수 및 매니저의 성과(R_t^{MF})를 1개월, 3개월, 12개월 시계열 모멘텀 수익률에 회귀 분석해 보자.

$$R_t^{MF} = \alpha + \beta^1 \text{TSMOM}_t^{1M} + \beta^2 \text{TSMOM}_t^{3M} + \beta^3 \text{TSMOM}_t^{12M} + \varepsilon_t$$

앞의 표 12.2 패널 B는 회귀 분석 결과를 나타낸다. 회귀분석의 R^2 값이 0.46에서 0.64까지 나타나는 것으로 보아, 시계열 모멘텀 전략이 매니지드 퓨처스 지수 및 매니저의 성과를 설명하는 큰 요인이다. 해당 표에는 매니지드 퓨처스 지수 및 매니저와 분산된 시계열 모멘텀 전략의 상관관계도 표시되어 있다. 상관관계 역시 0.66에서 0.78로 매우 크며, 따라서 시계열 모멘텀이 매니지드 퓨처스를 설명하는 주요 지표다.

절편의 경우 시계열 모멘텀을 제어한 후 초과 수익률(혹은 알파)을 의미한다. 패널 A에서는 전통적 자산군 대비 알파가 유의하게 양수값을 보였지만, 패널 B에서는 시계열 모멘텀 대비 대부분의 알파가 음수값을 보인다. 사후적으로 매니저를 선택했기 때문에 수익률이 높은 것으로 편향되어 있음에도 불구하고, 시계열 모멘텀을 고려할 경우 알파는 음수다. 이를 통해 시계열 모멘텀이 매니지드 퓨처스를 설명함을 알 수 있으며, 수수료와 거래 비용의 중요성을 보여 주는 예시이기도 하다. 패널 B를 통해 알 수 있는 또다른 흥미로운 사실은 매니지드 퓨처스 펀드 별 단기, 중기, 장기 추세의 중요성이 서로 다르다는 점이다.

요약하자면, 많은 매니지드 퓨처스 펀드가 시계열 모멘텀 외에도 많은 다른 유형의 전략을 추구하고 있지만, 분석 결과를 살펴보면 시계열 모멘텀이 평균적인 알파와 수익률의 상당 부분을 설명한다.

12.6 실행: 매니지드 퓨처스의 관리

시계열 모멘텀이 매니지드 퓨처스의 성과를 설명함을 보았다. 이론적으로만 봤을 때 이처럼 간단한 전략이 대부분의 매니저보다 높은 샤프지수를 기록했다. 이런 결과는 수수료 및 기타 실행 문제가 해당 전략의 실제 성공에 중요한 역할을 한다는 것을 의미한다. 위에서 언급했듯, 2-20 수수료 구조는 연간 변동성 10% 수준의 분산된 시계열 모멘텀 전략에 대해 연평균 6%의 수수료가 부과될 것으로 추정된다. 전략을 실행하는데 있어 또다른 고려사항은 거래 비용, 재조정 방법, 증거금, 위험 관리다.

포트폴리오를 얼마나 자주 재조정할지를 분석하기 위해, 그림 12.5는 재조정 주기에 따른 각 시계열 기간과 분산된 시계열 모멘텀 전략의 총 샤프지수를 보여 준다.

그림 12.5 각기 다른 재조정 주기에 따른 총 샤프지수

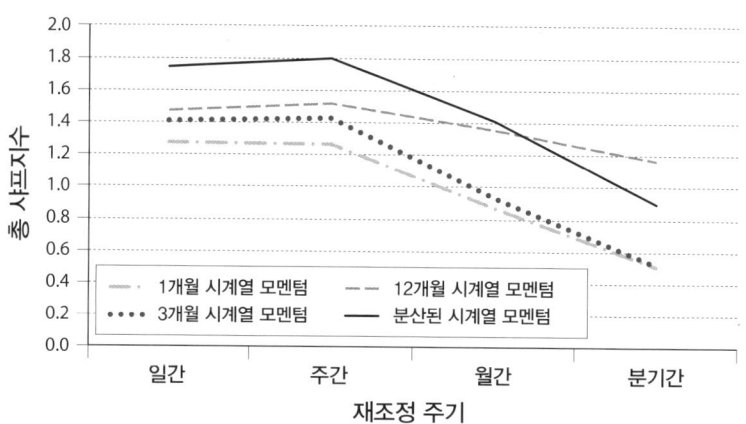

일간과 주간으로 재조정을 할 경우는 비슷한 성과를 보이며, 월간 혹은 분기간으로 재조정을 할 경우 성과가 하락한다. 당연하게도 단기와 중기 모멘텀 전략의 경우 신호가 빠르게 변함에 따라 성과 역시 빠르게 하락하며, 이는 더 큰 알파의 감소로 이어진다.

앞서 언급했듯이, 매니지드 퓨처스 전략의 연간 거래 비용은 전문 매니저의 경우 대략 1%에서 4% 정도가 발생하며, 그렇지 않은 매니저는 이보다 더 높은 비용이 발생되며, 과거에는 현재보다 거래 비용이 더 높았다. 거래 비용은 여러 가지 사항에 따라 다르다. 거래 비용에 대한 최적화를 하지 않은 채 포트폴리오를 기계적으로 재조정할 경우 거래 비용은 재조정 빈도에 따라 증가하며, 단기 추세를 이용할 경우 장기 추세를 이용하는 것 보다 더 많은 거래 비용이 든다. 따라서, 거래 비용이 중요한 역할을 하는 대형 매니저의 경우 추세 신호로써 중기나 장기에 큰 비중을 두며, 상대적으로 단기에는 낮은 비중을 둔다.

매니저가 매니지드 퓨처스 전략을 실행하기 위해서는 거래 상대방, 즉 선물거래중개회사와 통화중개대리인(혹은 통화 프라임 브로커)에 증거금을 납부해야 한다. 시계열 모멘텀 전략은 대형 기관 투자자의 경우 8-12% 정도의 증거금을, 소형 투자자의 경우 그보다 두배 이상의 증거금을 납부해야 한다. 시계열 모멘텀은 상당한 양의 잉여현금을 가지고 있기 때문에 자금 조달 유동성 관점에서는 실행하는 데 문제가 없다.

전략을 실행하는 데 있어 마지막 이슈는 위험 관리다. 앞서 살펴본 거래 전략의 구성은 체계적이며 동일한 변동성을 적용하는 방법으로 인해 이미 위험 제어가 내재되어 있다. 변동성에 따라 포지션의 크기를 조정해서 위험이 급증할 때 포지션을 축소하여 각 자산의 위험을 제어한다. 또한, 모든 자산에 걸쳐 항상 위험을 균형적으로 분산한다. 마지막으로, 일부 매니지드 퓨처스 매니저들은 낙폭을 관리하며 급격한 추세 반전에 따른 손실을 제한하고자 현재의 추세가 과도한지를 식별하기 위해 많은 노력을 기울인다. 또한 횡보장에서의 성과를 개선하기 위해 단기적인 반등 추세를 식별하려고 노력한다.

12.7 윈튼 캐피털 매니지먼트의 데이비드 하딩과의 인터뷰

데이비드 하딩은 윈튼 캐피털 매니지먼트의 회장이자 CEO이며, 매니지드 퓨처스 투자를 집중적으로 하는 글로벌 매니저다. 윈튼 캐피털을 설립하기 이전인 1987년에는 AHL^{Adam, Harding, and Lueck}을 공동으로 설립했다. 이는 유럽에서 최초의 체계적인 추세 추종 선물거래업자였으며, 추후 맨^{Man} 그룹에 인수되었다.

Q: 처음에 어떻게 매니지드 퓨처스 투자에 관심을 가지게 되셨나요?

A: 캠브리지에서 자연 과학, 그중에서도 이론 물리를 전공한

후 1982년 런던의 우드 맥킨지에서 증권 중개인으로 커리어를 시작했습니다. 저는 고정 금리 분야의 신입이었고, 그 일을 시작한지 한 달만에 런던 국제금융선물거래소LIFFE가 출범했습니다. 그곳에서 처음으로 거래된 상품은 채권 선물이었고, 그 덕분에 저는 거래소 객장에서 일하는 기회를 가지게 되었습니다. 그로 인해 경력의 시작인 21살에 선물, 차트 그리기, 그리고 통계 프로그래밍을 적용하는 것에 관심을 가지기 시작했습니다.

Q: 당시 일반적인 사람들이 하던 것과는 다르게, 통계적 기법을 시장에 적용하겠다고 판단한 이유는 무엇인가요?

A: 저는 오르락내리락하는 숫자들을 보며 차트를 그렸습니다. 대학에서 과학자로서 훈련을 받았고, 물리학 학위를 통해 푸리에 해석과 같은 데이터 분석 방법에 대한 많은 것을 배웠습니다. 그리고 이러한 것들을 시계열에 적용할 수 있을지 매우 궁금했죠.

Q: 진로를 정하게 된 특별한 사건이 있었나요?

A: 80년대 중반에 2년 동안 매일 손으로 차트를 그렸는데, 매우 힘든 과정이었습니다. 이를 통해 시계열 데이터를 오랫동안 살펴보게 되었죠. 컴퓨터에서 단지 버튼을 눌러 차트가 나타난다면, 아마 데이터를 상세하게 이해하지 못

할 것입니다. 반면, 이러한 그래프를 매일 손으로 그린다면 데이터의 경험적 특성을 더 잘 이해할 수 있습니다. 그래서 세이버 자산운용에서 일을 하면서 데이터가 무작위적이지 않다고 느꼈습니다.

Q: 차트의 속성 중 특별히 관심을 끈 게 있나요?
A: 추세죠. 추세는 우리가 찾고 있는 것입니다. 기술적 분석에서는 추세를 통해 미래를 예언하고 예측합니다. 데이터 내에 추세가 있기 때문에 사람들은 추세를 볼 수 있고, 데이터에서 합리적으로 추세를 꽤 잘 보기도 합니다.

Q: 투자 과정에 대해 말씀해 주실 수 있나요?
A: 시장에 대한 데이터를 조사하고, 상승하거나 하락할 확률이 정확히 50/50이 아닐 때는 데이터에서 증거를 찾습니다. 우리는 승산이 있을 때만 베팅을 합니다.

Q: 광범위한 연구를 통해 상승과 하락의 확률이 50/50이 아닌지를 판단하고 체계적인 과정을 통해 거래를 한다고 생각하면 되나요?
A: 네, 정확합니다. 우리는 많은 시장에서 동시에 거래합니다. 개인 트레이더가 관리하기에는 지나치게 복잡한 패턴이기에 모두 컴퓨터 프로그램으로 코딩이 되어 있습니다.

Q: 모형 중심으로 투자하는 것이 본능에 의한 거래 혹은 소프트한 정보를 토대로 인간의 평가를 통해 거래하는 것과 비교할 때 장단점은 무엇일까요?

A: 지적으로 엄격한 규율이 장점입니다. 증거에 기반한 접근법이기 때문에 투자를 하기 전 상당히 강력한 과학적 증거를 요구합니다.

가장 큰 단점은 모든 요소를 고려할 수 없다는 점입니다. 만일 이전에 어떠한 일이 발생하지 않았다면, 연구를 통해서는 그것에 대해 아무것도 알아낼 수가 없습니다.

Q: 모든 투자 대상에 동일한 유형의 모형을 갖는 것이 더 낫다고 생각하시나요, 아니면 투자 대상에 따라 매우 구체적인 모형을 갖는 것이 더 낫다고 생각하시나요?

A: 만약 서로 다른 시장마다 서로 다른 모형을 사용한다면, 데이터의 과최적화 문제가 발생할 수도 있습니다.

Q: 트레이더들이 서로 다른 시장에서 비슷하게 체계적인 오류를 범하기 때문에 투자의 기회가 생긴다고 생각하시나요?

A: 이렇게 설명을 해 보죠. 학계에서 많은 사랑을 받는 이론이 있습니다. 바로 시장은 효율적이고 미래에 대한 정보는 완벽하게 반영된다는 것입니다.

효율성의 가장 극단적인 형태로는, 시장이 미래를 반영할 뿐만 아니라 경제의 모든 펀더멘털과 기업 등에 대해 알려진 모든 정보가 가격에 완벽하게 반영된다는 것이죠.

이 이론은 널리 믿어지고 있습니다. 이는 옵션의 가치를 매기고 확산 프로세스를 모형화 하는데서 나온 것입니다. 즉 주가의 움직임을 브라운 운동과 열 방정식으로 모형화 했죠. 물론 이러한 모형은 짧은 만기의 옵션을 추정하는 데는 좋지만, 모든 것을 완벽하게 반영하는 완벽한 가격의 행렬이 있다는 생각까지 확대하는 것은, 작은 사건에 너무 많은 무게를 두고 있는 것입니다.

Q: 그렇다면 시장이 완벽하게 효율적이지 않다는 점을 모형에서 어떻게 활용하시나요?

A: 시장은 사회적인 제도이며, 그러한 사회 제도들이 반영할 것으로 예상되는 모든 종류의 현상을 반영합니다. 시장은 가격 형성 과정에 관한 것을 반영하고 있으며, 그중 하나는 시장이 연속적인 상관관계를 갖는 경향이 있다는 것입니다. 이는 아이디어가 천천히 퍼지고, 사람들은 흥분하기 시작하며, 과도하게 낙관적이 되었다가 결국엔 실망하기 때문입니다.

Q: 매니지드 퓨처스의 가치를 보여 주는 몇 가지 상황이나 사

건이 있나요?

A: 우리는 뜻밖의 일에서 돈을 버는 경향이 있고, 사람들은 이러한 뜻밖의 일을 예측하는 데 매우 서툽니다. 지난 100년의 역사를 살펴보면, 1차 세계대전은 갑자기 발생했습니다. 효율적 시장 가설에 대해 생각해 봅시다. 프란츠 퍼디난드가 암살되기 한 달 전인 1914년 7월 25일이나 7월 23일에 채권 수익률과 주식 가격에는 아무런 움직임도 없었습니다. 무슨 일이 벌어질지 몰랐던 거죠. 따라서 시장은 1차 세계대전을 효율적으로 반영하지 못했습니다. 효율적인 시장은 러시아의 공산단 혁명 역시 반영하지 못했죠. 2차 세계대전, 히틀러, 군비 경쟁, 컴퓨터의 발명도 마찬가지입니다. 이처럼 시장에서는 계속해서 뜻밖의 일이 발생합니다.

Q: 그렇다면 그러한 뜻밖의 일에서 매니지드 퓨처스나 추세 추종은 어떻게 수익을 거두나요?

A: 인류의 역사에서 뜻밖의 일은 계속해서 있었지만, 시장에 영향을 미치는 작은 사건도 계속해서 있었습니다.

Q: 그러나 단순히 뜻밖의 일이 발생하기만 한다면 수익을 거둘 수는 없지 않나요? 사건이 발생하기 전에 가격에 나타나고, 사건이 서서히 진행되어야 수익을 얻을 수 있을 것

같은데요?

A: 음, 맞는 말입니다. 다행히도, 대부분의 뜻밖의 사건들은 점차적으로 나타납니다. 효율적인 시장 이론이라는 말도 안 되는 이론을 설명하기 위해서는 모든 사건들이 가격에 즉각적으로 반영되어야 하지만, 이것은 불가능합니다. 은행 시스템의 붕괴는 시간이 지남에 따라 소름끼치는 일련의 사건들로 연결되어 1년 동안 주식 시장은 50%나 하락했고, 이때도 추세 추종 시스템은 매우 잘 작동했습니다.

Q: 추세 추종 투자가 가격을 펀더멘털에 수렴하게 만든다고 생각하시나요, 아니면 그것에서 멀어지게 만든다고 생각하시나요?

A: 어떤 것의 펀더멘털 가치를 꼬집어 말하기는 정말 쉽지 않은 것 같습니다. 펀더멘털이라는 아이디어는 시장에 완벽한 균형 가격이 있음을 의미합니다. 그러나 현실 세계에서 균형은 존재하지 않고 항상 변하기 마련입니다. 그렇지 않나요? 펀더멘털 가치가 얼마라고 할 것이 아니라 일정 수준으로 펀더멘털 가치의 범위가 있다고 해야 할 것입니다. 그리고 추세 추종은 가격이 그러한 펀더멘털 가치의 범위 내로 이동하도록 만들 것입니다.

Q: 매니지드 퓨처스 투자자들이 많아지게 되면 추세를 없애

는 경향이 있다고 생각하시나요, 아니면 추세를 더 강하게 만들까요?

A: 만족스럽지 못한 답변일 수 있겠지만, 가격 데이터의 자기상관autocorrelation의 범위가 변할 것입니다. 달리 말하자면, 추세의 본질이 변할 겁니다.

Q: 어떤 사람들은 매니지드 퓨처스가 심각한 하락을 헤지하는 특성이 있다고 말하고는 합니다. 이에 동의하시나요?

A: 그러한 의견에 대해서는 약간 불편하게 생각합니다. 지난 20년 동안 선물거래자문업자들은 주식 시장이 하락할 때 좋은 성과를 내는 경향이 있었습니다. 그러나 그들이 거래하는 대상이 주로 주가 지수이므로, 주식 시장과 강한 양의 상관관계가 있을 때도 있고 정반대로 강한 음의 상관관계가 있을 때도 있습니다. 만약 주식 시장이 하락하는 와중에 매수 포지션을 보유하고 있다면, 하락을 헤지하지는 못할 것입니다. 오히려 상황이 악화되겠죠.

선물거래자문업자에 투자함으로써 얻을 수 있는 최고의 분산 효과는, 미래에 대한 관점이 없는 사람에게 투자한다는 점입니다. 대부분의 투자는 미래에 대한 그들의 관점이 무엇인지 말해주는 사람들로 구성되어 있기 때문에, 이러한 관점이 없는 사람에게 투자하는 것은 참신한 아이디어일 수 있습니다.

Q: 투자 방식을 계속 바꾸고 연구를 계속하는 것이 얼마나 중요한가요?

A: 금융 시장에 최종적이고 불변의 진리란 없습니다. 만약 여러분이 답을 찾았고 영원히 그것을 실행하겠다고 마음먹었다면, 아마 불운을 맞이할 것입니다. 경쟁력을 갖추기 위해서는 열심히 그리고 꾸준히 노력해야 합니다.

Q: 그럼에도 불구하고, 80년대에 고안한 특별한 신호나 모형 중에 현재까지 사용하시는 게 있나요?

A: 물론입니다. 저희는 비교적 천천히 트레이딩하기 때문에 우리 모형이 계속해서 혁명적으로 변하지는 않습니다. 우리는 점진적으로 변화하고 있고 장기적으로 연구하고 있습니다. 세월이 흐를수록 모형이 변하고 있습니다.

Q: 서로 다른 자산군에 투자를 배분할 때, 그것도 연구에만 의존하시나요, 아니면 원자재나 주식, 혹은 다른 자산에 더 비중을 두는가에 대한 판단이 있나요?

A: 그것에 대해서는 정확하게 정해진 바가 없습니다. 우리의 많은 연구는 사람들이 생각하는 것과는 대조적으로 매우 부정확한 대답을 내놓습니다. 그러나 기대 수익, 분산 행렬 및 거래 비용이 주어졌을 때 최적의 포트폴리오로 산출하는 등의 결과는 아주 분명합니다.

Q: 추세 추종이 불가지론agnostic[†] 형태의 투자라고 말씀하셨는데, 무슨 뜻인지 설명해 주실 수 있나요?

A: 추세 추종은 다른 종류의 투자와 비교할 때 가정이 적습니다. 내년과 그 다음해에 어떤 일이 일어날지 전망하지 않죠. 중국이 활황일지 혹은 불황일지에 대한 관점이 없습니다. 예를 들어, 원자재 부족 현상이 계속 발생할지 여부에 대해서 전망하지 않습니다. 앞으로 10년 또는 20년 동안 인구가 증가하고 이런저런 이유로 엄청난 원자재 부족이 발생할 것이라는 확신을 가지고 매우 분주하게 포트폴리오를 짜는 사람들이 있습니다. 하지만 그들은 10년 전에 그렇게 하지 않았습니다. 바꿔 말하면, 그들은 벌써 10년 동안 가격이 오르고 난 후에야 그러한 일을 합니다. 만약 그들이 10년 전 가격이 오르기 전에 그러한 일을 했다면 굉장히 존경하겠죠. 이는 약간 약한 형태의 추세 추종입니다. 그냥 우연적으로 발생한 추세 추종입니다.

　투자 세계에서 벌어지는 많은 일들이 과거의 전장에서 싸우는 것에 불과합니다.

[†] 초경험적인 것의 존재나 본질은 인식 불가능하다고 하는 철학적 입장.

Efficiently Inefficient

How Smart Money Invests and Market Prices Are Determined

4부

차익거래 전략

13

차익거래 가격 결정과 거래

> 월가에서는 옛 격언을 다음과 같이 바꿔 쓰기도 한다. "사람에게 물고기 한 마리를 주면, 그를 하루 동안 먹일 수 있다. 그러나 그에게 어떻게 차익거래를 하는지 가르쳐 주면 그를 영원히 먹여 살릴 수 있다(다만, 이반 보에스키Ivan Boesky[†]에게 차익거래를 배웠다면, 정부 기관이 콩밥을 먹일 것이다)."
>
> - 워런 버핏, 1998년 연차 보고서

교과서에서 배우는 차익거래는 낮은 가격에 매수와 높은 가격에 매도를 동시에 해서 확실하게 수익을 얻는 전략이다. 좀 더

[†] 차익거래를 통해 막대한 돈을 벌었지만 내부자 거래였음이 밝혀져 구속되었다.

구체적으로 말하면, 하나 혹은 여러 증권의 포트폴리오를 매수하고 더 비싼 증권을 매도하되, 매수하는 증권은 매도하는 것과 비교할 때 같거나 더 많은 현금흐름을 창출한다. 이론적으로 차익거래는 어떠한 현금도 필요하지 않으며 높은 확률로 수익을 거둘 수 있다.

이러한 교과서적인 차익거래는 현실 세계에서는 존재하지 않음에도 불구하고, 실무자들은 거의 비슷한 증권의 상대 가격을 이용한 매수와 매도를 보통 차익거래라고 부른다. 여기서는 '차익거래'라는 단어를 실무적인 의미로 사용하겠다. 저가에서 매수한 후 고가에 매도하여 수익을 얻을 수 있을 것으로 기대되지만, 항상 증거금과 같은 현금 지출이 필요하다. 가격이 수렴되기 전에 큰 손실을 볼 수도 있고, 가격 차이가 절대 수렴되지 않는 중대한 위험도 존재한다. 앞으로 보게 될 것처럼 기업 이벤트, 전환사채, 채권 시장과 관련된 유동성 위험과 딜 위험에 대한 보상으로 차익거래의 기회가 발생하며, 이러한 것들을 통해 금융 시장의 움직임을 살펴볼 수 있다. 달리 말하면, 차익거래는 효율적으로 비효율적인 시장의 가장 직접적인 증상이다.

13.1 차익거래 가격 결정과 거래: 전반적인 체계

금융에서 알아야 할 중요한 사실은 경쟁을 통해 차익거래의 기회가 사라진다는 것이다. 따라서, 금융의 많은 모형은 차익거래가 존재하지 않는 무차익 조건no arbitrage condition을 가정한다.

차익거래는 금융의 성배와 같다. 해리슨 포드Harrison Ford는 고고학 교수 역할을 맡은 영화 〈인디아나 존스: 최후의 성전Indiana Jones and the Last Crusade〉에서, 주인공은 학생들에게 이런 말을 한다.

> 잃어버린 도시, 이국적인 여행, 그리고 유물 발굴이라고 할 때 떠오르는 생각은 전부 잊으세요. 파묻힌 보물을 찾기 위해 지도를 따라가지 않을 것이며, X 표시는 결코 보물이 있는 장소를 가리키지 않습니다.

그러나 영화의 나머지 부분에서 그는 최선을 다해 성배를 찾기 위한 연구를 진행한다. 마찬가지로, 금융 교수는 학생들에게 이렇게 말한다.

> 쉽게 돈을 버는 것, 이색 옵션, 차익거래라고 할 때 떠오르는 생각은 전부 잊으세요. 파묻힌 보물을 찾기 위한 수식은 없으며, 차익거래라는 것은 존재하지 않습니다.

그러나 교수도 교실 밖에서는 종종 차익거래 기회를 찾아 나선다. 다행히도, 차익거래 가격 결정 이론은 차익거래가 없는 경우 증권의 가격을 매기는 방법뿐만 아니라, 차익거래가 존재할 경우 그것을 활용하는 방법도 알려준다.

단순하게 무차익 조건과 마찰이 없는 시장을 가정하면 상대적 자산 가격 결정 이론을 깔끔하게 도출할 수 있다. 한 증권의 가격은 차익거래를 통해 결정할 수 있다. 다른 관련 증권들의 가치를 기반으로 해당 증권의 펀더멘털 가치를 계산할 수 있으므로. 차익거래 가격 결정은 다음의 세 가지 방법으로 할 수 있다.

1. 두 증권의 손익이 같다면, 그 가치 역시 같아야 한다.
2. 포트폴리오가 하나의 증권과 손익이 같다면, 증권의 가치는 포트폴리오의 가격과 같아야 하며 이를 복제 포트폴리오replicating portfolio라 한다.
3. 셀프 파이낸싱self-financing 거래 전략이 증권과 손익이 같다면, 해당 증권의 가치는 전략의 초기 비용과 같아야 한다. 셀프 파이낸싱 전략 혹은 동적 헤징 전략dynamic hedging strategy은 거래의 시작과 끝을 제외하고는 돈이 추가적으로 필요하지 않는 방식으로, 시간이 지남에 따라 포트폴리오를 재조정한다.

만일 특정 증권을 다른 증권이나 복제 포트폴리오, 혹은 동적 헤징 전략을 통해 복제하는 방법을 찾을 수 있다면, 이를 통해 증권의 가치를 매길 수 있다. 만약 동일한 증권이 다른 가격으로 거래된다면 차익거래를 할 수 있으며, 이를 통해 잘못된 가격을 바로잡을 수 있다. 게다가, 만일 증권이 복제 포트폴리오의 비용보다 낮게 거래된다면, 증권을 매수하고 복제 포트폴리오를 매도할 수 있다. 증권을 매수함에 따라 가격은 상승할 것이며, 이러한 차익거래 기회는 점점 사라지게 된다.

이와 반대로 만일 증권의 가격이 가치 보다 비싸게 거래된다면, 해당 증권을 공매도한 후 복제 포트폴리오를 매수하면 된다. 문제는 증권을 어떻게 복제할 것인가이다. 이제 옵션을 통해 이러한 작업을 수행하는 방법에 대해 논의하고, 여러 차익거래 전략에 대해 알아보도록 하자.

현실 세계에는 거래 비용과 자금 조달 비용이 존재하기 때문에 차익거래에 비용이 수반되며 위험이 존재한다. 거래 비용이 있을 경우, 무차익 조건을 사용하여 정확한 펀더멘털 가치를 계산할 수 없다. 그러나 가치의 상한선과 하한선은 찾을 수 있다. 위에서 언급한 세 가지 유형의 방법은 마찰에 점점 더 영향을 받는다. 첫 번째와 두 번째 방법은 매수 후 보유 전략을 사용하는 반면, 세 번째 전략은 동적 거래를 요하며, 이에 따라 거래 비용이 많이 든다. 따라서 세 번째 방법에 근거한 차익거래 관계는 현실 세계에서 쉽게 적용하기가 힘들다.

또한 차익거래의 강도는 수렴하는 데 시간이 얼마나 걸리는지에 달려 있다. 예를 들어, 동일한 증권이 두 개의 서로 다른 장소에서 거래된다고 가정하자. 만일 한 거래소에서 증권을 매수한 후 다른 거래소에서 매도하는 것이 가능하다면, 차익거래를 하기 매우 쉬우며, 매수와 매도를 함과 동시에 가격이 하나로 수렴할 것이다. 이러한 종류의 차익거래는 매우 쉽기 때문에 현실 세계에서는 잘 나타나지 않으며, 만일 나타난다 해도 수초 안에 사라지고 만다. 그러나 거래소 간 대체가 불가능하다면 얘기가 다르다. 예를 들어, 두 개의 거래소에 이중으로 상장된 유니레버 Unilever와 같은 기업의 경우 한 거래소에서 매수한 주식을 다른 거래소에서 매도할 수 없다. 이런 경우 서로 간의 가격 차이는 즉각 수렴하지 않으며, 가격 괴리가 꽤나 오래 지속되기도 한다.

13.2 옵션 차익거래

차익거래 가격 결정은 다른 증권의 가격에 따라 손익이 결정되는 파생상품의 가치를 평가할 때 유용하다. 여기서 다른 증권은 기초 자산underlying이라고 불리며, 그 가격은 S_t로 표시한다.

파생상품 중에서도 옵션은 특히나 중요한 상품이다. 옵션에도 여러 유형이 있지만, 그중에서도 콜옵션call option과 풋옵션put option이 대표적이다. 콜옵션은 사전에 고정된 가격인 행사 가격 X로 기초 자산을 매수할 수 있는 권리를 주며, 이는 의무가 아니다. 풋옵션은 고정된 가격에 기초 자산을 매도할 수 있는 권리를 준다. 유러피안 옵션은 옵션의 만기에만 권리를 행사할 수 있는 반면, 아메리칸 옵션은 만기까지의 기간 중 어느 때에도 권리를 행사할 수 있다.

만일 기초 자산 S_t의 현재 가격이 행사 가격 X보다 클 경우, 콜옵션은 내가격in the moeny에 있다고 말하며, 행사를 할 경우 돈을 벌 수 있다. 반대로 현재 가격이 행사 가격 아래에 있을 경우 콜옵션은 외가격out of the money에 있다고 하며, $S_t = X$일 경우 등가격at the money에 있다고 말한다.

만기 때 콜옵션이 외가격에 있다면 가치가 없으며, 내가격에 있다면 가치는 $C_t = S_t - X$가 된다. 이와 비슷하게, 풋옵션이 내가격에 있다면 그 가치는 $P_t = X - S_t$가 되며, 외가격에 있다면 가치가 없다. 만기 이전에는, 기초 자산이 언제든지 내가격이 될 수 있는 기회가 존재하므로 옵션은 언제나 가치가 있다.

옵션은 여러 가지 이유로 사용되며, 그중에서도 중요한 이유는 옵션에 포함된 레버리지다.[1] 실제로 콜옵션을 매수하는 것은 X만큼의 대출을 통해 주식을 매수하는 것과 비슷하다. 금액이 같을 경우 주식보다 더 많은 콜옵션을 매수할 수 있기 때문에 같은 금액을 투자할 경우 옵션을 통한 투자의 상승 여력이 더 크다. 물론, 위험과 수익률은 연결되어 있으므로 옵션을 통해 잃을 수 있는 금액 역시 주식보다 훨씬 크다.

유러피안 옵션의 풋-콜 패러티

콜옵션과 풋옵션의 가격은 긴밀하게 연관되어 있으며, 이는 간단한 차익거래 관계를 통해 확인할 수 있다. 동일한 행사 가격 X의 유러피안 콜옵션을 매수하고 유러피안 풋옵션을 매도하며, 옵션의 만기인 T 시점에 X 만큼의 돈을 받기 위한 금액을 은행에 보관하면 합성 주식synthetic stock을 만들 수 있다. 합성 주식의 가격은 실제 주식의 가격과 동일해야 하므로, 전형적인 풋-콜 패러티put-call parity를 도출할 수 있다.[2]

$$C_t - P_t + \frac{X}{(1+r^f)^T} = S_t$$

현실 세계에서 풋-콜 패러티가 깨질 경우 차익거래를 수행하는 트레이더가 많으므로, 이러한 관계는 잘 유지된다. 실제로 풋-콜 패러티의 불균형을 이용해 차익거래를 하기 위해서는 차이가 수렴되는 시간까지 매수 후 보유를 해야 한다. 한 가지 예외는 만일 주식이 공매도하기 힘들 경우로, 이 경우 우변이 좌변보다 커지기도 한다.

이항 모형에서의 옵션 차익거래

배당을 지급하지 않는 주식을 기초로 하는 콜옵션의 가치를 계산하는 방법과 차익거래 기회를 통해 거래하는 방법을 살펴보자. 해당 방법론은 거의 모든 기초 자산을 대상으로 하는 파생 상품에 적용할 수 있기 때문에 훨씬 더 일반적이다.[3] 우선 주가가 시간이 지남에 따라 그림 13.1와 같은 트리tree처럼 움직인다고 가정하자. 트리에는 항상 두 개의 가지가 있으며, 이는 주가는 오르거나 내린다는 것을 의미한다. 만기 이전에는 여러 기간이 있으므로 최종 주가도 여러 경우가 있다.

그림 13.1 주식 가격의 이항 모형

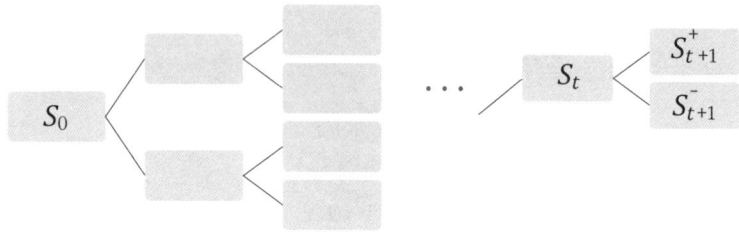

옵션의 초기 가치를 계산하려면, 뒤(만기)에서부터 시작하여 전체 트리에서 옵션의 가치를 계산해야 한다. 최종 시나리오는 옵션의 만기 시점에 해당하므로 옵션의 가치는 단순히 0과 $S - X$ 중 큰 값이다.

만기 이전의 옵션 가격을 알아보기 위해, 특정 시점 t의 옵션 가격 C_t가 어떻게 계산되는지 살펴보자. 현재 주가가 S_t일 경우, 한 시점 후의 주가는 S_{t+1}^+ 혹은 S_{t+1}^-가 될 것이며, 주가가 오르고 내림에 따라 옵션의 가치는 각각 C_{t+1}^+, C_{t+1}^-가 될 것이다.

옵션의 가치를 매기기 위해 주식과 현금을 이용해 옵션을 복제하는 포트폴리오를 만든다. 동적 헤지 전략에서 옵션을 복제하기 위해 필요한 주식의 수는 헤지 비율(혹은 델타) Δ_t로 표기되며, 단기 금융 시장에 투자할 현금의 양은 b_t로 표기된다. 주가가 오르든 내리든 상관없이 옵션과 포트폴리오의 가치가 동일하게 복제되기 위한 Δ_t와 b_t를 계산한다.

$$\Delta_t S_{t+1}^+ + b_t(1 + r^f) = C_{t+1}^+$$

$$\Delta_t S^-_{t+1} + b_t(1 + r^f) = C^-_{t+1}$$

위의 두 개의 식을 통해 헤지 비율이 계산된다.

$$\Delta_t = \frac{C^+_{t+1} - C^-_{t+1}}{S^+_{t+1} - S^-_{t+1}}$$

또한 아래만큼의 현금을 단기 금융 시장에 투자해야 한다.

$$b_t = \frac{C^-_{t+1} S^+_{t+1} - C^+_{t+1} S^-_{t+1}}{(S^+_{t+1} - S^-_{t+1})(1 + r^f)}$$

옵션의 가격은 헤징 전략의 현재 가치에 따라 결정되며, 이는 $C_t = \Delta_t S_t + b_t$로 표현된다. 약간의 계산을 하면 옵션의 가격은 다음과 같다.

$$C_t = \frac{q C^+_{t+1} + (1-q) C^-_{t+1}}{1 + r^f}$$

이 중 $q = \frac{1 + r^f - S^-_{t+1}/S_t}{(S^+_{t+1} - S^-_{t+1})S_t}$ 는 0과 1 사이의 값이며, 주가가 상승할 위험 중립 확률risk neutral probability이다. 이처럼 옵션의 가격은 주가가 상승할 확률이 q이며 투자자가 위험 중립일 경우 현재 가치를 계산해 유도할 수 있다. 위험 중립 확률의 존재 여부는 차익 거래 가격 결정의 일반적인 속성이다. 실제 주식이 상승하는 확률은 위험 중립 확률보다 크며, 위험 중립 확률을 이용할 경우 위험 프리미엄은 고려되지 않는다. 또한 증권이 실제보다 상승 확률이 덜 한 것으로 가격이 계산된다.

t 시점의 옵션 가격 C_t를 계산했으면 동일한 방법을 이용해 $t-1$ 시점의 옵션 가격 역시 계산할 수 있으며, 이러한 작업을 반복하여 시작 시점의 옵션 가격을 구할 수 있다. 이 방법은 주식과 무위험 증권을 사용하는 동적 헤지 전략으로 어떻게 옵션의 손익을 복제하는지를 보여 주기도 한다. 즉, 매 기간 주가에 따라 헤지 비율이 얼마인지 계산할 수 있다.

따라서 만일 옵션의 시장 가격이 가치와 다를 경우, 차익거래를 수행할 수 있다. 예를 들어, 옵션의 가격이 가치보다 2달러 높을 경우, 옵션을 매도한 후 동적 전략을 이용해 헤지를 한다. 원칙적으로는 이 차익거래를 통해 시작 시점에 가격 오차에 해당하는 2달러를 벌고, 그 후에는 손익이 완전하게 상쇄된다.

실제로 트레이더는 이와 비슷한 거래를 하지만, 그 형태는 좀 더 복잡하다. 우선, 증거금으로 인해 시작 시점에 바로 2달러를 가져갈 수 없다. 둘째, 옵션의 만기 시점의 손익과 동일하도록 완벽하게 포트폴리오를 헤지하더라도(즉 어떠한 경우에도 만기에 2달러를 벌 수 있도록), 옵션의 가격 오차가 더 커진다면 만기 이전에 일시적으로 손실을 볼 수도 있다. 셋째, 주식은 정확히 이항 모형처럼 움직이지 않기 때문에 완벽한 헤지란 존재하지 않는다.

내재 변동성에 기초한 차익거래: 블랙-숄즈-머튼 모형

이항 모형이 좀 더 복잡해지는 경우(혹은 시간이 연속이라고 가정할 경우), 행사 가격이 X인 유러피안 콜옵션의 가격은 그 유명한 블랙-숄즈-머튼 공식[4]에서 계산되는 C_t로 수렴한다.

$$C_t = S_t e^{-\delta T} N(d_1) - X e^{-r^f T} N(d2)$$

이 중 σ는 배당 수익률을, r^f는 무위험 수익률을, T는 만기까지의 기간을 나타내며, d_1과 d_2는 각각 $d_1 = (\ln(S_t/X) + (r - \delta + \sigma^2/2)T)/(\sigma\sqrt{T}\,)$와 $d_2 = d_1 - \sigma\sqrt{T}$ 로 계산된다.

d_1과 d_2는 주식 수익률의 연간 변동성인 σ에 따라 결정된다. 블랙-숄즈-머튼 모형의 핵심은 이 변동성이 옵션의 가격을 크게 영향을 준다는 것이다. 만일 변동성이 높다면 옵션의 가격 역시 높아진다.

또한 이러한 통찰은 옵션의 가격인 C_t가 있을 경우 이에 해당하는 변동성 σ가 존재한다는 것을 의미한다. 이 σ를 블랙-숄즈-머튼 모형에 대입하면 적정 가격을 구할 수 있다는 뜻이다. 이런 주식의 변동성을 내재 변동성implied volatility이라고 한다.

블랙-숄즈-머튼 모형에 따르면 기초 자산이 같은 모든 옵션의 내재 변동성은 같아야 하며, 이를 참 변동성true volatility이라 한다. 따라서 옵션의 가격은 내재 변동성을 이용해 좀 더 쉽게 비교할 수 있다. 특정 옵션의 내재 변동성이 높다면, 이는 블랙-숄즈-머튼 모형에서 말하는 내재 가치보다 비싸다는 것을 의미하고 매도할 대상이다. 옵션 차익거래자는 참 변동성 대비 내재 변동성이 높은 옵션을 매도하고, 참 변동성 대비 내재 변동성이 낮은 옵션을 매수한다.

물론 옵션의 시장 가격은 모형이 틀렸거나, 참 변동성에 대한 추정이 틀렸거나, 혹은 다른 여러 가지 이유로 모형에서 계산되는 가격과 다를 수 있음을 인지해야 한다. 블랙-숄즈-머튼 모형은 현실 세계에서는 만족하기 힘든 가정을 기초로 한다. 예를 들어, 실제 주가는 갑자기 급등하기도 하고 변동성은 시간에 따라 다르지만, 블랙-숄즈-머튼의 모형에서는 이를 포착하지 못한다(그러나 확장된 모형에서는 이 역시 포착한다). 이러한 주가의 급등 가능성은 외가격 풋옵션, 특히 인덱스 옵션의 내재 변동성이 더 높은 내재 변동성 스머크implied volatility smirk 현상이 왜 나타나는지를 설명한다. 이러한 스머크 현상은 차익거래의 기회일 뿐만 아니라 현실에서의 붕괴 위험을 반영하기도 한다.

이항 모형에서와 같이, 블랙-숄즈-머튼 모형에서도 옵션 복제 포트폴리오를 유도할 수 있다. 만일 헤지펀드가 옵션을 매도할 경우 Δ_t개의 주식을 매수하여 이를 헤지할 수 있다.

$$\Delta_t = \frac{\partial C_t}{\partial S_t} = e^{-\delta T} N(d_1)$$

Δ_t는 시간에 따라 계속 변하므로, 헤지펀드는 보유 주식 수를 계속 조정하는 동적 헤지를 수행해야 한다. 헤지펀드는 적어도 일간 단위로 이를 조정한다.

13.3 수요 기반의 옵션 가격 결정

실제 세계에서 옵션의 가격은 차익거래 관계뿐만 아니라 수요와 공급에 의해서도 결정된다. 많은 투자자가 주식 시장의 붕괴에 대비한 보험을 가지고 있기를 바라며, 이는 시장 지수에 대한 풋옵션의 수요를 증가시킨다. 또한 제한된 손실로 레버리지를 활용하고자 하는 수요로 인해 옵션의 수요가 증가하기도 한다. 블랙-숄즈-머튼 모형에 따라 차익거래를 수행할 수 있다면 이런 수요의 증가가 옵션의 가격을 상승시키지 못하겠지만, 실제 세계에는 중개인이 옵션 차익거래를 수행하는 데 드는 비용과 위험이 있다. 따라서 수요의 증가는 옵션 가격을 움직인다. 사람들이 차 사고가 날 실제 위험에 비해 더 많은 돈을 자동차 보험에 지불하는 것처럼, 투자자는 종종 블랙-숄즈-머튼 모형에서 계산되는 옵션의 가격보다 시장의 '보험'에 더 많은 돈을 지불한다. 은행과 헤지펀드는 이러한 거래의 상대방으로서 수익을 거두지만, 옵션 가격이 새로운 수준으로 조정될 수 있다는 점에서 완벽한 차익거래 수익이라고 볼 수는 없다.[5]

14

채권 차익거래

채권 차익거래를 하는 것은, 스팀롤러 앞에서 니켈을 줍는 것과 같다.

- 트레이더들 사이의 대화

글로벌 채권 시장은 발행 채권의 가치, 채권의 거래량, 관련 파생상품 시장의 규모 면에서 매우 크다. 가장 중요한 채권 시장은 국채 시장이며, 회사채와 모기지 채권 시장이 그 뒤를 잇는다. 주요 파생상품 시장은 채권 선물, 이자율스왑, 신용부도스왑, 옵션, 스왑션swaption(이자율 스왑을 할 수 있는 옵션)이다.

거의 모든 채권의 가격은 무위험 이자율의 영향을 크게 받기 때문에, 채권 이자율과 채권 수익률 사이에는 높은 동조화가 있다. 그래서 채권 차익거래 트레이더는 밀접하게 관련된 증권 사이의 가격 차이를 이용하기 위해, 채권 간의 상대적 가치를 이용하는 경우가 많다. 증권이 서로 밀접하게 관련되었을 경우 롱-숏을 통해 많은 위험을 헤지할 수 있다. 그러나 한정된 위험과 채권 차익거래자 간의 경쟁으로 인해 채권의 상대적 가격 불일치를 이용한 수익은 효율적으로 비효율적인 시장에서는 일반적으로 작다. 따라서 채권 차익거래자는 높은 수익을 얻기 위해 종종 상당한 양의 레버리지를 사용하기도 한다. 이런 차익거래는 상대적인 가격 불일치가 수렴할 때 적당한 수익을 얻을 수 있지만 (니켈을 줍는 것), 많은 채권 차익거래자가 급매를 통해 동시에 포지션을 줄여야 하는 경우(스팀롤러), 때때로 극적인 손실을 기록한다.

고전적인 채권 차익거래의 예로는 온더런on-the-run 채권을 공매도 하고, 오프더런off-the-run 채권[†]을 매수하는 것이다. 다른 고전적인 거래 방법은 버터플라이butterflies라 불리는 수익률 곡선 거래, 스왑 스프레드 거래, 모기지 거래, 채권 변동성 거래가 있다.

이러한 거래 방법들을 자세히 알아보기에 앞서, 채권 이자율과 채권 수익률의 기초를 알아보자. 모든 만기에 걸친 채권의 이자율을 수익률 곡선yield curve 또는 이자율 기간 구조term structure of interest rates라 한다. 채권 차익거래자는 수익률 곡선에 집착한다. 먼저 수익률 곡선의 수준level, 기울기slope, 곡도curvature에 대해 알

---

† 온더런 채권은 새로 발행된 채권이며, 오프더런 채권은 발행된지 오래된 채권이다.

아보도록 하자. 이 중 수준은 중앙은행에 의해 결정되고, 기울기와 곡도는 예상되는 미래의 중앙은행 금리 및 위험 프리미엄에 따라 결정된다. 이제 이러한 이자율 기간 구조의 각 요소와 이를 이용해 어떻게 거래해야 할지를 알아보겠다.

14.1 채권의 기초

채권 이자율과 가격

채권의 가격과 이자율은 동전의 양면과 같다. 채권의 가격 P가 주어졌을 때, 만기 수익률(YTM)은 채권을 만기까지 보유할 경우의 내부 수익률internal rate of return이다. 반대로 채권의 YTM이 주어졌을 때, 이를 이용해 미래의 쿠폰인 C와 액면가 F를 할인한 값이 채권의 가격이다.

$$P_t = \sum_{\text{쿠폰 지급일 } t_i} \frac{C}{(1+\text{YTM})^{t_i-t}} + \frac{F}{(1+\text{YTM})^{T-t}} \quad (14.1)$$

t는 현재 시점이며, T는 만기 시점, $T-t$는 잔존 만기다.

수익률 곡선

그림 14.1에서 보듯이 모든 만기에 대한 채권의 이자율을 나타낸 것을 수익률 곡선 또는 이자율 기간 구조라고 한다.

그림 14.1 수익률 곡선(이자율 기간 구조)

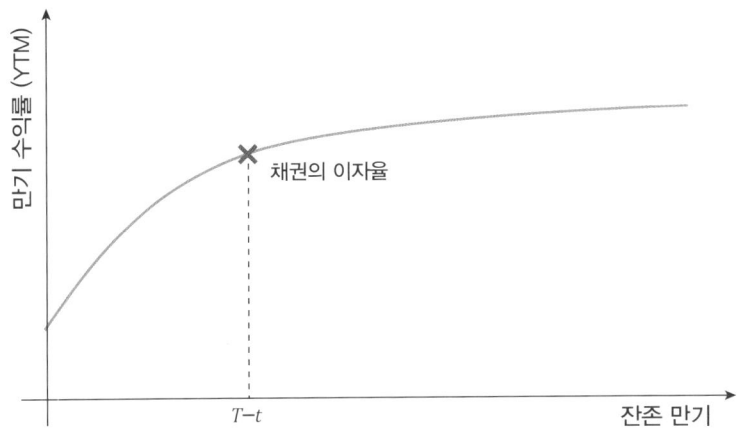

종종 만기는 같지만 표면 금리가 다른 국고채가 여럿 있는 경우도 있다. 예를 들어 새롭게 발행된 10년 만기 채권과, 30년 만기로 20년 전에 발행되어 현재 남은 만기가 10년짜리인 채권이 있을 수 있다. 이런 채권은 표면 금리가 다르기 때문에 이자율이 약간 다르기도 하다(또한 새롭게 발행되었는가 아니면 오래 전에 발행되었는가에 따라 유동성이 다르기도 하다). 그렇다면 그림 14.1의 10년 만기에는 어떤 이자율을 표시해야 할까? 이 질문을 명확히 하기 위해 채권 트레이더는 종종 제로 쿠폰채의 이자율, 즉 $C = 0$인 채권의 이자율을 살펴본다.

이런 채권의 가치는 만기 시점에 지불되는 액면가에 따라 결정된다. 트레이더는 거래된 제로 쿠폰채의 가격과 쿠폰채의 가격에서 제로 쿠폰채의 이자율을 추론한다. 쿠폰채는 제로 쿠폰채의 포트폴리오로 볼 수 있다. 즉, 각각의 쿠폰을 제로 쿠폰채들의 액면가라고 생각할 수 있다. 쿠폰채의 가격은 제로 쿠폰채의 이자율을 이용해 계산할 수 있으며, 그 반대도 마찬가지다.

채권 수익률과 듀레이션

채권의 가격과 이자율을 이해했으니 채권 가격의 변화에 따른 수익률, 즉 채권을 보유해서 몇 퍼센트의 수익률을 거둘 수 있는지를 살펴보자. 예를 들어, 채권 트레이더가 장기채를 보유하고 있을 경우에는 이자율이 조금만 움직여도 수익을 얻거나 손실을 보기도 한다. 그렇다면 왜 장기채 가격이 단기채 가격보다 이자율의 변화에 더 민감하게 반응할까? 직관적으로 보면 장기채에 해당 이자율이 긴 시간 동안 적용되어 그 효과가 커지기 때문인데, 채권의 수익률을 좀 더 분석해 보자.

만일 채권을 만기까지 보유한다면, 채권 투자를 통한 수익률은(모든 쿠폰을 만기 수익률로 재투자한다고 가정할 때) 매수했을 때의 만기 수익률이 된다. 그렇다면 t에서 $t+1$시점과 같이 짧은 기간 동안 보유하는 경우 수익률은 어떻게 될까? 단일 기간의 보유 기간 수익률은 다음과 같다.

$$\text{채권 수익률}_{t,t+1} = \frac{P_{t+1} + \text{예상 쿠폰}}{P_t} - 1 \qquad (14.2)$$

만일 채권의 만기 수익률이 동일하게 유지된다면, 단기간의 보유 기간 수익률은 쿠폰의 지급 여부와 관계없이 만기 수익률과 정확히 일치한다. 따라서 채권의 수익률은 이자율이 변하는 경우에만 만기 수익률과 달라지게 된다. 쿠폰과 액면 지급 금액은 이미 정해졌으므로, 이자율의 변화를 통해서만 고정 금리채의 가치가 오르거나 내린다. 수식 14.1에서 보듯이 채권의 가격과 이자율은 반대 방향으로 움직인다. 이자율이 오를 경우 가격은 떨어지며, 이자율이 내릴 경우 가격은 오른다. 따라서 이자율 변화에 따른 가격 민감도는 음수이며, 그 절대값을 듀레이션 D 라고 한다.

$$D_t = - \frac{\partial P_t}{\partial \text{YTM}_t} \cdot \frac{1 + \text{YTM}_t}{P_t} \tag{14.3}$$

수식 14.1을 미분할 경우 듀레이션은 만기까지 남아 있는 현금흐름인 쿠폰과 액면가의 가중 평균과 같다.

$$D_t = \sum\nolimits_{\text{쿠폰 지급일과 만기에 해당하는 } t_i} (t_i - t) w_{t_i} \tag{14.4}$$

이 중 각각의 가중치 w_{t_i}는 각각의 현금흐름을 현재 가치로 환산한 후 계산된 비율이다.

$$w_{t_i} = \frac{\text{현금흐름}_{t_i}}{(1 + \text{YTM})^{t_i - t} P_t} \tag{14.5}$$

수식 14.4를 통해 듀레이션의 의미를 알 수 있다. D_t는 남은 현금흐름까지의 기간인 $t_i - t$의 가중 평균이다. 이를테면, 5년 만기 제로 쿠폰채의 듀레이션은 자연스럽게 만기에 해당하는 5가

된다. D_t는 수식 14.3에서도 확인할 수 있으며, 이는 이자율의 변화에 따른 채권 가격의 민감도를 의미한다. 결국 수식 14.3과 14.4를 고려하면, 장기채의 가격이 단기채의 가격보다 이자율에 민감함을 알 수 있다. 듀레이션의 정의를 이용하여, 이자율의 변화인 ΔYTM_t에 따른 가격의 변화 ΔP를 계산할 수 있다.

$$\frac{\Delta P_t}{P_t} \cong -\frac{D_t}{1+\text{YTM}_t}\Delta \text{YTM}_t = -\overline{D}_t \Delta \text{YTM}_t \quad (14.6)$$

마지막 등식은 수정 듀레이션, $\overline{D}_t = D_t/(1+\text{YTM}_t)$이다. 듀레이션을 사용하여 t에서 $t+1$까지의 기간 동안 채권의 수익률을 직관적으로 표현할 수 있다. 해당 기간 동안 만기 수익률이 변하지 않는다면, 채권의 수익률은 수식 14.1과 14.2에서 알수 있듯이 만기 수익률과 같다. 만기 수익률이 변할 경우, 이자율의 변화는 수정 듀레이션만큼 추가로 수익률에 영향을 미치게 된다.

$$\text{채권 수익률}_{t,t+1} \cong \text{YTM}_t - \overline{D}_{t+1}(\text{YTM}_{t+1} - \text{YTM}_t) \quad (14.7)$$

그림 14.2에서 이자율이 상승할 경우, 수식 14.7에서 살펴본 것처럼 해당 기간 동안의 채권 수익률은 줄게 될 것이다. 그러나 이러한 일이 발생할 경우, 새로 발행되는 채권에서 더 높은 이자율을 얻게 되므로 앞으로의 기대 수익률은 점점 높아질 것이다. 실제로, 제로 쿠폰채를 만기까지 보유한다면 수익률은 여전히 원래 만기 수익률 수준일 것이다.

그림 14.2 채권의 수익률과 수익률 곡선의 변화

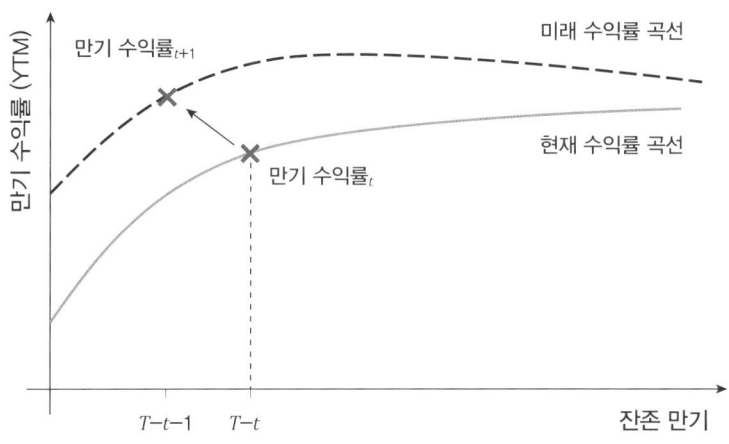

레버리지를 사용한 채권 투자 수익률

트레이더는 종종 무위험 이자율 대비 초과 수익률, 즉 단기 금리 이상의 채권 수익률을 얻고자 한다. 실제로 채권은 레버리지를 사용해 투자하는, 즉 채권을 담보로 돈을 차입하여 매수하는 경우가 많으며, 채권의 초과 수익률은 사실상 이러한 레버리지로 인한 수익률이다.

차익거래자가 레포 거래에서 채권을 이용해 차입할 경우, 레포 금리에 해당하는 이자를 지불해야 한다(5장 8절을 참조하라). 따라서 레버리지를 사용한 포지션의 이자율은 그림 14.3에 표시된 것처럼 YTM_t - 레포$_t$다. 대부분의 국채는 같은 레포 금리가 적용되며, 이를 일반담보general collateral, GC 레포 금리라 부른다. 특히 매력적인 담보물로 보이는 채권을 가지고 있는 차익거래자는 더 낮은 레포 금리로 돈을 빌릴 수 있다. 이런 특별한 채권이 담보일 경우, 레포 금리에서 특수성 specialness 만큼 할인된다.

$$레포_t = 일반담보_t - 특수성_t \qquad (14.8)$$

채권의 레포 금리는 계속해서 변하며, 이는 주로 중앙은행 통화 정책의 결정으로 인해 일반 담보 레포 금리가 변하기 때문이다. 또한 채권 시장의 유동성 특성에 따른 채권의 특수성이 변함에 따라 레포 금리가 변하기도 한다. 채권을 만기까지 보유할 경우, 매수할 시점의 만기 수익률이 채권의 남은 기간 동안의 평균 레포 금리보다 클 경우에만 투자로 돈을 벌게 된다. 레버리지를 사용한 채권 투자의 수익률은 기존 수식에서 차입 금리에 해당하는 레포 금리를 차감하여 계산한다.

$$레버리지\ 채권\ 투자\ 수익률_{t,t+1} \cong$$
$$YTM_t - 레포_t - \bar{D}_{t+1}(YTM_{t+1} - YTM_t) \qquad (14.9)$$

그림 14.3 레버리지를 사용한 채권 투자의 이자율

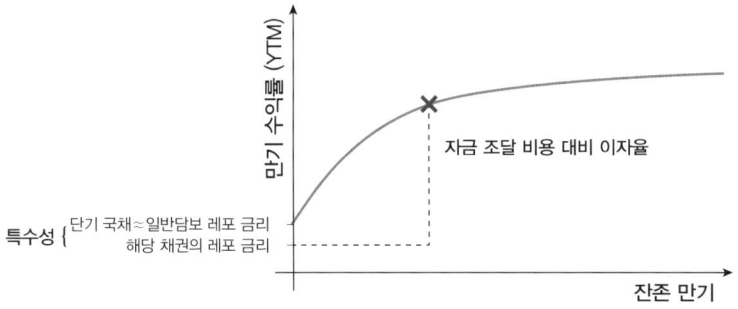

채권 면역 전략

채권 차익거래 트레이더는 종종 이자율 곡선이 위 혹은 아래로 움직이는 것과 같이 이자율 수준이 변하는 위험을 헤지하고자 한다. 이를 위해, 트레이더는 매수 포지션의 달러 듀레이션(보유하고 있는 채권의 개수 x^{long}에 수정 듀레이션과 가격을 곱하며, $x^{long}\overline{D}^{long}P^{long}$으로 표시한다)과 공매도 포지션의 달러 듀레이션($x^{short}\overline{D}^{short}P^{short}$)을 같게 만든다. 이러한 면역 전략Immunization을 구사할 경우 이자율 곡선의 평행 이동으로 인한 위험이 헤지된다. 특히, 만일 $\Delta YTM^{long} = \Delta YTM^{short}$일 경우($\Delta$는 변화를 의미), 손익(P&L)은 대략 0이 된다.[1]

$$P\&L^{\$} \cong$$
$$-x^{long}\overline{D}^{long}P^{long}\Delta YTM^{long} + x^{short}\overline{D}^{short}P^{short}\Delta YTM^{short} = 0$$
$$(14.10)$$

컨벡시티

채권의 이자율과 가격은 반대 방향으로 움직이며, 그 크기는 대략 수정 듀레이션과 이자율 변화를 곱한 정도임을 살펴보았다. 그러나 이는 근사치일 뿐이며 이자율의 변화폭이 작을 때 유용한 방법이다. 컨벡시티convexity를 이용하면 이러한 근사치를 개선할 수 있다.

$$\frac{\Delta P_t}{P_t} \cong -\overline{D}_t \Delta YTM_t + \frac{1}{2}\text{convexity}_t(\Delta YTM_t)^2 \quad (14.11)$$

컨벡시티는 이자율 변화에 따른 채권 가격의 이차 미분으로 정의되며, 수식 14.5의 w_{t_i}를 이용해 계산할 수 있다.

$$\text{convexity}_t = \frac{\partial^2 P_t}{\partial (\text{YTM}_t)^2} \frac{1}{P_t} =$$

$$\sum \text{쿠폰 지급일과 만기에 해당하는 } t_i \frac{(t_i - t)(t_i - t + 1)}{(1 + \text{YTM}_t)^2} = w_{t_i} \quad (14.12)$$

채권 수익률에는 컨벡시티에 이자율 변화의 제곱(양수값)을 곱한 값이 포함되므로, 매수 포지션에서 컨벡시티가 큰 양의 값일 경우 이자율이 변함에 따라 유리하게 작용한다. 롱-숏 트레이더의 경우, 이자율 변화에 따라 수익을 얻기 위해 매수 포지션의 컨벡시티가 공매도 포지션의 컨벡시티보다 큰 것이 유리하다. 15장에서는 전환사채 트레이더가 어떻게 컨벡시티로부터 수익을 얻는지(이를 감마 트레이딩이라고도 함)를 살펴본다.

선도 금리

채권 투자자는 종종 미래의 이자율을 예측하려고 한다. 예를 들어, 단기 금리가 0에 가깝다면 금리는 상승할 가능성이 높다. 이런 경우 채권을 공매도해야 할까? 꼭 그렇지는 않다. 채권은 이자율을 이미 어느 정도 반영하고 있기 때문이다. 채권 이자율이 가격에 반영된 것보다 더 빠르게 혹은 더 많이 오를 것이라고 생각할 경우에만 채권을 공매도해야 한다. 그렇다면 이자율이 가격에 반영되어 있는지는 어떻게 알 수 있을까?

이 질문에 답하기 위해, 현재 투자했을 때 손익 분기가 되게 만드는 채권의 미래 이자율인 선도 금리forward rates를 결정해야 한다. 선도 금리를 정의하기 전에 현재 시점을 t, 채권의 만기가 T일 때 제로 쿠폰채의 이자율을 y_t^T라 두자. 미래 시점 s에서 만기 T까지 적용되는 선도 금리 $f_t^{s,T}$는 손익분기 조건break-even condition에 따라 다음과 같이 정의된다($t<s<T$).

$$(1+y_t^T)^{T-t} = (1+y_t^s)^{s-t}(1+f_t^{s,T})^{T-s} \quad (14.13)$$

즉, 만기가 T인 채권에 투자하여 얻는 수익률(좌변)은 만기 s에 해당하는 단기채에 투자한 후, 이를 다시 선도 금리에 재투자하여 얻는 수익률(우변)과 같아야 한다. t 시점에서 만기가 T인 장기채를 매수했다고 생각해 보자. 만일 미래 s 시점의 이자율이 선도 금리와 같다면, t부터 s 시점까지의 수익률은 무위험 수익률 y_t^s와 같을 것이다. 그러나 채권의 미래 이자율이 낮아진다면, 채권 가격이 상승하여 수익률이 올라갈 것이다. 따라서 채권 트레이더는 예상되는 미래의 이자율이 수익률 곡선에서 계산되는 선도 금리보다 낮을 때 채권을 매수한다. 선도 금리는 다음과 같이 계산한다.

$$f_t^{s,T} = \frac{(1+y_t^T)^{(T-t)/(T-s)}}{(1+y_t^s)^{(s-t)/(T-s)}} - 1 \quad (14.14)$$

선도 금리는 현재 시점에서 고정되는 미래의 수익률로도 볼 수 있다. 선도 금리는 만기가 T인 채권을 매수하고, 동일한 금액만큼 만기가 s인 채권을 공매도하여 고정할 수 있다.

채권 트레이더는 선도 금리를 두 가지 방법으로 사용한다. 첫째, 미래의 특정 시점(예를 들어, 1년)을 기준으로 모든 선도 금리를 계산하여 선도 수익률 곡선을 만든다.[2] 미래의 수익률에 대한 그의 견해와 수익률 곡선이 일치하는지 여부를 살펴본 후 이에 따라 거래를 한다. 예를 들어, 9년 만기 채권의 1년 선도 금리가 너무 높을 경우, 10년 만기 채권을 매수한다.

둘째, 채권 트레이더는 다양한 미래 시점에서 예상되는 단기 금리의 경로를 계산한다.[3] 그는 이 경로가 중앙은행 정책에 대한 자신의 견해와 일치하는지를 살펴본다.

14.2 이자율을 결정하는 요소: 경제와 중앙은행

중앙은행은 기준 금리를 결정하며, 이는 통화 정책의 핵심 요소다. 11장에서 자세히 살펴봤듯이, 대부분의 중앙은행들은 인플레이션을 관리하고 높은 고용(경제 성장)을 달성하기 위해 기준 금리를 결정한다. 인플레이션이 상승할 때 경제를 진정시키고 인플레이션을 목표치로 되돌리기 위해 금리를 인상하기도 한다. 이와 비슷하게 경기가 과열되면 금리를 올린다. 반대로 인플레이션이 하락하거나 성장세가 둔화될 때 금리를 낮춘다.

기준 금리는 다른 모든 금리에 영향을 미치며, 이를 통화 정책 파급 과정monetary transmission mechanism이라고 한다. 이러한 과정을 살펴보기 위해 t부터 T 시점까지 채권을 보유할 경우의 수익률을 살펴보자. 즉 채권의 초과 수익률이라고도 볼 수 있는 레버리지를 사용한 채권 투자의 만기 보유 수익률을 살펴보겠다.

$$\text{레버리지 채권 투자 수익률}_{t,T} = \text{YTM}_t - \text{평균}(R_t^f) \quad (14.15)$$

여기서 R_t^f는 단기 무위험 수익률(예를 들어 위에서 살펴본 레포 금리)이며, 중앙은행에 의해 결정된다. 수식 14.15의 양변에 기대값을 취한 후 다시 정리할 경우 다음의 수식을 얻게 되며, 이는 채권의 이자율을 결정하는 요소를 이해하는 데 매우 중요하다.

$$\text{YTM}_t = E_t(\text{평균}(R_t^f)) + \underbrace{E_t(\text{레버리지 채권 투자 수익률}_{t,T})}_{\text{위험 프리미엄}} \quad (14.16)$$

채권의 이자율은 두 부분을 나눠볼 수 있다. (i) 채권 만기까지 기준 금리의 기대 평균, (ii) 위험 프리미엄이다. 첫 번째 부분은 직관적이다. 1년 만기 채권을 매수하는 대신 매일 단기 금리만큼의 수익을 얻으면서 계속 단기 금융 시장에 돈을 재투자하는 것이다. 만약 현재의 기준 금리가 높고 적어도 1년 동안 이것이 지속될 것이라 기대한다면, 1년 만기 채권의 이자율 역시 높을 것이다. 따라서 중앙은행이 금리를 높게 결정할 경우, 대부분의 채권 이자율 역시 상승하는 경향이 있다. 이러한 과정은 단기채에서 강하게 나타나며, 장기채에서는 다소 약하게 나타난다. 1개월 만기 채권의 이자율은 기준 금리와 거의 비슷해야 하지만, 30년 만기 채권은 다소 차이가 날 수 있기 때문이다.

전통적인 기대 가설expectations hypothesis, EH에서는 위험 프리미엄을 0으로 본다. 이 경우 차익거래자 간의 위험을 겁내지 않는 경쟁을 통해 채권의 가격은 초과 수익률이 0이 되는 수준까지 상승하며, 수익률은 만기까지 단기 금리의 기대 평균과 같다고 본다. 그러나 실제 데이터를 보면 기대 가설이 맞지 않음을 알 수 있다. 차익거래자에게도 두려움은 존재하며, 위험을 감수하는 것에 대한 보상을 요구한다. 기대 가설은 크게 두 가지 측면에서 틀렸다. 채권의 위험 프리미엄은 0이 아니며 일정하지도 않다.

먼저, 채권의 평균 위험 프리미엄은 0이 아닌 양수다. 따라서 레버리지를 사용해 채권에 투자하면 평균적으로 수익을 얻을 수 있으며, 이러한 기대 수익을 기간 프리미엄term premium이라고 한다. 기간 프리미엄은 무위험 단기 금융 시장에 투자하는 대신 가격이 급변할 수 있는 장기채에 투자하여 돈이 묶이는 것에 대한 보상이다. 채권의 만기가 길어질수록 기간 프리미엄 역시 커지며, 장기채의 경우 단기채보다 위험 및 기대 수익률이 더 크다.[4]

두 번째로, 기대 가설은 채권의 이자율이 현재와 미래 기준 금리의 기대치 변화에 의해서만 움직인다고 본다. 채권의 이자율은 단기 금리의 변화에 영향을 받지만, 다른 다양한 이유로 변하기도 한다. 그렇기에 채권의 기대 수익률(예: 위험 프리미엄)은 만기와 채권의 종류마다 다르다. 예를 들어, 채권의 기대 수익률은 캐리가 변함에 따라 바뀐다. 투자자의 위험 성향이 변함에 따라, 연금의 이자율 헤지 수요가 달라질 경우, 특정 채권에 대한 수요가 상당히 높을 경우(예: 중국이 외환 보유고를 투자할 경우), 또는 정부가 신규 채권을 발행할 경우 등에 따라 채권의 기대 수익률이 변한다. 이러한 수요와 공급의 효과는 수익률 곡선에 관한 선호 서식지 이론preferred habitat theory의 기초가 된다.

14.3 이자율 기간 구조의 수준, 기울기, 곡도에 따른 거래

앞서 설명한 바와 같이 채권의 만기별 이자율의 집합을 이자율 기간 구조라 한다. 이자율 기간 구조는 시간이 지남에 따라 그 모양이 변한다. 원칙적으로 무한대에 가까운 기간 구조가 있지만, 수준, 기울기 및 곡도로 대부분이 설명된다. 채권 차익거래 트레이더는 이를 이용해 거래를 한다.

금리 수준에 따른 거래

기간 구조의 수준에 따른 거래는 단순하게 이자율이 오를지 혹은 내릴지에 베팅하는 것이다. 금리가 오를 것이라 생각하면 채권을 공매도하고, 내릴 것이라고 생각하면 매수한다.

수준을 고려하는 방향성 거래는 중앙은행이 무엇을 할지에 대한 견해나 인플레이션 혹은 성장과 같은 거시 경제의 펀더멘털에 대한 견해에 의해 결정된다. 따라서 이런 매크로에 대한 방향성 베팅은 글로벌 매크로 트레이더의 영역인 반면, 채권 차익거래 트레이더는 일반적으로 상대 가치 거래에 더 집중한다.

채권 차익거래 트레이더는 국가 간 금리 수준의 차이에 베팅할 수도 있다. 예를 들어, 이자율이 내릴 것이라고 생각되는 국가의 채권을 매수하고, 이자율이 오를 것이라고 생각되는 국가의 채권을 공매도할 수 있다. 이러한 상대 가치 전략은 지역 간 차이에 베팅하면서 글로벌 금리 수준에 대해서는 헤지가 된다.

금리 기울기에 따른 거래

채권 차익거래자는 기간 구조의 기울기를 이용해 거래하기도 한다. 예를 들어, 2년 만기 채권을 매수하면서 10년 만기 채권을 공매도하는 소위 커브 스티프너 curve steepener 전략을 취하기도 한다. 이러한 전략이 '스티프너'라 불리는 이유는, 10년 만기 채권의 수익률에 비해 2년 만기 채권의 이자율이 떨어져 수익률 곡선이 가파르게 변하면 돈을 벌기 때문이다. 이와 반대의 전략은 '플래트너 flattener'라 불린다.

이런 거래의 규모를 어떻게 결정할지 생각해 보자. 트레이더가 2년 만기 채권 하나를 매수하면 몇 개의 10년 만기 채권을 공매도해야 할까? 공매도하는 10년 만기 채권의 수를 x로 표시하면, 이자율 변화로부터 다음과 같은 손익($P\&L$)을 얻을 수 있다.

$$P\&L^\$ \cong - \overline{D}^2 P^2 \Delta YTM^2 + x \cdot \overline{D}^{10} P^{10} \Delta YTM^{10} \quad (14.17)$$

첨자 '2'는 2년 만기 채권과 관련된 변수를 의미하며(수정 듀레이션 $\overline{D}^2$, 가격 P^2, 이자율 변화 ΔYTM^2), 10년 만기 채권 역시 동일하다. 트레이더에 따라 기울기를 이용한 거래 규모가 조금씩 다르지만, 포트폴리오의 듀레이션을 중립으로 유지하는 것이 일반적이다. 즉, 기울기에 대한 베팅과 수준에 대한 베팅을 구분하기 위해, 기간 구조의 수준 변화에 영향이 없도록 한다. 이를 위해 $x = (\overline{D}^2 P^2)/(\overline{D}^{10} P^{10})$가 계산된다. 해당 크기만큼 포지션을 취할 경우 이자율 수준의 변화인 $\Delta YTM^2 = \Delta YTM^{10}$에서 발생하는 손익은 거의 0이 된다. 수익률 곡선이 점점 더 가파르게 변할 경우($\Delta YTM^2 < \Delta YTM^{10}$) 손익은 양수가 되며, 반대로 평평해질 경우 손익은 음수가 된다.

예를 들어, 액면가가 $P^2 = P^{10} = 1,000$ 이고, 쿠폰이 4%, 수정 듀레이션이 각각 $\overline{D}^2 = 1.9$, $\overline{D}^{10} = 8.1$, $x = 0.23$인 경우를 생각해 보자. 기울기를 이용한 거래를 할 경우 2년 만기 채권을 하나 매수할 때 마다 약 1/4개의 10년 만기 채권을 공매도한다. 이는 장기채 가격의 변동폭이 더 크며, 금리 수준의 변화에 따라 더욱 민감하기 때문이다.

일부 트레이더는 듀레이션 매칭을 통해 헤지비율을 결정하기보다, 롱-숏 포지션의 변동성 매칭을 통해 헤지비율을 결정한다. 수익률의 변동성이 대략 듀레이션과 이자율 변동성의 곱으로 나타나기 때문에, 채권 이자율의 변동성이 같다면 듀레이션 매칭과 결과가 동일할 것이다. 그러나 장기채 이자율의 경우 단기채 이자율보다 변동성이 작은 경향이 있다.

금리 곡도에 따른 거래: 버터플라이

채권 트레이더는 수익률 곡선상에서 상대적으로 비싸 보이거나 저렴해 보이는 지점을 찾고자 한다. 예를 들어, 일부 채권 트레이더는 수익률 곡선의 곡도를 과거의 모습과 비교한 후, 곡도가 평균으로 회귀하는 데 베팅한다. 이들은 기간 구조의 모양을 추정하는 모형을 만들며, 채권의 실제 이자율이 모형에서 계산된 이자율과 다른 지점을 찾는다. 학계의 경제학자는 이러한 불일치를 '가격 결정 오류pricing error'라고 부르며, 이는 시장 가격이 맞고 그들의 기간 구조 모형이 잘못되었다는 것을 의미한다.

트레이더는 이처럼 겸손하지 않다. 그들은 이러한 불일치를 '거래 기회'라고 표현한다. 만약 실제 채권 이자율이 모형에서 계산되는 이자율보다 낮다면, 채권 트레이더는 이자율이 모형에서 계산된 값으로 수렴함에 따라 채권의 가격이 하락할 것을 예상하여 공매도를 한다.

그렇다면 시장 이자율과 모형에서 계산된 이자율의 차이가 가격 결정 오류인지 아니면 거래 기회인지는 어떻게 알 수 있는가? 간단하게 말하자면, 이러한 불일치에서 돈을 잃는다면 가격 결정 오류이고, 돈을 번다면 기회다. 이는 사전에 결코 알 수 없지만, 여러 지표가 있다. 예를 들어 가격에 덜 민감한 보험사가 특정한 필요성 때문에 채권을 대량으로 매수하여 이자율이 너무 낮아진 경우, 트레이더는 이러한 수요 압력으로 인한 이례적인 가격에서 기회를 발견할 수 있을 것이라 확신한다. 또한, 시스템 트레이더는 이러한 가격 불일치를 이용한 거래를 백테스트하여, 거래 신호가 과거에도 효과가 있었는지 여부를 확인한다.

버터플라이 거래는 그림 14.4에서처럼 이례적인 채권에 베팅하면서, 이와 동시에 주위 두 개의 채권을 매수하여 헤지를 한다.

그림 14.4 버터플라이 거래

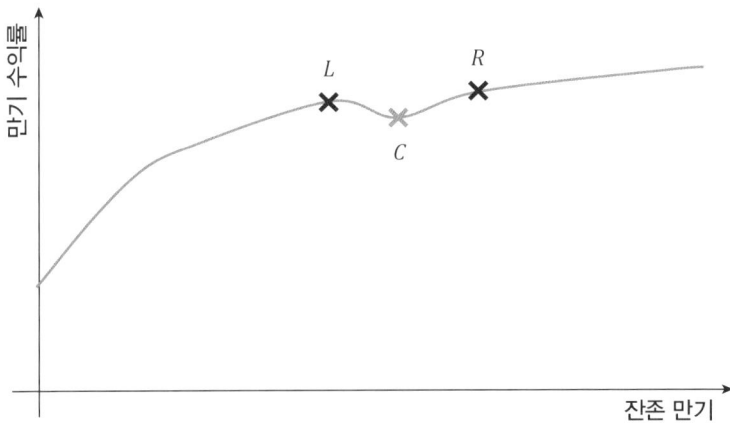

예를 들어, 가운데의 채권 C는 이상하게도 이자율이 낮으며, 이는 몇몇 연금들이 그들의 부채와 매칭하기 위해 해당 채권의 상당 부분을 매수했기 때문이다. 채권 차익거래자는 이처럼 낮은 이자율을 관찰하고, 경제 펀더멘털보다는 연금의 매수 압력

에 의해 이자율이 움직였다고 판단한다. 따라서 그들은 해당 채권을 공매도하기로 결정한다. 이를 헤지하기 위해, 차익거래자는 그림 14.4에서처럼 만기가 짧은 왼쪽의 채권 L과 만기가 긴 오른쪽의 채권 R을 매수하며, 전체 헤지 포트폴리오는 C와 비슷하지만 평균 이자율은 더 높게 된다. 이러한 헤지를 통해 많은 위험을 제거할 수 있으며 채권의 상대적 가치만을 이용할 수 있다. 그렇다면 헤지 포트폴리오의 투자 비중은 정확히 얼마일까? 버터플라이 거래의 장점은 기간 구조의 수준과 기울기의 변화 위험을 모두 헤지할 수 있다는 점이다.

실무적으로 헤지를 하는 방법에는 여러 가지가 있으며, 간단한 예를 살펴보자. 차익거래자가 채권 C를 공매도하고, x^L개의 채권 L과 x^R개의 채권 R을 매수한다면 손익은 다음과 같다.

$$\text{P\&L}^\$ \cong \overline{D}^C P^C \Delta \text{YTM}^C - x^L \overline{D}^L P^L \Delta \text{YTM}^L - x^R \overline{D}^R P^R \Delta \text{YTM}^R \quad (14.18)$$

위 수식은 다소 복잡하므로 다음과 같이 간단하게 나타내 보겠다. 채권의 갯수를 이용해 계산하기 보다는, 달러 듀레이션을 통해 계산하도록 한다. $D^{\$,L} = x^L \overline{D}^L P^L$, $D^{\$,R} = x^R \overline{D}^R P^R$, $D^{\$,C} = \overline{D}^C P^C$라 두면, 수식 14.18을 다음과 같이 표현할 수 있다.

$$\text{P\&L}^\$ \cong D^{\$,C} \Delta \text{YTM}^C - D^{\$,L} \Delta \text{YTM}^L - D^{\$,R} \Delta \text{YTM}^R \quad (14.19)$$

그림 14.5에서와 같이 금리 수준 변화를 헤지하기 위해, 차익거래자는 금리 변화 $\Delta \text{YTM}^C = \Delta \text{YTM}^L = \Delta \text{YTM}^R$에 면역 전략을

취해야 한다. 따라서 각각의 포지션에 대한 비중은 다음과 같아야 한다.

$$D^{\$,C} = D^{\$,L} + D^{\$,R} \qquad (14.20)$$

그림 14.5 버터플라이 거래: 금리 수준의 변화

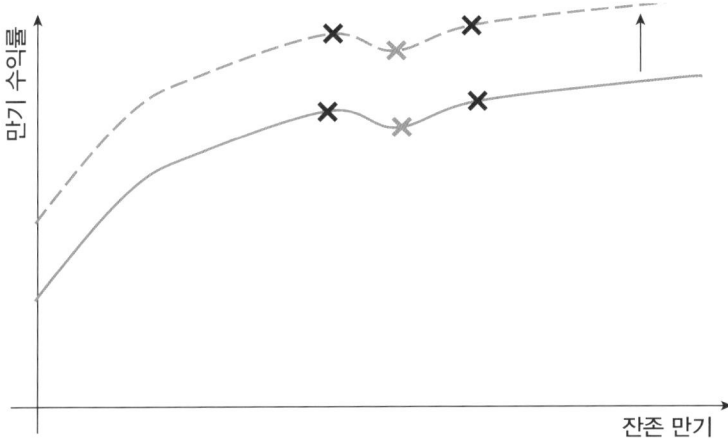

그림 14.6 버터플라이 거래: 금리 기울기의 변화

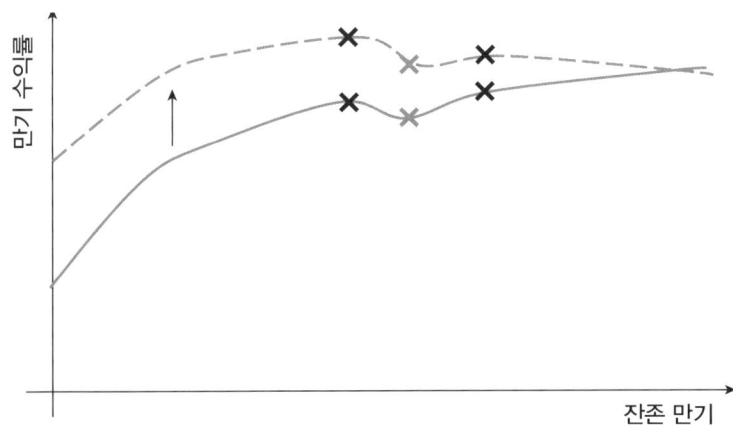

그림 14.6에서와 같이 기울기 변화도 헤지해야 한다. 기울기의 변화가 $\Delta YTM^L = \beta \Delta YTM^C$, $\Delta YTM^R = \gamma \Delta YTM^C$라 가정하면(변수 β와 γ는 기간구조 모형에서 계산된 값), 이를 헤지하기 위한 비중은 다음과 같다.

$$D^{\$,C} = \beta D^{\$,L} + \gamma D^{\$,R} \qquad (14.21)$$

위 두 수식을 정리하면 다음과 같은 결과가 도출된다.

$$D^{\$,L} = \frac{\gamma - 1}{\gamma - \beta} D^{\$,C}$$

$$D^{\$,R} = \frac{1 - \beta}{\gamma - \beta} D^{\$,C} \qquad (14.22)$$

예를 들어, $\beta = 0.9$, $\gamma = 1.1$인 그림 14.6의 경우를 생각해 보자. 이 경우 $D^{\$,L} = D^{\$,R} = 0.5 D^{\$,C}$가 된다. 즉 헤지 포지션과 공매도되는 채권의 달러 듀레이션은 같으며, 헤지 포지션 듀레이션의 절반은 만기가 짧은 채권($D^{\$,L}$), 나머지 절반은 만기가 긴 채권($D^{\$,R}$)에 해당한다. 공매도 포지션과 헤지 포지션의 듀레이션이 같아졌으므로 금리 수준에 대한 헤지가 되며, 헤지 포지션에 짧은 만기와 긴 만기 채권이 모두 포함되므로 기울기 변화에 대한 헤지도 된다.

마지막으로, 채권 C 주위의 수익률 곡선에서 뒤틀림의 정도가 바뀔 경우를 생각해 보자.

그림 14.7 버터플라이 거래: 기간 구조에서 뒤틀림의 변화

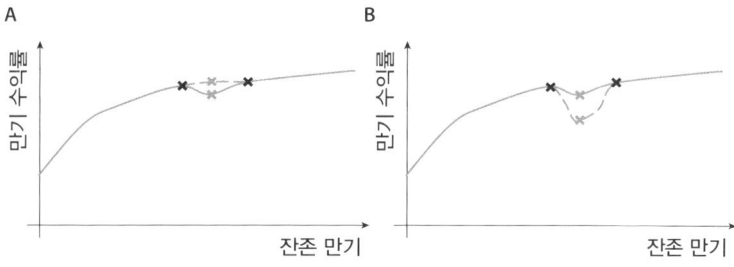

참고: 그래프 A: 수렴, 그래프 B: 발산

간단히 말해, 그림 14.7에서처럼 채권 C의 이자율은 ΔYTM^C 만큼 변했지만 $\Delta YTM^L = \Delta YTM^R = 0$, 즉 다른 채권의 이자율은 변하지 않은 경우다. 이러한 경우 손익은 다음과 같다.

$$P\&L^\$ \cong D^{\$,C} \Delta YTM^C \neq 0 \quad (14.23)$$

이러한 뒤틀림은 헤지가 작동하지 않는다. 실제로 차익거래자는 종종 뒤틀림에 베팅을 하기 때문에 이러한 위험이 헤지되지 않기를 원한다. 차익거래자는 그림 14.7의 그래프 A처럼 이러한 뒤틀림이 사라져($\Delta YTM^C > 0$) 수익을 얻기를 바란다. 반면에 그래프 B와 같은 상황에서 차익거래자는 뒤틀림이 심해짐에 따라 손실을 본다. 이러한 발산은, 이를테면 계속해서 채권 C를 매수해왔던 연금이 갑자기 해당 채권들을 더 많이 매수해야 할 때 발생한다.

14.4 채권의 캐리와 캐리 거래

채권 트레이더는 높은 기대 수익률을 제공하는 채권을 찾고자 하며, 이를 예측하는 특성 중 하나는 높은 캐리다.[5] 따라서 채권의 캐리는 수익률 곡선의 수준, 기울기, 곡도를 이용한 거래에서 사용할 수 있으며, 오프더런과 온더런 채권 거래에서도 사용할 수 있다.

채권 캐리는 시장 상황이 그대로 유지될 경우의 수익률이다. 캐리를 측정하는 간단한 방법은 만기 수익률(YTM)이 그대로 유지될 경우의 수익률을 계산하는 것이다. 이는 수식 14.7에서 보듯이 단순히 채권의 만기 수익률과 같다. 보다 정교하게 채권의 캐리를 측정하는 방법은 이자율의 전체 기간 구조가 그대로 유지될 경우의 수익률이다.[6]

$$\text{채권 캐리}_{t,t+1} \cong \text{YTM}_t^{\text{만기 } T} - \overline{D}_{t+1}(\text{YTM}_t^{\text{만기 } T\text{-}1} - \text{YTM}_t^{\text{만기 } T}) \quad (14.24)$$

수식의 첫 번째 부분은 채권의 현재 이자율에 해당하며, 두번째 부분은 채권의 롤다운roll-down 수익률에 해당한다. 롤다운은 그림 14.8과 같이 기간 구조가 동일하게 유지된다고 가정했을 때, 채권의 만기가 가까워짐에 따라 예상되는 가격 상승이다.

그림 14.8 채권의 캐리: 이자율과 롤다운의 합

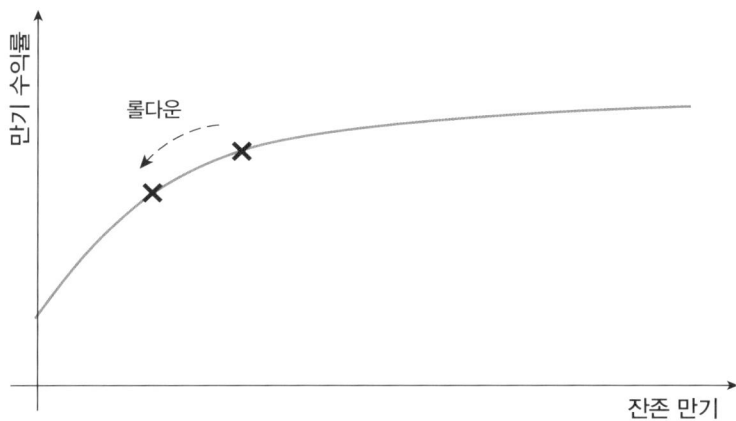

예를 들어, 2013년 가을, 미국 10년 만기 국고채의 이자율은 2.6%로, 역사적으로 매우 낮은 수준이다. 그러나 수익률 곡선은 비교적 가파른 편이며, 듀레이션은 8이다. 9년과 10년 만기 국고채 사이의 수익률 차이인 0.20%와 듀레이션을 곱하면 롤다운 수익률은 1.6%이다. 따라서 총 캐리는 2.6% + 1.6% = 4.2%이며, 이는 단기채 금리가 0.25%도 안 되는 상황에서 꽤나 높은 수익률이다.

물론, 채권의 실현 수익률은 일반적으로 캐리와는 다르다. 채권의 실현 수익률은 그림 14.9 보듯이 캐리와 더불어 이자율의 기간 구조 변화에 따른 가격 변화가 더해진다.

그림 14.9 캐리 vs 채권의 수익률

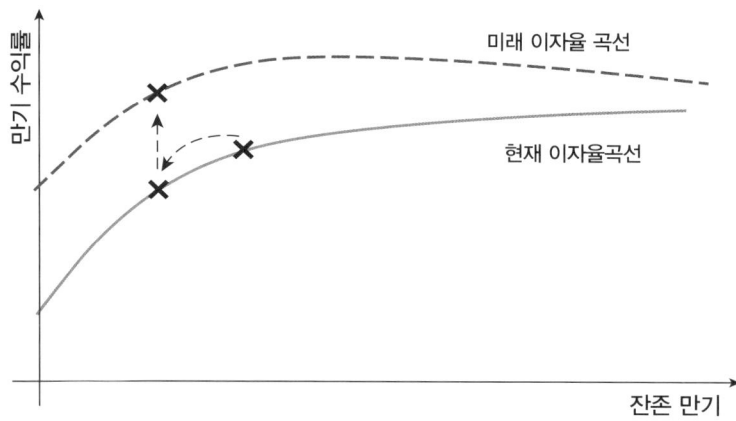

위에서 논의된 기대 가설에서는 채권의 기대 수익률이 일정하다고 본다. 이에 따르면 채권의 캐리가 높더라도 수익률 곡선이 불리하게 변해 가격 상승이 낮아 그 효과가 상쇄되며, 따라서 채권의 높은 캐리가 높은 수익률을 예측하지는 못한다고 본다. 실증적으로 보면 기대 가설은 틀렸으며, 채권 캐리가 거래 신호로 사용될 수 있다는 점에서 채권 트레이더에게 좋은 소식이다.

14.5 온더런 vs 오프더런

전형적인 국채 차익거래는 온더런 채권과 오프더런 채권을 이용해 거래하는 것이다. 이러한 거래는 캐리 거래, 가치 거래 또는 컨버전스 거래로 볼 수 있다. 좀 더 구체적으로는 비싸면서 캐리가 낮은 채권을 공매도하고, 싸면서도 캐리가 높은 채권을 매수하여 채권 가격이 수렴함에 따라 수익이 나기를 기대하는 것이 보통이다.

온더런 국채는 막 발행된 국채다. 방금 발행된 상품이므로 거래가 많고 유동성이 매우 높으며 저렴한 거래 비용으로 쉽게 사고팔 수 있다. 게다가, 온더런 국채는 대출 기관이 안전하고 유동성이 높은 담보를 선호함에 따라 레버리지 트레이더가 자금을 조달하기 용이하며, 레포 금리 역시 낮은 경향이 있다. 반대로 오프더런 국채는 발행된지 오래된 채권이며, 거래하거나 자금을 조달하기 어려운 경향이 있다. 따라서 이러한 채권은 가격이 저렴하며 이자율이 높다.

그림 14.10 온더런/오프더런 이자율 스프레드

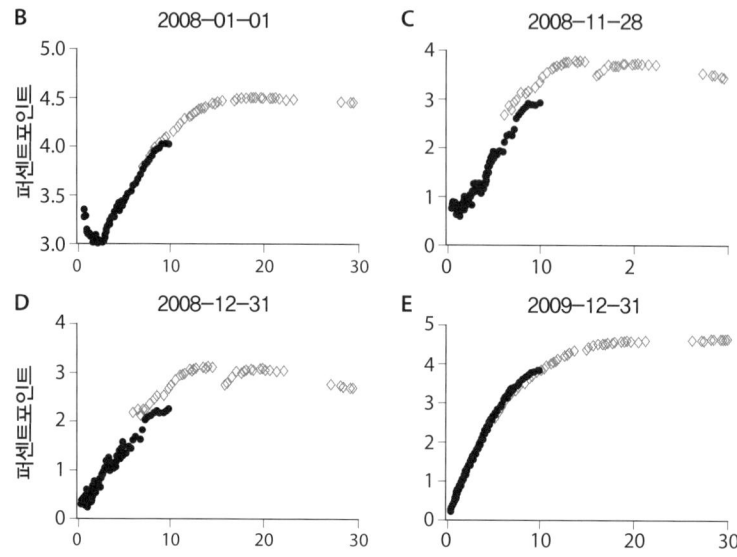

참고: 그래프 A는 시간에 따른 10년 만기 온더런과 오프더런 국채 사이의 이자율 스프레드를 나타낸다. 그래프 B는 금융 위기 중 수익률 곡선을 나타냈으며, 30년 만기 채권으로 발행된 오프러던 채권은 다이아몬드 표시로, 타 채권들은 검은색 원형으로 표시되었다. 글로벌 금융 위기 기간 중 10년 만기 온더런과 오프더런 채권 간의 차이가 뚜렷하게 나타난다.

출처: 그래프 A_AQR Capital Management, 그래프 B_Gürkaynak and Wright(2012)

그림 14.10의 그래프 A에서 볼 수 있듯이, 온더런 채권과 오프더런 채권 간의 이자율 차이는 시간에 따라 매우 다르다. 1998년 롱텀 캐피털 매니지먼트 사태와 2008~2009년 글로벌 금융 위기 등 유동성 위기 때 온더런/오프더런 스프레드는 최고조에 달하고 있다. 시장의 유동성이 풍부할 때는 스프레드가 낮다. 예를 들어, 금융 위기 이전인 2007년 초에는 유동성이 풍부한 채권 차익거래자들로 인해 스프레드가 줄어들고 안정화되었다.

그림 14.10의 그래프 B는 글로벌 금융 위기인 2008년 11월과

12월 동안 흥미로운 모습의 수익률 곡선을 나타낸다. 원래 30년 만기 채권으로 발행되어 만기가 10년 남은 채권의 이자율이 새로 발행된 10년 만기 채권의 이자율과 크게 차이난다. 유동성이 풍부한 시기에, 수익률 곡선은 좀 더 정상적인 부드러운 형태를 갖는다.

전형적인 온더런/오프더런 거래는 저렴한 오프더런 국채를 매수하고 비싼 온더런 국채를 공매도한다. 일정 기간 동안 레버리지 포지션의 손익은 다음과 같다.

$$P\&L_{t,\,t+1} \cong \text{이자율 차이} - \text{자금 조달 스프레드} + \text{가격 상승 차이}$$
$$\cong (YTM_t^{off} - YTM_t^{on}) - (\text{레포}_t^{off} - \text{레포}_t^{on}) - \overline{D}(\Delta YTM_{t+1}^{off} - \Delta YTM_{t+1}^{on}) \qquad (14.25)$$

첫 번째 부분은 이자율 차이에 해당하며, 저렴한 오프더런 채권이 더 높은 이자율을 제공하므로 양수 값을 보인다. 두 번째 부분은 자금 조달 스프레드에 해당하며, 오프더런 채권의 자금 조달 비용이 더 높으므로 손익에서 차감한다. 마지막 부분은 상대적인 이자율 변화로 인한 가격 상승의 차이에 해당하며, 사전에는 그 효과를 알 수 없다. 시간이 지남에 따라 온더런 채권의 특수성이 사라지게 되면 둘 간의 이자율 차이가 수렴할 것이며, 이를 통한 수익이 기대된다.

채권 차익거래자는 온더런/오프더런 스프레드가 벌어졌을 때 거래를 하려고 하지만, 해당 스프레드가 더 벌어질 가능성 역시 존재한다. 채권 트레이더는 가끔 반대로 온더런 채권을 매수하고 오프더런 채권을 공매도하기도 한다. 이런 거래는 현재의 스프레드가 유난히 낮거나 유동성 위기가 임박하여 스프레드가 단기적으로 확대될 것이라는 데 베팅하는 것이다.

14.6 스왑과 스왑 스프레드

이자율 스왑은 고정 금리 부채와 변동 금리 부채의 현금흐름을 교환하는 파생상품이다. 고정 금리를 지불하는 쪽을 '지급자payer'라 하며, 고정 금리를 수취하는 쪽을 '수취자receiver'라 한다. 채권을 매수한 투자자와 비슷한 이자율 위험에 직면하는 수취자의 관점에서 살펴보도록 하겠다.

수취자는 스왑 금리라 불리는 고정 금리 YTM^{swap}을 받으며, 변동 금리인 리보 금리 r_t^{LIBOR}를 지불해야 한다. 따라서 매 기간마다 순지불은 $YTM^{swap} - r_t^{LIBOR}$, 명목 원금(100,000달러라고 하자), 그리고 지불 기간을 곱한 값이다. 고정 금리와 변동 금리 사이의 교환 과정에서 명목 원금이 서로 상쇄되므로, 만기에 액면 금액 지불은 없다. 전형적인 장외 스왑 거래는 시작 시점에서 현재 가치가 0이 되도록 스왑 금리를 설정하지만, 일반적으로 스왑을 시작하는 데는 증거금이 필요하다. 스왑은 시장 가치가 0에 가깝고, 일일 정산을 하므로 거래 상대방의 신용 위험이 제한적이다.

스왑 수취자는 레버리지를 사용해 국채를 매수한 것과 비슷한 포지션을 가진다. 레포 금리로 자금을 조달한 국채 매수자는, 레포 금리 $repo_t$를 지불하며 고정 쿠폰 이자 $YTM^{Treasury}$를 받는다. 이처럼 레버리지를 사용한 채권 투자는 대출을 통해 매수 자금을 조달하므로 초기에 지불하는 금액이 거의 없으며, 만일 포지션을 만기까지 보유하면 채권의 액면 금액을 대출을 갚는 데 사용하면 되므로 스왑과 거의 유사하다. 레버리지 채권의 자금 조달을 고려한 이자율은 $YTM^{Treasury} - repo_t$다.

스왑 스프레드는 국채의 만기 수익률(YTM)과 동일한 만기를 가진 스왑의 고정 금리 간 차이다.

$$\text{스왑 스프레드} = YTM^{swap} - YTM^{Treasury}$$

스왑 스프레드는 일반적으로 양의 값이다. 즉, 스왑 금리는 대게 국채 이자율보다 높다. 여기에는 여러 이유가 있다. 가장 중요한 점은 스왑 거래의 변동 이자율은 리보이며, 이는 대게 레포 금리보다 높은 경향이 있다는 것이다. 따라서 스왑의 변동 이자율이 레포 금리보다 더 높기 때문에, 고정 이자율 역시 국채 금리보다 높아야 한다. 리보 금리는 무담보(즉, 위험) 은행 융자에 해당하며 레포 금리는 국채를 담보로 한 대출에 해당하므로, 리보 금리가 레포 금리보다 높다.

양의 스왑 스프레드가 일반적이지만, 일반적인 스왑 스프레드 거래는 스프레드가 벌어질 것이 아닌 좁혀질 것을 기대해, 스왑을 매수하고 레버리지 국채를 공매도한다. 이러한 거래는 스왑 스프레드가 중단기적으로 좁혀질 것으로 예상하거나, 증권의 만기까지 기대되는 평균 자금 조달 스프레드($r_t^{LIBOR}-\text{repo}_t$)보다 크다는 데 베팅한다. 역사적으로 스왑 스프레드가 자금 조달 스프레드보다 컸으며, 스프레드가 좁혀짐에 따라 양의 캐리를 얻었다.

14.7 신용 위험과 신용 거래

회사채는 기업이 파산하고 채권을 채무 불이행할 수 있으므로 당연히 국채보다 높은 이자율을 제공한다. 물론 국가 역시 채무 불이행을 할 수 있지만 이는 대부분 국가에서 발생할 가능성이 낮으며, 기업 신용 위험에 초점을 맞추기 위해 국가의 신용 위험은 무시하도록 한다. 신용 스프레드는 유사한 만기에서 국채 이자율을 초과하는 회사채의 이자율이다.

$$YTM^{회사채} = YTM^{국채} + 신용\ 스프레드$$

신용 스프레드는 신용 위험에 따라 달라지며, 이는 두 부분으로 나누어진다. (i) 부도가 일어날 확률default probability, (ii) 부도가 났을 때의 손실률loss rate이다.[7] 부도 확률과 손실률을 곱한 값이 부도 시의 예상 손실expected loss이다. 일반적으로 투자자들이 위험에 대한 보상으로 위험 프리미엄을 요구하기 때문에 신용 스프레드는 채무 불이행으로 인한 예상 손실보다 높다.

$$\text{신용 스프레드} = \underbrace{\text{부도 위험·손실률}}_{\text{부도시 예상 손실}} + \text{신용 위험 프리미엄}$$

 채권 차익거래자는 기업의 채무 불이행 위험을 평가하기 위해 신용 분석을 사용하여 회사채를 거래한다. 그들은 이런 질문을 한다. "채권의 채무 불이행 위험 및 예상되는 회수율과 비교할 때 신용 스프레드의 폭이 얼마나 되는가?"

 위험 대비 신용 스프레드가 높다는 것은 기대 수익률이 높다는 것을 의미한다. 채권 트레이더는 이처럼 저렴하면서도 기대 수익률이 높은 채권을 매수한 후 국채 공매도 혹은 스왑 매도를 통해 금리 위험을 헤지한다. 기업 고유의 부도 위험은 분산시킬 수 있지만, 시장 전체의 부도 위험의 변화는 여전히 남아있다. 일부 채권 트레이더는 시장 전체의 부도 위험을 감수하는 반면, 다른 이는 과대평가된 회사채를 공매도하거나 CDX와 같은 신용 지수를 매도하여 부도 위험을 헤지하려고 한다. 이와 비슷한 거래는 CDS, 국채 등으로 실행할 수 있다.

 채권 트레이더는 자산군 간의 상대적 가치를 이용해 거래하기도 한다. 그들은 회사채와 이에 해당하는 CDS 간의 CDS-채권 베이시스를 이용한 거래를 한다. CDX 신용 지수와 이를 구성하는 CDS를 이용하거나, CDX의 트랜치 tranche[+] 와 개별 구성 요소

[+] CDX에 포함되는 CDS 중 특정 신용 등급별로 묶어서 구성한 것.

를 이용해 거래하기도 한다.

마지막으로, 그들은 같은 기업의 채권과 주식의 차이, 후순위채와 선순위채의 차이, 다른 통화로 표시된 채권 간의 상대적 가치, CDS와 주식 및 주식 옵션의 차이를 이용한 자본 구조 차익거래capital structure arbitrage를 한다. 자본 구조 차익거래는 주식과 회사채가 기업의 가치에 의존하므로 밀접하게 연관되어 있다는 생각을 기초로 한다. 예를 들어 주가, 주식 수익률의 변동성, 부채수준 등을 이용해 머튼 모형을 사용할 경우 기업의 부도 확률을 추정할 수 있으며, 이는 기업 가치가 부채 수준으로 떨어지고 자본이 소멸될 때 부도가 발생하기 때문이다. 이를 통해 회사채의 공정 가치를 추정할 수 있으며, 채권의 시장 가치와 비교할 수 있다. 만일 공정 가치와 시장 가치에 차이가 있을 경우 회사채와 주식을 이용해 거래할 수 있다.

14.8 모기지 거래

채권 트레이더들은 종종 주택 저당 증권MBS을 거래하기도 한다. 가장 간단한 형태의 증권은 저당이체채권pass-through bonds으로, 채권의 소유자는 전체 대출금의 상환액에서 자신의 몫을 받는다.

모기지와 관련된 거래 중 가장 간단한 형태는 모기지 베이시스 거래mortgage basis trade다. 이는 주택 저당 증권을 매수한 후 이자율 위험을 헤지하기 위해 국채나 스왑을 (공)매도한다. 이는 주택 저당 증권의 이자율이 국채 이자율보다 높을 경우 수익을 얻고자 하는 전략이다. 이러한 거래를 하는 여러 위험에 대한 보상으로 인해 주택 저당 증권의 이자율이 더 높은 것은 당연하다.

먼저, 주택 저당 증권은 어느 정도 부도 위험을 가질 수 있다. 그러나 이 위험은 담보물의 품질이 높거나, 초과 담보를 잡거나, 정부의 보증으로 인해 작아질 수 있다. 중도 상환 위험prepayment risk은 심각한 위험이 될 수 있으며, 이는 음의 컨벡시티와 관련 있다. 금리가 낮아지면 중도 상환이 늘어나 만기가 줄어들기 때문에, 낮은 금리는 (공매도되는) 국채만큼 주택 저당 증권에게 도움이 되지는 않는다. 반대로 금리가 높아지면 중도 상환이 감소하여 국채 못지않게 주택 저당 증권 역시 타격을 입게 된다. 마지막으로, 위기 상황에서는 주택 저당 증권의 시장 유동성이 갑자기 하락하고 대출이 어려워질 수 있기 때문에 주택 저당 증권 베이시스 거래는 유동성 위험을 가지고 있다.

상대 가치를 이용한 롱-숏 거래의 좀 더 복잡한 형태는 주택 저당 증권의 TBAto-be-announced 선물, 모기지 풀의 트랜치(interest-only와 principal-only 트랜치†), 민간 발행private-label 모기지 풀, 상업용 부동산저당채권유동화증권commercial mortgage backed securities, CMBS, 리츠real estate investment trusts, REITs를 이용한다.

---

† MBS에서 발생하는 현금흐름 중 이자에 해당하는 부분만 수취하는 트랜치를 interest-only, 원금에 해당하는 부분만 수취하는 트랜치를 principal-only라 한다.

14.9 이자율 변동성 거래와 기타 채권 차익거래

일부 채권 트레이더들은 스왑션, 캡, 플로어, 채권 선물에 대한 옵션 등 이자율 관련 옵션 상품을 거래한다. 여기에는 변동성의 방향성 거래와 상대 가치 거래가 모두 포함된다. 변동성의 방향성 거래란 파생상품에 내재된 변동성과 차익거래자가 예측하는 실제 변동성을 비교하여, 내재 변동성이 낮을 경우 파생상품을 매수하고 채권, 채권선물, 스왑을 통해 이자율 위험을 헤지하는 전략이다. 반대로 내재 변동성이 높다면, 차익거래자는 반대로 거래하며 파생상품을 매도한다. 채권 차익거래자는 또한 변동성의 상대적 가치를 이용한 거래를 하는데, 이는 서로 다른 파생상품의 가격을 비교하고 상대적 매력에 기초한 롱-숏을 한다.

마지막으로 채권 차익거래자는 지방채의 스프레드, 신흥 시장 채권, 현금 시장 대비 채권 선물의 베이시스(최저가 인도 현물cheapest-to-deliver 기준), 신용 파생상품, 기대 인플레이션break-even inflation, BEI 거래 등 다양한 거래를 한다.[8]

14.10 노벨 경제학상 수상자 마이런 숄즈와의 인터뷰

마이런 숄즈는 블랙-숄즈-머튼 공식으로도 유명한 파생상품의 가격을 결정하는 방법으로 1997년에 노벨상을 수상했다. 그는 현재 스탠퍼드 경영대학원에서 명예교수직을 맡고 있으며, 플래티넘 그로브 자산운용Platinum Grove Asset Management의 대표, 롱텀 캐피털 매니지먼트의 이사 및 유한 책임 사원, 살로몬 브라더스Salomon Brothers의 상무이사를 역임했다. 숄즈는 시카고 대학에서 박사 및 MBA 학위를 받았으며, 맥마스터 대학에서 학사 학위를 받았다.

Q: 노벨상을 받으시던 날 처음 뵈었던 걸로 기억합니다. 당시에는 LTCM에 재직하고 계셨는데, 갑자기 스탠퍼드에 나타나셨습니다. 저는 기자 회견에 참석하려고 수업까지 빼먹었습니다.
A: 분명히 그때는 굉장히 흥분되었습니다. 형용하기조차 힘드네요. 저는 페블 해변에서 강연을 하고 있었고, 강연 직전에 그 소식을 들었습니다. 그 후, 제가 명예교수로 있던 스탠퍼드로 이동했습니다.

Q: 어떻게 학문적 아이디어를 실제 시장에 적용하기로 결정하셨나요?
A: 음, 저는 여러 해 동안 학계에 있었고, 중개 과정이 어떻게 작용하는지에 대한 경험과 새로운 통찰력을 얻기 위해 학계에서 벗어나 실무를 경험하는 것이 흥미로울 것이라고 생각했습니다.

물을 멀리서 바라볼 수도 있지만, 가까이에서 바라보면

또 다릅니다. 멀리서 보면 꽤 평온해 보이지만, 가까이 보면 매우 혼란스럽게 보입니다. 저는 복잡한 현실의 경험과 이론적 능력을 결합하면, 특별한 관점을 가질 수 있을 것이라 느꼈습니다. 이런 이유로 살로몬 브라더스에서 일하는 것에 끌렸습니다.

Q: 대부분의 사람이 블랙-숄즈-머튼 공식에 대해 생각할 때 주식 옵션을 먼저 생각하지만, 채권 차익거래에 초점을 맞추셨습니다. 특별한 이유가 있으신가요?

A: 네. 채권에는 세분화된 고객층이 있다는 점을 수년 동안 생각하고나자 채권 차익거래에 매료되었습니다. 보험 회사나 연금의 경우 긴 만기에 투자하는 경향이 있습니다. 매크로 헤지펀드는 10년 만기에, 모기지 발행업체 등은 10~15년 만기에 투자하기도 합니다. 은행이나 기업 등이 돈을 차입하거나 투자할 때는 그보다 더 짧은 만기를 고려합니다.

모딜리아니의 견해처럼, 고객들로 인해 부분적으로 시장이 세분화됩니다. 이는 중개인이 이질적인 부분을 하나로 합칠 수 있는 기회를 제공하며, 시장의 효율성을 높이게 됩니다. 고객이 시장에서 어떻게 생겨나고, 이질적인 시장이 매끄럽게 보이도록 중개인들이 어떻게 하는가는 채권 시장의 매혹적인 부분이며, 이는 대부분 기관 시장입니다.

또한 채권은 많은 내재된 옵션과 컨벡시티 이슈가 있으며, 이러한 복잡한 모형에 매력을 느꼈습니다. 많은 기업은 이처럼 내재된 옵션이 있는 상품을 보유하기를 원하지 않고, 컨벡시티 위험을 줄이기를 원합니다. 그들은 그것을 팔아 치웁니다. 그 결과, 컨벡시티 및 컨벡시티 위험 헤지를 이해하고 있는 투자자에게 시장에서 중개를 맡고 위험을 가져갈 수 있는 기회가 생깁니다.

Q: 넓게 보자면, 채권 차익거래 트레이더는 고객 사이에서 중개를 하고, 컨벡시티 헤지를 제공하는군요. 채권 차익거래에 대해 좀 더 구체적으로 말해 주실 수 있나요?

A: 채권 차익거래는 시장의 흐름으로 인한 수요와 공급의 불균형을 중개하는 것입니다. 이를 위해서는 시장의 흐름을 이해하고 반응할 줄 알아야 하죠. 대부분의 기회는 평균 회귀mean-reverting 거래에서 나옵니다. 주의해야 할 점은 평균 회귀가 일어나기까지 얼마나 오래 기다려야 하느냐이며, 시장의 수요와 공급의 불균형을 완화하기 위해 투자자가 개입하거나 보유량을 변경하기 전까지 반대 방향으로 흐름이 얼마나 지속되느냐입니다. 시스템에는 추세 추종과 역추세 추종이 섞여 있습니다.

평균 회귀 사업에서는 왜 가격이 균형이나 모형 가치에

서 벗어나는지를 파악하고, 평균 회귀의 속도를 추정하며, 균형 가치에 도달하는 데 얼마나 많은 시간이 소요될 것인지, 그리고 포지션에 얼마나 많은 자본이 필요한지를 고려할 필요가 있습니다.

채권 차익거래는 크게 커브 거래, 스프레드 거래, 컨벡시티 거래, 베이시스 거래로 나눌 수 있습니다.

Q: 네 가지 주요 거래 방법에 대해 설명해 주시겠습니까? 베이시스 거래는 거의 동일하지만 다른 가격으로 거래되는 두 개의 서로 다른 증권 또는 증권 바스켓을 거래하는 것으로 알고 있는데요.

A: 네, 베이시스 거래는 매우 중요합니다. 스프레드 거래는 더욱 방향성에 베팅하며, 유사한 두 가지 상품을 이용합니다. 예를 들어 국채와 스왑 사이의 스프레드가 있습니다. 아니면, 이탈리아와 독일의 채권 간 스프레드를 이용한 거래도 있습니다. 심지어 독일에서의 스왑과 기초 자산이 되는 이탈리아 채권 사이의 스프레드를 이용하기도 합니다. 따라서 이러한 거래 중 일부는 방향성뿐만 아니라 신용 요소도 있습니다.

Q: 시간이 지남에 따라 이러한 스프레드가 어떻게 변화할지에 대해 생각하시나요?

A: 네, 말했듯이 스프레드 거래는 방향성에 베팅합니다. 만약 무엇이 불균형을 만드는지 이해한다면, 방향성과 신용 위험을 어느 정도 감수하더라도 중개할 기회가 있습니다. 예를 들어, 투자은행이 구조화 상품을 대량으로 발행하는 경우가 있는데, 그들은 스왑 시장을 활용해 위험을 없애고자 합니다. 이러한 수요로 인해 스왑을 이용한 헤지를 하며, 이는 다른 채권에 비해 스프레드가 늘어나거나 줄어드는 원인이 될 수 있습니다.

은행은 거래처와 거래하는 가격을 결정하기 위해 시장 가격을 사용한다는 점을 생각해봅시다. 그들은 시장에서 가격을 책정하기 위해 상대적인 가격을 사용합니다. 중개업자는 균형 모형을 사용하여 중개 가격을 결정합니다.

Q: 커브 거래는 어떤가요?

A: 자, 예를 들어 매니지드 퓨처스 펀드나 조지 소로스와 같은 매크로 트레이더가 일본의 채권 가격이 상승하거나 이자율이 하락할 것이라고 생각한다고 가정해 봅시다. 선물 계약이 가장 쉬운 투자 수단이기 때문에, 일본 채권 선물을 매수할 것입니다. 일반적으로 일본 국채를 완전하게 사지는 않을 겁니다. 절차가 복잡해지니까요. 그들의 전문성은 일본 채권의 가격 상승 여부를 판단하고 매크로 거래를 하는 것입니다.

딜러는 이러한 선물 계약(수요 혹은 공급)의 반대편에 있을 것입니다. 딜러는 시장의 방향을 예측해서가 아니라 선물 계약의 매수-매도 호가 차이에 따라 돈을 벌기 때문에 위험을 헤지해야 합니다. 따라서 그들은 매크로 트레이더에게 매도한 선물 계약의 위험을 헤지하기 위해 최저가 인도 현물cheapest-to-deliver 채권(일반적으로 7년 만기)을 매수하여 직접적으로 위험을 헤지합니다. 그로 인해 인접한 만기의 채권 사이에 불균형이 발생합니다.

시장에서 7년 만기 채권은 10년 만기 채권과 5년 만기 채권의 조합에 비해 비싸집니다. 이는 시장에 수요와 공급의 불균형을 만듭니다. 그러면 커브 트레이더는 7년 만기 채권을 공매도하고 10년 만기 채권과 5년 만기 채권을 조합한 후 매수하여 위험을 헤지할 수 있습니다. 7년, 10년, 5년 커브 사이의 기간은 매우 짧습니다. 7년 만기 채권은 몇 년 내에 5년 만기 채권이 됩니다. 10년과 30년 만기를 이용한 장기 커브 거래도 있습니다. 고객 효과로 인해 채권 가격이 항상 효율적인 것은 아닙니다. 시장을 효율적으로 만들고 그렇게 하여 수익을 얻는 것이 중개자의 역할입니다.

또 다른 예로 네덜란드와 같은 유럽의 많은 연금은 주식 부분에서 손실을 볼 경우 만기가 긴 채권을 매입하여 연금 부채를 헤지해야 합니다. 2002년 주식 시장이 하락하자(2008년 사례처럼) 연금은 주식을 청산하고 만기가 긴 채권을 매입할 수밖에 없었습니다.

많은 연금 지급 약속은 만기가 길며 금리가 떨어지면 더 길어집니다. 심각한 제약 아래서, 정부의 연금들은 부채를 빨리 헤지해야 했습니다. 그들은 만기가 긴 스왑의 고정 금리 수취 포지션을 잡았습니다(나중에 스왑을 채권으로 변경할 생각이었습니다). 이들로 인해 시장에는 불균형이 생겨 스왑의 가격은 올라갔으며, 스왑에서 수취하는 고정 금리는 채권에 비해 매우 낮아졌습니다. 그 결과, 장기채의 가격도 다른 만기에 비해 비싸졌습니다. 그래서 30년 만기 스왑을 매도하고 10년 만기채를 매수한 후, 2년 만기채를 공매도하여 금리의 기울기 및 수준의 변화에 따른 위험을 헤지하는 커브 거래가 가능했습니다. 또한 스왑에서의 커브 거래나, 커브와 스프레드 거래의 조합을 할 수도 있었습니다.

Q: 컨벡시티 거래는 어떤가요?

A: 모기지 시장에서 컨벡시티 거래는 두 가지 종류가 있습니다. 한 가지 유형은 재융자refinancing 파동이 발생할 때 생깁니다. 모기지 금리가 떨어지고 재융자에 대한 수요가 급격히 증가할 때, 대출 기관mortgage originator은 저당권자(모기지 증권의 채권자)에게 미래의 새로운 모기지 계약에

대한 지급을 약속합니다. 재융자 수요가 가속화되면, 대출 기관은 서류 작업을 완료하는 데 더 많은 시간이 필요합니다. 그 결과 단기적으로는 모기지의 공급이 크게 늘어납니다. 예를 들어, 제 집에 오래된 모기지 대출이 있는데, 한 달이나 두 달 후에 재융자를 통해 새로운 모기지 대출을 받을 것입니다.

대출 기관이 신규 모기지 금리를 고정하는 순간에 신규 모기지 계약을 완료하지 못한다는 마찰로 인해, 대출 기관은 새로운 모기지 계약이 체결되고 오래된 모기지가 상환될 때까지 모기지 계약의 미래 지급과 관련된 위험을 헤지하려고 합니다. 따라서 재융자 공급이 증가하면, 대출 기관의 컨벡시티 헤지에 대한 수요가 급증합니다(그들은 옵션을 부여했고, 위험을 상쇄하지 않는다면 금리가 상승함에 따라 손해를 볼 것입니다). 따라서 이자율 고정 옵션[†]을 부여하여 생긴 불균형을 중개할 수 있는 기회가 생깁니다.

다른 종류의 컨벡시티 거래는 모기지 계약의 대출 자금을 회수하고 매해 수수료를 받는 원리금추징 기관mortgage servicers과 관련이 있습니다. 금리가 오르면 재융자 확률이 낮아지고 관리 수수료가 늘어나 이들에게 큰 도움이 됩니다. 반면 금리가 하락할 경우 그들은 재융자로 인해 모기

---

† 모기지 대출 기관에 '이자율 고정'을 신청하면 일정 기간 동안 모기지 신청 당시 이자율을 그대로 적용받을 수 있다.

지 관리 수수료가 깎이는 것은 아닌지 걱정합니다. 따라서 관리 수수료 기간의 변동을 헤지하기 위해 만기가 긴 채권을 매수하거나, 투자은행에서 발행한 고정 만기 스왑이나 고정 만기 모기지와 같은 구조화 상품에 투자하여 수익의 흐름을 보호합니다. 그 결과, 중개자는 반대편에서 거래를 하며 이러한 불균형을 중개합니다.

이러한 도매 시장에서 채권의 불균형이 발생합니다. 고객의 특정한 제약과 요구는 무엇이며 이러한 요구의 역학 관계는 무엇일까요? 브로커와 딜러는 어떻게 이러한 요구를 충족시키고, 어떻게 이것이 서로 다른 만기(또는 지역)에 걸쳐 중개할 수 있는 고객 효과clientele effects로 이어질 수 있을지를 생각해야 합니다.

Q: 명백한 기회가 보이지만 실제 흐름을 파악할 수 없거나 그러한 기회를 만드는 수요 압력을 파악할 수 없다면 거래를 주저하시나요?

A: 아, 물론이에요. 흐름이 이해되지 않으면 망설이게 되죠. 채권 사업은 추세 추종을 통한 방향성이 아닌 이상 대부분 역추세 추종 사업입니다. 추세 추종은 항상 평균 회귀와 대립되고, 이 두 가지를 어떻게 결합하느냐가 문제입니다. 항상 흐름에 대해 걱정해야 합니다. 자본 수익률이 너무 낮으면 중개 기회가 있더라도 처음부터 거래에 참여하지 않아

야 합니다. 흐름을 이해할 수 있을 때까지 기다려야 합니다. 그러나 위에서 설명한 바와 같이 금리 동향이 있다면, 실제로 관찰하지 않아도 흐름을 예측할 수 있습니다.

Q: 거래 흐름의 근원을 모른다면, 그 뒤에 얼마나 더 갈지를 모르겠네요?

A: 네, 맞습니다. 그게 바로 추세 추종 혹은 모멘텀 효과입니다. 중개인은 흐름에 역행하려다 돈을 잃게 되고, 초기 포지션에서 손실을 볼 것입니다. 그러나 중개인이 맞다면, 평균 회귀의 기회가 커집니다. 따라서 포지션을 추가할 수 있습니다.

Q: 거래 흐름의 근원과 거래해야 할 때라는 걸 어떻게 알 수 있습니까?

A: 불균형의 원인을 아는 것은 시장을 이해하는 데 도움이 됩니다. 비즈니스 경험과 지식이 중요하죠. 균형 이자율 모형을 사용하면 불균형의 원인을 분석하여 발견할 수 있습니다. 브로커와 딜러는 불균형이 존재하는 이유를 설명하는 데 도움을 줍니다. 채권 차익거래의 흥미로운 점 중 하나는 브로커와 딜러들의 위험을 재보증한다는 점에서 재보험업과 유사하다는 점입니다.

브로커와 딜러는 일반적으로 무슨 일이 일어나고 있는

지 헤지펀드에게 알려줄 것입니다. 이는 그들이 위험을 전가하고 싶기 때문입니다. 그들은 고객의 요구를 충족시키고 헤지하여 스프레드를 만듭니다. 만약 브로커나 딜러가 헤지 비용을 절감할 수 있다면, 고객은 그들에게 더 많은 서비스를 원할 것입니다. 따라서 보험 회사가 재보험 회사와 재보험을 하듯이, 금융 시장에서도 브로커와 딜러가 위험을 떠넘길 때 똑같은 일이 일어납니다. 그들은 위험을 헤지하기 위해 기꺼이 수익을 포기하고, 다른 사람에게 왜 위험을 헤지하려고 하는지 설명합니다.

Q: 추세 추종 대 역추세 추종 거래에 대해 이야기하자면, 역추세 추종은 흐름에 역행하고 유동성 공급에 대한 보상을 받는 반면, 추세 추종은 추세에 올라타려고 한다는 것인가요?
A: 네, 맞습니다. 자본 수익률이 더 높아질 때까지 즉시 중개하지 않음으로써, 본질적으로는 흐름을 따라가는 것입니다. 만약 수익이 작다면, 거래에 들어가지 말아야 합니다. 수익이 높다면, 들어가야 겠죠. 중개인은 항상 그 흐름이 자신에게 불리하게 지속될까봐 걱정합니다. 이는 알 수 없습니다. 시장의 수요는 파도가 쌓이면서 커질 수 있습니다. 중개인은 파도가 가라앉을 때 돈을 법니다. 그때 흐름과 균형 가격 결정의 방향이 같아집니다.

Q: 오히려 추세 추종을 할 수도 있나요?
A: 그럼요. 추세 추종은 거시적인 발전과 정부가 무엇을 하고 있는지 이해하는 것에 기초하고 있습니다. 혹은 가격 이동의 통계적 모형을 기반으로 합니다. 추세가 있을 때 가격은 상승합니다. 그러나 추세가 지속될지 여부를 확인할 수는 없습니다.

Q: 왜 위기 기간에서는 스프레드가 넓어지는 경향이 있나요?
A: 혼란스러운 시기에는 중개자가 무슨 일이 일어나고 있는지 이해할 충분한 시간이 없다는 점에서 물리적 자본과 인적 자본 둘 다 더 부족하게 됩니다. 금융은 달력의 시간이 아닌 변동성의 시간에 존재합니다. 매우 조용한 시기에는 중개인이 상황을 파악하고, 질문을 하고, 거래를 할 시간이 많습니다. 시장이 매우 불안정할 때 중개인은 결정을 내릴 충분한 시간이 없습니다. 난국에 투입할 수 있는 인적 자본이 부족합니다. 이는 시장 가격을 이해하는 데 변동성의 시간이 매우 중요한 이유입니다. 그 결과 중개인은 시장에서 자본을 회수합니다. 중개 여부와 방법을 알아낼 수 있을 때까지 그들은 방관합니다.

　중개인이 위험을 줄일 때 흐름이 그들과 역행하여 투자한 자본에서 손실을 봅니다. 그들은 위험을 줄여야 하기 때문에 유동성의 수요자가 됩니다. 그리고 혼란스러운 시장에서 기관과 투자자는 더 많은 중개 서비스를 요구합니다. 스프레드는 벌어지고, 시장 가격은 균형 가치에서 벗어납니다. 충격의 시기에, 시장 참가자는 균형 가격이 어느 정도 변화했는지, 그리고 수요와 공급의 불균형이 어느 정도 증가했는지에 대해 정리해야 합니다. 이는 시간이 걸립니다.

Q: 마지막으로, 살로몬 브라더스, LTCM 및 플래티넘에서의 경험에서 얻을 수 있는 주요 교훈은 무엇이라고 생각하시나요?

A: 자본 구조 문제는 채권 차익거래 사업을 어떻게 운영하느냐에 매우 중요합니다. 헤지펀드의 경우라면, 일반적으로 레버리지가 자본 구조의 일부입니다. 즉, 충격이 발생할 때 포지션에 영향을 미치는 충격과 손실에 대한 계획을 세워야 합니다.

기술을 확보하고, 불균형을 이해하고, 불균형을 중개하는 것이 한 가지 방법입니다. 하지만 포지션의 부채와 부채의 듀레이션, 포지션의 기초 자산, 그리고 사업을 지지하는 투자자들의 신뢰와 같은 자본구조의 효능을 이해하는 것은 매우 어려우면서도 매우 중요합니다. 이는 세 가지, 즉 취득한 자산, 현재 하고 있는 사업, 실제로 자금을 어떻게 조달하는지를 동시에 다루기 때문에 어렵습니다.

충격에 휩싸일 때는 딜러에게 재보험 서비스(중개 서비스)를 제공하고, 딜러로부터 대출을 받는 것이 매우 어려워집니다. 그리고 충격의 시기에 중개업자는 기존 포지션에 대한 손실을 감수하고, 위험을 줄이고, 기회를 분석하기 위한 시간을 찾고, 이러한 손실을 감수하는 투자자의 신뢰를 유지해야 합니다.

레버리지를 사용하는 사업은 롱-온리 사업보다 훨씬 더 어렵습니다. 또한, 롱-온리 사업 내에서 중개를 하고 수익률을 높이기 위해 롱-온리 구조 내에서 증권을 차입하는 것이 올바른 형태일 수 있습니다. 이를 통해 중개 과정의 레버리지 구성요소에 대한 상당한 비용을 절감할 수 있습니다.

15

전환사채 차익거래

> 우리는 전환증권과 보통주 가격의 관계를 예측하고 분석한다. 이를 통해 향후 가격의 관계와 수익을 예측할 수 있다. 우리는 수익을 내기 위해 개별 증권의 가격을 예측할 필요가 없다.
>
> - 소프와 카수프(1967)

15.1 전환사채

전환사채란 주식으로 전환할 수 있는 채권이다. 보통채에 새로 발행된 주식을 사전에 정해진 가격에 매수할 수 있는 콜옵션 권리가 더해진 구조다. 전환사채는 몇 가지 중요한 특성을 가지고 있다. 만기 이전에 채권을 전환하거나 상환하지 않는다면, 액면 가치par value는 채권 보유자가 만기 때 받을 금액이며, 쿠폰coupon은 만기까지 받는 이자다. 전환 비율conversion ratio은 전환사채를 주식으로 전환하면 받게 되는 주식 수다. 전환 가격conversion price은 주식으로 교환할 경우의 가격으로 주식 1주와 교환되는 회사채의 액면 금액이다. 따라서 다음의 관계가 성립한다.

전환 비율 = 액면 가치/전환 가격

이른바 '균형 전환 가치parity conversion value'는 전환사채가 즉시 전환될 경우의 가치다.

균형 전환 가치 = 전환 비율 × 주가

많은 전환사채는 수의상환채callable이며, 일부는 다른 옵션도 포함하고 있다. 전환사채의 수의상환이 가능한 경우, 발행자는 특정 제약에 따라 만기 이전에 채권을 상환(액면가를 지급하고 쿠폰을 더 이상 주지 않는다)할 수 있다. 일반적으로 적용되는 제약은 콜 프로텍션call protection이며, 이 기간 동안에는 채권을 수의상환할 수 없다.

전환사채는 적어도 1800년대부터 발행되었으며, 초기에는 미국의 철도 건설에 필요한 자금 조달을 위해 발행되었다. 오늘날 전환사채는 현금 수요가 큰 중소기업이 발행하는 경우가 많다. 기업은 다양한 이유로 전환사채를 발행한다. 전환사채는 매수자가 전환 가능성 옵션을 받기 때문에 일반 채권 대비 쿠폰이 낮아 자금 조달 비용이 적다. 전환사채는 자본을 희석시키지만, 실제 주식을 발행하는 것보다 채권을 전환하는 것이 희석 정도가 덜 하다(이를테면, 주당 수익이 덜 희석된다). 더군다나 헤지펀드나 기타 차익거래자의 경우 일반 채권보다 전환사채를 더 잘 헤지할 수 있으므로 전환사채의 빠른 매도가 가능하다. 전환사채는 보통 인수 절차를 거쳐 발행되며, 하루 정도가 소요된다.

채권은 아직 증권거래위원회에 등록되지 않았음을 의미하는 이른바 '144a 증권'으로 발행되는 경우가 많다. 이 경우 전환사채는 적격 기관 매수자qualified institutional buyers, QIB만 거래가 가능하므로, 등록되기 전까지는 유동성이 떨어진다. 채권이 등록된 이후에는(보통 3개월에서 6개월 소요된다) 일반적인 시장에서 거래가 가능하다. 유동성 위험 프리미엄과 역선택으로 인해 전환사채는 초기에 할인된 가격에 매각되며, 이는 공모주 가격이 초기에 할인되는 것과 비슷하다. 따라서 전환사채 차익의 일부는 발행 시장에 참여하고 청약 신청자가 몰리는 상황에서도 채권을 확보할 수 있을 정도로 적극적인 활동을 하는 데서 발생한다.

15.2 전환사채 차익거래의 과정

전환사채 차익거래는 전환사채만큼이나 오랫동안 알려져 있었다. 와인스타인은 1931년 저서 『증권 차익거래Arbitrage in Securities』에서 전환사채 차익거래에 대해 설명했다. 소프와 카우프는 1967년 저서 『시장을 이겨라 Beat the Market』에서 해당 거래를 크게 발전시켰으며, 이는 블랙-숄즈-머튼의 옵션가격결정모형의 전조가 되었다.

전환사채 차익거래는 간단하다. 저렴한 전환사채를 매수한 후, 주식을 공매도하여 헤지한다. 이러한 포지션으로 포트폴리오를 구성할 경우, 이자율과 신용 위험에 대한 헤지도 가능하다. 전환사채의 가격이 저렴한지를 알고 적절하게 헤지하는 것이 요령이며, 옵션 가격을 결정하는 기법이 유용하게 사용된다.

흥미롭게도 전환사채 차익거래는 일방적인 경향, 즉 대체로 전환사채를 매수하고 주식을 공매도한다. 하지만 전환사채의 가격이 지나치게 비쌀 경우, 헤지펀드는 반대로 주식을 매수하면서 전환사채를 공매도하기도 한다. 전환사채 차익거래에서 전환사채를 매수하는 경향이 있는 이유는 역사적으로 유동성 위험에 대한 보상으로 전환사채의 가격이 저렴했기 때문이다.

실제로 전환사채의 할인 폭은 유동성에 대한 수요와 공급이 반영된 수준이다. 전환사채는 신속하게 현금 조달이 필요한 기업이 발행하며, 이는 대부분 레버리지를 사용해 전환사채 차익거래를 하는 헤지펀드가 사들인다. 헤지펀드의 자본과 레버리지 접근성에 비해 전환사채의 공급이 많을 때, 할인 폭은 증가한다. 예를 들어, 전환사채 헤지펀드가 대규모 상환을 요청받거나 은행이 자금을 회수할 때, 전환사채는 매우 싸고 유동성이 떨어지게 된다.

그림 15.1 전환사채 차익거래의 과정

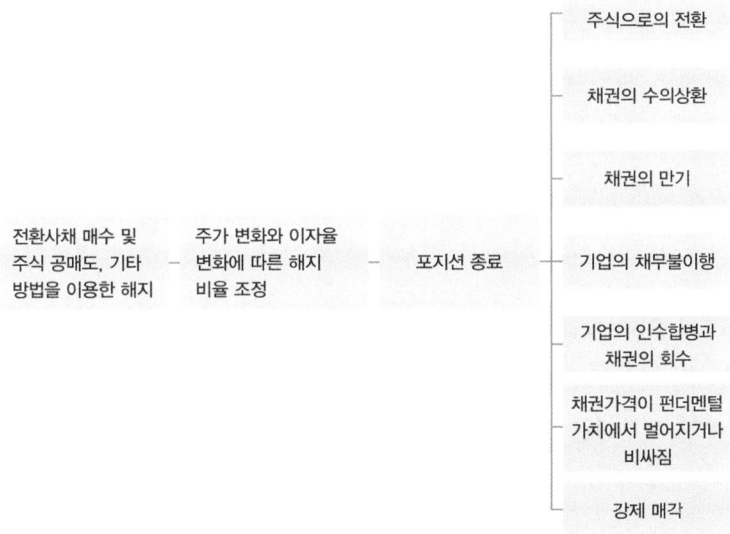

그림 15.1은 거래 과정을 보여 준다. 트레이더는 우선 발행 시장에서 할인된 가격에 전환사채를 매수하거나, 유통 시장에서 값싼 전환사채를 찾아 매수한다. 그 후 기초 자산이 되는 보통주를 공매도하여 전환사채에 대한 위험을 헤지한다. 보통채를 공매도하거나 옵션 거래를 통해 헤지할 수도 있지만, 고유한 신용 위험을 분산시키고 포트폴리오 수준에서 전반적인 신용 및 이자율 노출도를 헤지하는 것이 더 경제적이다.

시간이 지남에 따라 전환사채 차익거래 트레이더는 쿠폰을 받고, 주식 공매도 포지션의 배당금을 주식 대여자에게 지불해야 하며, 주가의 변동에 따라 헤지 비율을 조정한다. 이 거래는 그림 15.1에서 볼 수 있듯이 여러 가지 방법으로 끝날 수 있다.

전환사채는 주식으로 전환될 수 있다. 이 경우 대부분의 주식은 헤지에 사용된 공매도 포지션을 상환하기 위해 사용되며 나머지는 매도한다. 전환은 일반적으로 성공적인 거래의 마지막 단계에 해당한다. 전환사채는 단순하게 만기가 되거나 발행자가 수의상환할 수 있다. 기업이 채무불이행을 선언하거나 인수당할 수도 있으며, 이러한 경우는 전환사채 차익거래 트레이더에게 보통 부정적인 결과다. 마지막으로 충분히 수익을 거두었거나 마진 콜로 인해 강제 매각이 일어날 경우 트레이더는 전환사채의 포지션을 매도할 수도 있다.

15.3 전환사채의 가치 평가

전환사채는 옵션 가격 결정 기법을 사용하여 가치를 평가할 수 있다. 간단한 방법은 보통채의 가치에 블랙-숄즈-머튼 모형을 사용하여 계산된 콜옵션의 가치를 더하는 것이다. 이러한 방법은 전환을 통해 주식을 현금이 아닌 전환사채로 매수한다는 의미를 고려하지 않았다는 점과, 채권의 가치가 시간에 따라 바뀌므로 정확하지는 않다. 더욱이 이 방법은 전환사채의 발행에 있어 수의상환 가능성 등 모든 특수성을 설명하지는 않는다. 따라서 대부분의 전환사채 가격 모형은 블랙-숄즈-머튼 이론틀의 확장인 수치적으로 계산된 이항 옵션 가격 결정 기법 또는 편미분 방정식을 기반으로 한다. 간단히 말해, 모든 시나리오에서 주가의 움직임을 트리로 구성한 후, 각 최종 지점에서 전환사채의 가치를 계산하고 현재 가치로 환산한다. 이를 자세히 계산하는 것은 금융공학에서 하는 일이므로, 그림 15.2를 통해 전환사채 가치가 주가에 따라 어떻게 달라지는지 직관적으로 살펴보도록 하겠다.

그림 15.2 전환사채 가치와 주가의 관계: 채무불이행이 없는 경우

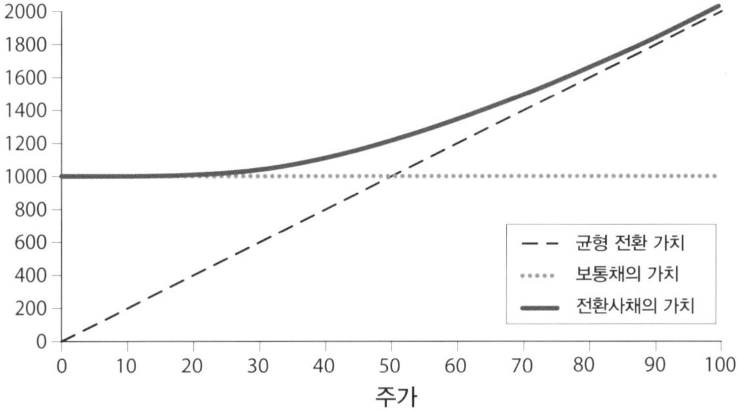

연한 회색 점선은 보통채의 가치(즉, 전환 옵션이 없는 채권)를 나타낸다. 채무불이행의 위험이 없다고 가정하면, 보통채의 가치는 주가와 무관하며 점선은 수평이다. 검은색 파선은 균형 전환 가치, 즉 즉시 주식으로 전환했을 때의 가치를 나타낸다. 균형 전환 가치는 주가와 선형 관계이며 기울기는 전환 비율이다.

전환사채의 만기 때 가치는 이 두 선의 상부 포락선upper envelope이다. 하키스틱 모양은 주가가 0-50 사이일 경우 가치가 1,000이며, 주가가 상승할수록 가치 역시 상승한다. 실제로 전환사채의 보유자는 주가가 50 미만일 경우 전환하지 않고 채권의 액면가에 해당하는 금액을 받을 수 있으며, 주가가 50이 넘을 경우 전환을 할 수 있다.

만기 이전 전환사채의 가치는 옵션의 가치로 인해 하키스틱 위에 있는 부드러운 곡선(실선)에 해당한다. 그 이유를 이해하기 위해 주가가 50인 경우를 가정해 보자. 주가가 오를 경우 전환사채의 가치는 1,000 이상, 주가가 내려갈 경우 전환사채의 가치는 1,000이므로, 그 가치는 1,000 이상이 된다. 1,000과 1,000 이상 값의 평균은 1,000 이상이며, 이는 만기가 얼마나 남았는지와 주식의 변동성에 달려있다.

그림 15.2는 부도 위험이 없는 기업이 발행한 전환사채의 예시였지만, 그림 15.3은 기업이 부도날 가능성이 있는 경우의 예다.

그림 15.3 전환사채 가치와 기업 가치 및 주가와의 관계

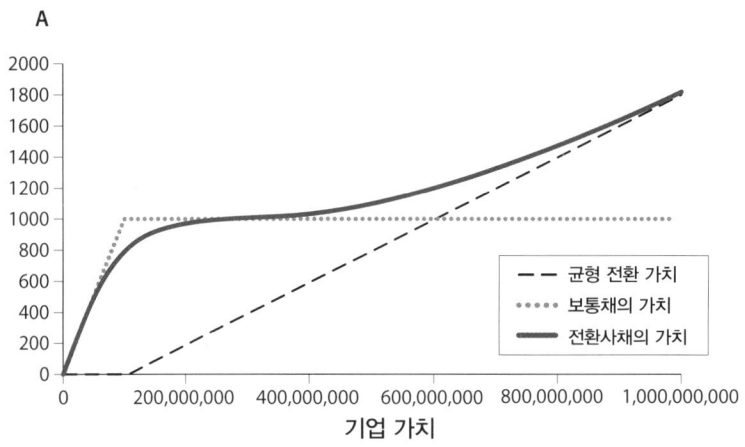

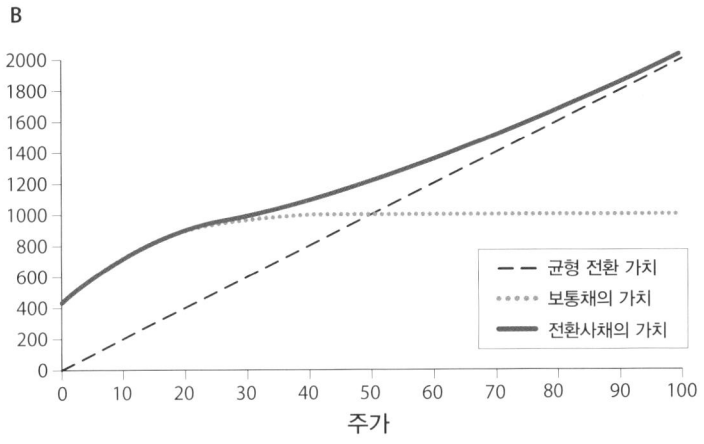

그래프 A: 전환사채 가치 vs 기업 가치
그래프 B: 전환사채 가치 vs 주가

그래프 A의 x축은 주가가 아닌 전체 기업의 가치다. 기업이 총 1억의 부채를 가지고 있으므로, 기업의 가치가 이 수준 아래로 떨어지면 부도가 발생한다. 모든 채권 보유자가 동일한 선순위를 가지고 있다고 가정할 경우(이를테면, 전환사채가 유일한 채권일 경우), 기업의 가치가 0에서 1억으로 증가함에 따라 전환하지 않은 채권의 만기 가치는 0에서 액면가만큼 증가하며, 기업의 가치가 더 높아져도 보통채의 가치는 이 수준에 머무른다. 채무불이행 위험은 기업의 가치에 풋옵션을 매도한 것과 비슷하다. 만기 이전 전환사채의 가치는 좀 더 복잡한 형태를 보인다. 기업의 가치가 낮을 경우 채무불이행 위험으로 인해 오목한 모습을 띠며, 기업의 가치가 중간이나 높을 경우 경우 전환 가능성이 있는 옵션의 가치로 인해 볼록한 모습을 보인다.

그림 15.3의 그래프 B는 전환사채 가치와 주가의 관계를 나타낸다. 균형 전환 가치는 이전과 동일하지만, 보통채의 가치는 달라졌다. 이 그림은 만기 전 어느 시점에 채무불이행 위험을 반영하는 보통채의 가치를 표시하고 있다. 역시나 전환사채의 가치는 오목/볼록한 모습을 보인다.

15.4 전환사채의 헤지

전환사채의 가치와 헤지비율을 계산하는 것은 밀접하게 연관되어 있다. 실제로 최적의 헤지비율은 주가가 변화함에 따라 전환사채의 가치가 변화하는 것에 영향을 받는다.

헤지 비율은 시장 중립 차익거래자가 전환사채를 헤지하기 위해 공매도해야 하는 주식 수이며, 보통 델타(Δ)로 나타낸다. 그림 15.4와 같이, 차익거래자는 헤지 포지션의 주가 민감도가 전환사채의 주가 민감도와 같도록 헤지비율을 선택한다.

그림 15.4 전환사채의 헤지

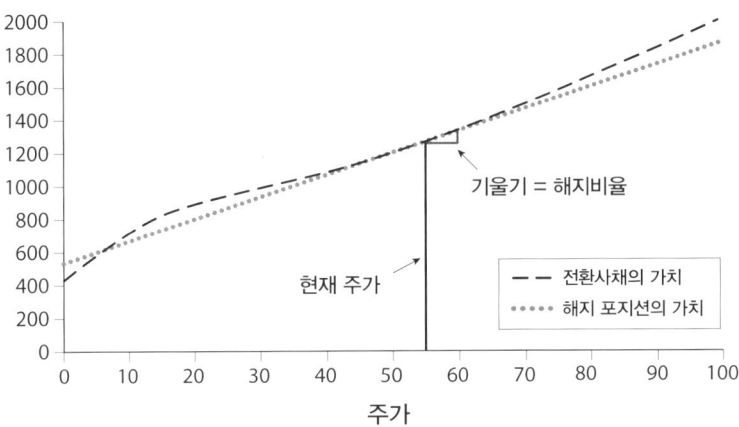

그림 15.4는 현재 주가가 55일 경우 최적의 헤지비율을 보여준다. 점선은 전환사채의 가치와 접선이며, 그 기울기는 헤지 비율이다. 헤지 비율은 주가에 따라 확연히 달라지므로 주가가 이동함에 따라 전환사채 차익거래자는 헤지를 재조정해야 한다. 주가가 매우 높을 경우, 전환이 더욱 확실해지므로 헤지 비율은 전환 비율에 근접한다. 주가가 하락할 경우 헤지 비율 역시 떨어지게 되지만, 신용 위험이 심각한 우려가 될 정도로 주가가 낮아질 수도 있다.

15.5 전환사채의 전환 시점

월가에서는 "전환사채를 절대 주식으로 전환하지 마라"는 말이 있다. 일반적으로 옵션을 계속 유지하는 것이 더 낫기 때문이다.

주가가 계속 상승할 경우 나중에 전환하면 되며, 주가가 하락할 경우 채권의 액면 가치를 받으면 된다. 보통 전환을 연기해야 하는 이유는 아메리칸 콜옵션의 행사를 연기하는 이유와 같다.[1]

그러나 만기 전 절대 전환을 하지 말아야 한다는 규칙에는 몇 가지 중요한 예외가 있다. 첫째, 주식의 배당금 지급을 앞두고 있다면 조기에 전환하는 것이 최적일 수 있다. 배당금 지급 전에 채권을 주식으로 전환할 경우 배당을 받을 수 있기 때문이다. 반대로 전환을 하지 않을 경우 배당금을 받지 못하며, 나아가 배당일 이후 주가가 하락해 전환 옵션의 가치가 떨어질 것으로 예상된다. 다르게 말하면, 자금이 기업에서 나가야 하는 경우, 이 돈의 일부를 요구함으로써 투자를 가장 잘 보호할 수 있으며, 이를 위해서는 채권을 주식으로 전환해야 한다.

전환을 통해 투자를 더 잘 보호할 수 있는 두 번째 예는 합병이 임박했을 경우다. 합병으로 인해 부채의 위험이 커지고 합병된 기업이 사기업인 경우 등의 이유로 전환이 불가능하다면 조기에 전환하는 것이 최적이다.

셋째, 재무적 마찰로 인해 전환사채 매니저는 전환사채를 주식으로 전환할 수 있다. 예를 들어, 주식의 대여 수수료가 높다면, 이를 공매도하는 것은 비용이 많이 든다. 이는 전환사채 헤지 포지션의 성과를 지속적으로 갉아먹으며, 마치 주식이 지속적으로 배당금을 지급하여 성과를 갉아먹는 것과 유사하다. 따라서 이러한 전환사채는 전환하는 것이 최적일 수 있다.

자금 조달 비용을 고려할 때 깊은 내가격 상태deep-in-the-money의 전환사채를 전환하는 것도 최적일 수 있다. 깊은 내가격 상태의 채권은 조기에 전환하는 데 따른 비용이 작으며(깊은 내가격 상태에 있으므로 결국에는 전환될 것이 거의 확실하다), 자금 조달 비용의 절감은 이러한 비용을 능가한다. 실제로 전환사채는 다른 거래에 사용될 수 있는 자본을 묶어두고 있으며, 이는 자금 조달 스프레드로 인한 자금 조달 비용(공매도 포지션을 위해 납입한 현금 담보에서 얻는 이자와 전환사채의 레버리지 포지션을 위해 지불하는 이자의 차이)과 관련이 있다. 채권 전환의 다른 대안은 채권을 매도하는 것이지만, 전환사채의 거래 비용이 크고 잠재적 매수자 역시 유사한 자금 조달 상황에 직면할 수 있다는 점을 감안하면 이는 바람직하지 않을 수 있다.

15.6 전환사채 차익거래의 손익

자금의 흐름

전환사채 포지션은 채권이 지급한 쿠폰에서 수익이 발생한다. 대부분의 차익거래 트레이더가 그러하듯이, 전환사채 투자에 레버리지를 사용할 경우, 자금 조달을 위한 이자를 지급해야 한다. 더욱이 전환사채 트레이더는 주식 공매도 포지션에서의 공매도 비용뿐만 아니라 배당금 역시 지불해야 하며, 이러한 비용은 주식이 '특별할' 경우(빌려줄 수 있는 주식의 공급에 비해 공매도에 대한 수요가 높은 주식) 더 커진다. 실제로 전환사채 발행량이 많은 기업은 전환사채 보유자가 주식을 빌리려는 수요가 높아 공매도 비용이 높을 가능성이 있다.

그러나 손익의 주된 요인은 주식과 전환사채의 가격 변동이다. 주가의 변동은 전환사채 가격에 자연스럽게 반영되지만, 아래에서 자세히 논의할 바와 같이 이러한 가격 변동이 완벽하게 상쇄되지는 않는다. 전환사채의 가격은 주가 변동성 및 전환사채 수급의 변화에도 영향을 받는다. 전환사채의 수요는 전환사채 헤지펀드와 공모펀드, 이들 투자자의 위험 수용 범위, 그리고 전환사채 차익거래자의 레버리지 포지션 능력에 영향을 미치는 자금 조달 환경 등에 의해 주도되고 있다.

감마: 상승과 하락으로부터의 수익

전환사채 헤지 포지션의 놀라운 특징 중 하나는 주가 상승과 하락 모두에서 수익을 얻을 수 있다는 점이다. 실제로 주가가 오를 경우 전환사채의 가격은 헤지된 주식보다 더 많이 상승하여 수익이 발생한다. 전환사채의 가격은 주식의 높은 가치 및 높은 전환 가능성으로 인해 더 많이 움직이게 된다. 주가가 하락할 경우 전환사채는 헤지된 주식보다 덜 하락하여 역시나 수익을 거두게 된다. 전환사채가 덜 움직이는 이유는 채권의 하방폭이 제한적이라는 특성 때문이다.

그림 15.5와 표 15.1은 주가가 55에서 85까지 상승한 후 다시

55로 하락할 경우의 예를 보여 준다.

그림 15.5 주가가 상승하거나 하락할 경우 전환사채의 손익

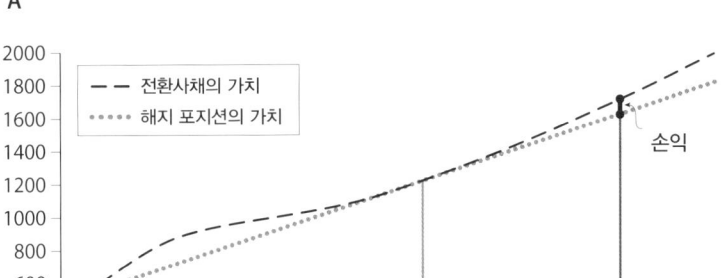

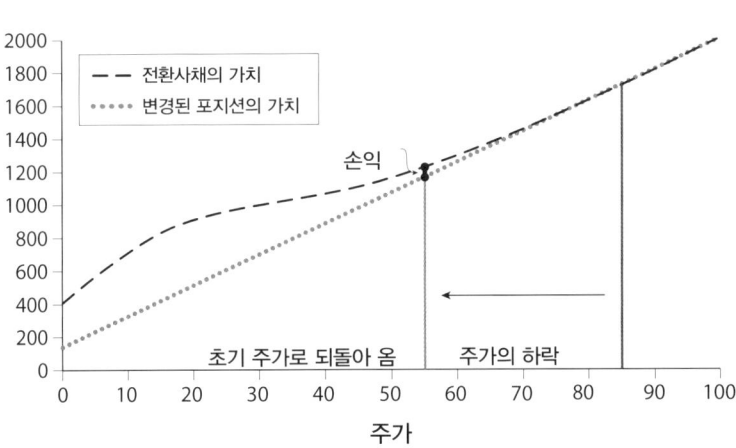

그래프 A: 주가가 상승할 경우 전환사채 차익거래의 손익
그래프 B: 주가가 하락할 경우 전환사채 차익거래의 손익

표 15.1 주가의 상승/하락시 전환사채 차익거래의 손익

주가가 $55에서 $85로 상승했을 경우 손익	
전환사채 1개 매수	$500.17
주식 13.4주 공매도	−$403.00
합계	$97.17
주가가 $85에서 $55로 하락했을 경우 손익	
전환사채 1개 매수	−$500.17
주식 18.6주 공매도	$558.16
합계	$57.99
최종 손익	$155.16

상승과 하락 모두에서 이익을 얻는 속성을 컨벡시티라고 하며, 이는 그림 15.5에서 전환사채 가치의 모습을 통해 알 수 있다. 회색 점선으로 표시된 헤지 포지션과 비교할 때 위쪽으로 곡선을 이루고 있다(이에 대한 정의는 채권 차익거래에서 살펴보았다). 이 속성을 양의 감마positive gamma라고도 하며, 여기서 감마는 주식 가격에 관한 전환사채 가치의 이차 미분값이다.

그림 15.5의 그래프 A에서 보듯이, 전환사채의 가치는 주가가 55에서 85로 상승할 때 헤지된 주식보다 더 많이 상승한다. 구체적으로 표 15.1에서 볼 수 있듯이 전환사채의 상승폭은 500.17달러로, 공매도한 13.4 주의 하락폭 403달러보다 더 크다. 이 둘 간의 차이 97.17달러가 헤지 포지션의 수익이다.

주가가 85에서 55로 하락했을 때, 왜 단순히 처음의 손익과 반대가 아닐까? 물론 상승 이후 헤지 포지션이 조정되지 않았다면 초기 상승폭만큼 하락하겠지만, 헤지 포지션의 변화로 인해 차이가 발생한다. 주가가 85로 상승할 경우, 처음에 13.4주를 공매도한 것은 더 이상 적정 헤지 수준이 아니다. 이는 전환사채가 내가격이 되어, 전환될 확률이 높아졌기 때문이다. 따라서 주가에 더 민감해졌으며, 적정한 헤지는 18.6주를 공매도하는 것이다.

새로운 헤지 포지션에 비추어 볼 때, 주가 하락을 통해 헤지 포지션의 가치 하락이 전환사채의 가치 하락보다 크다. 따라서 표 15.1에서 볼 수 있듯이 주가의 하락으로 인해 57.99달러의 수익을 얻게 된다. 상승과 하락을 통해 전환사채에서 발생하는 손익은 정확히 0이 된다. 즉, 초기의 이익 500.17달러는 주가가 하락 시 그만큼 손실을 보게 된다. 그러나 헤지 포지션의 비대칭성으로 인해 상승과 하락에서 수익이 발생한다.

이렇게 전환사채 차익거래는 주식 시장의 상승과 하락 모두에서 수익을 낼 수 있다. 그렇다면 이런 전략이 절대로 손실을 내지 않는가? 물론 아니다. 여러 이유로 손실을 볼 수 있다. 무엇보다 포지션의 컨벡시티가 언제나 존재하는 것은 아니다. 그림 15.5에서 보듯이 전환사채의 가치는 주가가 낮을 시 하락하며, 이러한 음의 감마negative gamma는 채무불이행 위험이 풋옵션 매도의 효과를 갖는 데서 발생한다. 따라서 극단적인 주가의 하락은 전환사채에 좋지 않은 경우가 많다. 예를 들어, 기업의 채무불이행은 전환사채 차익거래자의 손실로 연결된다.

시간 가치 잠식: 가만히 있으면 돈을 잃는 것

전환사채 차익거래는 증시의 상승과 하락 모든 경우에서 수익을 얻을 수 있음을 보았지만, 또 다른 놀라운 효과는 주가의 움직임이 없을 때 손실을 본다는 것이다. 주가가 움직이지 않고 시간이 흐른다는 것은 전환사채 차익거래 트레이더에게는 손실이다.

그림 15.6은 시간 가치 잠식 Time Decay (세타 theta라고도 불리며 시간 민감도를 나타낸다)이라고 불리는 이러한 현상을 나타낸다. 전환사채의 가치는 옵션 가치로 인해 균형 전환 가치와 보통 채권의 가치보다 높다는 점을 생각해 보자. 따라서 전환사채를 매수할 때, 상승과 하락으로 인한 수익을 낼 수 있는 잠재력에 대한 프리미엄을 지불한다. 이러한 가격 프리미엄은 시간 가치 잠식을 이해하는 데 중요하다. 시간이 지날수록, 주가의 상승과 하락으로 인해 수익을 낼 수 있는 기회는 줄어든다. 따라서 그림 15.6에서와 같이 옵션의 가치가 줄게 되면 전환사채의 가격은 보통채와 균형 전환 가치를 향해 하락하게 된다. 이처럼 옵션 가치가 줄어드는 것은 전환사채 트레이더에게는 손실이며, 이를 시간 가치 잠식이라 한다.

따라서 주가가 상승이나 하락할 경우 수익이 발생하지만, 주가가 움직이지 않고 시간이 지나갈 경우는 손실이 발생한다. 거래 기간 동안의 총수익은 실제 주가의 움직임 정도와 전환사채를 매수한 가격에 내재된 주가의 움직임 정도에 달려 있다.

그림 15.6 시간 가치 잠식으로 인한 전환사채 차익거래의 손실

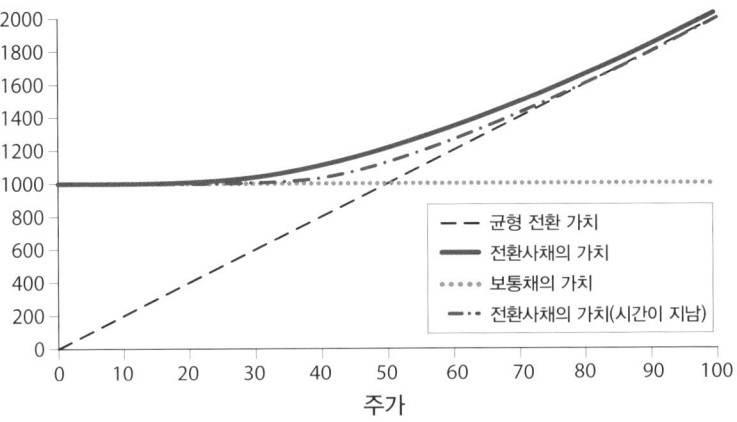

베가: 높은 변동성에 대한 기대

헤지된 전환사채 포지션의 수익은 주가의 상승과 하락으로 인해 발생하므로, 주가 변동성이 높을수록 전환사채의 가치 역시 높다. 따라서 주가 변동성의 증가는 전환사채의 가격을 증가시키는 경향이 있는 반면, 변동성이 하락할 경우 가격 역시 하락한다. 변동성에 대한 가격 민감도는 베가$_{vega}$라고 부르며, 전환사채에는 콜옵션이 내재되어 있으므로 전환사채 차익거래는 양의 베가를 가진다고 볼 수 있다.

알파와 할인 정도

전환사채 차익거래의 알파는 펀더멘털 가치에 비해 저렴한 전환사채를 사들이는 데서 발생한다. 전환사채는 역사적으로 여러 가지 이유로 구성 요소인 채권과 옵션의 합에 비해 평균적으로 할인된 가격으로 거래되었다.

첫째, 전환사채 거래에는 전문 지식이 필요하고, 거래 비용이 크며, 자금을 조달하기 힘들거나 비용이 많이 들고, 시장 유동성 위험(거래 비용이 급격히 증가하고 심지어 딜러들이 시장 조성을 중단하기도 한다)과 자금 조달 유동성 위험(증거금이 증가하거나 자금을 회수한다)에 직면할 수 있다. 그래서 투자자는 전환사채를 기피하거나 많은 프리미엄을 요구한다. 둘째, 전환사채 발행자는 현금이 필요할 경우 전환사채를 다른 증권보다 더 빠르고 낮은 수수료로 매도할 수만 있다면, 기꺼이 할인된 가격에 매도할 것이다. 따라서 전환사채 차익거래는 대출이 어려운 기업에 자금을 조달해줌으로써 시장 위험과 자금 유동성 위험이 있는 자산을 보유하는 대가로 유동성 위험 프리미엄을 얻는다.

유동성으로 인한 전환사채의 할인은 그림 15.7에 나타나 있다.

그림 15.7 전환사채의 할인

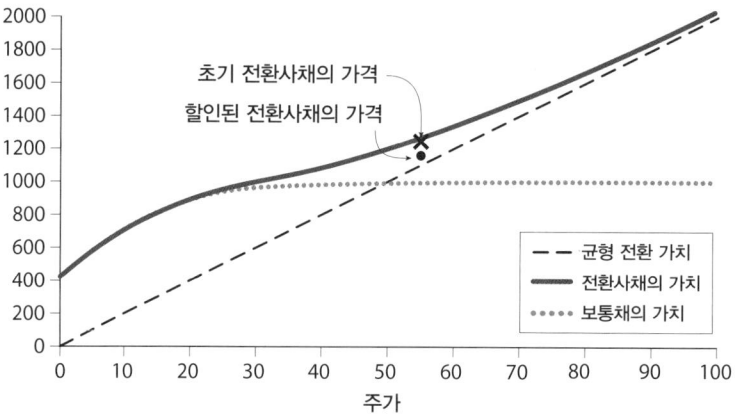

전환사채의 초기 가격(그래프의 x로 표시)은 이론적 가치(실선)보다 낮다. 이러한 가격의 할인은 전환사채 차익거래에서 알파의 원천이다. 반대로 전환사채를 이론적 가치에 매수할 경우 전략의 알파는 0이 되고, 이론적 가치 이상의 가격을 지불하면 알파는 음수가 될 것이다.

주가의 변동이 없이 전환사채 시장 상황이 악화되면, 전환사채는 그림 15.7에서와 같이 이론적 가치에 비해 더 저렴해진다. 이는 차익거래자에게 손실을 입힐 수 있지만, 향후 더 높은 기대수익을 창출할 수도 있다

15.7 전환사채의 종류

전환사채는 그림 15.8에 나타낸 것과 같이 몇 가지 분류로 나뉜다.

그림 15.8 전환사채의 분류

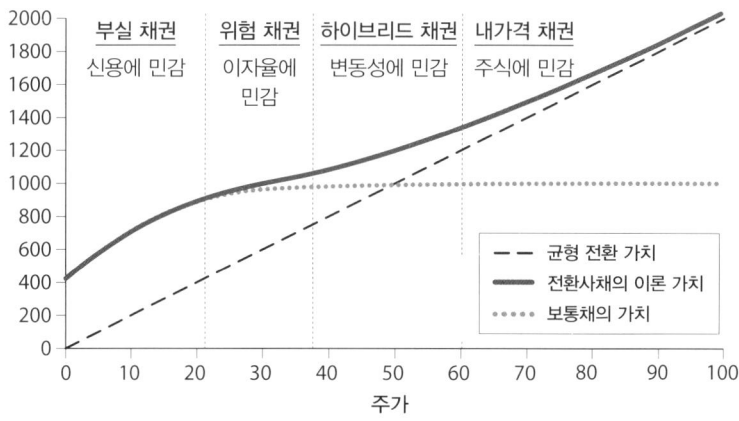

일부 전환사채 매니저는 부실distressed 채권, 위험busted 채권, 하이브리드hybrid 채권, 내가격high-moneyness 채권 중 특정 유형에 특화되어 있다. 이러한 전문화는 매니저의 전문성을 높일 수 있지만, 채권 유형의 변화에 따라 매매를 하는 경우 추가적으로 거래 비용이 들 수도 있다.

내가격 전환사채는 옵션을 행사할 수 있으므로 주식에 민감하다. 일부 매니저는 내가격인 전환사채가 가장 높은 위험 조정 수익률을 제공한다고 생각하지만, 이런 채권은 일정 수준의 위험과 총수익률을 창출하려면 많은 레버리지가 필요하다.

하이브리드 전환사채는 등가격에 가까우므로 주식의 변동성에 민감하다. 위험 전환사채는 외가격이므로 옵션의 권리를 선택할 여지가 거의 없지만, 신용 위험이 부실 전환사채에 영향을 미치는 것만큼 주가가 그렇게 낮지는 않다.

15.8 전환사채 포트폴리오의 위험

시장 위험, 이자율 위험, 신용 위험

전환사채 포트폴리오를 보유할 때 가장 큰 위험은 주식 시장 위험이지만, 델타 헤지를 통해 이를 대부분 제거할 수 있다. 이자율이 높아지면 채권 쿠폰의 가치가 떨어지므로 전환사채는 이자율 위험에도 직면한다. 이자율 위험은 채권 선물, 회사채, 국채를 공매도하거나 이자율 스왑을 통해 헤지할 수 있다.

전환사채는 또한 신용 위험에도 직면한다. 주식 헤지가 부도 위험을 일정 부분 보호해 주지만, 부도 발생시 전환사채에서 발생하는 손실을 전부 보상하지는 못한다. 개별 채권의 부도 위험은 해당 기업의 CDS가 존재할 경우 이를 매수하여 헤지하거나 회사채를 공매도해 헤지한다. 그러나 포트폴리오 내 모든 전환사채를 헤지하는 것은 거래 비용이 많이 든다. 그 대신, 전환사채 트레이더는 포트폴리오를 잘 분산하여 개별 신용 위험을 분산시킬 수 있다. 시장 전반의 신용 위험의 변화는 CDX나 아이트랙스iTraxx와 같은 CDS 지수로 헤지할 수 있다. 전환사채는 또한 인수 혹은 기업의 이벤트와 같은 위험에도 직면한다. 이러한 이벤트로 인한 위험은 헤지하기가 힘들지만, 어느 정도 분산시킬 수 있다.

가치 평가와 유동성 위험: 효율적으로 비효율적인 전환사채 가격

헤지하거나 분산시킬 수 없는 주요 위험은 (1) 이론적 가치 대비 전환사채의 할인, (2) 자금 조달 유동성 위험, (3) 시장 유동성 위험이다. 설상가상으로 이 세 가지 위험은 밀접하게 연결되어 있으며 동시에 나타나는 경우가 많다. 전환사채의 할인은 트레이더에게 손실을 입히며, 이는 자금 조달 문제를 일으킨다. 이러한 자금 조달 문제는 강제 청산으로 이어질 수 있고, 트레이더들의 급매로 인해 시장 유동성이 마르며, 가격과 유동성의 하향곡선을 만든다. 전환사채 시장에서 이러한 유동성 사건은 1998년, 2005년, 그리고 2008년에 가장 심각하게 발생했다.[2]

그림 15.9 대형 전환사채 차익거래 펀드 대상 프라임 브로커의 레버리지 가용 정도

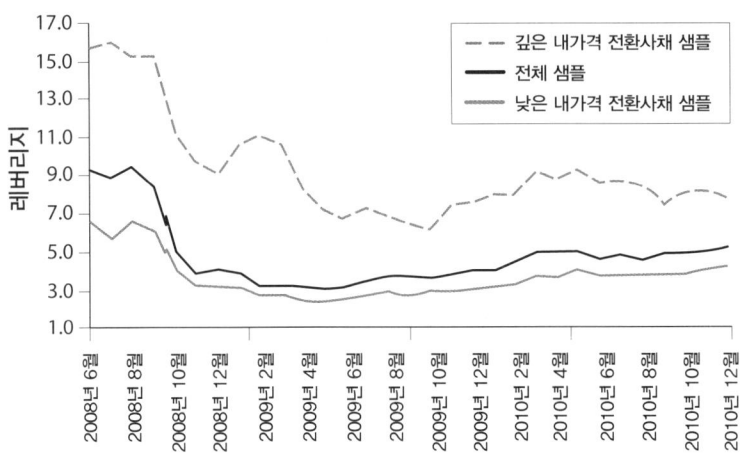

참고: 레버리지는 순자산 가치 대비 전환사채 매수 포지션의 가치로 측정했다.
출처: Mitchell and Pulvino(2012)

그림 15.9는 2008년 6월부터 2010년 12월까지 대형 전환사채 차익거래 헤지펀드가 프라임 브로커로부터 사용 가능한 레버리지 정도를 보여 준다. 깊은 내가격 전환사채가 낮은 내가격 전환사채보다 헤지 불가능한 위험이 작으므로 더 많은 레버리지를 사용할 수 있다. 더 중요한 점은, 리먼 브라더스가 파산하고 대부분의 브로커가 곤경에 처한 글로벌 금융 위기 시기에 사용 가능한 레버리지가 크게 하락(즉, 증거금 조건이 훨씬 높아졌다)했다는 점이다. 실제로 이 그림은 전환사채 시장의 자금난 규모를 과소평가하고 있는데, 많은 소규모 헤지펀드의 증거금 조건이 엄청나게 증가했고 일부는 자금을 회수당해 청산해야 했기 때문이다.

그 결과 전환사채의 가격은 급속도로 하락했다. 전환사채 가격 하락의 극단적인 예로 전환사채가 전환 가능성 옵션이 없는 채권보다 더 싸게 거래되기도 했다. 그림 15.10은 같은 기업이 발행한 전환사채와 보통채권 수익률의 평균과 중앙값 차이를 보여 준다.

그림 15.10 보통채와 전환사채의 이자율 차이

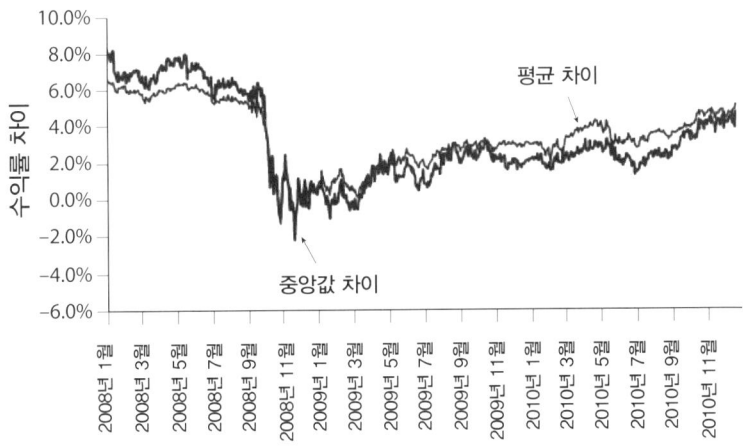

출처: Mitchell and Pulvino(2012)

여기서 표본은 액면가 이하로 거래되는 596개의 위험 전환사채인데, 최소 잔여 만기가 1년 이상이고 만기가 비슷한 보통채가 존재한다. 전환사채의 옵션 가치가 낮더라도 (액면가 이하로 거래되고 있으므로) 여전히 전환 가능성이 있기 때문에 전환사채의 이자율은 보통채보다 낮아야 한다. 당연히 보통은 그러하며, 그림 15.10 역시 초기에는 6% 이상의 이자율 차이를 보여 준다. 그러나 리먼 브라더스가 파산했을 때 전환사채 시장을 강타한 유동성 위기가 워낙 심각해 이자율 차이가 거의 0에 육박했으며, 경우에 따라 음수를 기록하기도 했다. 전환사채 시장은 브로커의 유동성 문제로 인해 심각한 유동성 문제를 안고 있던 롱-숏 헤지펀드가 지배적이었던 반면, 보통채 시장은 이러한 사건들에 영향을 덜 받는 레버리지를 사용하지 않는 롱-온리 투자자가 다수였다.

1998년 전환사채 시장에서도 헤지펀드 LTCM의 붕괴와 관련해 비슷한 유동성 사건이 발생했다. 그림 15.11에서 보듯이, 전환사채의 가격은 이론적 가치에 비해 현저히 하락했으며, 그 결과 전환사채 차익거래자가 초기에는 손실을 입었지만 다시 가격이 상승함에 따라 높은 수익률을 얻었다.

그림 15.11 이론적 가치 대비 전환사채 헤지펀드의 수익률

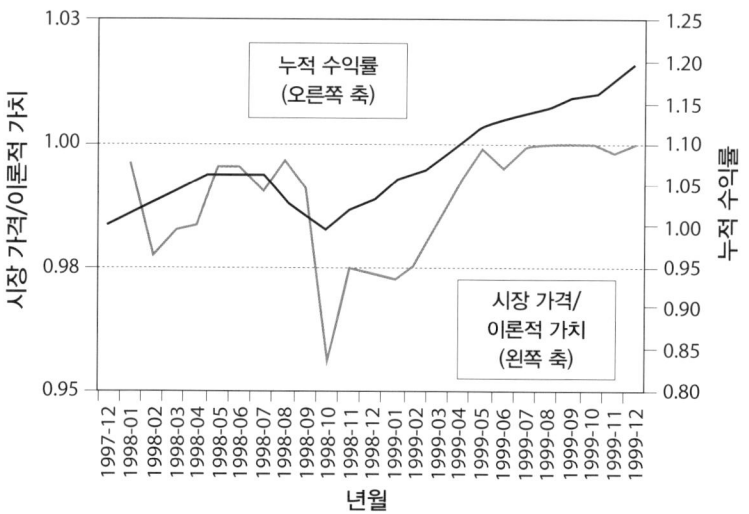

출처: Mitchell, Pedersen, and Pulvino(2007)

합병, 인수 및 기타 위험 요소

합병, 인수, 특별 배당 및 기업 구조 조정은 다른 이해관계자들이 기업의 가치를 빼나가고, 전환사채가 상환되어 옵션 가치를 상실할 수 있으며, 계약상 불리한 조건으로 악영향을 받을 수 있기 때문에 전환사채 소유주에게 위험을 초래한다.

인수는 좋을 수도 있고 나쁠 수도 있다. 전환사채가 내가격에 있으며 인수 입찰로 인해 주가가 상승할 경우, 컨벡시티로 인해 헤지된 전환사채 포지션은 수익을 거두게 된다. 그러나 인수가 전환가격 아래에서 이루어져 전환사채가 외가격이 될 경우를 생각해 보자. 전환사채가 합병 회사(이를테면, 신용이 더 나쁜 비공개 회사인 경우)에게 상환되거나 옵션 가치를 상실할 경우 전환사채 가격은 액면가 이하로 떨어진다. 동시에 인수 발표 때 주가가 상승해 공매도를 이용한 주식 헤지 포지션에도 타격을 입는다. 따라서 이런 경우 전환사채 차익거래자는 전환사채 매수 및 주식 공매도 양쪽에서 손실을 입는다.

인수 위험을 제한하기 위해, 현재 대부분의 전환사채는 기업을 인수할 때 전환사채 소유주가 발행자에게 액면가에 상환을 청구할 수 있으며, 특정 조건하에서는 추가적인 주식에 대한 권리를 부여받는 인수 보호 조항으로 발행되고 있다.

15.9 시타델의 켄 그리핀과의 인터뷰

케네스 C. 그리핀은 세계 최대의 자산운용사 및 증권 딜러 중 하나인 시타델Citadel의 설립자 겸 최고경영자다. 그리핀은 두 개의 헤지펀드를 시작하고 운용하면서 동시에 하버드 대학에서 학사 학위를 받았다. 졸업 직후인 1990년 시타델을 설립했고, 젊은 나이에 성공하여 순식간에 전설이 되었다. 시작은 전환사채 차익거래에 중점을 두는 것이었으며, 시타델은 현재 여러 개의 대체 투자 전략을 사용하는 많은 헤지펀드를 보유하고 있다.

Q: 우선 전설적인 기숙사 방에서의 트레이딩, 그리고 경력의 시작에 대해 묻고 싶습니다.

A: 하버드 대학 1학년 때 트레이딩을 시작했습니다.『포브스』지에 왜 홈쇼핑 네트워크가 극도로 과대평가되었는지에 관한 기사가 실렸죠. 기사를 읽은 후 그 주식의 풋옵션을 샀습니다. 그 직후 주가가 폭락하여 수천 달러를 벌었죠. 하지만 포지션을 정리할 때, 시장 조성자는 옵션의 내재 가치에서 일부를 뺀 금액을 주었습니다.

Q: 그래서 시장 조성, 거래 비용, 차익거래에 대해 생각하게 되셨나요?

A: 네. 위험과 보상을 고려할 때 시장 조성자의 거래가 제 투

자보다 훨씬 낫다는 것을 깨달았습니다. 제가 꽤 운이 좋게 돈을 번 반면에 시장 조성자가 벌어들인 50달러는 기본적으로 무위험이라는 사실에 크게 감탄했죠. 그래서 전문적인 시장 참가자들이 어떤 투자를 하는지 이해하고 싶어졌습니다. 저는 방향성 포지셔닝이 아닌 상대적 가치를 이용한 거래에 눈을 뜨기 시작했습니다.

Q: 전환사채 거래로 돈을 벌 수 있다는 것을 어떻게 알게 되었고, 어떻게 거래를 시작하게 되셨나요?

A: 대학 시절 우연히 하버드 경영대학의 베이커 도서관에서 S&P 채권 가이드를 살펴보았습니다. 그 책 뒷 부분에 전환사채들이 나열되어 있었죠. 각 채권의 중요 조건인 쿠폰, 전환 비율, 전환 가격을 제공했습니다. 그 책에 나와 있는 시세를 보니, 일부 채권의 가격이 잘못 매겨진 것 같았죠. 전환사채라는 상품에 대해 이해하고 그 가격과 거래를 이해하기로 마음먹었습니다.

Q: 그 당시에는 가치 판단을 단순히 대략적인 계산으로 하셨나요, 아니면 블랙-숄즈 모형이나 이항옵션 가격결정모형 같은 것을 이용하셨나요?

A: 간단한 계산과 상식, 그리고 왜 이런 가격 결정 오류가 존재하는지 그 역학 관계에 대한 단순한 생각이 있었죠. 많

은 가격 결정 오류는 주식을 빌릴 수 없어서 생겨났고, 따라서 전환사채는 차익거래가 어려웠기 때문에 전환 가치와 근접하게 거래되었습니다. 그럼에도 불구하고, 그 당시 저는 이러한 역학 관계를 이해하지 못했죠. 베이커 도서관에서 S&P 가이드를 보고 나서는 흥미가 생겼습니다.

Q: 그렇다면 더 많은 사람과 연락하고 실제로 전환사채를 거래하기 시작하셨나요?

A: 저는 전환사채 시장을 이해하게 되었고, 전환사채 차익거래에 대해 쓰여진 많은 글과 책을 살펴보았습니다. 친구와 작은 파트너십을 맺어 기숙사 방에서 돈을 관리했습니다. 우리는 전략을 활용하기 위해 1987년 9월에 친구와 가족들로부터 약 25만 달러, 정확히는 26만 5,000달러를 모았습니다.

Q: 그때는 참 독특한 시기였죠. 다음달에 시장 붕괴가 있었으니까요.

A: 네, 그렇습니다. 당시 저는 채권들이 하락장에서 어떻게 움직일지 완전히 이해하지 못했기 때문에, 저의 헤지 전략은 약세 시장의 불확실성에 대비하기 위해 주식을 더 공매도하는 것이었습니다.

Q: 훌륭하네요!

A: 네. 덕분에 87년 하락장에서 자금을 지킬 수 있었습니다. 87년의 폭락으로 인해 시장은 혼란스러웠지만 제 작은 펀드는 성과가 좋았기 때문에 자금을 더 모을 수 있었고, 그 후 두 번째 펀드도 시작했습니다. 대학 기간 중 이 두 펀드를 통해 100만 달러가 조금 넘는 돈을 관리했습니다.

Q: 대학 생활을 하면서 어떻게 펀드를 운용했는지 상상이 잘 안 가네요. 자세히 설명해 주실 수 있나요?

A: 기숙사 옥상에 위성 안테나를 두고 전화기와 팩스를 설치했습니다. 사용하지 않는 엘리베이터 통로를 따라 케이블을 건물 지붕까지 연결했고 위성 안테나를 통해 실시간으로 주가를 받았습니다. 복도를 따라 전선을 연결하긴 했지만, 아무도 신경 쓰지 않는 것 같았습니다.

Q: 거래는 어떻게 하셨나요?

A: 수업 시간 사이에 거래를 했죠. 캠퍼스에서는 공중전화를 많이 썼습니다.

Q: 헤지 포지션의 조정, 혹은 전환사채 포지션을 늘리거나 줄이기도 했나요?

A: 모두 다겠네요. 주식 헤지를 조정하거나 전환사채를 사고

팔기 위해 일주일에 두어 번의 거래가 있었습니다.

Q: 어떤 채권을 살 것인지, 언제 살 것인지 어떻게 결정하셨나요? 컴퓨터나 가치 평가 모형이 있었나요?

A: 그 당시 모든 결정은 종이와 연필을 사용하여 이루어졌습니다. 저는 현금흐름의 차이, 신용도, 그리고 채권에 내재된 콜 프로텍션 조항을 고려할 때, 채권을 거래해야 한다고 생각하는 대략적인 가격을 찾으려고 노력했습니다. 저는 블랙-숄즈의 원리에 기초한 단순한 모형도 사용하기 시작했습니다. 전환사채 가격을 모형화하는 작업은 제가 졸업한 지 2년 후인 1991년경부터 진전을 보이기 시작했습니다.

Q: 초기에는 채권 포트폴리오를 어떻게 관리하셨나요? 머리로 외우셨나요, 수첩에 적어두셨나요, 아니면 컴퓨터에 있었나요?

A: 외웠습니다. 당시에는 포지션이 그리 많지 않았고, 그게 제 가장 큰 관심사였으니까요. 당시에는 거의 모든 포지션의 쿠폰과 전환 비율을 암기하고 있을 정도였어요. 스프레드 시트와 종이를 어디에나 가지고 다녔고요. 수업 시간에는 HP 12C 계산기, 종이 조각, 그리고 머릿속의 정보를 가지고 생각하면서 결정을 내리곤 했습니다.

Q: 어떻게 이 모든 걸 할 시간이 있었나요? 수업도 들었어야 하는데 말이죠.

A: 출석률이 그렇게 좋지는 않았습니다.

Q: 소액 펀드를 운용할 때의 힘든 점과 좋은 점은 무엇이었나요?

A: 그때의 장점 중 하나는 많은 돈을 관리하지 않는다는 점이었습니다. 그 당시 생각해야 할 것은 얼마나 가지고 있느냐가 아니라 어떻게 하면 내가 가지고 있는 것을 최대한 활용할 수 있느냐 하는 것이었죠. 큰 펀드에게는 하찮은 양이지만 작은 펀드에서는 상당한 양에 해당하는 주식을 빌릴 수 있다는 것을 깨달았죠. 심지어 그 주식은 저에게 꽤 중요한 존재였음에도 불구하고 말이죠. 그래서 그 당시 제 포트폴리오의 대부분은 주식을 빌리기 힘들어서 가격이 잘못 책정된 전환사채들이었습니다.

Q: 그럼 공매도를 위한 주식은 어떻게 빌리셨나요?

A: 찰스 슈왑Charles Schwab에서 청산 계정과 같은 것을 활용했습니다. 그들은 소매 계정에 주식을 가지고 있었으며, 저는 거기서 매수와 공매도를 할 수 있었습니다. 80년대 후반이나 90년대 초반에 대규모 헤지펀드들 중 찰스 슈왑을 프라임 브로커로 사용한 대형 헤지펀드는 없었습니다.

Q: 그래서 주식 공매도가 어려운 회사들의 전환사채에서 우위를 점하셨군요?

A: 네. 제가 두세 군데 딜러에게 전화를 걸면 제가 관심있을 것 같은 새로운 증권을 알려주고는 했습니다. 저는 차입하기 어려운 주식과 관련해서 도움을 얻기 위해 찾는 사람으로 명성이 쌓였습니다.

Q: 이러한 네트워크가 전환사채 차익거래에서는 매우 유용하지만, 딜러들이 대학생에게 전화를 거는 것은 놀라운 일 같습니다.

A: 네, 맞아요. 하지만 그 당시 전환사채 시장의 많은 거래는 수십만 달러에 불과했습니다. 작은 거래가 많았죠. 그래서 10만 달러 정도의 거래도 할 수 있었고, 딜러들의 고객 목록에도 오를 수 있었죠. 요즘은 유선상으로 1,500만에서 2,000만 달러의 채권을 거래하지만, 그 당시에는 참가자도 적고 시장도 훨씬 더 작았습니다. 그리고 시장을 휩쓰는 소매 부문의 대량 주문도 있었습니다. 딜러에게 커피 회사인 초크 풀 오 너츠Chock Full o Nuts와 같은 주식에 대한 소매 부문으로부터의 주문이 왔습니다. 딜러들은 그 주식이 제가 일상적으로 빌릴 수 있는 것이고, 해당 주식을 거래하는 데 관심이 있다는 것을 알고 있었습니다.

Q: 대표님이 투자를 시작한 첫 번째 동기는 누가 거래 비용을 벌고 있는지를 생각하는 것이었습니다. 그런데 전환사채, 특히 작은 헤지펀드의 입장에서는 큰 스프레드를 지불해야 하지 않았나요?

A: 기숙사 방에서 트레이딩을 한다는 점 때문에, 솔직히 말하자면, 저는 월가에서 참신하게 여겨졌습니다. 월가가 사람들을 어떻게 대하느냐에 대한 기존의 통념과는 달리, 업계의 사람들은 아주 공정한 조건으로 거래했고, 저는 유별나게 좋은 대우를 받았습니다. 아마도 그분들이 좋은 사람이었고 저를 도와주고 싶었기 때문이었겠죠. 대학 시절 저와 거래한 많은 사람들은 오늘날에도 여전히 친구입니다.

Q: 그 후에는 어떻게 발전하셨나요?

A: 대학 졸업 후, 중요한 재간접펀드의 자금을 관리하기 위해 시카고에 왔습니다. 전환사채 시장에서의 기회가 줄어, 일본 시장의 전환사채와 주식 워런트equity warrant[†] 거래에 집중하기 시작했고, 이는 90년대 회사의 핵심이 되었습니다. 저의 훌륭한 멘토 중 한 명인 프랭크 마이어는 많은 사업이 시간에 따른 사이클이 있다고 강조했습니다. 따라서 경력 초창기에 저는 한 가지 전략이 아니라, 강력한 플랫폼과 수많은 전략을 기반으로 한 회사를 설계하는 것을

---

† 일정 수의 주식을 정해진 가격에 살 수 있는 권리가 붙은 증권.

생각했습니다.

그래서 우리는 90년대 초반에는 글로벌을 대상으로 한 전환사채 거래를, 1994년에는 통계적 차익거래를, 94년과 95년에는 합병 차익거래를 했습니다. 시간이 지나면서 시타델의 플랫폼에 십여 가지 각기 다른 투자 전략을 추가했습니다.

Q: 당시 회사의 전반적인 발전을 얼마나 계획하셨나요?
A: 딱히 마스터 플랜은 없었습니다. 하지만 이 사업을 사랑한다는 것을 일찍부터 알았죠. 저처럼 가능성에 들떠 있는 사람들과 함께 독특한 것을 만들고 싶었고, 앞으로도 계속 그러고 싶습니다. 저는 믿을 수 없을 정도로 재능 있고 투지가 넘치는 동료들과 함께 일하고 있습니다. 그들 덕분에 시타델은 발전해 왔습니다. 저는 그들에게 매우 감사하며, 앞으로 우리가 함께 무엇을 할 것인지 생각하면 가슴이 떨립니다.

Q: 하셨던 거래 중에 기억에 남는 게 있나요?
A: 일본 시장에서 엔화로 전환사채를 발행하고 영국에 상장된 제약사 글락소에 투자를 했었죠. 그러니까 영국 기업을 대상으로 도쿄 주식 시장에서 엔화로 전환사채가 발행된 겁니다. 세계 금융의 선두에 선다는 것은 흥미진진했

고, 그 거래는 몇 년이 지난 지금도 기억납니다.

Q: 그럼 3개 대륙을 넘나들며 거래하는 건데, 사람들은 해당 증권에 대해 제대로 이해하지 못했나요?
A: 영국 제약 회사가 발행한 이 전환사채를 일본 현지 투자자들은 정말 어떻게 해야 할지 몰랐습니다. 그리고 글락소의 주요 소유주였던 외국인들은 저렴한 전환사채가 일본에 있다는 사실을 생각하지 못했습니다.

Q: 증권에 대해 가장 먼저 이해하는 것이 좋은 거래의 전형적인 특징이라고 생각하시나요?
A: 가장 먼저 거래하는 것이 좋은 이야기는 될지언정, 훌륭한 사업이 되지는 않습니다. 훌륭한 사업이란 매일매일 당신이 하는 일을 능숙하게 잘하는 것입니다. 그건 시장에서 유동성이 존재하는 스윗 스팟[+]을 찾는 것입니다. 즉 상당한 포지션을 취할 수 있을 만큼 유동적이지만, 정성적인 연구나 정량적 분석을 통해 무엇이 가치를 만드는지에 대해 이해하는 데 있어 여전히 다른 사람보다 더 나을 수 있는 증권을 거래해야 합니다.

[+] 야구 용어로, 공을 칠 때 타자의 힘을 공에 가장 잘 전달할 수 있는 배트의 위치

16

이벤트 드리븐 차익거래

위험 차익거래는 대체로 주가가 오르내리는 것이 아니라 진행 중인 기업 이벤트의 성공 여부에 따라 수익이 결정되는 증권에 투자하는 것이다.

- 존 폴슨

이벤트 드리븐 투자는 기업 별 이벤트 및 시장 전반의 이벤트에서 발생하는 기회에 투자하는 전략이다. 이벤트 드리븐 매니저는 지속적으로 많은 유형의 이벤트를 찾고 그곳에서 발생하는 거래 기회를 찾으려고 노력한다.

전통적인 이벤트 드리븐 거래는 합병 차익거래(위험 차익거래라고도 불린다)다. 합병 차익거래는 합병이 발표되었을 때 일어나는 주가의 움직임에서 수익을 얻으려고 한다. 두 기업의 합병으로 인한 일시적인 가격 이동에서 기회가 발생하듯이, 반대의 기업 이벤트, 즉 하나의 기업이 여럿으로 나뉘는 이벤트에서도 기회가 발생한다. 이러한 이벤트의 종류에는 분리 설립spin-off, 분할 설립split-off, 지분 공개 상장carve-off 등이 있다.

또 다른 종류의 거래는 자사주 매입, 부채 교환, 증권 발행 또는 기타 자본 구조 조정 등 기업의 자본 구조 변화와 관련이 있다. 일부 이벤트 드리븐 매니저는 부실 기업을 전문으로 하며, 재정난, 파산, 또는 소송에 직면한 기업의 다양한 증권을 거래한다. 이처럼 부실 기업에 투자하는 것은 종종 채권자 협의회에서 활동하거나, 부채를 재협상하거나, 사업을 회복시킬 방법을 찾는 등 기업에 적극적으로 참여하는 것을 필요로 한다.

세 번째로 서로 다른 종류의 증권들 사이의 불일치로부터 수익을 얻으려고 하는 거래도 있다. 자본 구조 차익거래는 주식을 공매도하면서 회사채를 사는 등, 같은 회사가 발행한 다른 종류의 증권을 거래한다. 이벤트 드리븐 매니저는 폐쇄형 펀드, 상장지수펀드ETF, 기업인수목적회사SPAC, 상장기업 사모투자PIPE 등 특수한 증권에 투자하기도 한다.

네 번째 종류는 특정 주식이 S&P 500과 같은 지수에 포함되거나 제외될 때와 같이, 증권 시장구조의 변화와 관련이 있다.

기업 이벤트 외에도, 이벤트 드리븐 매니저들은 다른 시장이나 자산군에서 이벤트를 찾기도 한다. 가장 유명한 예는 '역대 최고의 거래'로 일컬어지는 이벤트 드리븐 헤지펀드 매니저 존 폴슨의 거래다. 폴슨은 서브프라임 모기지(비우량 주택담보대출) 관련 파생상품을 매도하여 2007-2008년에 150억 달러 이상을 벌어들인 것으로 알려졌으며, 이는 헤지펀드 역사상 가장 수익성이 높은 거래 중 하나다. 이러한 신용 베팅은 글로벌 매크로 거래로 볼 수도 있다.

이러한 거래들에서 이벤트는 크게 다르지만, 포트폴리오 구성 방법론은 유사하다. 포트폴리오는 두 가지 원칙에 따라 구성된다. (1) 이벤트 고유의 위험을 분리하고 시장, 이자율 및 신용 위험을 헤지하며, (2) 여러 이벤트에 분산 투자를 하여 이벤트 고유의 위험을 최소화한다. 예를 들어, 이벤트 매니저는 합병이 완료되면 수익을 얻고 합병이 실패하면 손실을 보는 포트폴리오를 구성한다. 합병 실패의 위험을 자처하는 것은 그 위험을 택함으로써 보상받기를 원하는 것이며, 이는 제거할 수 없는 위험이다. 그러나 다양한 합병 관련 이벤트에 소규모씩 투자하여 이러한 위험을 꽤나 분산시킬 수는 있다. 워런 버핏은 이렇게 말했다.

물론, 예를 들어, 차익거래와 같은 전략은 광범위한 분산투자가 필요하다. 단일 거래에 중대한 위험이 존재하는 경우, 상호 독립적인 투자들을 함으로써 전체적인 위험을 줄여야 한다. 만일 확률 가중된 수익이 손실을 상당한 정도로 초과한다고 믿는 경우, 그리고 유사하지만 관련이 없는 다수의 투자 기회에 전념할 수 있는 경우, 손실을 입을 가능성이 매우 크다는 것을 알고도 위험한 투자를 할 수 있다. 대부분의 벤처 투자가는 이러한 전략을 사용한다. 만약 이러한 방법을 선택한다면, 룰렛 휠을 소유하고 있는 카지노 사업의 방법을 채택해야 한다. 그들은 확률에서 앞서기 때문에 게임이 많이 진행되는 것을 원하지만, 단 한 번의 거대한 베팅은 거절할 것이다.

- 워런 버핏, 1993년 연례 서한

이러한 전략에 대해 좀 더 자세히 논의해 보도록 하자.

16.1 합병 차익거래

기업 인수합병

기업은 항상 사고팔리며, 그 과정에서 인수합병Mergers and Acquisitions, M&A도 일어난다. 이런 거래에서 구매자 또는 판매자의 대부분은 비상장 기업이지만, 합병 차익거래자는 매수되고 있는 대상, 즉 피인수 기업이 상장 기업일 때만 투자한다. 그림 16.1에서 보듯이, 여러 종류의 합병이 있다.

인수자는 전략적 투자를 통해 시너지를 기대하는 다른 기업인 경우도 있고, 차입매수 펀드인 경우도 있다. 입찰이 '우호적'인 경우 피인수 기업의 경영진이나 이사진의 지원을 받으며, '적대

그림 16.1 합병 거래의 유형

지불	피인수 경영진의 입장	인수자 종류
현금	우호적	전략적 인수자
고정제 교환비율 주식	적대적	차입 매수
변동제 교환비율 주식		
칼라 주식		
복잡한 형태		

적'인 경우는 피인수 기업의 경영진이 인수에 반대한다. 인수자의 유형과 경영진의 입장은 딜이 성사될 가능성에 중요한 영향을 미친다.

딜은 피인수 기업에 대가를 지급하는 형태에 따라서도 차이가 있다. 때때로 인수자는 기업을 인수하기 위해 현금을 제안한다. 예를 들어, 차입매수 딜은 인수자가 제공할 주식을 보유하고 있지 않기 때문에 현금으로 이루어지는 경우가 많다. 반면 전략적 구매자는 인수 대가로 본인들의 주식을 제안한다. 예를 들면 인수자는 피인수 기업의 1주당 자기 주식 2주를 제시할 수 있는데, 이를 '2대 1 고정제 교환 비율 방식'이라고 한다. '변동제 교환 비율 방식'도 있으며, 이는 합병 발표 후 특정 시점 인수자의 주가에 따라 주식 수가 결정된다. 예를 들면, 제안 가격은 100달러만큼에 해당하는 인수자의 주식이지만 이에 해당하는 주식 수는 2월 1일에 결정되도록 변동제 교환비율을 설정할 수도 있다. 달리 말하면, 제안 가격은 100달러/P에 해당하는 주식 수이며, 이 중 P는 2월 1일 인수자의 주가에 해당한다. 주식 합병 딜은 인수가의 하한과 상한을 제한하는 등의 옵션을 가질 수도 있다. 그러한 딜은 칼라 딜collar deal로도 불린다. 합병 제안은 다소 복잡할 수 있으며, 인수자가 발행한 채권처럼 다른 종류의 증권이 될 수도 있다.

합병 차익거래가 작동하는 이유: 딜 스프레드

합병이 발표되면 인수자는 현재 주식 소유자가 매각 의사를 갖게 하기 위해 피인수 기업의 현재 가격보다 비싼 매수 제안을 한다. 예를 들어 주가가 주당 100달러 내외로 거래되고 있다면 인수자는 주당 130달러를 제안할 수 있다. 따라서 이러한 발표 후 피인수 기업의 주가는 급등한다. 그러나 이러한 피인수 기업 주가의 초기 급등은 일반적으로 합병 차익거래에서 다루는 것이 아니다. 어떤 기업이 인수될 것인지 합병 차익거래자가 미리 예측하는 것은 매우 어렵다(그리고 정말로 미리 알고 있는 사람들은 내부자 거래로 인해 감옥에 가게 되는 경우가 많다).

합병 차익거래는 합병 발표 이후 피인수 기업의 주식을 매수하는, 즉 해당 기업의 주가가 이미 상승한 후에 일어난다. 그렇다면 피인수 기업의 주가가 이미 합병 제안의 가격을 반영했다면 왜 이러한 거래가 수익성이 있을까? 그 이유는 피인수 기업의 주가가 일반적으로 제안 가치에 미치지 못하고 일부만 상승하기 때문이다. 예를 들어 인수자가 130달러를 제안했다면 피인수 기업의 주가는 120달러까지 상승하곤 한다. 따라서 합병 차익거래 투자자는 합병이 완료될 경우 주당 10달러를 벌게 된다. 이러한 잠재적 수익은 잠재적인 위험에 비추어 볼 때 자연스러워 보인다. 합병에 실패할 경우 피인수 기업의 주가는 100달러대로 다시 하락해 합병 차익거래 투자자는 20달러를 손해 볼 수 있다. 또한 제안 가치는 재협상되거나 상향 또는 하향 조정되기도 하고, 경쟁 입찰자가 더 높은 가격을 제안할 수도 있다. 따라서 합병 차익거래의 기대 이익은 합병의 성공 확률, 실패시 예상되는 손실, 그리고 완료시의 수익에 따라 달라진다.

합병 거래의 기대 이익을 평가하는 일은 복잡하지만, 현재의 합병 제안이 진행될 경우 이익을 계산하는 것은 간단하며 이를 '딜 스프레드deal spread'라고 한다.

$$딜\ 스프레드 = \frac{제안\ 가치 - 피인수\ 기업\ 주가}{피인수\ 기업\ 주가}$$

위 예제에서 딜 스프레드는 $10/$120 = 8.3%다. 따라서 합병 제안이 현재대로 진행될 경우 합병 차익거래 투자자는 8.3%의 수익을 얻는다. 이러한 딜 스프레드는 합병 완료 이전에 배당금 지급과 실행 비용 등을 고려할 경우 조정될 수도 있다.

딜 스프레드가 양수라는 것은 합병 차익거래가 평균적으로 돈을 번다는 것을 의미하는가? 꼭 그렇지는 않다. 결국, 딜 스프레드는 실제의 거래 위험을 반영한다. 즉, 딜 스프레드는 보통 거래 실패로 인한 손실을 상쇄하기 위해 양수이어야 하고, 이는 차익거래자의 평균 이익이 0이 되도록 해야 한다. 그러나 역사적으로 실제 딜 스프레드는 손익분기점에 해당하는 딜 스프레드보다 컸으며, 이는 합병 차익거래가 수익성 있는 거래였음을 의미한다.

합병 차익거래가 역사적으로 수익성이 있었던 데는 몇 가지 이유가 있다. 그러나 가장 큰 이유는, 합병이 발표되면 많은 기존 투자자가 피인수 기업의 주식을 팔기 때문이다. 이러한 매도로 인해 피인수 기업의 주가가 제안 가치만큼 상승하지 않고, 딜 스프레드가 커지게 되어 평균적으로 합병 차익거래가 수익성이 있게 된다.

많은 투자자는 합병이 취소되면 피인수 기업의 주가가 갑자기 떨어질 수 있다는 점을 생각해 피인수 기업의 주식을 매도한다. 공모펀드든 개인투자자든 일반적인 주식 소유자는 그 기업을 좋아했기 때문에 주식을 샀다. 인수자가 기업을 매입하겠다고 제안할 때, 그들은 원래 소유주들과 같은 이유로 그 기업에 매력을 느꼈을 것이다.

그러나 애당초 종목 선정에 전문 지식이 있던 투자자라도 딜 위험을 평가하는 데 전문 지식이 있는 것은 아니라고 느낄 수도 있다. 실제로 합병에 대한 불확실성이 있는 기간 중, 피인수 기업 주가의 주요 결정 요인은 성장 전망과 사업의 성공이 아니다. 대상 이사회와 주주들이 제안을 받아들일지 여부, 인수자가 실사시 제안을 수정 또는 취소할 것인지 여부, 규제 당국이 합병을 허용할 것인지의 법적인 문제, 인수자가 필요한 자금을 조달받을 수 있는지 여부 등이다.

많은 주식 보유자들이 딜 위험을 불안해하므로, 그들은 합병 실패의 위험에 대한 보험을 요구할 것이다. 그들은 가장 간단하게 주식을 매도함으로써 이러한 보험을 든다. 이 보험의 가격이 딜 스프레드가 된다.

다르게 말하면, 주식 소유자가 갑자기 매도자로 변한다. 합병이 완료된 후에는 기업의 새로운 소유주가 나타나겠지만, 그 전까지 시장은 일시적으로 상당한 매도 압력에 직면하게 된다.

다른 투자자들이 피인수 기업의 주식을 매도할 때, 합병 차익거래 트레이더는 이 주식을 매수한다. 그래서 딜 위험을 피하기 위해 포지션에서 벗어나고자 하는 모든 사람에게 유동성을 제공한다. 즉, 딜 위험에 대한 보험을 제공하며, 합병 차익거래 트레이더의 평균 수익은 보험에 대한 수익 혹은 유동성 공급에 대한 보상이다. 합병 차익거래 매니저는 딜 위험을 어떻게 처리할까? 그들은 많은 딜에 걸쳐 분산 투자를 함으로써, 특정 딜의 실패가 전체 포트폴리오에 크게 악영향을 미치는 일이 없도록 한다.

딜 스프레드는 합병 차익거래 매니저의 유동성 공급에 대한 보상 수준으로 정해진다. 합병 차익거래 자본에 비해 합병 거래 숫자와 위험이 큰 시기에는 기대 수익률이 높아진다. 딜 스프레드는 또한 합병 거래에 따라 다른 경향이 있다. 실제로 합병 차익거래 매니저는 어떤 딜이 실패할 가능성이 더 높고 어떤 딜이 성사될 가능성이 높은지를 파악하려고 하고, 성공할 것이라고 생각하는 딜에서만 피인수 기업의 주식을 매수하기 때문에, 더 위험한 딜의 경우 딜 스프레드가 더 벌어지는 경향이 있다.

합병 차익거래의 과정

합병 차익거래는 합병이 발표될 때 시작된다. 이러한 발표는 일반적으로 시장이 마감되었을 때 행해지며, 시장이 열려있을 경우 해당 주식은 일시적으로 거래가 정지된다. 시장이 열리면 합병 차익거래 매니저는 딜 스프레드와 더 높은 입찰의 가능성, 딜 실패 위험을 고려하여 주가와 피인수 기업의 주식을 평가한다. 매니저가 거래하기를 원할 경우, 피인수 기업의 주식을 매수하고 인수자의 주식을 공매도하여 헤지한다. 각 포지션의 사이즈와 헤지를 하는 방법에 대해서는 나중에 다시 다루도록 한다.

첫째, 우리 애널리스트 중 한 명이 발표되는 새로운 딜을 살펴본다. 일단 딜이 발표되면, 재무 상태를 상세하게 분석한다. 기업의 실적, 매출의 성장, EBITDA[법인세 이자 감가상각비 차감 전 영업이익], 순이익 및 주당 순이익을 조사하고, EBITDA, EBIT 및 순이익 대비 합병 비율을 계산한다. 피인수 기업 대비 인수자의 규모와 지급되는 프리미엄 역시 살핀다. 그리고 나서 해당 딜의 전반적인 재정적인 장점을 평가한다. 일반적으로 과도한 프리미엄 없이 합리적인 배수로 인수되는 건실한 기업을 찾는다.

분석의 두 번째 단계는 경영진의 컨퍼런스콜에 참여하고, 월가 리서치, 증권거래위원회 파일링, 합병 계약서를 검토한다. 합병 계약서를 검토하면서 합병에 대한 실사, 자금 조달, 사업 또는 규제 조건과 같이 합병에 있어 특이한 조건들을 찾는다. 기본적으로 최소한의 조건만을 가진, 믿을 수 있는 합병 계약을 찾고자 한다. 또한 딜의 시기나 최종 승인에 영향을 미칠 수 있는 규제 이슈를 검토한다. 우리는 외에 훌륭한 공정 거래 변호인antitrust counsel을 보유하고 있으며, 거래 결과에 영향을 미칠 수 있는 법적 문제를 검토할 수 있는 사내 변호사 역시 보유하고 있다. 일반적으로, 우리 연구의 주된 목적은 위험성이 높고 성공 확률이 낮은 딜을 제거하는 것이다. 더 낮은 위험과 더 높은 잠재적 수익률을 가진 딜에 초점을 맞추려고 한다.

- 존 폴슨, 2003년 헤지펀드 뉴스

합병 차익거래 포지션에 투자를 한 이후에는, 딜이 진행되는 상황을 지켜보며 완료될 때까지 기다린다. 그 기간 동안 피인수 기업 주식의 매수 포지션에서는 배당금을 받는 반면, 인수 기업 주식의 공매도 포지션에서는 배당금만큼을 보상해야 한다. 더욱이 피인수 기업 주식을 매수하고 인수 기업 주식을 공매도 할 때는 거래 비용, 공매도 비용, 자금 조달 비용이 발생한다.

그림 16.2 합병 거래의 과정

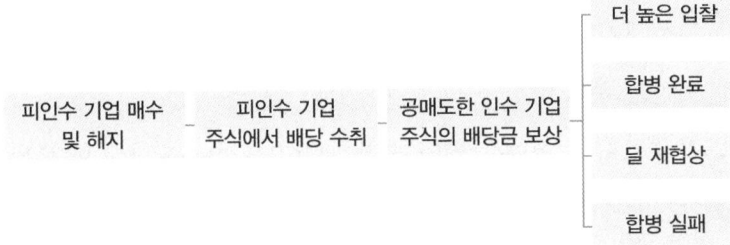

통상적으로 거래의 완료는 합병이 완료되고 합병 차익거래자가 딜 스프레드의 수익을 얻는 것이다. 그러나 그림 16.2와 같이 몇 가지 다른 결과 역시 가능하다. 다른 잠재적 인수자가 경쟁적으로 피인수 기업에 대한 입찰을 할 경우, 제안 가치가 상승하여 훨씬 더 좋은 결과를 기대할 수 있다. 때때로 몇몇 입찰자가 가격을 올려 합병 차익거래의 수익이 최초의 딜 스프레드보다 크게 증가하기도 한다. 시장이 경쟁 입찰의 가능성을 매우 높게 평가하면 딜 스프레드는 때로 음수가 될 수도 있는데, 이는 피인수 기업의 주가가 현재 입찰가보다 높다는 것을 의미한다. 딜 스프레드가 음수가 될 때 일부 합병 차익거래 매니저는 포지션을 청산하며, 경쟁 입찰의 가능성에 강한 믿음을 가진 이들은 오히려 포지션을 늘리기도 한다.

합병 딜은 상황에 따라 재협상을 통해 입찰 가격이 더 높거나 낮아질 수도 있다. 최악의 결과는 합병이 실패하는 것이다. 이는 통상적으로 피인수 기업의 주가가 합병 발표 이전 수준으로 다시 하락하는 결과를 낳는다. 일부 악재 때문에 합병에 실패했거나, 발표 이전의 주가가 이미 합병 가능성과 관련된 프리미엄을 포함했거나, 단순히 일반적인 시장의 움직임으로 인해 피인수 기업의 주가가 합병 발표 이전보다 더 하락할 수도 있다. 합병 입찰을 통해 피인수 기업의 잠재력이 드러났을 경우 합병 발표 이전의 주가보다는 높은 수준으로 하락할 수도 있다.

합병 거래 기간 동안, 합병 결과의 가능성에 따라 딜 스프레드는 넓어지기도 좁혀지기도 한다. 그림 16.3은 성공 혹은 실패하는 딜의 딜 스프레드의 중앙값을 나타낸다.

그림 16.3 합병 결과 이전 딜 스프레드의 움직임

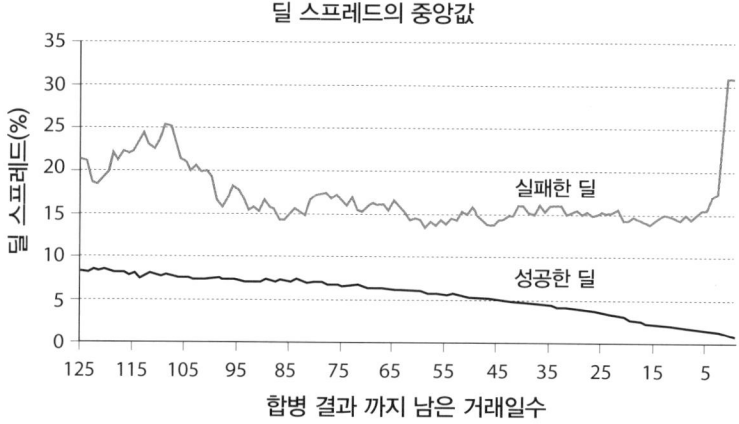

출처: Mitchell and Pulvino(2001)

성공적인 딜은 딜 스프레드가 더 낮은 경향이 있다는 것을 알 수 있으며, 일반적으로 8% 정도로 시작해 시간이 지나 성공이 더 확실해지면 점차적으로 좁혀진다. 결과적으로 실패하는 딜은 더 넓은 딜 스프레드를 보이며, 약 20% 정도로 시작한다. 따라서 시장은 어떤 딜이 실패할 것인지 미리 알지 못하지만 특정 딜이 더 위험하다는 것을 인식하고, 당연히 더 위험한 딜은 실패하는 경우가 더 많다. 딜이 성사되지 못하면서 딜 스프레드는 15%p 이상 벌어져 30% 안팎까지 치솟는다.

아르카타 케이스

워런 버핏은 1988년 버크셔 해서웨이 연례 보고서에서 합병 차익거래에 대한 흥미로운 예를 들었다.

차익거래 상황을 평가하려면 네 가지 질문에 답할 수 있어야 한다. (1) 예상된 사건이 실제로 일어날 가능성은 얼마나 되는가? (2) 얼마 동안 돈이 묶여 있는가? (3) 경쟁적인 인수합병 제안과 같은 더 나은 무언가가 일어날 가능성은 얼마나 되는가? (4) 반독점 조치, 자금 조달 문제등으로 이벤트가 이뤄지지 않으면 어떻게 되는가?

아르카타Arcata Corp는 좋은 차익거래 중 하나였으며, 사업의 우여곡절을 잘 보여 준다. 1981년 9월 28일 아르카타의 임원들은 유명 차입매수 회사인 KKR에 기업을 매각하기로 합의했다. 아르카타는 인쇄업과 임산물 사업 등을 하고 있었다. 1978년 미국 정부는 레드우드 국립공원을 확장하기 위해, 주로 오래된 삼나무로 구성된 10,700에이커 상당의 아르카타 수목 소유권을 샀다. 정부는 몇 차례에 걸쳐 9,790만 달러를 지불했다. 아르카타는 이 금액이 불충분하다고 주장했고, 소유권 취득과 최종 납부 사이의 기간에 적용해야 할 이자율에도 이의를 제기했다. 당시 법안으로는 6%의 단리가 적용되었지만, 아르카타는 훨씬 더 높은 이자율과 복리를 요구했다.

매우 불분명하고 큰 규모의 청구권 소송이 진행 중인 기업을 사는 것은 청구권이 기업을 대표하든 아니면 반대하든 협상에서 문제가 생긴다. KKR은 이 문제를 해결하기 위해 아르카타에게 주당 37달러와 삼나무 땅을 위해 정부가 추가로 지불할 금액의 3분의 2 가격에 인수를 제안했다.

우리는 이러한 차익거래 기회를 평가하면서, KKR의 제안이 '만족스러운 자금 조달'을 얻을 수 있을지에 따라 결정되었기 때문에 딜이 완료될지를 고민했다. 이러한 조항은 판매자에게 항상 위험하다. 그것은 청혼과 결혼 사이에서 열정이 식어가는 구혼자에게 쉬운 출구가 되고는 한다. 그러나 KKR은 과거에 딜을 완료한 기록이 좋았기 때문에 이 가능성에 대해서는 특별히 걱정하지 않았다.

또한 만약 KKR의 딜이 실패한다면 어떻게 될지 생각해야 했고, 이 역시 큰 부담은 아니었다. 아르카타를 사고자 하는 기업은 많았으며, 경영진과 이사회 역시 매각을 원했다. KKR이 아니라도, 물론 가격이 더 낮을 수도 있지만, 아르카타는 다른 구매자를 찾을 가능성이 높았다.

마지막으로, 삼나무 청구권의 가치를 따져봤다. 나는 느릅나무와 떡갈나무도 구별하지 못하지만 이는 별 문제가 아니었다. 청구권의 가치는 0에서 거액 사이일 것 같았다.

9월 30일에 아르카타 주식을 33.50달러에 매수하기 시작해 8주만에 기업의 5%인 40만 주를 매수했다. 처음 발표 때는 1982년 1월에 37달러를 지불할 것이라 했다. 모든 것이 완벽하게 진행되었다면 삼나무 청구권을 제외하고도 연율화 기준 약 40%의 수익률을 달성할 수 있었다.

모든 것이 완벽하게 진행되지는 않았다. 딜 마감이 다소 지연될 것이라는 발표가 12월에 있었다. 그럼에도 불구하고, 1월 4일에 협정이 체결되었다. 우리는 이에 고무되어 주당 38.00달러 정도에 주식을 더욱 매수하여, 지분의 7% 이상인 655,000주까지 보유량을 늘렸다. 거래 완료가 연기되었음에도 불구하고 삼나무에 대한 가치를 '0'이 아닌 '매우 많이' 측정하여 기꺼이 투자했다.

그 후, 2월 25일, 대출자들은 '심각하게 침체된 주택 산업과 그것이 아르카타의 전망에 미치는 영향을 고려하여' 자금 조달 조건을 '재검토'하고 있다고 말했다. 주주 총회는 다시 4월로 연기되었다. 아르카타의 대변인은 '인수가 취소될 위험은 없다고 생각한다'고 말했다. 차익거래자들은 그런 안심시키는 말을 들을 때, 옛말에 마음이 번뜩인다. '평가절하 전날 재무 장관처럼 거짓말을 한다.'

3월 12일, KKR은 기존의 딜을 변경하여 제안가를 33달러 50센트로 낮췄다가 이틀 후에 35달러로 인상했다. 그러나 3월 15일, 이사들은 이 입찰가를 거절했고 다른 그룹의 제안인 37.50달러에 삼나무 가치의 절반을 더하는 조건을 받아들였다. 주주들은 그 거래를 승인했고, 6월 4일에 37.50달러가 지불되었다.

2,290만 달러를 투자해 2,460만 달러를 받았다. 평균 보유 기간은 6개월에 가까웠다. 이 거래가 직면했던 문제를 고려해 볼 때, 삼나무 청구권의 가치를 제외한 연간 15%의 수익률은 만족스러운 수준 이상이었다.

그러나 최고의 결과가 아직 남아 있었다. 재판관은 두 개의 위원회를 임명했는데, 하나는 목재의 가치를 살펴보기 위해서였고, 다른 하나는 이자율 문제를 살펴보기 위해서였다. 1987년 1월, 1차 위원회에서 삼나무의 가치가 2억 7,570만 달러라고 밝혔으며 2차 위원회에서는 이자율을 약 14%로 할 것을 권고했다.

1987년 8월 판사는 약 6억 달러를 아르카타에게 지불해야 한다고 결론냈다. 그러자 정부는 항소를 했다. 그러나

1988년, 이 항소에 대한 공판이 있기 전에, 둘 간의 다툼은 5억 1,900만 달러에 해결되었다. 결과적으로 우리는 주당 29.48달러, 즉 약 1,930만 달러를 추가로 받았다. 1989년에 80만 달러 정도를 더 받을 것이다.

합병 차익거래의 실행: 헤지 결정 방법

합병 차익거래는 딜이 실패할 위험을 감수하는 보상으로 딜 스프레드만큼의 수익을 얻는다. 딜의 실패 여부는 합병 차익거래 매니저가 택하고자 하는 위험이므로 헤지할 수가 없다. 이벤트 차익거래는 이벤트에 대한 위험만을 남기고 다른 위험을 헤지한다. 이제 그 방법에 대해 알아보자.

합병 거래의 지불 유형에 따라 적절한 헤지는 달라진다.

그림 16.4 인수 기업의 주가에 따른 제안의 가치: 현금 거래

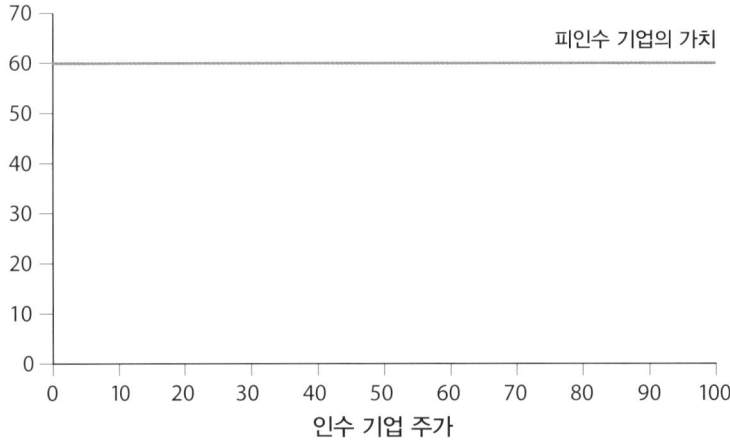

가장 간단한 합병 거래는 현금 거래로, 인수자가 피인수 기업에게 현금을 제안한다. 그림 16.4는 인수 기업이 피인수 기업에게 주당 60달러를 제안하는 예다. 이 경우 제안의 가치는 인수 기업의 주가와 무관하다. 따라서 합병 거래는 매우 간단하다. 피인수 기업의 주식을 사면 그걸로 끝이다. 딜과 관련하여 헤지할 것이 없다.

그림 16.5 인수 기업의 주가에 따른 제안의 가치: 고정제 교환 비율 방식

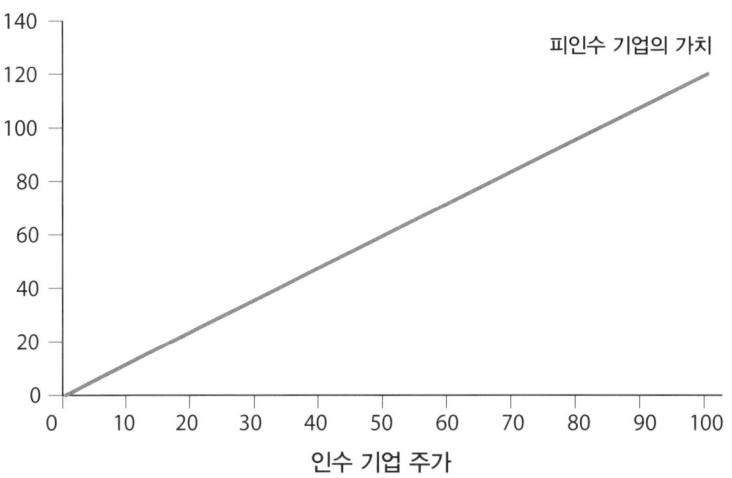

그림 16.5는 고정제 교환 비율 방식의 가치를 보여 준다. 이 경우 피인수 기업 주식 1주에 대해 인수 기업은 본인의 주식 1.2주를 제안한다. 따라서 차익거래자가 피인수 기업 주식을 매수할 때, 인수 기업의 주가가 하락하는 위험에 노출된다. 이러한 위험

을 헤지하기 위해, 피인수 기업 1주를 매수할 때마다 인수 기업 1.2주를 공매도하면 된다.

그림 16.6 인수 기업의 주가에 따른 제안의 가치: 변동제 교환 비율 방식

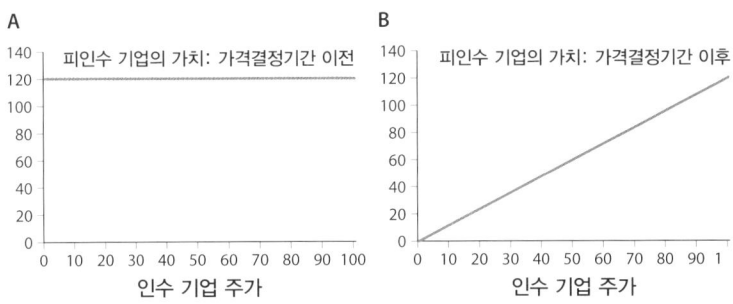

그래프 A: 가격결정기간 이전
그래프 B: 가격결정기간 이후

그림 16.6은 변동제 교환 비율 방식의 경우다. 인수자는 가격 결정 기간 동안 주식의 평균 가격에 기초하여 60달러어치에 해당하는 본인의 주식을 제안한다. 변동제 교환 비율 방식의 경우 초기 가격 결정 기간 전에는 현금 거래와 같다. 따라서 이 기간에는 헤지가 필요하지 않다. 가격 결정 기간 이후에는 고정제 교환 비율 방식과 동일하다. 가격 결정 기간 동안 교환 비율이 서서히 결정되어, 합병 차익거래자는 헤지를 점점 증가시킨다.

그림 16.7 인수 기업의 주가에 따른 제안의 가치: 칼라 딜

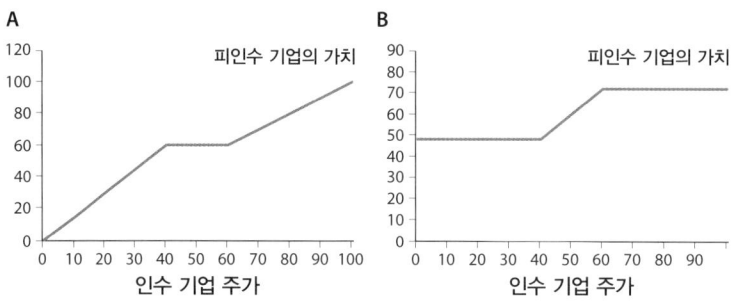

그래프 A: 트라볼타 칼라 딜
그래프 B: 이집트 칼라 딜

    마지막으로, 그림 16.7은 두 종류의 칼라 방식, 즉, 상황에 따라 지급액(현금 금액 또는 인수자 주식의 수)이 조정되는 합병의 가치를 보여 준다. 따라서 칼라 옵션 전략과 같은 옵션이 지불금에 내재되어 있다. 그래프 A의 지불 구조를 트라볼타Travolta 딜이라고 하며, 그래프 B의 구조는 이집트Egyptian 딜이라고 한다(이는 영화 〈토요일 밤의 열기Saturday Night Fever〉에서 존 트라볼타John Travolta의 팔 자세, 그리고 이집트인의 고전적 이미지 때문이다). 그래프는 합병 완료 시점의 가치를 보여 주며, 이는 옵션의 손익처럼 부분적으로 선형piecewise linear이다. 따라서 옵션을 이용할 수 있다면 이러한 딜은 주식과 옵션의 포트폴리오를 이용해 헤지할 수 있다. 만약 옵션을 사용할 수 없거나 거래에 비용이 많이 든다면, 합병 차익거래자는 대신 델타 헤지를 사용할 수 있다. 이는 인수자의 주식을 공매도하는 양이 시간이 지남에 따라 변한다는 것을 의미한다.

어떤 합병 인수자가 본인의 주식에 대해 좋게 말할 것인가?

주식 합병에 있어서 인수자는 그들의 주가를 상승시킬 유인이 있다. 한 연구에 따르면 인수합병 협상 과정에서 미디어를 관리할 인센티브가 없는 변동제 교환 비율 입찰자와 달리 고정제 교환 비율 입찰자는 주식 합병의 비공개 협상 과정에서 금융 매체에 보도자료 배포 횟수를 대폭 늘린다. 그리고 이는 단기적인 언론 보도와 인수자 가치의 증가로 이어지는 경향이 있다.[1] 이 연구는 더 나아가 변동제 교환 비율 입찰자의 경우 가격 결정 기간에 더 많은 뉴스를 퍼뜨림을 보이는데, 이는 아마도 주가가 가장 중요한 시기에 주가를 상승시키기 위해서일 것이다.

합병 차익거래 포트폴리오

포트폴리오 구성은 합병 차익거래의 중요한 부분이다. 합병 차익거래 매니저는 어떤 피인수 기업 주식을 매수할지, 그리고 포지션의 크기를 얼마로 할지를 결정해야 한다. 이를 위해 우선 언제든 이용이 가능한 합병 관련 투자 유니버스를 만들어야 한다.

많은 인수합병이 거의 항상 진행되고 있다. 1963년부터 1998년까지 미국에서는 9,026건의 합병 거래가 있었으며 이는 연평균 251건에 해당한다. 거래 건수는 초기에는 낮았고 1980년대 후반 정점을 찍은 뒤 그 이후에는 비교적 견조한 수준을 유지하고 있다.[2] 각 딜은 평균 3개월 정도 걸린다. 평균 3개월이 걸리는 딜이 연간 251건이 있다는 것은 어느 시점에나 약 63건의 합병 작업이 진행되었음을 의미한다. 지난 10년 동안 미국에서는 어느 시점이든 합병이 100건 이상 진행되었으며, 세계적으로는 그 건수가 더 많다.

이용 가능한 합병 딜 유니버스가 주어지면, 합병 차익거래 매니저는 투자할 딜의 수, 딜 당 최대 비중, 그리고 어떤 딜에 투자할지를 결정해야 한다. 일부 합병 차익 매니저는 소수 딜에 집중하며, 세심하게 딜을 분석한 후 상당한 베팅을 하여 성과를 거둔다. 그러나 많은 합병 차익거래 매니저는 한 딜의 최대 투자 비중이 전체 포트폴리오의 3~10% 이하가 되도록 제한하면서 분산투자하는 것을 선호한다.

그 이유를 알기 위해 합병 딜이 실패했을 때 어떤 일이 일어나는지 생각해 보자. 피인수 기업의 주가는 현금 합병 발표 이후 20%가 상승하지만, 합병이 취소되면 다시 20%가 하락한다고 가정하자. 합병 차익거래 매니저가 자본의 5%로 피인수 기업의 주식을 매수할 경우, 손실은 자본의 5%×20%=1%가 된다.

더 극단적인 예로, 자본의 10%를 투자한 피인수 기업의 주식이 50% 하락하는 경우를 생각해 보자. 이를 통해 전체 자본에서 5%의 손실이 발생한다. 일부 매니저는 단일 딜에서 자본의 5%의 잠재적 손실이 너무 크다고 생각하는 반면, 다른 매니저는 합병 완료에 강한 확신이 있는 딜에 상당한 베팅을 하고 싶어 한다. 최대 포지션 규모를 보수적으로 3%로 설정하면 합병 차익거래 매니저는 진행 중인 다양한 합병 거래에 분산하여 투자해야 하며, 이는 사실상 합병 차익거래 매니저의 일반적인 모습이다.

다음에 살펴볼 역사적 수익률을 보면 분산된 합병 차익거래 포트폴리오의 수익률은 매우 좋았다. 즉, 합병 차익거래 매니저들은 특정 딜에 관한 특별한 정보가 없어도 단순히 딜-위험 유동성 프리미엄을 얻는 것으로 좋은 성과를 거두었다.

합병 차익거래 매니저는 또한 다양한 딜 유형에 투자하려고 하며, 딜 유형에 따라 포지션의 크기를 다르게 가져간다. 예를 들어, 현금 합병 거래는 시장 위험에 더 많이 노출되므로, 일부 매니저는 현금 합병 거래에 대한 노출도에 제한을 둔다. 더욱이, 다음에 논의되는 것처럼 딜 위험은 딜 유형에 따라 다르다.

합병 차익거래의 위험

합병 딜이 실패할 위험을 무시할 수는 없다. 딜 중 약 10%가 실패한다. 딜이 실패할 가능성이 높은 몇 가지 일반적인 패턴이 있다.[3] 적대적 딜은 당연히 인수자가 지배권을 얻기 위해 싸워야 하므로 우호적인 딜보다 실패할 가능성이 높다. 차입매수는 전략적 딜보다 실패할 가능성이 더 높다. 외부 자금 조달에 더 많이 의존하며, 인수자가 자금 조달을 받을 수 없을 경우 딜이 무산될 수 있기 때문이다. 또한 대규모 딜의 경우 인수자가 더 신중히 연구하고 애널리스트가 피인수 기업을 철저하게 조사하는 반면, 소규모 딜은 그렇지 않으므로 실패할 가능성이 더 높다. 더욱이, 더 많은 규제 검토의 대상이 되는 딜, 이를테면 독점으로 이어질 수 있는 딜의 경우 실패할 가능성이 더 높다. 딜 실패 위험을 가장 간단하게 예측하는 방법은 딜 스프레드다. 스프레드가 큰 딜은 큰 위험을 가지고 있다. 실제로 시장은 좋은 딜과 나쁜 딜을 사전에 구별하는데, 효율적으로 비효율적인 합병 스프레드가 그 징후이다.

시간이 지나면서 인수 시장의 상태가 변하면 딜 위험도 변한다. 전체 증시가 크게 하락하고 있을 때는 딜 실패 위험이 더 높다. 특히 현금 합병 거래의 경우 더 그렇다. 이를 이해하기 위해 A사가 현금 1억 달러에 B사를 인수하기 위한 입찰에 나섰지만 딜이 완료되기 전 전체 증시가 30% 하락한다고 가정해 보자. 이 경우 입찰 가격이 갑자기 너무 비싸 보이며, 인수자는 원래 제안 가격보다 약 30% 싸게 다른 기업을 인수하는 것을 고려할 수 있다. 따라서 인수자는 제안을 철회하거나 재협상할 가능성이 높다. 반면 당초 합병 제안이 A사 본인의 주식 100달러어치를 지불하는 것이었다면 상황은 달라진다. 이 경우 A의 주가가 하락했을 가능성이 높기 때문에 제안 가치가 시장과 함께 떨어졌을 가능성이 높다. 그러면 제안 가치는 A(및 B)에게 여전히 합리적이다. 딜 실패 위험은 전체 시장 상황에 따라 달라지며, 이는 합병 차익거래의 역사적 수익에서 확인할 수 있다.

합병 차익거래의 역사적 수익

미첼과 펄비노Mitchell and Pulvino는 분산된 합병 차익 포트폴리오의 위험과 수익을 평가하기 위해 1963년부터 1998년까지의 합병 관련 데이터를 수집한 후, 위험 차익거래 지수 매니저risk arbitrage index manager, RAIM를 구성했다.[4] 가상의 RAIM은 매월 가능한 모든 현금 및 주식 합병에 투자한다고 가정(복잡한 딜 조건을 가진 합병 거래는 제외)한다. 시뮬레이션 전략은 1963년에 100만 달러로 시작하여 모든 딜에 투자하며, 두 가지 제약 조건에 따라 각 딜에 가중치를 부여한다.

- 제약 1: 어떤 딜도 순자산 가치의 10% 이상이 될 수는 없다.
- 제약 2: 시장 영향 함수로 추정했을 때 인수자나 피인수자 주식이 5% 이상 움직일 정도로 큰 규모로 거래해서는 안 된다.

이러한 가정을 바탕으로 중개 수수료와 시장 영향 비용을 고려한 합병 차익거래의 성과를 시뮬레이션했다. RAIM 합병 차익거래 지수는 1963년부터 1998년까지의 기간 동안 산술 평균 기준 연 11.1%(기하 평균 기준 10.64%)의 성과를 보였으며, 연간 변동성은 7.74%를 보였다. 이 기간 동안의 무위험 이자율을 감안할 때 연간 샤프지수는 0.63(복리기준 0.57)으로, 같은 기간 전체 주식 시장의 샤프지수 0.40 보다 높게 나왔다.

따라서, 합병 차익거래는 거래 비용을 고려하고도 상당한 양의 초과 수익을 제공했다. 이러한 수익률이 시장 중립적이었는지 아니면 시장 움직임에 노출되었는지 살펴보자.

그림 16.8 합병 차익거래의 초과 수익률 vs 시장 초과 수익률

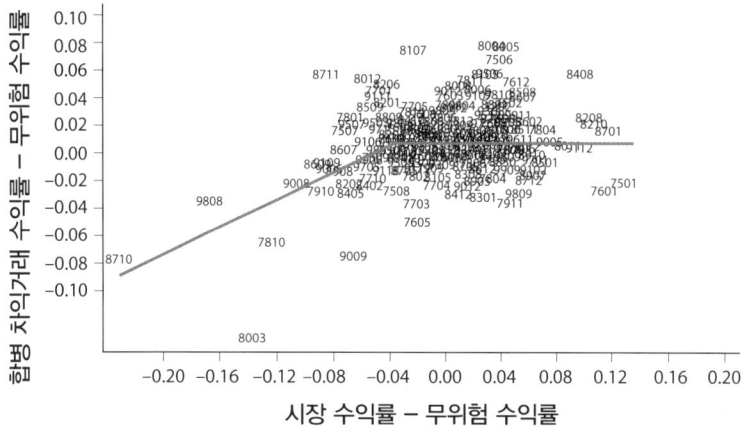

참고: 각 점은 발생한 연도와 월인 YYMM으로 표시되어 있다.
출처: Mitchell and Pulvino(2001)

그림 16.8은 RAIM 합병 차익거래 지수의 초과 수익률 대 전체 주식 시장의 초과 수익률을 나타낸다. 합병 차익거래 수익률은 강세 시장과 다소 약세를 보이는 시장에서는 대체로 시장과 무관한 것처럼 보인다. 그러나 주식 시장이 한 달 동안 5% 이상 하락하는 약세 시장에서는 상관관계가 크게 증가한다.

분산된 합병 차익 포트폴리오의 수익률은 합병 포트폴리오가 헤지되기 때문에 주식 시장과 직접적인 연관은 없다. 그러나 전반적인 딜 실패율로 인해 간접적으로는 주식 시장의 영향을 받는다. 시장 수익률이 0에 가깝거나 양수일 때, 시장의 전반적인 이벤트는 합병 완료 여부에 거의 영향을 미치지 않으므로 합병 차익거래의 수익은 주로 기업의 고유한 이벤트에 영향을 받는다. 따라서 이러한 시장 수익률 범위 내에서 합병 차익거래의 주식 시장 베타는 0에 가깝다(그림에서 수평으로 표시된 부분).

그러나 그림 16.8의 왼쪽에서 볼 수 있듯이 합병 차익거래는 시장이 크게 하락할 때 같이 손해를 봄으로 양의 베타를 가진다. 이런 시장 노출은 시장의 큰 하락이 딜 실패 위험을 증가시키기 때문에 발생한다. 하락장에서 인수자는 입찰을 취소할 가능성이 높으며, 특히나 현금 입찰의 경우 입찰이 갑자기 비싸보이므로 취소할 가능성이 더욱 높다. 게다가, 신용 경색이 금융 부문을 강타할 경우, 하락장에서 자금 조달은 더욱 어려워진다.

비선형적인 시장 노출로 인해 자산가격결정모형은 합병 차익거래의 성과를 평가하기에 적절하지 않다. 합병 차익거래의 손익은 무위험 채권에 주가 지수 풋옵션 매도, 그리고 고유 위험을 더한 것과 같다. 따라서 합병 차익거래 수익의 알파를 계산할 때는 풋옵션 매도를 통해 위험 프리미엄에 해당하는 수익을 얻는다는 점을 고려해야한다. 이를 위해 합병 차익거래 초과 수익률은 주가지수의 초과 수익률과 풋옵션 매도의 초과 수익률에 대해 회귀 분석해야 한다.

$$R_t^{\text{RAIM}} = \alpha + \beta^{\text{MKT}} R_t^{\text{MKT}} + \beta^{\text{PUT}} R_t^{\text{SHORT-PUT}} + \varepsilon_t$$

이 회귀 분석은 풋옵션에 대한 노출도의 통계적 유의성과 양의 알파에 대한 유의성을 보여 준다. 이는 비선형의 시장 노출도를 감안하더라도 합병 차익거래가 양의 초과 수익을 기록했음을 의미한다. 따라서 합병 차익거래 매니저는 합병 거래 중인 주식을 매도하는 시장 참가자에게 유동성을 제공하여, 즉 딜 위험에 대한 보험을 제공하여 프리미엄에 해당하는 수익을 거둔다.

포트폴리오 단위의 합병 차익거래 헤지

합병 차익거래 포트폴리오는 모든 거래에 대해 헤지를 한 경우에도 비선형적인 시장 노출을 가진다. 이런 비선형적 노출은 하락장에서 발생하는 딜 실패 위험의 증가 때문이며, 현금 합병 딜의 경우 그 위험이 더 심하다. 비선형 위험을 헤지하기 위해, 합병 차익거래 매니저는 추가로 지수 선물 매도나 지수 풋옵션 매수를 할 수도 있지만, 보통은 비용이 비싸서 헤지를 하지 않는다. 이런 헤지가 사용될 경우 포트폴리오의 시장 방향성 위험이 제거되도록 크기가 결정되어야 하며, 그 크기는 포트폴리오에 포함된 모든 딜의 가치와 딜 유형에 따라 달라진다.

16.2 분리 설립, 분할 설립, 지분 공개 상장

합병의 반대는 한 기업이 여럿으로 분리되는 것이며, 합병과 분할 모두 이벤트 매니저에게는 기회다. 기업은 다양한 방법으로 자회사를 매각할 수 있다. 다른 기업에게 사적으로 매각할 수도 있고, 시장에서 공개적으로 매각할 수도 있다. 공개 시장 매각에는 분리 설립, 분할 설립, 지분 공개 상장 등 몇 가지 방법이 있다. 분리 설립의 경우, 자회사는 별도 법인으로 만들어지고 모회사의 주주는 주식 보유 수에 비례해pro rata basis 자회사의 주식을 배분받는다(현금 교환은 없다). 분할 설립의 경우, 모회사의 주주가 자회사 주식과의 교환을 위해 모회사 주식을 입찰할지 여부를 선택해야 하는 점을 제외하고는 분리 설립과 유사하다.

그림 16.9에는 분리 설립과 분할 설립이 나타나 있으며, 지분 공개 상장이 어떻게 이루어지는지도 나타나 있다.

그림 16.9 분리 설립, 분할 설립 및 지분 공개 상장

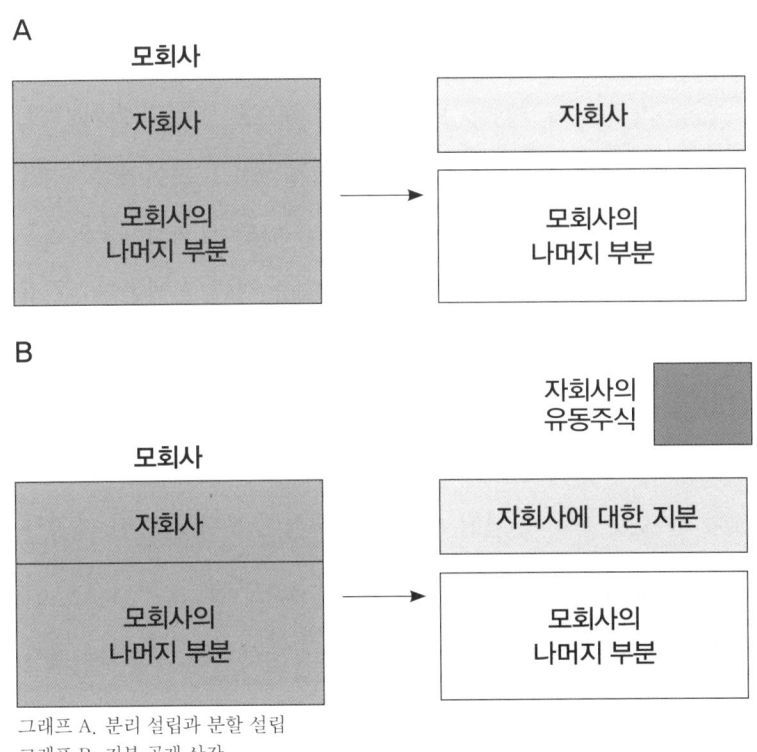

그래프 A. 분리 설립과 분할 설립
그래프 B. 지분 공개 상장

지분 공개 상장의 경우, 모회사는 자회사 지분의 일부를 매도하고 나머지 지분은 보유한다. 지분 공개 상장을 통해 자회사의 거래를 위한 시장이 만들어지며, 모회사의 나머지 지분은 추후 분리 설립이나 분할 설립으로 이어진다. 공개 상장되는 자회사의 주식은 부분 기업공개partial IPO로 매각하거나 모회사 주주에게 보유 주식 수에 비례하여 지급할 수 있다.

분리 설립과 분할 설립을 이용한 거래

분리 설립과 분할 설립은 이벤트 매니저가 분리된 자회사 및 모회사의 나머지 부분, 별도의 관리 팀 및 사업 잠재력에 베팅할 수 있는 기회를 제공한다. 또한 기업 이벤트로 인해 투자자가 포트폴리오 최적화를 다시 하면서 수급 불균형으로 이어질 수 있다. 예를 들어, 많은 투자자가 자회사가 아닌 모회사 주식 보유를 원하기 때문에, 자회사는 종종 매도 압력에 직면한다. 특히 자회사가 모회사와 산업이 다르거나, 모회사만 주가 지수에 포함되는 경우 더욱 그렇다. 분리 설립시 모든 기존 주주는 자회사의 주식을 받는 반면, 분할 설립의 경우 주식 교환 여부를 선택해야 하므로, 분리 설립된 자회사의 주식이 분할 설립된 자회사의 주식보다 더 강한 매도 압력에 부딪힌다. 더욱이 투자자는 자회사에 대한 지식이 부족하다고 느낄 수 있으며, 처음에는 애널리스트들이 분석하는 경우도 드물다.

시간이 지나면 매도 압력이 끝나고 투자자가 자회사와 경영진에 대해 알게 되고 애널리스트의 분석도 늘어난다. 더욱이 모회사의 나머지 부분과 자회사는 각각 더 동기 부여가 되는 경영에 집중할 수 있고, 대리인 문제가 적어지며, 이로 인해 중기적으로 강력한 성과를 낼 수 있다.

지분 공개 상장을 이용한 거래

분리 설립과 분할 설립에 대한 투자는 종종 차익거래가 아닌 반면, 지분 공개 상장의 경우 이벤트 드리븐 차익거래 기회가 생긴다. 모회사가 자회사 지분의 상당 부분을 소유하고 있기 때문에, 이벤트 드리븐 매니저는 종종 모회사와 자회사를 이용한 거래를 통해 수익을 얻는다. 표 16.1은 모회사와 모회사에서 자회사에 대한 지분을 제외한 스터브 stub의 대차대조표다.

표 16.1 모회사와 스터브의 재무제표

A. 모회사의 재무제표

자산	부채
기타 자산	부채
자회사 지분	모회사 자본

B. 스터브 재무제표 (모회사의 재무제표, 자회사는 제외)

자산	부채
기타 자산	부채
	스터브 자본

자산은 항상 부채 및 자본의 합과 같아야 하므로, 모회사의 대차대조표에서 여러 항목의 시장 가치MV는 다음 등식을 충족해야 한다.

MV(기타 자산) + MV(자회사 지분) = MV(부채) + MV(모회사 자본)

이와 비슷하게, 스터브의 대차대조표는 다음과 같이 나타낼 수 있다.

MV(스터브 자본) = MV(기타 자산) - MV(부채)

두 식을 결합하면 다음과 같은 관계로 나타낼 수 있다.

MV(스터브 자본) = MV(모회사 자본) - MV(자회사 지분)

이벤트 매니저들은 스터브 가치가 음수인 경우를 찾는다. 이는 모회사의 자본이 자회사에 대한 지분가치 보다 낮다는 뜻으로, 대단히 할인된 것처럼 보인다.

모회사가 자회사에 대한 지분을 분배할 것으로 알려졌을 때 음의 스터브 가치는 실질적인 차익거래가 된다. 예를 들어, 모회사가 본인의 주식 1주당 자회사 주식을 N개 가지고 있다면, 이벤트 매니저는 모회사 주식을 매수하고 N배만큼의 자회사 주식을 공매도 한다. 음의 스터브 가치로 인해, 이벤트 매니저는 해당 포지션에서 돈을 받게 된다(그러나 증거금으로 인해 자본은 묶이게 된다). 이벤트 매니저는 모회사가 분배한 자회사 주식을 공매도 포지션을 상환하는 데 사용한다. 이로 인해 이벤트 매니저는 모회사의 나머지 지분을 소유하게 되며, 이 가치는 0보다 크다.

이러한 음의 스터브 가치는 '구경제' 기업(소매 사업)이 기술 자회사를 지분 공개 상장하던 기술주 거품 기간동안 여러 번 발생했다. 기술주 자회사의 주가가 모회사 주가 대비 급등해 음의 스터브 가치가 발생했다. 그림 16.10은 기술주 거품이 끝날 때까지 쓰리컴3Com과 팜Palm의 스터브 가치를 보여 준다.

그림 16.10 2000년 팜의 지분 공개 상장 당시 쓰리컴의 스터브 가치

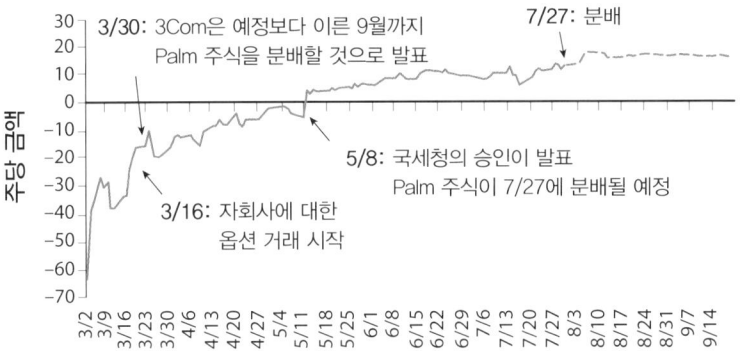

출처: Lamont and Thaler(2003)

스터브 가치는 상당한 음의 값으로 시작되었고 결국 양의 값으로 바뀌었다. 그러나 음의 스터브 가치가 무위험 차익거래 기회인 것은 아니다. 몇 가지가 틀어질 수 있다. 우선 모회사가 자회사의 지분을 분배한다고 발표했지만 분배하지 않을 수 있다. 예를 들어, 국세청이 분배에 대한 면세를 승인하지 않는 한, 분배로 인해 부정적인 세금 효과가 나타날 수 있다. 더욱 극단적으로는 모회사가 파산하거나 상장 폐지될 수 있다.

더욱이 자회사를 공매도하는 것은 비용이 많이 들고, 어려우며, 위험할 수 있다. 때로는 음의 스터브 가치를 가진 주식을 공매도하는 것은 종종 비용이 비싸거나 주식을 빌리기 어려울 수 있다 (8장에서 논의한 것처럼 높은 대여 수수료는 자회사의 주가가 높아지는 원인이기도 하다). 게다가, 만약 이벤트 트레이더가 공매도를 했더라도, 최악의 시기에 공매도를 연장할 수 없다면 해당 포지션을 정리해야 하는 위험이 있다. 또한 스터브 가치는 심하게 변동하며, 단기 손실과 마진 콜의 위험이 발생하기도 한다.

미첼, 펄비노, 그리고 스태퍼드Mitchell, Pulvino, and Stafford는 음의 스터브 가치가 발생한 82개 상황을 연구했으며, '표본의 30%에서 상대적 가치의 불일치가 수정되기 전에 모회사와 자회사 사이의 연결이 끊긴다. 더욱이 둘 간의 불일치가 문제없이 수렴되었다면, 전문 차익거래자의 수익은 50%가 더 높았을 것이다'라고 밝혔다.[5]

모회사가 자회사의 주식을 계속 보유하면 어떻게 되는가? 이 경우에도 음의 스터브 가치가 여전히 차익거래의 기회인가? 그럴수도 있고, 아닐 수도 있다. 만약 모회사가 부채가 거의 없는 건전한 회사라면, 시장은 불일치를 인식하고 스터브 가치는 시간이 지남에 따라 양으로 변해야 한다. 반면에 모회사가 자회사 이외의 자산 가치보다 더 많은 부채를 가지고 있다면, 스터브 가치가 음인 것은 당연하다. 또는 경영진이 현실에 안주하고 자산을 제대로 활용하지 못할 것으로 예상된다면, 이 또한 음의 스터브 가치로 연결된다. 이벤트 매니저는 종종 모회사의 나머지 가치에 비해 스터브 가치가 낮게 보일 경우, 양의 스터브 가치에 투자하기도 한다. 이러한 경우 이벤트 매니저는 자회사의 가치, 모회사의 나머지 부분의 가치, 다양한 부채에 대해 고려해야 한다.

16.3 부실 기업 투자 및 기타 이벤트 드리븐 투자

부실 기업 투자

일부 이벤트 드리븐 매니저들은 부실 기업 투자에 특화되어 있으며, 특히 재정적인 어려움에 처한 기업의 부채에 투자하는 경우가 많다. 부실 기업은 이미 채무 불이행 상태에 있는 기업과 파산 직전에서 어려움을 겪고 있는 기업 둘 모두를 포함한다. 어려움을 겪고 있는 기업은 종종 듀레이션이 비슷한 국채 대비 신용 스프레드가 1,000bp 이상인 것으로 정의된다. 이러한 신용 스프레드는 기업의 채권 가격이 너무 낮아 만기까지의 이자율이 국채의 이자율보다 10% 포인트 이상 높다는 것을 의미한다. 신용 스프레드가 큰 만큼, 돈을 돌려받지 못할 위험도 크다. 역사적으로 일부 지수에 따르면 부실채권에 대한 패시브 투자는 성과가 좋지 않았다.

따라서, 부실 기업에 투자하는 매니저들은 가치를 추가하기 위해 적극적으로 노력해야 한다. 실제로, 어려움에 처한 기업들은 종종 기반되는 사업이 변하고 있고 다양한 이해 관계자들이 잔여가치를 챙겨가려고 하므로 상당한 기회와 위험이 있다. 이벤트 매니저는 여러 가지 방법으로 부실 기업에 투자할 수 있다. 특히, 부채나 자본의 소유권을 확보함으로써 사업 개선에 도움을 줄 수 있다. 파산한 기업의 경우 이벤트 매니저는 기업 회생debtor-in-possession, DIP 대출을 통해 기업이 새로운 출발을 할 수 있도록 도울 수 있다.

이벤트 매니저는 채권자 협의회에서 활동하는 등 자신의 투자를 적극적으로 보호해야 한다. 실제로 주주 혹은 기타 채권자는 기업으로부터 가치를 챙겨가려고 할 수 있으며, 이는 나머지 채권자에게 해가 될 수 있다. 이벤트 매니저는 또한 부채에 대해 재협상하거나 기업, 기업의 은행 또는 기타 이해관계자(예를 들어, 채권자)로부터 직접 증권을 매입하려고 시도할 수 있다. 이벤트 매니저는 심지어 기업의 지배권을 갖기 위해 노력할 수도 있다.

이벤트 매니저는 때때로 기업이 투기 등급으로 강등되거나 재정난에 빠지거나 파산할 때 발생하는 가격 하락으로부터 수익을 얻으려고 한다. 이러한 상황에서 많은 투자자들은 부실 증권을 매각해야 하므로 매도 압력이 발생할 수 있다. 이벤트 매니저는 유동성을 제공할 수 있지만, 기업이 수익성을 낼 수 있도록 업황이 돌아설지, 그때까지 기업이 생존할 수 있을지, 채무 불이행으로 부터 회복될지, 각각의 증권이 자본 구조에서 차지하는 위치 등 위험에 대해 면밀히 연구할 필요가 있다.

자본 구조 차익거래

전통적인 차익거래는 같은 기업이 발행한 각기 다른 증권을 거래하는 것이다. 예를 들어, 주식을 공매도하면서 회사채를 매수하거나, 일반주와 우선주를 이용해 거래하거나, 또는 CDS를 주식이나 채권과 거래하는 것 등이다. 자본구조 차익거래는 기업 전체의 좋고 나쁨에 대한 베팅이 아니라 자본구조의 어느 한 부분이 다른 부분에 비해 저렴한지에 대해 베팅한다.

이 거래는 기업에 대한 모든 청구권(자본과 부채)은 기업가치의 파생이며, 이러한 증권의 가격이 일정하게 책정되지 않으면 차익거래의 기회가 발생한다는 생각을 기초로 한다. 예를 들어, 이벤트 매니저는 회사채의 공정가치를 결정하기 위해 주가, 기업의 레버리지 비율, 주가 변동성을 고려한 후 낮은 가격에 사고 높은 가격에 팔 수 있다.

자본 구조의 변화

또 다른 이벤트 차익거래는 주식매입, 주식발행, 채권발행, 채권교환 등과 같은 기업의 자본구조 변화를 이용하여 거래하는 것이다. 자본구조에 변화가 있을 경우, 특정 증권이 좋아질 것에 베팅한다. 예를 들어, 주식발행은 채권 보유자에게 이익이 될 수 있고 시장에서는 이러한 것이 즉각적으로 가격에 반영되지 않을 수 있다.

기업이 자사주를 매입하거나 부채를 갚을 때, 이는 종종 경영진의 자신감에 대한 신호가 되기도 한다. 반면 증권, 특히 주식의 발행은 증권이 과대평가되었거나 기업 내에 대리인 문제가 있다는 신호를 줄 수 있다. 그러나 주식이 과소평가되어 있거나 이벤트 매니저가 신주 물량배정 측면에서 역선택 문제를 피할 수 있다면(만일 청약경쟁률이 높은 상황에서도 이벤트 매니저가 많은 주식을 배정받을 경우), 주식 발행에 참여하는 것은 수익성이 있을 수 있다. 더욱이 유상증자 시장에서는 협의 매매 시장when-issued markets과 마찬가지로 때때로 차익거래 기회가 발생한다.

특별한 증권구조 및 시장의 괴리

이벤트 매니저는 상장지수펀드ETF나 폐쇄형펀드 등 특별한 증권구조에서도 기회를 찾는다. 때로는 이러한 증권의 가치가 보유 주식들 가치의 합과 다를때가 있으며, 둘 간의 차이가 수렴될 것이라는데 베팅할 수 있다. 또한 기업인수목적회사SPAC와 상장기업 사모투자PIPE의 경우 가격 오류가 존재할 수 있지만, 매우 유동성이 떨어지는 투자이므로 유동성 위험이 발생한다.

이벤트 투자의 기회는 또한 기업 혹은 시장 전체의 괴리로 인해 발생할 수 있다. 예를 들어, 만약 기업의 주식이 주가지수에 포함된다면, 인덱스 투자자들의 매수로 인해 편입일 전후에 평균적으로 가격이 상승했다. 마찬가지로 지수에서 빠지는 주식은 제외일 전후에 가격이 하락할 수 있다. 이러한 시장 괴리와 관련하여 존 A. 폴슨의 서브프라임 거래는 가장 유명하고 수익성이 높은 예다.

16.4 폴슨앤컴퍼니의 존 폴슨과의 인터뷰

존 폴슨은 글로벌 합병, 이벤트 차익거래, 신용전략을 전문으로 하는 폴슨앤컴퍼니Paulson & Co.의 대표이자 포트폴리오 매니저이다. 1994년에 설립된 폴슨앤컴퍼니는 수많은 상을 받았고, '역대 최고의 거래'라 불리는 서브프라임 시장을 상대로 한 베팅으로 널리 알려지게 되었다. 폴슨은 1978년 뉴욕대를 졸업하고 1980년 하버드 경영대학원에서 MBA를 받았다. 그는 폴슨앤컴퍼니를 설립하기 전에, 그러스 파트너스의 무한책임사원였으며, 베어스턴스의 인수합병 부서의 상무이사였다.

Q: 이벤트 드리븐 투자에는 어떻게 관심을 갖게 되셨나요?
A: 뉴욕 대학 재학 시절 위험 차익거래에 대해 처음 알게 됐고, 구스타브 레비가 가르치는 세미나 수업에 등록했습니다. 그는 골드만삭스의 회장이자 뉴욕대 출신이었으며, 이전에 골드만삭스에서 위험 차익거래 데스크를 운영한 적이 있습니다. 불행하게도, 수업이 시작되기 직전에 그

는 세상을 떠났습니다. 존 화이트헤드가 회장이 되었고, 그가 대신하여 수업을 맡았습니다.

존은 그 수업이 얼마나 중요한지 알고 있었습니다. 그는 수업 외에도 인수합병, 위험 차익거래, 기업금융을 담당하는 주요 파트너들을 초청하여 강의를 하게 했습니다. 당시 밥 루빈이 위험 차익거래를 담당하는 파트너였는데, 그는 결국 골드만삭스의 회장과 재무장관이 되었죠. 이게 제가 위험 차익거래를 처음 알게된 계기입니다.

위험 차익거래는 지난 80년간 골드만삭스와 베어스턴스의 중요한 투자 전략이었습니다. 그리고 수익도 매우 좋은 부서였기 때문에 후임 회장들과 사장들은 이 부서에서 오는 경향이 있었습니다. 레비와 밥 루빈 역시 그랬습니다. 그 이유는 간단합니다. 만약 10억 달러의 자본을 받아 20%의 수익을 냈다면, 여러분의 부서는 회사에 2억 달러의 수익을 가져다준 것입니다. 인수합병이나 기업금융에 대한 조언을 해주는 전통적인 투자은행 업무로 그정도의 수익을 내는 것은 매우 어렵습니다. 따라서 베어스턴스와 골드만삭스가 파트너십을 맺었을 때, 위험 차익거래 부서는 회사에서 가장 수익성이 높은 부서가 되었습니다.

헤지펀드가 시작되었을 때, 파트너나 주니어들이 은행을 떠나 자체 헤지펀드를 설립해 이러한 전략을 구사했습니다. 시간이 흐를수록 투자은행들은 이해상충이 많아져

별다른 이해상충이 없는 헤지펀드와 경쟁하기 어려워졌죠. 그리고 이제 이러한 투자은행들은 상장이 되었고 정부의 규제를 받게 되었습니다. '볼커 룰'이라고 불리는 새로운 규제로 인해, 투자은행들은 더 이상 자기자본 거래를 할 수 없습니다. 은행들은 오늘날 이 사업에서 손을 뗐으며, 헤지펀드들이 위험 차익거래의 지배적인 참가자로 남아있습니다.

Q: 투자 과정은 어떻게 되시나요?
A: 위험 차익거래는 이벤트가 진행중인 기업의 주식에 투자하며, 일반적으로 주가의 오르내림이 아니라 이벤트의 성공 여부에 따라 성과가 좌우됩니다. 위험 차익거래는 대부분 합병 이벤트에서 진행됩니다. 또한 파산한 기업에 투자하기도 하는데, 기업이 파산한 후 재개편할 때 투자하는 것입니다. 이 과정에서는 부채의 대규모 구조조정이 있습니다. 자본으로 전환하거나, 사기업으로 전환하거나, 아니면 다른 방법으로 사용하기도 하죠. 마지막으로는 더 일반적인 방법으로, 기업의 자본재편이나 분리 설립과 같은 기업 구조조정에 투자하는 것이 있습니다.

Q: 합병 차익거래는 어떻게 하시나요?
A: 일반적으로 합병 상황에서 인수자는 현금 입찰, 주식 입

찰, 현금이나 주식의 결합, 또는 다른 형태로 입찰합니다. 이 때 피인수 기업의 주식은 입찰 가격에 근접할만큼 상승하지만, 딜이 실패할 위험으로 인해 입찰 가격에서 다소 할인된 가격으로 거래됩니다.

Q: 그리고 그 스프레드 만큼의 수익을 얻으시려는 거고요?

A: 네. 이 스프레드가 위험 차익거래 투자의 연율화 수익률이 됩니다. 간단한 예를 살펴보죠. A주식은 30달러에 거래되고 있습니다. 50달러의 입찰을 받았고, 주식은 49달러로 상승합니다. 그리고 1달러의 스프레드가 남습니다. 50달러에 합병이 이루어질 경우 1달러를 벌 수 있으니, 49달러에 주식을 매수하겠죠.

그러나 딜이 결렬되면 주가는 다시 30달러로 떨어질 수 있습니다. 따라서 이 경우, 1달러를 벌 수도 있지만, 19달러를 잃을수도 있습니다. 분명히, 그것은 겁이 많은 사람들은 하기 힘든 투자입니다. 이전에 해당 주식을 보유했던 대부분의 사람들은 더 이상 이를 보유하고 싶어하지 않습니다. 이처럼 상승에 비해 손실폭이 더 큰 주식을 더 이상 좋아하지 않아, 매도하게 되는거죠.

그렇다면 저는 왜 그런 주식을 살까요? 제가 그 주식을 49달러에 사면, 저는 1달러를 벌 수 있죠. 49달러를 투자해서 2%의 수익을 내는겁니다. 만약 계약이 60일, 즉 2개월 안에 끝난다고 합시다. 공개 매수의 경우 말이죠. 2개월 안에 2%의 수익률을 낸다면, 연간으로 환산할 경우 12%의 수익률에 해당합니다. 그러니 금액이 작아 보이지만, 연간 기준으로 봤을 때 상당한 수익이 될 수 있습니다. 이러한 투자를 반복적으로 하면, 평균적으로 시장 수익률보다 더 높은 수익률을 거둘 수 있습니다.

이 전략의 또 다른 장점은 전체 시장에 의존하지 않는다는 점입니다. 주식을 49달러에 사고 난 후, 전체 주식 시장이 30% 하락한다고 가정해 봅시다. 이는 거래 결과에 영향을 미치지 않습니다. 이벤트가 진행중인 기업들은 시장에 관심을 두고 있지 않습니다. 아니나 다를까, 60일이 지난 후 딜은 완료되고, 시장이 하락한 상황에서도 연간 12%의 수익을 올릴 것입니다. 그래서 평균적으로 수익률이 시장보다 높을 뿐만 아니라 시장과도 무관하죠. 수익이 나는 것과 시장이 오르는 것은 관계가 없다는 말입니다.

Q: 그러나 위험도 존재하지 않나요?

A: 예, 그래서 딜 완료에 대한 위험을 평가하는 전문성이 필요합니다. 19 달러가 하락하거나 1달러가 상승하는 상황에서, 딜이 성사되는데 있어 실제 위험은 무엇일까요? 규제 위험은 뭘까요? 독점 금지 승인을 받을 수 있을까요? 이러한 위험을 평가하는 것이 우리 직업에게는 매우 특별

합니다. 예를 들어, 입찰 전에 주식을 보유하고 있던 일반적인 투자자들은 독점금지법에 대해 알지 못할 수 있습니다. 그들은 미국이나 독일, 중국의 독점 금지 상황을 모릅니다. 게다가, 독점 금지 외에도 많은 다른 규제 승인이 있습니다.

일반적인 투자자들은 또한 합병이 완료되는 조건을 적어놓은 합병 계약서를 읽지 않습니다. 일부 합병 계약서에는 특별 조항이 적혀 있을수도 있습니다. 예를 들어, 만약 시장이 10% 하락한다면, 인수자는 인수를 취소할 권리가 있습니다. 이런 경우 주식시장이 30% 하락하면 인수자는 "이봐, 더 이상 이걸 사고 싶지 않아"라고 말할 것입니다. 그는 법적으로 취소할 권리가 있으니까요.

그러니까 차익거래를 시작하기 전에 반드시 합병 계약서를 읽어봐야겠지만, 이를 완전히 이해하기 위해서는 전문지식이 있어야 합니다. 또한 딜의 완료에 영향을 미치는 이슈와 관련된 많은 전문지식도 필요합니다. 합병 계약서를 이해할 수 있어야 합니다. 규제 관련 이슈도 이해해야 하고요. 단지 독점 금지 규제만 있는 것이 아닙니다. 다양한 종류의 은행 규제, 보험 규제, 연방 규제, 주 규제 등이 있습니다.

Q: 자금 조달 문제로 인해 딜이 실패할 수도 있나요?

A: 네, 자금 조달이 문제가 되기도 하죠. 그래서 인수자가 돈이 있는지, 은행 융자가 있는지, 은행 융자 여부에 달려 있는지를 알아야 합니다. 은행 융자 조건도 읽어봐야 하고요. 어떤 은행의 대출약정은 매우 빡빡한 반면, 어떤 은행은 매우 느슨합니다. 그러니 이러한 것을 알지 못한다면, 위험을 제대로 평가하는데 어려움이 있습니다.

그래서 전문가들이 필요한 것이고, 이게 우리가 하는 일입니다. 우리는 입찰 발표 후 해당 주식에 관련있는 99%의 사람들 보다 이러한 투자를 하는데 유리합니다. 이러한 지식을 투자에서의 우위로 활용해 시장보다 평균적으로 더 나은 수익을 내는 데 사용할 수 있고, 이러한 수익은 시장과도 상관관계가 없습니다.

Q: 하지만 일반 대중들과만 경쟁하는 게 아니라, 다른 합병 차익거래 전문가들도 있지 않나요?

A: 다른 합병 차익거래자들도 있지만, 그들의 전문성은 다양합니다. 우리의 장점은 우리의 전문성입니다. 저는 어디서 전문 지식을 얻었을까요? 저는 위험 차익거래 일을 하기 전, 인수합병 부서의 파트너였습니다. 저는 합병, 융자 계약, 합병 계약, 적대적 인수, 우호적 인수, 분리 설립 등의 업무를 담당했습니다. 그래서 제가 회사를 시작할 때 이러한 문제들에 대한 고도의 전문성을 가지고 있었죠.

그러나 지금은 많은 법적 계약을 협상하는 데 있어 저의 한계를 알고 있기 때문에 최고의 인수합병 변호사들을 법률 고문으로 고용하고 있습니다.

Q: 그렇다면 합병 차익거래에 이 전문지식을 어떻게 적용하셨나요? 예를 들면, 다른 경쟁 입찰자가 더 높은 입찰을 할 것이라 예상하시나요?

A: 합병 차익거래에서는 먼저 딜 스프레드를 살펴봐야 합니다. 그러나 가치평가 역시 해야합니다. B사가 A사에 주당 50달러를 지불하겠다고 말할 경우, 주가수익배수는 얼마인가? EBITDA는 어느 정도인가? A사의 성장세는 어떤가? 이 섹터에서 또 어떤 인수가 있었는가? 더 높은 가격을 지불할 사람이 또 있는가? 이러한 것들을 생각해야 되죠.

우리가 제일 먼저 하는 일은 제안가를 토대로 PER, PBR, EBITDA, EBIT 같은 모든 주가 배수를 계산하는 것입니다. 그리고 이 값을 성장률과 비교합니다. 그리고 나서 여러 산업에서 발생한 인수와 관련된 모든 공공 데이터가 있는 우리의 데이터베이스를 살펴봅니다. 만약 미디어 산업이나 통신 분야의 인수라고 가정하면, 즉시 비교를 위한 시트를 살펴봅니다. 지난 5년 또는 10년 동안 TV 방송국을 사들인 모든 사람과 그들이 지불한 배수가 얼마인지 확인할 수 있습니다. 만약 평균 배수가 12라 칩시다.

이번 거래의 배수가 10이라면, 경고등이 커집니다. 상당히 저평가 되어있다는 뜻이니까요.

그렇다면 왜 저평가가 되었을까요? 이 딜은 경매였나요? 기업이 자사를 매각할 때, 골드만삭스를 고용해 다른 모든 미디어 기업들과 접촉했나요? 만일 그러했다면 다른 모든 이들은 이미 이러한 사실을 알고 있기 때문에 입찰에 참여하지 않을 겁니다.

그러나 단지 구매자와 판매자 사이의 협상이었다면, 다른 사람들은 이 기업이 매각을 하는지 알지 못했을 것입니다. 딜이 발표되었을 때 처음으로 그것에 대해 알게 될 것입니다. 그들은 배수를 계산할 것이고, 이 거래의 배수가 다른 거래들보다 더 적다는 것을 알게 될 것이고, 홍미가 생길 수도 있습니다. 이제 모든 은행원들은 수수료를 받고 싶어할 겁니다. 그래서 그들은 고객에게 가서 이렇게 말하겠죠. "이 기업 한번 보셨나요? 10배에 거래되고 있습니다. 같은 산업에서 12배에 다른 기업을 사셨자나요? 더 높은 입찰가를 낼 수 있는지 알아보는 게 어때요?"

그럴 때는 합병 계약서를 살펴봐야 합니다. 보호예수를 적용받는 주식이 있는가? 의결권 주식과 비의결권 주식이 있는가? 주주와 인수자 간의 계약은 어떠한 것이 있는가? 합병 계약의 위약금이 있는가? 다른 사람이 들어오면 이전 매수자에게 프리미엄을 내야 하는데, 다른 사람이 들어오는 것을 만류할 수도 있는가?

결국 딜이 저렴해 보이고 다른 잠재적 인수자가 있다고 생각된다면 평균 1% 또는 2%의 포지션을 취하는 대신 이렇게 말합니다. "이 딜이 성사될 확률은 매우 높고, 성사되지 않을 확률은 매우 낮다고 생각합니다. 그리고 다른 사람이 입찰에 참여할 확률도 상당하고요." 이러한 경우 저는 포트폴리오의 10%까지 투자합니다. 저는 최대한 많은 주식을 사려고 하며, 거의 기업의 10%까지 사려고 합니다.

Q: 그래서 정말 좋은 딜이라고 생각하는 경우에도 전체 자산의 10%와 기업의 10%라는 포지션 제한이 있는 건가요?

A: 네, 포지션에 제한을 두죠. 왜냐하면 여러분이 얼마나 확신하든, 항상 기대했던 대로 잘 될수는 없기 때문입니다. 그러니 항상 안좋은 경우를 생각해야 합니다. 너무 과도한 투자를 했다가 틀리면, 다칠 수도 있습니다. 우리는 포지션의 10%까지만 투자할 수 있게 제한을 두어, 분산하여 투자가 되도록 합니다. 물론 더 좋은 인수조건을 제안받는 딜에 제 돈의 100%를 투자한다면, 저는 큰돈을 벌겠죠. 그러나 만약 일이 잘못되고 입찰이 취소된다면, 큰 돈을 잃을겁니다. 우리는 돈을 잃는 것에는 관심이 없습니다.

돈을 버는 데 있어 가장 중요한 것은 돈을 잃지 않는 것입니다. 안좋은 경우를 먼저 생각해보고, 얼마나 많은 돈을 벌 수 있는가가 아니라 얼마나 많은 돈을 잃을 수 있는가에 맞춰 포지션의 크기를 정해야 합니다. 전체 포트폴리오 내에서 손실을 얼마나 감수할 수 있는지를 기준으로 포지션의 제한을 정해야 합니다.

Q: 그럼 비교적 분산하여 투자하면서 더 좋은 제안을 받을 수 있는 딜에는 비중을 확대하나요?

A: 네. 만약 어떤 기업을 좋아한다면, 저는 그 기업 주식의 10%까지 살 겁니다. 딜이 발표되고 주가가 30달러에서 49달러로 오르면, 상당수 기관 투자자들은 나머지 1달러 상승을 위해 주식을 보유하려고 하지 않습니다. 그들은 매도를 할 것이고 저는 지분의 9.9%를 빠르게 획득할 수 있습니다. 이제 다른 인수자가 온다고 가정해 봅시다. 그들은 50달러가 아닌 60달러를 제안할 것입니다. 따라서 수익은 1달러가 아닌 11달러가 됩니다. 1달러의 연간 수익률이 12%라면, 11달러는 120%가 될 것입니다. 따라서 수익률이 매우 높은 전략으로 바뀌게 됩니다.

Q: 그러한 거래의 구체적인 예가 있으신가요?

A: 작년에 스프린트를 대상으로 거래를 했죠. 소프트뱅크는 스프린트 주식의 70%를 주당 5.75달러에 사들이기 위해 입찰을 했습니다. 그래서 방금 설명한 것처럼 주가배

수를 계산했는데, 이는 거래되었던 다른 무선통신 회사의 주가배수에 비해 낮았습니다. 우리는 다른 누군가도 참여할 가능성이 있다고 생각했죠. 그래서 스프린트 주식 2억 2천만주를 샀습니다. 그건 분명히 대규모 투자였습니다. 그러니까 주당 5.75달러인 주식을 2억 2,000만 주 샀으니, 우리는 이 주식에 13억 달러를 투자했습니다. 그리고 우리는 기다렸습니다. 글쎄, 보아하니, 디쉬가 주당 7달러를 제안했죠. 소프트뱅크는 다시 7.75달러를 제안했습니다. 우리는 2억 2,000만 주에서 주당 2달러를 매우 빨리 벌었고, 이 한 번의 합병 거래에서 4억 4,000만 달러를 벌게 되었습니다.

Q: 합병 차익거래의 다른 요소들은 무엇이 있나요?
A: 딜이 발표되었을 때, 발표 전날 또는 일주일 전에 거래된 주가 보다 30%, 50%, 심지어 더 높은 프리미엄이 붙기도 합니다. 그러니 다음 번에는 어떤 기업이 인수될 것인지 예상해서 입찰 발표 전에 그 주식을 보유할 수 있다면 이것은 큰 수익으로 연결됩니다.

분명히, 거기서 사기의 가능성이 생기기도 합니다. 사람들은 내부 정보를 이용해 거래함으로써 수익을 얻으려고 합니다. 우리는 이런것에는 관심이 없습니다. 우리는 내부 정보에 접근하는 것에 대해 매우 엄격한 정책을 가지고 있습니다. 혹시 우리가 무심코 내부 정보를 입수했다면, 해당 주식의 거래를 하지 않을 것입니다. 하지만 그렇다고 해서 다음에 어떤 기업이 인수될지 알아내려고 노력할 수 없다는 뜻은 아닙니다. 특별한 정보가 아닌 산업 분석을 기반으로 하는 것은 불법적인 일이 아닙니다.

우리는 각 업종별 전문가를 두고 있습니다. 예를 들어 통신업계에서 합병이 발표되면, 해당 업종 합병만을 담당하는 사람이 있습니다. 그래서 우리는 산업에 대한 전문지식과 합병에 대한 전문지식 둘 다 보유하고 있습니다. 예를 들어 통신업계의 경우, 해당 업계에만 집중하며 모든 경영진들을 만나고, 몇 년 동안 이 일을 하면서 누가 누구를 샀으며, 왜 그 기업을 사는지, 누가 다른 기업을 사고 싶어하는지 아는 전문가가 있습니다.

Q: 그럼 업계 내에서 통합이 진행되기 이전에 어떠한 합병이 있을지 예상하시는 건가요?

A: 바로 그겁니다. 업계에서 통합이 시작되면, 다음 합병대상은 누가 될 것인지가 분명해지기 시작합니다. 통신 분야에는 가장 큰 버라이즌이 있죠. AT&T도 있습니다. 스프린트나 티모바일과 같은 작은 기업도 있습니다. 그 전에는 메트로PCS MetroPCS나 립 와이어리스 Leap Wireless, 클리어 와이어리스 Clear Wireless 같은 기업도 있었으니 총 7개

후보가 있었습니다. 산업의 성장이 둔화되고 자본적 지출capex에 대한 필요성이 증가하기 시작함에 따라, 소규모 기업들은 더 이상 혼자서는 살아남을 수 없게 됩니다. 그래서 우리가 예상할 수 있는 것은 누가 인수될 것인지이며, 그들이 인수될 것을 기대하면서 주식들을 사들입니다. 그리고 그 결과, 그들은 모두 인수되었습니다. 스프린트는 소프트뱅크에, 메트로PCS는 티모바일에, 클리어와이어리스는 스프린트에, 립은 AT&T에 인수되었죠. 립의 경우 우리는 9.9%의 지분을 가지고 있었고, AT&T는 110%의 프리미엄을 지불했습니다.

Q: 부실 기업이나 파산한 기업에 대한 투자의 경우, 어떻게 거래하시나요?

A: 파산한 기업에 투자하는 것은 전문가가 별로 없는 매우 매력적인 분야입니다. 기업이 파산하면 채권 보유자들은 종종 그 채권을 어떻게 해야 할지를 모릅니다. 많은 소유주들은 증권을 팔기 시작합니다. 그러면 파산 전문가들은 이 증권들을 사서 기업을 구조조정하며, 재조직을 통해 자본금이 많고 건실한 기업으로 발돋움할 수 있게 하며, 반대로 사업 전망이 좋지 않으면 투자자들은 청산 절차를 밟을수도 있습니다. 이건 매우 복잡한 영역입니다. 합병 차익거래와 비슷하지만 또 다른 기술을 필요로 하니

다. 재무 분석은 비슷할 수 있지만 다른 법률적 전문지식이 필요하니까요.

Q: 파산 기업 거래의 예를 들어주실 수 있나요?
A: 우리는 지난번 불황 때 파산 기업에 적극적으로 투자했습니다. 하나 말씀드리죠. 익스텐디드스테이 호텔Extended Stay Hotels이라 불리는 호텔 체인이 있었습니다. 이들은 미국 전역에 670 여개의 호텔을 소유하고 운영 중이었으며, 2007년 70억 달러의 부채, 10억 달러의 자본금, 총 80억 달러로 차입매수자에게 매각되었습니다. 당시 이들의 EBITDA는 약 5억 5,000만 달러였고, 수익이 계속 늘어날 것으로 보았기 때문에 EBITDA의 15배에 달하는 비교적 높은 배수로 매각되었습니다.

그런데, 리먼 브라더스가 파산한 후 경제가 불황에 빠졌죠. 경제활동이 무너지고 기업활동이 위축되면서 사람들이 여행을 가지 않기 시작했습니다. 익스텐디드스테이 호텔의 객실 이용률은 떨어졌고, EBITDA는 5억 7,500만 달러에서 2억 5,000만 달러로 떨어졌습니다. 2억 5,000만 달러로는 70억 달러의 빚을 감당할수 없어 빚을 갚지 못하고 파산했습니다.

우리는 이 기업과 자본구조를 알고 있었습니다. 또한 호텔 산업은 경기를 탄다는 것도 알고 있었습니다. 경기 침체기에는 부진하겠지만 경기가 회복되면 함께 회복될 것입니다. 호텔 체인에는 문제가 없었습니다. 단지 부채가 너무 많고, 경기가 안좋았던게 문제였죠.

우리는 이 기업이 관리하기에 매력적이라고 생각했고, 파산 상태에 있는 부채를 대규모로 샀습니다. 또 다른 헤지펀드 역시 부채를 대규모로 샀습니다. 경기가 회복되기 시작하면서, 우리는 익스텐디드스테이 호텔의 재편을 해야겠다고 결정했습니다. 다른 헤지펀드도 동일한 결정을 했습니다. 우리는 경쟁하기보다는, 각자의 부채 포지션을 하나로 모으기로 했습니다. 이로 인해, 우리는 부채의 3분의 1 이상을 갖게 되었습니다. 파산 상황에서는, 채권자의 3분의 2가 있어야 파산 보호신청을 승인할 수 있습니다. 우리는 부채의 3분의 1을 가짐으로써 조직 개편에 대한 거부권을 갖게 되었습니다.

우리의 승인 없이는 아무도 이 기업을 재정비할 수 없었기 때문에, 우리는 구조 조정을 주도할 수 있었습니다. 결국 우리는 그렇게 하였습니다. 우리는 블랙스톤을 파트너로 영입했고 2년전 기업이 거래되던 것에서 50% 이상 할인된 가격인 39억 달러의 현금을 채권단에게 주고 파산상태의 기업을 사들였습니다. 이를 위해 우리와 센터브릿지, 블랙스톤은 각각 5억 달러를 투자했습니다. 우리는 합쳐서 15억 달러의 자본을 투입했고, 그 후 24억 달러의 주택 담보 대출을 받았습니다.

우리는 39억 달러를 모았고, 3년 전에 가격보다 50% 할인된 가격으로 익스텐디드스테이 호텔을 샀습니다. 경영진의 변화와 구조조정을 어느정도 하기는 했지만, 기본적으로 경기가 회복되면서 실적이 올라갔습니다. 이제 익스텐디드스테이 호텔은 이전 수준의 수익성을 회복해 약 6억 달러의 수익을 올리고 있습니다. 그리고 나서 우리는 기업을 상장시켰으며, 그 수익으로 부채를 갚았습니다. 이제 이 기업은 다시 80억 달러의 가치를 갖고 있습니다. 우리는 약 4억 달러의 빚을 갚았기 때문에 20억 달러 정도의 빚만 남아 있습니다. 지분 가치가 60억 달러라는 겁니다. 2010년에 우리가 투자한 15억 달러가 이제 60억 달러의 가치가 된 것입니다. 이것은 파산한 기업에 투자한 좋은 예입니다.

Q: 서브프라임 거래로도 매우 유명하시잖아요. 제가 소로스와 인터뷰했을 때, 손익이 비대칭적일 때는 급소를 치듯이 공격적으로 가야한다는 소로스의 아이디어를 바탕으로 폴슨씨께서 서브프라임에 대한 거래 규모를 정하셨다고 하는데, 맞나요?

A: 네, 사실입니다. 또한 지금 쓰고 계신 이 책과 같은 종류의 책을 읽는 것은 중요합니다. 사업을 시작할 때 소로스에

관한 책을 읽었는데 『소로스가 말하는 소로스Soros on Soros』였죠. 그의 투자 철학에 관한 책이었습니다. 제가 기억하기로 소로스가 파운드를 공매도하기로 결심했을 때, 그의 애널리스트 중 한 명이 와서 의논했고, 조지는 그것이 좋은 아이디어라고 생각했죠. 애널리스트는 적당한 투자 규모를 제시했지만, 조지는 더 크게 투자해야 된다고 했습니다. 좋은 투자 아이디어는 그렇게 자주 나오지 않습니다. 훌륭한 것을 찾으면 소극적이면 안 됩니다. 급소를 치듯이 매우 공격적으로 가야한다고 그는 말했습니다.

Q: 그럼 서브프라임 시장에 이것을 어떻게 적용하셨나요?
A: 우리는 이전에 설명한 것처럼 2002년의 불황에서 벗어난 파산 기업의 재편에 관여했지만, 2006년이 되자 신용 시장의 거품이 일어 매수 포지션을 정리했습니다. 우리는 공매도에 오히려 좋은 기회가 있다고 판단했습니다. 우리는 모든 신용 시장을 꽤 철저하게 분석했고 서브프라임 모기지 증권이 가장 과대평가되었다고 느꼈습니다. 당시 서브프라임 증권의 BBB 등급 트랜치는 국채보다 겨우 1%포인트 높게 거래되고 있었습니다. 만약 당신이 서브프라임 채권을 공매도하고 같은 만기의 국채를 매수할 경우, 국채로부터 5%의 이자율을 얻고 서브프라임에서 6%의 이자율을 지불해야 했습니다. 서브프라임을 공매도하

는 순비용은 1%가 되죠.

우리는 궁극적으로 BBB 등급의 가치가 0원이 될 수 있다고 느꼈습니다. 우리는 매우 비대칭적인 수익 구조를 가진, 엄청나게 가격이 잘못 매겨진 증권을 발견한 것입니다. 예상한 일이 잘못되면 1%를 지불하지만, 예상한대로 일이 진행된다면 100%를 벌게 되는 것이죠. 100 대 1의 위험과 수익 구조였습니다. 그리고 주택시장의 서브프라임 증권에 대해 더 많은 조사를 할수록, 이것들이 0이 될 확률은 매우 매우 높다는 것을 확신하게 되었습니다. 경제적으로 말이 안됐죠. 우리는 엄청난 신용거품 한가운데 있었던 것입니다.

그래서 우리는 처음에 이 채권들 중 1억 달러를 공매도 했습니다. 1억 달러는 꽤 큰돈이죠. 그러나 우리는 '실제 비용은 100만 달러밖에 안 들어'라고 했습니다. 그 당시 우리는 60억 달러를 관리하고 있었습니다. 그래서 우리는 다음과 같이 말했죠. '자, 1억 달러가 아니라, 거래 비용을 살펴보자. 우리가 서브프라임을 공매도 하고 국채를 매수하면, 연간 100만 달러 이상을 잃지는 않자나. 투자를 더 늘리자!' 우리는 5억 달러까지 투자를 늘렸으며, 여전히 일년동안 최대 5백만 달러까지만 잃을 수 있었습니다. 그 후 10억 달러, 20억 달러, 30억 달러까지 투자를 늘려 갔습니다. 일이 진행될수록 우리가 생각한 대로 일이 일어날 것이라고 점점 더 확신하게 되었습니다. 그럼 이걸로 얼마나 큰 수익을 거둘까요?

그때 조지 소로스의 말이 생각났습니다. 정말 대단한 투자를 발견했을 때, '매우 공격적으로' 가야만 한다는 것을요. 그래서 저는 이렇게 말했죠. "그거 알아? 숫자는 잊어버려. 이것은 내가 본 것 중 가장 큰 위험-수익 구조야. 우리는 매우 공격적으로 나갈 거야." 결국 250억 달러 규모의 공매도 포지션을 취했습니다. 우리가 그러한 포지션을 잡는데 조지의 말이 큰 역할을 했습니다.

Q: 서브프라임 BBB증권이 붕괴될 것이라고 확신한 분석은 무엇인가요?

A: 서브프라임 증권의 구조가 무엇인지 이해하는 것이었습니다. 이 구조들은 놀라운 신용 장치였습니다. 이는 10억 달러의 서브프라임 모기지들을 모아서 풀에 넣은 다음, 해당 풀을 15개의 트랜치로 나누어 증권으로 팔았습니다. 만약 손실이 발생한다면, 가장 낮은 레이어에서부터 손실이 시작될 것입니다. 반면에 대부분의 우선 트랜치들은 먼저 돈을 받을겁니다. 상위 레이어는 AAA 증권이며, 그 다음은 AAA1, 2, 3, 4, 5, 6 입니다. 이는 전체 구조의 약 70%를 차지합니다. AAA 다음은 AA+, AA, AA-, A+, A, A- 로 이어집니다. 그 후에는 BBB(BBB+, BBB, BBB-) 순서이

며, 그 아래로는 투기 등급인 BB등급 증권과 후순위 트랜치_equity tranche_ 입니다.

　BBB 등급은 투자 등급 중 가장 마지막 단계이며, 따라서 투자 등급 중 가장 이자율이 높아 수요가 매우 많았습니다. 많은 기관 투자가들은 투자 등급의 증권 중 가장 높은 이자율을 얻기를 원합니다. 따라서 BBB등급 증권에 대한 엄청난 수요가 있었습니다.

　하지만 서브프라임 풀에서 6%의 손실이 발생하자 BBB 등급은 붕괴되었습니다. 손실은 후순위 트랜치에서 먼저 발생했습니다. 3%의 손실로 후순위 트랜치는 붕괴되었죠. 그리고 나서는 BB 트랜치, 그 다음엔 BBB-, 그 다음엔 BBB+가 차례로 무너졌습니다. 그 후 손실은 A 등급으로까지 올라갑니다. 5% 이상 손실이 발생할 경우 BBB등급은 손실을 보기 시작하며, BBB등급은 전체 비중의 1%에 불과하므로, 6%의 손실로 인해 붕괴되었습니다.

　시장이 붕괴되기 시작했을 때 서브프라임 증권의 부도율은 10%에서 15%, 20%, 30%, 40%로 올라갔습니다. 대출을 갚지 못하고 집을 팔 경우, 대출의 회수율은 50%도 되지 않았습니다. 따라서 부도율이 40%이고 회수율이 50%이면, 자본의 최대 20%까지 손실이 발생합니다. 그런 일이 있었습니다. 5%의 손실에 BBB등급이 무너지기 시작한거죠.

Q: 어떻게 끝까지 거래를 유지하셨나요? 위기가 점차 진행되면, 많은 투자자들이 중도에 포지션을 정리하고 싶은 유혹에 빠지기 마련인데요?

A: 매우 좋은 질문입니다. BBB 등급이 하락하기 시작했을 때, 액면가 대비 90%, 80%, 70%, 60%, 50%로 떨어졌습니다. 사람들은 이렇게 말했죠. "왜 포지션 정리를 안하나요? 이미 돈을 다 벌었잖아요? 어디까지 갖고 가려고요?" 그들은 이 풀의 손실률이 이제야 명백해졌다는 것을 이해하지 못했습니다. 부도율은 너무 높았죠. 주택 압류가 일어나고 있었고, 우리는 이 풀의 20% 가량 손실이 발생할 것이라 예상했습니다. 그건 거의 확실했고, 채무불이행은 압류로 이어질 것이었습니다. 서브프라임에서 5%의 손실만 발생해도, 확실하게 수익을 얻을 수 있었습니다. 그래서 저는 말했죠. "겨우 50% 수익만 얻으라고요? 인내심을 갖고 기다리면 집값이 계속 하락하고 손실이 쌓이면서 부도율은 계속 상승할 것이고, 이 증권들은 무너질 겁니다."

그래서 저는 "아, 무서워, 100에서 50으로 떨어졌으니 100으로 돌아갈지도 몰라."라고 생각치 않았죠. 기초 담보물을 알고 모든 자료를 가지고 있었기에, 그들이 망할 것을 알았습니다. 회복될 희망이 없었죠. 우리가 기다리면 결국 가치가 0이 될 것이었죠. 우리는 그렇게 했습니다. 기다렸고, 결국 0이 되었습니다.

감사의 말

이 책을 위한 AQR 캐피털 매니지먼트, 뉴욕 대학, 코펜하겐 경영대학원, 그리고 여러 동료들의 무수한 아이디어에 깊은 감사를 표한다. 내가 실제 세계의 거래에 대해 거의 아무것도 몰랐을 때, 자산 관리에 대해 많은 것을 가르쳐 준 AQR의 존 리우에게 특히나 감사의 마음을 표한다. 클리프 애스니스는 언제나 뛰어난 통찰력을 웃는 모습으로 공유해주었다. 데이비드 캐빌러는 사업을 어떻게 건설할 것인가에 대한 사려 깊은 비전이 무엇인지 알려주었고, 나를 사업가로 만들어 주려고도 했다. 퀀트 백테스트를 가장 빠르게 하는 안드레아 프라지니와의 협업은 무척 훌륭했다. 토비 모스코위츠는 학계에서 AQR로 간 경험을 공유해 주었고, 뛰어난 직장 동료였다. 야오 후아 우이는 많은 프로젝트에서 엄청난 팀워크를 보여 주었다. 그 외에도 책의 초안에 도움이 되는 의견을 제공한 AQR의 애런 브라운, 브라이언 허스트, 아리 르바인, 마이크 멘델슨, 스콧 메트칙, 마크 미첼, 라스 닐슨, 토드 풀비노, 스캇 리처드슨, 마크 스테인, 로드니 설리번, 그리고 특히 책을 위한 많은 통찰력을 제공해준 앤티 일마넨과 로넨 이스라엘에게 감사의 뜻을 전한다.

또한 뉴욕대학 스턴 비즈니스 스쿨과 코펜하겐 경영대학의 동료 및 학생들에게도 깊이 감사한다. 이 책은 뉴욕대학 동료인 비랄 아챠랴, 야코브 아미후드, 자비어 가바이, 토마스 필리폰, 맷 리처드슨, 윌리엄 실버, 마르티 수브라마냠, 스테인 반 니우어르뷔르흐, 제프 버글러, 그리고 코펜하겐 경영대학의 동료인 데이비드 란도(내가 학부생이었을 때 처음으로 금융에 관심을 갖게 해주신 분), 쇠렌 뷔드키예르, 니클라스 콜, 에스페르 룬드, 크리스티안 밀테르센들과 함께한 고무적인 토론에서 도움을 받았다. 나와 함께한 모든 공동 저자들에게 큰 감사를 드리며, 이미 언급된 분들뿐만 아니라 버클리 대학의 니콜라에 갈레아누, 프린스턴 대학의 마커스 브루너마이어, 내 박사 과정 지도 교수인 스탠퍼드대학의 대럴 더피와 켄 싱글턴 모두에게 감사의 말을 전한다.

마지막이지만 가장 중요한 말이 남았다. 내가 여러 경력을 추구할 수 있게 해 주고 삶에서 정말로 중요한 것이 무엇인지 상기시켜 준 아내와 아이들에게 감사하다.

참고문헌

Abreu, Dilip, and Markus Brunnermeier (2003), "Bubbles and Crashes", Econometrica 71, 173-204.

Acharya, V., and L. H. Pedersen (2005), "Asset Pricing with Liquidity Risk", Journal of Financial Economics 77, 375-410.

Agarwal, Vikas, Naveen D. Daniel, and Narayan Y. Naik (2009), "Role of Managerial Incentives and Discretion in Hedge Fund Performance", Journal of Finance 5, 2221-2256.

Ahern, Kenneth, and Denis Sosyura (2014), "Who Writes the News? Corporate Press Releases during Merger Negotiations", Journal of Finance 69, 241-291.

Amihud, Y., and H. Mendelson (1986), "Asset Pricing and the Bid-Ask Spread", Journal of Financial Economics 17, 223-249.

Aragon, George O., and Vikram Nanda (2012), "On Tournament Behavior in Hedge Funds: High-Water Marks, Fund Liquidation, and Managerial Stake", Review of Financial Studies 25, 937-974.

Ashcraft, Adam, Nicolae Gârleanu, and Lasse Heje Pedersen (2010), "Two Monetary Tools: Interest Rates and Haircuts", NBER Macroeconomics

Annual 25, 143-180.

Asness, C. (1994), "Variables That Explain Stock Returns", Ph.D. Dissertation, University of Chicago.

Asness, C. (2003), "Fight the Fed Model", Journal of Portfolio Management Fall, 11-24.

Asness, C. (2004), "An Alternative Future", The Journal of Portfolio Management 31, 8-23.

Asness, C. (2007), "How I Became a Quant", How I Became a Quant: Insights from 25 of Wall Street's Elite, Richard R. Lindsey and Barry Schachter (Eds.), John Wiley and Sons, Hoboken, NJ.

Asness, C., A. Frazzini, and L. H. Pedersen (2012), "Leverage Aversion and Risk Parity", Financial Analysts Journal 68(1), 47-59.

Asness, C., A. Frazzini, and L. H. Pedersen (2019), "Quality Minus Junk", Review of Accounting Studies, 24(1), 34-112.

Asness, C., A. Frazzini, and L. H. Pedersen (2014), "Low-Risk Investing without Industry Bets", Financial Analysts Journal 70, July/August, 24-41.

Asness, Cliff, Tobias Moskowitz, and Lasse Heje Pedersen (2013), "Value and Momentum Everywhere", The Journal of Finance 68(3), 929-985.

Asness, C., R. Krail, and J. Liew (2001), "Do Hedge Funds Hedge?", Journal of Portfolio Management 28(1), 6-19.

Baker, Malcolm, and Jeffrey Wurgler (2012), "Behavioral Corporate Finance: An Updated Survey", Handbook of the Economics of Finance, 2, 351-417.

Baltas, A.-N., and R. Kosowski (2013), "Momentum Strategies in Futures Markets and Trend-Following Funds", working paper, Imperial College, London.

Barberis, N., A. Shleifer, and R. Vishny (1998), "A Model of Investor Sentiment", Journal of Financial Economics 49, 307-343.

Berk, Jonathan B., and Richard C. Green (2004), "Mutual Fund Flows and

Performance in Rational Markets", Journal of Political Economy 112, 1269-1295.

Berk, Jonathan B., and Jules H. van Binsbergen (2015), "Measuring Skill in the Mutual Fund Industry", Journal of Financial Economics, 118(1), 1-20.

Bikhchandani, S., D. Hirshleifer, and I. Welch (1992), "A Theory of Fads, Fashion, Custom, and Cultural Change as Informational Cascades", Journal of Political Economy 100, 992-1026.

Black, F. (1972), "Capital Market Equilibrium with Restricted Borrowing", Journal of Business 45, 444-455.

Black, F. (1992), "Beta and Return", The Journal of Portfolio Management 20, 8-18.

Black, F., and R. Litterman (1992), "Global Portfolio Optimization", Financial Analysts Journal September/October, 28-43.

Black, F., M. C. Jensen, and M. Scholes (1972), "The Capital Asset Pricing Model: Some Empirical Tests", Studies in the Theory of Capital Markets, M. C. Jensen (Ed.), Praeger, New York, 79-121.

Black, F., and M. S. Scholes (1973), "The Pricing of Options and Corporate Liabilities", The Journal of Political Economy 81, 637-654.

Bollen, N. P., and R. E. Whaley (2004), "Does Net Buying Pressure Affect the Shape of Implied Volatility Functions?", Journal of Finance 59, 711-753.

Brennan, M. J., and E. S. Schwartz (1977), "Convertible Bonds: Valuation and Optimal Strategies for Call and Conversion", The Journal of Finance 32, 1699-1715.

Brinson, Gary P., L. Randolph Hood, and Gilbert L. Beebower (1986), "Determinants of Portfolio Performance", Financial Analysts Journal 42(4), 39-44.

Brunnermeier, Markus, and Stefan Nagel (2004), "Hedge Funds and the Technology Bubble", Journal of Finance 59, 2013-2040.

Brunnermeier, Markus, Stefan Nagel, and Lasse Heje Pedersen (2008), "Carry Trades and Currency Crashes", NBER Macroeconomics Annual 23, 313-348.

Brunnermeier, M., and L. H. Pedersen (2005), "Predatory Trading", Journal of Finance 60, 1825-1863.

Brunnermeier, M., and L. H. Pedersen (2009), "Market Liquidity and Funding Liquidity", The Review of Financial Studies 22, 2201-2238.

Budish, Eric, Peter Cramton, and John Shim (2013), "The High-Frequency Trading Arms Race: Frequent Batch Auctions as a Market Design Response", The Quarterly Journal of Economics 130(4), 1547-1621.

Buraschi, Andrea, Robert Kosowski, and Worrawat Sritrakul (2014), "Incentives and Endogenous Risk Taking: A Structural View on Hedge Fund Alphas", Journal of Finance, 69(6), 2819-2870.

Calvet, L. E., J. Y. Campbell, and P. Sodini (2007), "Down or Out: Assessing the Welfare Costs of Household Investment Mistakes", Journal of Political Economy 115, 707-747.

Clarke, R., H. de Silva, and S. Thorley (2013), "Minimum Variance, Maximum Diversification and Risk Parity: An Analytic Perspective", Journal of Portfolio Management 39, 39-53.

Cochrane, John, and Monika Piazzesi (2005), "Bond Risk Premia", American Economic Review 94, 138-160.

Cohen, Lauren, Karl B. Diether, and Christopher J. Malloy (2007), "Supply and Demand Shifts in the Shorting Market", The Journal of Finance 62, 2061-2096.

Constantinides, G. M. (1986), "Capital Market Equilibrium with Transaction Costs", Journal of Political Economy 94, 842-862.

Cramer, J. (2002), Confessions of a Street Addict, Simon & Schuster, New York.

Cutler, D. M., J. M. Poterba, and L. H. Summers (1991), "Speculative Dynamics", Review of Economic Studies 58, 529-546.

Damodaran, A. (2012), Investment Valuation: Tools and Techniques for

Determining the Value of Any Asset, John Wiley & Sons, New York.

D'avolio, Gene (2002), "The Market for Borrowing Stock", Journal of Financial Economics 66, 271-306.

Daniel, K., D. Hirshleifer, A. Subrahmanyam (1998), "A Theory of Overconfidence, Self-Attribution, and Security Market Under- and Over-Reactions", Journal of Finance 53, 1839-1885.

De Bondt, W. F. M., and R. Thaler (1985), "Does the Stock Market Overreact?", The Journal of Finance 40(3), 793-805.

De Long, J. B., A. Shleifer, L. H. Summers, and R. J. Waldmann (1990), "Positive Feedback Investment Strategies and Destabilizing Rational Speculation", The Journal of Finance 45, 379-395.

De Long, J. B., Andrei Shleifer, Lawrence H. Summers, and Robert J. Waldmann (1993), "Noise Trader Risk in Financial Markets", Journal of Political Economy 98, 703-738.

de Roon, F., T. E. Nijman, and C. Veld (2000), "Hedging Pressure Effects in Futures Markets", Journal of Finance 55, 1437-1456.

Dechow, Patricia M., Richard G. Sloan, and Amy P. Sweeney (1996), "Causes and Consequences of Earnings Manipulation: An Analysis of Firms Subject to Enforcement Actions by the SEC", Contemporary Accounting Research 13, 1-36.

Derman, Emanual (2004), My Life as a Quant, John Wiley & Sons, Hoboken, NJ.

Desai, Hemang, K. Ramesh, S. Ramu Thiagarajan, and Bala Balachandran (2002), "An Investigation of the Informational Role of Short Interest in the NASDAQ Market", The Journal of Finance 57, 2263-2287.

Dimson, E. (1979), "Risk Measurement When Shares are Subject to Infrequent Trading", Journal of Financial Economics 7, 197-226.

Duarte, Jefferson, Francis A. Longstaff, and Fan Yu (2007), "Risk and Return in Fixed-Income Arbitrage: Nickels in Front of a Steamroller?", Review of Financial Studies 20, 769-811.

Duffie, D. (2010), "Asset Price Dynamics with Slow-Moving Capital", Journal of Finance 65, 1238-1268.

Duffie, Darrell, Nicolae Gârleanu, and Lasse Heje Pedersen (2002), "Securities Lending, Shorting, and Pricing", Journal of Financial Economics 66, 307-339.

Duffie, D., N. Gârleanu, and L. H. Pedersen (2005), "Over-the-Counter Markets", Econometrica 73, 1815-1847.

Duffie, D., N. Gârleanu, and L. H. Pedersen (2007), "Valuation in Over-the-Counter Markets", The Review of Financial Studies 20, 1865-1900.

Edwards, W. (1968), "Conservatism in Human Information Processing", Formal Representation of Human Judgment, Kleinmutz, B. (Ed.), John Wiley and Sons, New York, 17-52.

Engle, Robert, Robert Ferstenberg, and Jeffrey Russell (2012), "Measuring and Modeling Execution Cost and Risk", The Journal of Portfolio Management 38(2), 14-28.

Fama, E., and K. French (1993), "Common Risk Factors in the Returns on Stocks and Bonds", Journal of Financial Economics 33, 3-56.

Fama, E., and K. French (2010), "Luck versus Skill in the Cross-Section of Mutual Fund Returns", The Journal of Finance 65, 1915-1947.

Fama, E. F., and MacBeth, J. D. (1973), "Risk, Return, and Equilibrium: Empirical Tests", Journal of Political Economy 81(3), 607-636.

Frazzini, A. (2006), "The Disposition Effect and Underreaction to News", Journal of Finance 61, 2017-2046.

Frazzini, A., and L. H. Pedersen (2012), "Embedded Leverage", National Bureau of Economic Research.

Frazzini, A., and L. H. Pedersen (2014), "Betting Against Beta", Journal of Financial Economics 111(1), 1-25.

Frazzini, Andrea, Ronen Israel, and Tobias Moskowitz (2012), "Trading Costs of Asset Pricing Anomalies", working paper, AQR Capital Management and University of Chicago.

Frazzini, Andrea, David Kabiller, and Lasse Heje Pedersen (2018), "Buffett's Alpha", Financial Analysts Journal, 74(4), 35-55.

Fung, W., and D. A. Hsieh (1999), "A Primer on Hedge Fund", Journal of Empirical Finance 6, 309-331.

Fung, W., and D. A. Hsieh (2001), "The Risk in Hedge Fund Strategies: Theory and Evidence from Trend Followers", Review of Financial Studies 14, 313-341.

Gabaix, X., A. Krishnamurthy, and O. Vigneron (2007), "Limits of Arbitrage: Theory and Evidence from the Mortgage-Backed Securities Market", Journal of Finance 62, 557-595.

Gârleanu, N., and L. H. Pedersen (2007), "Liquidity and Risk Management", American Economic Review 97, 193-197.

Gârleanu, N., and L. H. Pedersen (2011), "Margin-Based Asset Pricing and Deviations from the Law of One Price", The Review of Financial Studies 24, 1980-2022.

Gârleanu, N., and L. H. Pedersen (2013), "Dynamic Trading with Predictable Returns and Transaction Costs", Journal of Finance 68, 2309-2340.

Gârleanu, N., and L. H. Pedersen (2016), "Dynamic Portfolio Choice with Frictions", Journal of Economic Theory 165, 487-516.

Gârleanu, N., L. H. Pedersen, and A. Poteshman (2009), "Demand-Based Option Pricing", The Review of Financial Studies 22, 4259-4299.

Gatev, Evan, William N. Goetzmann, and K. Geert Rouwenhorst (2006), "Pairs Trading: Performance of a Relative-Value Arbitrage Rule", The Review of Financial Studies 19(3), 797-827.

Geanakoplos, John (2010), "The Leverage Cycle", NBER Macroeconomics Annual 24, 1-65.

Geczy, Christopher C., David K. Musto, and Adam V. Reed (2002), "Stocks Are Special Too: An Analysis of the Equity Lending Market", Journal of Financial Economics 66, 241-269.

Goetzmann, William N., Jr., Jonathan E. Ingersoll, and Stephen A. Ross

(2003), "High-Water Marks and Hedge Fund Management Contracts", Journal of Finance 58, 1685-1717.

Graham, J. R. (1999), "Herding among Investment Newsletters: Theory and Evidence", Journal of Finance 54(1), 237-268.

Graham, B. (1973), The Intelligent Investor, HarperCollins, New York.

Graham, B., and D. Dodd (1934), Security Analysis, McGraw-Hill, New York.

Grant, J. (1838), The Great Metropolis, vol. II, E. L. Carey & A. Hart, Philadelphia.

Greenwood, Robin, and Dimitri Vayanos (2014), "Bond Supply and Excess Bond Returns", Review of Financial Studies 27, 663-713.

Griffin, John M., and Jin Xu (2009), "How Smart Are the Smart Guys? A Unique View from Hedge Fund Stock Holdings", Review of Financial Studies 22, 2531-2570.

Griffin, Paul A. (2003), "A League of Their Own? Financial Analysts' Responses to Restatements and Corrective Disclosures", Journal of Accounting, Auditing & Finance 18, 479-517.

Grossman, S. J., and J. E. Stiglitz (1980), "On the Impossibility of Informationally Efficient Markets", American Economic Review 70(3), 393-408.

Grossman, S. J., and Z. Zhou (1993), "Optimal Investment Strategies for Controlling Drawdowns", Mathematical Finance 3, 241-276.

Gârkaynak, Refet S., and Jonathan H. Wright (2012), "Macroeconomics and the Term Structure", Journal of Economic Literature 50(2), 331-367.

Harrison, J. Michael, and David M. Kreps (1978), "Speculative Investor Behavior in a Stock Market with Heterogeneous Expectations", The Quarterly Journal of Economics 92, 323-336.

Harvey, Campbell R., and Yan Liu (2015), "Backtesting", The Journal of Portfolio Management 42(1), 13-28.

Harvey, Campbell R., Yan Liu, and Heqing Zhu (2016), "…and the Cross-Section of Expected Returns", The Review of Financial Studies

29(1), 5-68.

Hong, H., and J. Stein (1999), "A Unified Theory of Underreaction, Momentum Trading and Overreaction in Asset Markets", Journal of Finance 54(6), 2143-2184.

Hou, Kewei, Mathijs A. van Dijk, and Yinglei Zhang (2012), "The Implied Cost of Capital: A New Approach", Journal of Accounting and Economics 53, 504-526.

Huggins, D., and C. Schaller (2013), Fixed Income Relative Value Analysis: A Practitioners Guide to the Theory, Tools, and Trades, John Wiley & Sons, West Sussex, U.K.

Hurst, Brian, Yao Hua Ooi, and Lasse Heje Pedersen (2013), "Demystifying Managed Futures", Journal of Investment Management 11(3), 42-58.

Hurst, Brian, Yao Hua Ooi, and Lasse Heje Pedersen (2017), "A Century of Evidence on Trend-Following Investing", The Journal of Portfolio Management 44(1), 15-29.

Ilmanen, Antti (1995), "Time-Varying Expected Returns in International Bond Markets", Journal of Finance 50, 481-506.

Ilmanen, Antti (2011), Expected Returns: An Investor's Guide to Harvesting Market Rewards, John Wiley & Sons, Chichester, U.K.

Ingersoll, J. E. (1977), "A Contingent-Claims Valuation of Convertible Securities", Journal of Financial Economics 4, 289-321.

Jagannathan, Ravi, Alexey Malakhov, and Dmitry Novikov (2010), "Do Hot Hands Exist among Hedge Fund Managers? An Empirical Evaluation", The Journal of Finance 65, 217-255.

Jegadeesh, Narasimhan, and Sheridan Titman (1993), "Returns to Buying Winners and Selling Losers: Implications for Stock Market Efficiency", The Journal of Finance 48(1), 65-91.

Jensen, Mads Vestergaard, and Lasse Heje Pedersen (2016), "Early Option Exercise: Never Say Never", Journal of Financial Economics 121(2), 278-299.

Jones, Charles M. (2013), "What Do We Know about High-Frequency Trading?", working paper, Columbia Business School, New York.

Jones, Charles M., and Owen A. Lamont (2002), "Short-Sale Constraints and Stock Returns", Journal of Financial Economics 66, 207-239.

Ketchum, Richard G., and John H. Sturc (1989), Prepared Statement from Division of Enforcement, Securities and Exchange Commission, before the House Committee on Government Affairs, Subcommittee on Commerce, Consumer, and Monetary Affairs, Washington, DC, Dec. 6.

Keynes, J. M. (1923), "Some Aspects of Commodity Markets", Manchester Guardian Commercial, European Reconstruction Series, Sec. 13, 784-786.

Keynes, John Maynard (1936), The General Theory of Employment, Interest and Money, Harcourt, Brace, and World, New York.

Khandani, Amir E., and Andrew W. Lo (2011), "What Happened to the Quants in August 2007? Evidence from Factors and Transactions Data", Journal of Financial Markets 14, 1-46.

Kiyotaki, N., and J. Moore (1997), "Credit Cycles", Journal of Political Economy 105, 211-248.

Koijen, Ralph, Tobias Moskowitz, Lasse Heje Pedersen, and Evert Vrugt (2018), "Carry", Journal of Financial Economics 127(2), 197-225.

Kosowski, R., A. Timmermann, R. Wermers, and H. White (2006), "Can Mutual Fund 'Stars' Really Pick Stocks? New Evidence from a Bootstrap Analysis", Journal of Finance 61, 2551-2595.

Kosowski, Robert, Narayan Y. Naik, and Melvyn Teo (2007), "Do Hedge Funds Deliver Alpha? A Bayesian and Bootstrap Analysis", Journal of Financial Economics 84, 229-264.

Krishnamurthy, Arvind, and Annette Vissing-Jorgensen (2012), "The Aggregate Demand for Treasury Debt", Journal of Political Economy 120, 233-267.

Lakonishok, Josef, Andrei Shleifer, and Robert W. Vishny (1994), "Contrarian Investment, Extrapolation, and Risk", The Journal of Finance 49(5), 1541-1578.

Lamont, Owen (2012), "Go Down Fighting: Short Sellers vs. Firms", Review of Asset Pricing Studies 2, 1-30.

Lamont, Owen, and Richard H. Thaler (2003), "Can the Stock Market Add and Subtract? Mispricing in Tech Stock Carve-Outs", Journal of Political Economy 111(2), 227-268.

Lefèvre, E. (1923), Reminiscences of a Stock Operator, John Wiley & Sons, New York.

Lin, Hai, Junbo Wang, and Chunchi Wu (2011), "Liquidity Risk and Expected Corporate Bond Returns", Journal of Financial Economics 99, 628-650.

Liu, H. (2004), "Optimal Consumption and Investment with Transaction Costs and Multiple Assets", Journal of Finance 59, 289-338.

McLean, R. David, and Jeffrey Pontiff (2016), "Does Academic Research Destroy Stock Return Predictability?", The Journal of Finance 71(1), 5-32.

Malkiel, B. G. and A. Saha (2005), "Hedge Funds: Risk and Return", Financial Analysts Journal 61, 80-88.

Mallaby, S. (2010), More Money than God, Penguin Press, New York.

Merton, R. C. (1973), "Theory of Rational Option Pricing", The Bell Journal of Economics and Management Science 4, 141-183.

Merton, R. C. (1974), "On the Pricing of Corporate Debt: The Risk Structure of Interest Rates", Journal of Finance 29, 449-470.

Miller, Edward M. (1977), "Risk, Uncertainty, and Divergence of Opinion", The Journal of Finance 32(4), 1151-1168.

Mitchell, M., L. H. Pedersen, and T. Pulvino (2007), "Slow Moving Capital", American Economic Review 97, 215-220.

Mitchell, Mark, and Todd Pulvino (2001), "Characteristics of Risk and Return in Risk Arbitrage", The Journal of Finance 56(6), 2135-2175.

Mitchell, Mark, and Todd Pulvino (2012), "Arbitrage Crashes and the Speed of Capital", Journal of Financial Economics 104(3), 469-490.

Mitchell, Mark, Todd Pulvino, and Erik Stafford (2002), "Limited Arbitrage in Equity Markets", Journal of Finance 57(2), 551-584.

Moskowitz, T., Y. H. Ooi, and L. H. Pedersen (2012), "Time Series Momentum", Journal of Financial Economics 104(2), 228-250.

Munk, C. (2011), Fixed Income Modelling, Oxford University Press, Oxford, U.K.

Nagel, Stefan (2012), "Evaporating Liquidity", Review of Financial Studies 25, 2005-2039.

Novy-Marx, R. (2013), "The Other Side of Value: The Gross Profitability Premium", Journal of Financial Economics 108(1), 1-28.

Pastor, Lubos, and Robert F. Stambaugh (2003), "Liquidity Risk and Expected Stock Returns", Journal of Political Economy 111, 642-685.

Pastor, Lubos, and Robert F. Stambaugh (2012), "On the Size of the Active Management Industry", Journal of Political Economy 120, 740-781.

Pastor, Lubos, Robert F. Stambaugh, and Lucian A. Taylor (2015), "Scale and Skill in Active Management", Journal of Financial Economics 116(1), 23-45.

Pedersen, L. H. (2009), "When Everyone Runs for the Exit", International Journal of Central Banking 5, 177-199.

Perold, A. (1988), "The Implementation Shortfall: Paper Versus Reality", Journal of Portfolio Management 14, Spring, 4-9.

Preinreich, Gabriel A. D. (1938), "Annual Survey of Economic Theory: The Theory of Depreciation", Econometrica 6, 219-241.

Sadka, Ronnie (2010), "Liquidity Risk and the Cross-Section of Hedge-Fund Returns", Journal of Financial Economics 98, 54-71.

Scholes, M., and J. Williams (1977), "Estimating Betas from Nonsynchronous Data", Journal of Financial Economics 5, 309-327.

Schwager, Jack D. (2008), The New Market Wizards: Conversations with

America's Top Traders, John Wiley & Sons, Hoboken, NJ.

Shefrin, H., and M. Statman (1985), "The Disposition to Sell Winners Too Early and Ride Losers Too Long: Theory and Evidence," Journal of Finance 40, 777-790.

Shiller, R. J. (1981), "Do Stock Prices Move Too Much to Be Justified by Subsequent Changes in Dividends?", American Economic Review 71, 421-436.

Shleifer, A. (1986), "Do Demand Curves for Stocks Slope Down?", Journal of Finance 41, 579-590.

Shleifer, Andrei (2000), Inefficient Markets: An Introduction to Behavioral Finance, Oxford University Press, Oxford.

Shleifer, A., and R. Vishny (1997), "The Limits of Arbitrage", Journal of Finance 52(1), 35-55.

Silber, W. L. (1994), "Technical Trading: When It Works and When It Doesn't", Journal of Derivatives 1(3), 39-44.

Soros, George (2010), The Soros Lectures at the Central European University, PublicAffairs, New York.

Staley, K. F. (1997), "The Art of Short Selling", John Wiley & Sons, New York.

Stambaugh, R. (1999), "Predictive Regressions", Journal of Financial Economics 54, 375-421.

Stattman, Dennis (1980), "Book Values and Stock Returns", Chicago MBA: A Journal of Selected Papers, 5, 25-45.

Swensen, D. (2000), Pioneering Portfolio Management: An Unconventional Approach to Institutional Investment, Free Press, New York.

Taylor, J. B. (1993), "Discretion versus Policy Rules in Practice", Carnegie-Rochester Conference Series on Public Policy 39, 195-214.

Thorp, Edward O., and Sheen T. Kassouf (1967), Beat the Market, Random House, New York.

Tversky, A., and D. Kahneman (1974), "Judgment under Uncertainty: Heu-

ristics and Biases", Science 185, 1124-1131.
U.S. Commodities and Futures Trading Commission and Securities and Exchange Commission. (2010). "Findings Regarding the Market Events of May 6, 2010", Report of the Staffs of the CFTC and SEC to the Joint Advisory Committee on Emerging Regulatory Issues, Washington, DC.
U.S. Securities and Exchange Commission (1963), "The Market Break of May 1962", Chapter XIII in "Report of the Special Study of Securities Markets," Washington, DC.
Vayanos, Dimitri, and Paul Woolley (2013), "An Institutional Theory of Momentum and Reversal", Review of Financial Studies 26, 1087-1145.
Wason, P. C. (1960), "On the Failure to Eliminate Hypotheses in a Conceptual Task", The Quarterly Journal of Experimental Psychology, 12, 129-140.
Weinstein, Meyer H. (1931), Arbitrage in Securities, Harper & Brothers, New York.
Welch, I. (2000), "Herding among Security Analysts", Journal of Financial Economics 58, 369-396.
Welch, I., and A. Goyal (2008), "A Comprehensive Look at the Empirical Performance of Equity Premium Prediction", Review of Financial Studies 21(4), 1455-1508.
Wurgler, J., and E. V. Zhuravskaya (2002), "Does Arbitrage Flatten Demand Curves for Stocks?", Journal of Business 75, 583-608.

미주

서문

1. 투자 자문이 아닌 투자에 관한 학술적 논의를 다룬다. 거래 전략이 '작동한다'는 것은 역사적으로 평균 수익률이 플러스라는 뜻이며, 미래에 평균적으로 더 높은 성과를 낼 수 있는 기회가 있다는 것을 의미한다. 그러나 항상 그렇게 작동하지는 않는다. 또한 위험이 없는 것도 아니며, 시장이 변할 수도 있다. 클리프 애스니스가 말했듯이, 만약 어느 정비사가 당신 차가 10년 중 6~7년 동안 작동할 수 있다고 해서 차가 '작동한다'고 말하면, 아마도 당신은 정비사를 해고할 것이다. 그러나 자산 관리에서는 '작동'이라는 말을 그렇게 쓴다.
2. 대부분의 테스트는 특정 자산가격결정모형에 의존해야 하므로 시장의 효율성 여부를 테스트하는 것은 어렵다. 따라서 비정상적인 수익률을 관찰하는 것은 결합 가설joint hypothesis을 기각하는 것으로, 이는 시장이 효율적이지 않거나 자산가격결정모형이 틀리지만 반드시 둘 다인 것은 아니다. 그러나 동일한 현금 흐름을 가진 두 증권이 서로 다른 가격에 거래되는 것(즉, 차익거래)은 마찰이 없는 효율적 시장에 대한 반증이다.
3. Grossman and Stiglitz(1980)는 투자자가 정보를 수집할 동기가 있어야 하기 때문에 효율적 시장 이론은 역설적이다는 것을 보여 주었다. 그들은 증

권 시장이 불균형한 수준의 균형equilibrium level of disequilibrium이라 결론지었다. 투자자가 액티브 매니저에게 많은 수수료를 지불하고 있다는 점은 그들의 논점을 강화한다. Berk and Green(2004)은 자금 관리 시장은 효율적이지만 증권 시장은 그렇지 않다고 주장했다. 나는 증권 시장과 자금 관리 시장 모두 효율적으로 비효율적이라고 본다.

4. 재무적 곤경, 세금 및 행동 편향 효과로 인해 모딜리아니-밀러 정리가 성립하지 않는 것은 Baker and Wurgler(2012)와 관련 참고문헌을 참고하라. Calvet, Campbell, and Sodini(2007)와 Frazzini and Pedersen(2014)에 따르면 레버리지에 제약이 있는 개인과 공모펀드는 더 위험한 주식을 보유하고 있는 반면, 차입매수LBO 기업과 워런 버핏은 더 안전한 주식에 레버리지를 사용하여 '2개 자산 분리 정리'와는 체계적으로 차이가 있다. 거래 비용으로 인한 요구 수익률의 변화(Amihud and Mendelson(1986)), 시장 유동성 위험(Acharya and Pedersen(2005)), 자금 조달 유동성 제약(Gârleanu and Pedersen(2011))에 대한 이론과 증거 또한 존재한다. 차익거래의 기회는 차익거래에 대한 제약limit of arbitrage으로 인해 발생하며(Shleifer and Vishny(1997)), 이 책에서는 구체적인 예를 살펴본다. 머튼의 법칙에 위배되는 경우는 Jensen and Pedersen(2012)에 나타나 있다. 경기 사이클(Kiyotaki and Moore(1997), Geanakoplos(2010))과 유동성 소용돌이(Brunnermeier and Pedersen(2009))는 레버리지와 자금 조달 제약으로 인해 나타난다. 두 가지 통화 정책 수단에 대한 이론 및 실증 사례는 Ashcraft, Gârleanu, and Pedersen(2010)과 관련 참고 문헌을 참고하라.

5. 헤지펀드를 분류하는 방법은 헤지펀드 지수와 데이터베이스에 따라 다양하다. 이 책의 하위 전략 분류는 크레딧스위스 헤지펀드 지수와 유사하다.

6. Asness, Moskowitz, and Pedersen(2013)

1. 헤지펀드에 대한 이해

1. Pastor and Stambaugh(2012)는 규모는 크지만 제한이 있는 액티브 투자 산업의 효율적인 규모를 추정했다.
2. 헤지펀드 성과급의 역할은 Goetzmann, Ingersoll, and Ross(2003), Agarwal, Daniel, and Naik(2009), Aragon and Nanda(2012), Buraschi, Kosowski,

and Sritrakul(2014)에서 연구되었다.
3. 헤지펀드 성과에 대해서는 Fung and Hsieh(1999), Malkiel and Saha(2005), Kosowski, Naik, and Teo(2007), Griffin and Xu(2009), Jagannathan, Malakhov, and Novikov(2010)의 연구에 나타나 있으며, 공모펀드의 성과에 대해서는 Kosowski, Timmermann, Wermers, and White(2006), Fama and French(2010), Berk and van Binsbergen(2013)에 나타나 있다. Berk and Green(2004)은 좋은 매니저의 경우 큰 자금 유입이 있고 규모가 커짐에 따라 수익률이 감소하기 때문에, 매니저 능력의 차이가 순이익의 지속성으로 이어지지 않는다고 설명했다.

2. 거래 전략의 평가

1. Fama and French(1993)을 참고하라.
2. 이러한 정보 비율의 두 번째 정의는 벤치마크 회귀 분석에서 β를 1로 설정할 경우 첫 번째 정의와 같다.
3. Gârleanu and Pedersen(2011)을 참고하라.
4. 예를 들어, 미국에서 공모펀드는 기하 수익률을 공시하도록 요구된다.
5. 낙폭은 누적 수익률 지수에 해당하는 P_t로 계산되며, 즉 $P_t = P_{t-1} \times (1 + R_t)$로 계산된다. 누적 수익률 지수가 단순히 수익률(혹은 로그 수익률을)을 더했다면 $P_t = P_{t-1} + R_t$로 계산되며, 낙폭 역시 $DD_t = HWM_t - P_t$로 계산된다. 또한 일부 투자자는 낙폭을 음수로 생각하므로 정의 앞에 마이너스 부호를 넣기도 한다.
6. 이러한 문제는 Scholes and Williams(1977), Dimson(1979)를 이어 지연된 베타 방법론을 제안한 Asness, Krail, and Liew(2001)에 의해 지적되었다.

3. 전략의 발견과 백테스팅

1. Grossman and Stiglitz(1980)를 참고하라.
2. Shleifer and Vishny(1997), Shleifer(2000)를 참고하라.
3. De Long, Shleifer, Summers, and Waldmann(1993)을 참고하라.
4. Abreu and Brunnermeier(2003), Brunnermeier and Nagel(2004)을 참고하라.

5. 유동성 위험을 포함한 자산가격결정모형은 Acharya and Pedersen(2005)에 의해 유도되었으며, 보다 구체적인 사항은 주식의 경우 Pastor and Stambaugh(2003), 회사채의 경우 Lin, Wang, and Wu(2011), 헤지펀드의 경우 Sadka(2010)의 논문에 나와 있다. Amihud and Mendelson(1986)은 유동성 수준에 따른 영향을 보여 준다.
6. Gârleanu and Pedersen(2011)을 참고하라.
7. Frazzini and Pedersen(2014)을 참고하라.
8. Asness, Frazzini and Pedersen(2012)를 참고하라.
9. 수요에 대한 압력은, 예를 들어 주가 지수에 새로운 주식이 추가될 때 주가에 영향을 미친다(Shleifer(1986), Wurgler and Zhuravskaya(2002)). 또한 옵션 가격(Gârleanu, Pedersen, and Poteshman(2009)), 채권 수익률(Krishnamurthy and Vissing-Jorgensen(2012), Greenwood and Vayanos(2014)), 선물 가격(Keynes(1923), de Roon, Nijman, and Veld(2000)), 주택 저당 증권(Gabaix, Krishnamurthy, and Vigneron(2007)) 등에 영향을 미치며, 전환사채 가격과 합병 스프레드는 헤지펀드 및 기타 스마트머니가 이용 가능한 자본의 변화와 연관되어 있다(Mitchell, Pedersen, and Pulvino(2007)).
10. 이러한 현상의 중요성에 대한 측정과 테스트에 관해서는 Harvey and Liu(2013), Harvey, Liu, and Zhu(2013), McLean and Pontiff(2013)에 나와 있다.

4. 포트폴리오 구성과 위험 관리

1. Black and Litterman(1992)을 참고하라.
2. Gârleanu and Pedersen(2013, 2014)을 참고하라.
3. 이 절은 Grossman and Zhou(1993)를 인용했다.

5. 거래와 자금 조달

1. 이 절은 2차 거래 비용 증가와 알파값의 감소를 통해 최적의 거래 전략을 도출한 Gârleanu and Pedersen(2013), 비례 비용을 다룬 Constantinides(1986), 고정 비용을 다룬 Liu(2004), 장외시장에서의 거래를 다룬 Duffie,

Gârleanu, and Pedersen(2005, 2007)에 기반한다.
2. Gârleanu and Pedersen(2013)에 따르면 이러한 거래 전략은 시장 충격이 거래 규모와 비례하고 총거래 비용이 거래 규모의 제곱만큼 증가할 때 최적이다.
3. Engle, Ferstenberg and Russell(2012)을 참고하라.
4. Frazzini, Israel, and Moskowitz(2012)를 참고하라.
5. 이 절은 Perold(1988)을 기반으로 하였다.
6. Pastor, Stambaugh, and Taylor(2014)를 참고하라.
7. 증거금에 대해서는 Brunnermeier and Pedersen(2009), 공매도와 증권 차입에 대해서는 Duffie, Gârleanu, and Pedersen(2002)을 참고하라.
8. 유동성 소용돌이는 Brunnermeier and Pedersen(2009)에 소개되어 있으며, 모두가 포지션을 청산하는 상황은 Pedersen(2009), 위험 관리와 증폭은 Gârleanu and Pedersen(2007)에 나와 있다.
9. 약탈적 거래에 대한 분석은 Brunnermeier and Pedersen(2005)를 보라.

6. 주식 투자와 가치 평가

1. 계량적 투자자는 이매뉴얼 더만의 자서전인 『퀀트』에 설명된 '셀사이드 퀀트'와 밀접한 관계는 있지만, 다른 역할을 수행한다. 셀사이드 퀀트는 헤지, 위험관리, 재량적 트레이더, 고객 및 기타 목적에 유용한 분석 도구를 제공한다. 반면에 계량적 투자자들은 '바이사이드'에 해당하며, 체계적인 거래 도구로써 직접적으로 사용되는 모형을 만든다.
2. 주식 평가 및 재무제표분석에 대한 자세한 설명은 Damodaran(2012)을 참고하라.
3. 이 결과를 만들기 위해 먼저 다음과 같이 식을 변형한다.

$$V_t = E_t\left(\sum_{s=1}^{\infty} \frac{NI_{t+s} - B_{t+s} + B_{t+s-1}}{(1+k)^s}\right)$$

그 후 장부가치의 처음 시작시점을 변경한 후 수식을 다음과 같이 변형한다.

$$V_t = B_t + E_t\left(\sum_{s=1}^{\infty} \frac{NI_{t+s} - (1+k)B_{t+s-1} + B_{t+s-1}}{(1+k)^s}\right)$$

이를 통해 잔여이익모형을 나타낼 수 있으며, 배당할인모형의 해당 버전은 Preinreich(1938)에 나타나 있다.

4. Hou, van Dijk, and Zhang(2012)를 참고하라.

7. 재량적 주식 투자
1. Asness, Frazzini, and Pedersen(2013)을 참고하라.
2. Asness, Frazzini, and Pedersen (2013)을 참고하라.
3. Novy-Marx(2013)와 참고 문헌을 살펴보라.
4. 이 절은 Frazzini, Kabiller, and Pedersen (2013)를 기반으로 하였다.
5. Shefrin and Statman(1985)과 Frazzini(2006)를 참고하라.
6. 『어느 월가 중독자의 고백 Confessions of a Street Addict』

8. 공매도 전문 투자
1. 대여 수수료에 관해서는 D'avolio(2002), Geczy, Musto, and Reed (2002)의 연구에 나와 있다.
2. 이러한 과정과 균형 대여 수수료에 관한 모형은 Duffie, Garleanu, and Pedersen(2002)에 나와있다.
3. Miller (1977)는 공매도의 마찰이 고평가로 이어질 수 있음에 대해 얘기했으며, Harrison and Kreps(1978)는 투기적 역학을 모형화했다.
4. 투기에 따른 균형 가격과 대여 수수료의 관계는 Duffie, Garleanu, and Pedersen(2002)에 나와 있다.
5. Desai, Ramesh, Thiagarajan, and Balachandran(2002)
6. Cohen, Diether, and Malloy(2007), Jones and Lamont(2002)를 참고하라.
7. Dechow, Sloan, and Sweeney(1996), Griffin(2003)
8. 『헤지펀드 열전』을 참고하기 바란다.

9. 계량적 주식 투자
1. 장부가와 시장가의 관계에 대한 연구는 Stattman(1980)으로 거슬로 올라간다. 이보다 단순한 가치 지표는 과거 5년 동안의 수익률이며, 여기서 5년 동안 낮은 수익률을 가진 주식이 가치주라 평가된다(De Bondt and Thaler(1985)).
2. Keynes(1936), Shiller(1981), Lakonishok, Shleifer, and Vishny(1994).
3. Fama and French(1993)는 소형주와 대형주 각각에 이러한 롱-숏 포트폴리

오를 구성한 다음 두 포트폴리오의 평균을 구했다. 이러한 방법은 HML 팩터에서 사이즈 효과를 줄이기 위함이다.
4. Cutler, Poterba, and Summers(1991), Asness, Moskowitz, and Pedersen (2013).
5. Asness, Moskowitz, and Pedersen(2013)
6. 모멘텀의 수익에 대해서는 Jegadeesh and Titman(1993)과 Asness(1994)에서 처음 소개되었다. 초기의 과소 반응과 지연된 과잉 반응에 대한 이론은 Barberis, Shleifer, and Vishny(1998), Daniel, Hirshleifer, and Subrahmanyam(1998), Hong and Stein(1999)에서 소개되었다. 촉매와 관련된 자세한 내용은 이 장의 클리프 애스니스와의 인터뷰를 참고하라.
7. Asness, Frazzini, and Pedersen (2013)을 참고하라.
8. 평평한 증권시장선은 Black, Jensen, and Scholes (1972)에서 처음으로 논의되었다. 레버리지에 대한 제약이 이러한 현상을 설명할 수 있음은 Black (1972, 1992)에서 처음 밝혀졌으며, Frazzini and Pedersen(2014)는 여러 자산군과 공모펀드, 개인 투자자, 워런 버핏, 차입 매수 포트폴리오에서 이러한 증거를 발견하였다. Asness, Frazzini, and Pedersen(2014)은 산업 내와 산업 간 역베타 팩터에 대해 연구하였다. Clarke, de Silva, and Thorley (2013)는 다른 형태의 저위험 투자에 대해 연구하였다.
9. 이 절은 Pedersen(2009)을 기반으로 하며, Khandani and Lo(2011)도 살펴보면 좋다.
10. Brunnermeier and Pedersen(2005, 2009)을 참고하라.
11. 페어 트레이딩에 관련해서는 Gatev, Goetzmann, and Rouwenhorst (2006)을, 반전 전략과 유동성 및 변동성의 관계에 대해서는 Nagel(2012)를 참고하기 바란다.
12. Jones(2013)에는 고빈도 매매에 대한 전반적인 설명과 플래시 크래시에 대한 리뷰가 있다. Budish, Cramton, and Shim(2013)는 고빈도 매매의 경쟁에 대해 다루었다.
13. 미국 상품선물거래위원회와 증권거래위원회(2010)
14. 증권거래위원회(1963)

10. 자산 배분에 대한 서론

1. 주요 자산군의 과거 수익률에 대한 뛰어난 개요와 기대 수익률의 요인에 대한 분석은 앤티 일마넨Antti Ilmanen의 『기대 수익률Expected Returns』을 참고하라.
2. Amihud and Mendelson(1986).
3. Asness, Frazzini, and Pedersen(2012).
4. 배당 수익률 데이터는 쉴러의 웹사이트 http://www.econ.yale.edu/~shiller/data.htm 에서 제공한다.
5. 회귀 계수는 Stambaugh(1999)에서 보듯이 영구적인 독립 변수로 인해 편향이 생기며, 이는 예측 회귀 계수의 통계적 유의성을 감소시킨다.
6. Welch and Goyal(2008)을 참고하라.
7. 배당 수익률은 원칙적으로 주식소유자에 대한 모든 지급액에서 자본 증자를 차감하여 계산하며, 자사주매입은 배당에 포함되어야 한다.
8. 주식 프리미엄은 T-Bill 대비 월간 초과 수익률에 12를 곱해 계산하였으며, 켄 프렌치의 웹사이트 http://mba.tuck.dartmouth.edu/pages/faculty/ken.french/ 에서 제공하는 가치가중 주가지수를 사용해 계산하였다. 기하 수익률을 사용할 경우 현금 대비 초과 수익률은 기존 대비 1.4% 포인트 낮은 6.3% 이다.
9. 기대 가격 잉여가 인플레이션과 같을 수 있는 이유를 알기 위해, 다음과 같이 가정한다. (a) $t+1$ 시점 자산의 실질적 시장 가치가 변하지 않아 명목 가치는 $(1+i)P_t$로 증가할 것으로 예상된다. (b) 이익 잉여금 $NI_{t+1} - D_{t+1}$은 NPV가 0인 현금이나 기타 증권에 투자된다. 그 결과 t+1 시점의 시장 가치 P_{t+1}은 $(1+i)P_t + NI_{t+1} - D_{t+1}$와 동일하며, 가격 잉여는 i가 된다. 이러한 관계가 왜 유지되지 않는지 보려면, 현재 이익과 배당금이 없지만 미래에 갑자기 이익이 증가할 가능성이 있는 기업을 생각해보면 된다. 이러한 기업의 이익률은 0이며, 기대 가격 잉여는 요구 수익률과 같다.
10. Asness(2003)를 참고하라.
11. 수익률을 내부 수익률IRR로 정의할 경우 해당 정의는 성립한다. 만약 채권에서 받을 이자를 만기까지 재투자한다면, 재투자 위험이 존재한다.
12. 옵션이 있는 회사채나 중도상환위험이 있는 주택저당증권MBS의 경우 단

순히 신용 스프레드보다는 옵션 조정 스프레드를 사용해야 한다.
13. 평균 부도율과 회수율은 무디스의 투자자 서비스인 '기업 부도 및 회수율, 1920-2010'를 이용한다.
14. 유위험이자율평가설UIP: uncovered interest rate parity은 높은 외국의 금리가 더 낮은 미래의 환율과 연관되어야 한다고 추측하지만, 이는 실증적으로 맞지 않다. 달리 말하면, 고금리가 미래 환율의 하락과 관련이 없기 때문에 환율 캐리 거래가 작동했다.

11. 글로벌 매크로 전략

1. 신흥국 시장에서 매크로 투자자들은 명목 금리에서 물가상승률을 뺀 각국의 실질금리를 자주 관찰한다.
2. Brunnermeier, Nagel, and Pedersen(2008)을 참고하라.
3. Koijen, Moskowitz, Pedersen, and Vrugt(2012)을 참고하라.
4. 테일러 준칙의 아웃풋 갭 변수를 실업률로 바꾼다면, 계수 역시 조정되어야 한다. 이를 위해 아웃풋 갭이 -2 × (실업률 - 자연 실업률)와 동일하다는 경험적 관계인 오쿤의 법칙을 이용한다. 만일 미국의 자연 실업률이 약 5%일 경우, 테일러 준칙은 R^f = 4% + 1.5 × (인플레이션 - 2%) - (실업률 - 5%)가 된다. 경험적으로 테일러 준칙의 추정은 기간과 국가에 따라 상당히 다르다. 예를 들어, 추정된 상수 항을 보면 평균적인 실질 이자율이 2%라 말하지만, 역사적으로 실질 이자율은 이보다 훨씬 낮았다.
5. 이 절은 IS-MP 모형, 즉 투자-저축(IS)의 관계와 중앙은행의 통화정책(MP) 기능의 조합을 바탕으로 한다. 통화정책 기능은 전통적인 IS-LM 모형에서 소위 LM 곡선(유동성 선호도 및 통화 공급 곡선)을 대체하는 것이다.
6. Asness, Moskowitz, and Pedersen(2013)을 참고하라.
7. 가난한 국가에서 비교역재non-tradable goods의 가격이 체계적으로 낮다는 발라사-사무엘슨 효과로 인해, 신흥국 시장의 경우 구매력 평가지수의 비교는 조정되어야 한다. 예를 들어, 이발은 쉽게 수출될 수 없고, 아이패드 가격이 서로 수렴되더라도 더 가난한 나라에서는 더 저렴하게 유지될 가능성이 높다.
8. Asness, Moskowitz, and Pedersen(2013)을 참고하라.

9. 『이기는 패러다임』을 참고하라.

12. 매니지드 퓨처스 전략

1. 리카도의 트레이딩 규칙에 대한 논의는 Grant(1838)에 나와 있으며, 리버모어의 인용구는 Lefèvre(1923)에서 발췌하였다.
2. 해당 장은 Hurst, Ooi, and Pedersen(2013)의 논문인 Demystifying Managed Futures를 기초로 한다. 논문의 공저자인 브라이언 허스트Brian Hurst와 야오 후아 우이Yao Hua Ooi에게 감사하다. 시계열 모멘텀의 방법은 Moskowitz, Ooi, and Pedersen(2012)을 따르며, 이는 9장과 11장에서 설명한 횡단면 모멘텀과 연관이 있다. 선물 거래 자문업자의 특성에 관해서는 Fung and Hsieh(2001), 시계열 모멘텀과 관련된 선물 거래 자문업자에 대한 추가적인 분석은 Baltas and Kosowski(2013), 시계열 모멘텀에 관한 한 세기 이상의 증거에 대해서는 Hurst, Ooi, and Pedersen(2014)을 참고하라.
3. 참고문헌은 다음과 같다. i. Edwards(1968), Tversky and Kahneman(1974), Barberis, Shleifer, and Vishny(1998); ii. Shefrin and Statman(1985), Frazzini(2006); iii. Silber(1994); iv. Mitchell, Pedersen, and Pulvino(2007), Duffie(2010)
4. 참고문헌은 다음과 같다. i. Bikhchandani, Hirshleifer, and Welch(1992), De Long, Shleifer, Summers, and Waldmann(1990), Graham(1999), 「Hong and Stein(1999), Welch (2000); ii. Wason (1960), Tversky and Kahneman (1974), Daniel, Hirshleifer, and Subrahmanyam(1998); iii. Vayanos and Woolley(2013)
5. 이러한 장기적인 반전 현상은 시계열 모멘텀 전략에 존재하며(Moskowitz, Ooi, and Pedersen(2012)), 주식의 횡단면 모멘텀과(De Bondt and Thaler (1985)) 글로벌 자산군의 횡단면 모멘텀(Asness, Moskowitz, and Pedersen(2013))에도 존재한다.
6. 포지션에 대한 크기는 Moskowitz, Ooi, and Pedersen(2012)의 방법론에 따라 각 자산에 대해 일정한 변동성을 목표로 한다. 보다 일반적으로는 추정된 추세의 강도에 따라 포지션의 크기를 변경할 수도 있다. 예를 들어, 가격의 움직임이 작을 경우 포지션이 작거나 아예 없으며, 가격 움직임이 커

짐에 따라 포지션을 늘릴 수 있다.
7. 해당 지수의 수익률은 다음의 웹사이트에서 확인할 수 있다: https://www.barclayhedge.com/; https://lab.credit-suisse.com/

13. 차익거래 가격 결정과 거래

1. Frazzini and Pedersen(2013)을 참고하라.
2. 이러한 풋-콜 패러티에는 옵션의 만기 이전에 주식이 배당을 지급하지 않는 다는 가정이 있다. 그렇지 않을 경우, 우변에서 배당의 현재가치 만큼을 차감해야 한다.
3. 아메리칸 파생상품의 경우, 트리의 모든 노드에서 옵션을 행사하는 것이 최적인지 여부를 확인해야 하지만, 마찰이 없는 시장에서 배당을 지급하지 않는 주식에 대한 콜옵션을 조기 행사하는 것은 최적이 아니다.
4. 이는 Black and Scholes(1973)와 Merton(1973)에 나와 있으며, 마이론 숄즈와 로버트 머튼은 1997년 해당 모형으로 노벨상을 수상했다(블랙은 1995년 사망하여 노벨상을 받지 못했다).
5. Bollen and Whaley (2004)에 따르면 옵션에 대한 수요가 옵션의 가격을 움직이는 증거가 있으며, Gârleanu, Pedersen, and Poteshman(2009)는 수요 기반의 옵션가격결정모형을 제시하였다.

14. 채권 차익거래

1. 이 수식은 P&L$^\$$ = $x^{long} \Delta P^{long} - x^{short} \Delta P^{short}$에서 매수 및 공매도 모두에 수식 14.6를 적용한 결과다.
2. 이는 미래 시점 s(예를 들어 1년 후)에서 다양한 만기 T에 해당하는 선도 금리인 $f_t^{s,T}$를 계산하는 것이다.
3. 이는 다양한 미래 시점 s에서 계산한 1개월 선도 금리 $f_t^{s,s+1개월}$을 계산하는 것이다.
4. 위험 대비 초과 수익률, 즉 샤프지수는 단기채에서 더 크다. 이는 단기채에 투자하여 더 큰 초과 수익률을 얻기 위해서는 레버리지를 사용해야만 하기 때문이다. 게다가 기간 프리미엄을 얻고자 하는 투자자는 레버러지를 사용한 단기채보다는 레버리지를 사용하지 않은 장기채를 더 선호하므로, 단기

채의 샤프지수가 더 커야만 한다(Frazzini and Pedersen(2014)).
5. Koijen, Moskowitz, Pedersen, and Vrugt (2012)는 채권의 캐리가 채권의 수익률을 예측함을 보였다. Ilmanen (1995)과 Cochrane and Piazzesi (2005)는 채권 수익률을 예측하는 또 다른 예측 변수를 설명하였다.
6. 수식 14.24는 근사치이며, 정확한 캐리는 선도 금리인 $f_t^{T-1,T}$다. 선도 금리가 채권의 캐리인 것이 놀라울 수 있지만 이는 직관적이다. 이자율 기간 구조가 그대로 유지된다면, 채권은 t와 $t+1$ 사이의 캐리를 얻고, 만기까지 남은 기간인 $t+1$에서 T까지의 이자율은 $\text{YTM}_t^{만기\ T-1}$이며, 이를 평균하면 현재 이자율 $\text{YTM}_t^{만기\ T}$다. 선도 금리는 먼저 t에서 $T-1$까지 $\text{YTM}_t^{만기\ T-1}$의 이익을 얻고, 그다음 $T-1$부터 t까지 선도 금리만큼 이익을 얻는 것이 현재 이자율과 같게 만들어 주는 이자율이다. 어떠한 이자율을 먼저 얻는지는 중요하지 않기 때문에, 캐리는 선도 금리와 같게 된다.
7. 손실률은 부도시의 손실을 백분율로 나타낸 값이며, 이는 회수율recovery rate과 밀접하게 연관되어 있다. 만일 부도난 채권의 손실율이 40% 라면, 회수율은 60%가 된다.
8. Huggins and Schaller(2013)에는 여러 종류의 채권 차익거래가 나와 있으며, Munk(2011)는 채권 모형을 집중적으로 분석하였다. Duarte, Longstaff, and Yu(2007)는 특정 채권 차익거래의 위험과 수익에 대해 분석하였다.

15. 전환사채 차익거래

1. 마찰을 없는 상황에서 최적의 옵션 행사 규칙은 Merton(1973)에 나와 있으며, 전환사채에 대한 유사한 규칙은 Brennan and Schwartz(1977)와 Ingersoll(1977)에 나와 있다. Jensen and Pedersen(2012)은 공매도 비용, 자금 조달 비용 및 거래 비용 때문에 조기 전환이 최적일 수 있음을 보였다.
2. 이러한 유동성 소용돌이에 대한 이론적 분석은 Brunnermeier and Pedersen (2009)에서 다루고 있으며, 전환사채 시장 및 다른 시장에서의 실증적 분석은 Mitchell, Pedersen, and Pulvino(2007), Mitchell and Pulvino(2012)에서 다루고 있다.

16. 이벤트 드리븐 차익거래

1. Ahern and Sosyura(2014)를 참고하라.
2. Mitchell and Pulvino(2001)를 참고하라.
3. Mitchell and Pulvino(2001)의 표 V를 확인하라.
4. 더 구체적인 내용은 Mitchell and Pulvino(2001)를 참고하라.
4. Mitchell, Pulvino, and Stafford(2002)를 참고하라.

지은이_ 라세 헤제 페데르센

스탠퍼드대학에서 경제학 박사 학위를 받았으며, 유동성 소용돌이에 관한 연구로 40세 미만의 최고 E.U. 경제학자에게 주는 베르나세르상을 수상했다. 그 외에도 방끄 드 프랑스-TSE상, 파마-DFA상, 마이클 브레넌상, 그레이엄-도드상 등 다양한 상을 수상하여 학문적 업적을 인정받았다. 현재 코펜하겐 경영대학과 뉴욕대학에서 재무 교수로 재직하고 있으며 세계적인 헤지펀드 AQR에서 글로벌 투자 전략 연구를 담당하고 있다. 그 외에도 미국 재무학회의 디렉터, 나스닥과 FTSE의 경제 자문 위원, 저널 오브 파이낸스와 쿼털리 저널 오브 이코노믹스 등 여러 저널의 편집위원으로 활동하고 있다.
https://www.lhpedersen.com/

옮긴이_ 이현열

한양대학에서 경영학을 전공하고 카이스트 대학원에서 금융공학 석사 학위를 받은 후 한양대학 재무금융 박사 과정을 수료했다. 증권사에서 주식 운용 업무, 자산운용사에서 퀀트 포트폴리오 매니저 업무, 보험사에서 데이터 분석 업무를 경험하고, 현재 핀테크 스타트업에서 데이터 분석 및 퀀트를 하고 있다. 지은 책으로는 『스마트베타』(2017), 『R을 이용한 퀀트 투자 포트폴리오 만들기』(2019)가 있다.
https://blog.naver.com/leebisu

효율적으로 비효율적인 시장

초판 1쇄 발행 2021년 9월 13일
초판 4쇄 발행 2025년 11월 24일

지은이 라세 헤제 페데르센
옮긴이 이현열

기획 장동원 이상욱
책임편집 오윤근
디자인 위하영
제작 제이오엘앤피

펴낸곳 워터베어프레스 **등록** 2017년 3월 3일 제2017-000028호
주소 서울시 마포구 성미산로 29안길 7 3층 워터베어프레스
홈페이지 www.waterbearpress.com
이메일 book@waterbearpress.com
ISBN 979-11-91484-06-9 03320